MICHAEL SCHLEY

Das französische Produkthaftungsrecht und die bei grenzüberschreitenden Vertragsketten im deutsch-französischen Rechtsverkehr auftretenden Probleme

Untersuchungen zum Europäischen Privatrecht

Band 4

Das französische Produkthaftungsrecht und die bei grenzüberschreitenden Vertragsketten im deutsch-französischen Rechtsverkehr auftretenden Probleme

Von

Michael Schley

Duncker & Humblot · Berlin

Die Deutsche Bibliothek – CIP-Einheitsaufnahme

Schley, Michael:
Das französische Produkthaftungsrecht und die bei grenzüberschreitenden Vertragsketten im deutsch-französischen Rechtsverkehr auftretenden Probleme / von Michael Schley. – Berlin : Duncker und Humblot, 2001
(Untersuchungen zum europäischen Privatrecht ; Bd. 4)
Zugl.: Freiburg (Breisgau), Univ., Diss., 1999
ISBN 3-428-10057-3

D 25

Fremddatenübernahme: Klaus-Dieter Voigt, Berlin
Druck: Berliner Buchdruckerei Union GmbH, Berlin
Printed in Germany

ISSN 1438-6739
ISBN 3-428-10057-3

Gedruckt auf alterungsbeständigem (säurefreiem) Papier
entsprechend ISO 9706 ♾

Vorwort

„Das“ französische Produkthaftungsrecht besteht aus einer Vielzahl verschiedener vertraglicher und deliktischer Haftungsgrundlagen. Für die Haftung innerhalb der Absatzkette ging das französische Recht einen anderen Weg als das deutsche: nicht auf der Basis des Deliktsrechts, sondern auf derjenigen des Vertragsrechts wurde versucht, den Besonderheiten der Produkthaftung Rechnung zu tragen. Auch durch die mit fast zehnjähriger Verspätung erfolgte Umsetzung der EG-Produkthaftungsrichtlinie 85/374 hat sich an den erheblichen Unterschieden zum deutschen Recht nicht viel geändert, denn zum einen bleibt das „bisherige“ französische Produkthaftungsrecht vollständig anwendbar, zum anderen weicht die französische Umsetzung der Richtlinie teilweise erheblich von der deutschen ab. Diese fortbestehenden Unterschiede bringen es mit sich, daß aus deutscher Sicht nicht nur Einzelheiten zum materiellen französischen Produkthaftungsrecht, sondern auch Fragen der internationalen Zuständigkeit und des anwendbaren Rechts von erheblicher Bedeutung sind. Diesen Problemzusammenhängen ist die vorliegende Arbeit gewidmet.

Die Arbeit hat im Sommersemester 1999 der Rechtswissenschaftlichen Fakultät der Universität Freiburg i.Br. als Dissertation vorgelegen. Gesetzgebung, Rechtsprechung und Literatur wurden bis zum Termin des Rigorosums, d.h. bis Anfang Juli 1999 berücksichtigt.

Dank schulde ich meinen Eltern und meiner Frau Elisabeth, die mich in vielfältiger Hinsicht unterstützt haben. Danken möchte ich auch meinem Doktorvater, Herrn Prof. Dr. Dr. h.c. Peter Schlechtriem, für die Anregung und Betreuung der Arbeit.

Köln, im Jahre 2000 *Michael Schley*

Inhaltsverzeichnis

2. Teil

Das französische „internationale" Produkthaftungsrecht und die Probleme im grenzüberschreitenden Rechtsverkehr mit Deutschland

1. Abschnitt

Abkürzungsverzeichnis

a. A.	anderer Ansicht
aaO	am angegebenen Ort
ABlEG	Amtsblatt der Europäischen Gemeinschaften
a. E.	am Ende
a. F.	alte Fassung
AGBG	Gesetz zur Regelung des Rechts der Allgemeinen Geschäftsbedingungen
Alt.	Alternative
AnwBl	Anwaltsblatt
AWD	Außenwirtschaftsdienst des Betriebsberaters
BGB	Bürgerliches Gesetzbuch
BGBl.	Bundesgesetzblatt
BGH	Bundesgerichtshof
BR-Drucks.	Drucksache des Deutschen Bundesrates
BT-Drucks.	Drucksache des Deutschen Bundestages
Bull. civ.	Bulletin des arrêts de la Cour de cassation, chambres civiles
CA	Cour d'appel
Cass. ass. plén.	Cour de cassation, assemblée plénière
Cass. civ. (1re, 2ème, 3ème)	Cour de cassation, chambre civile (première chambre, deuxième chambre, troisième chambre)
Cass. com.	Cour de cassation, chambre commerciale
Cass. req.	Cour de cassation, chambre des requêtes
C. civ.	Code civil
Chr.	Chronique
CISG	United Nations Convention on Contracts for the International Sale of Goods/Übereinkommen der Vereinten Nationen über Verträge über den internationalen Warenkauf
Contr. conc. cons.	Contrats, concurrence, consommation
D.	Recueil Dalloz
D. H.	Recueil hebdomadaire Dalloz
DIP	Droit international privé
Diss.	Dissertation
D. P.	Recueil périodique et critique mensuel Dalloz
EGBGB	Einführungsgesetz zum Bürgerlichen Gesetzbuch
EuGH	Europäischer Gerichtshof

EuGVÜ	Brüsseler EWG-Übereinkommen über die gerichtliche Zuständigkeit und die Vollstreckung gerichtlicher Entscheidungen in Zivil- und Handelssachen
EuZW	Europäische Zeitschrift für Wirtschaftsrecht
f., ff.	folgend(e), fortfolgende
Fasc.	Fascicule
Fn.	Fußnote
FS	Festschrift
Gaz. Pal.	Gazette du Palais
HS	Halbsatz
i. e. S.	im engeren Sinne
IPR	Internationales Privatrecht
IPRax	Praxis des Internationalen Privat- und Verfahrensrechts
IPRspr.	Die deutsche Rechtsprechung auf dem Gebiete des internationalen Privatrechts
IR	Informations rapides
i. w. S.	im weiteren Sinne
IZPR	Internationales Zivilprozeßrecht
Jcl. civil	Juris-classeur civil
Jcl. de droit int.	Juris-classeur de droit international
J. C. P.	Juris-classeur périodique (La semaine juridique)
J. C. P. éd. C.I.	Juris-classeur périodique (La semaine juridique), édition commerce et industrie (bis 1984)
J. C. P. éd. E	Juris-classeur périodique (La semaine juridique), édition entreprise (ab 1984)
J. D. I.	Journal du droit international (Clunet)
Jur.	Jurisprudence
JZ	Juristenzeitung
Lég.	Législation
LG	Landgericht
MDR	Monatsschrift für Deutsches Recht
m. E.	meines Erachtens
m. w. N.	mit weiteren Nachweisen
n°	numéro
NCPC	Nouveau code de procédure civile
n. F.	neue Fassung
N. F.	Norme Française
NJW	Neue Juristische Wochenschrift
ÖJZ	Österreichische Juristen-Zeitung
OGH	Oberster Gerichtshof (Österreich)
OLG	Oberlandesgericht
PHI	Produkthaftpflicht international (bis einschließlich 1993)
PHi	Produkthaftpflicht international (ab 1994)

ProdHaftG	Gesetz über die Haftung für fehlerhafte Produkte
RabelsZ	Zeitschrift für ausländisches und internationales Privatrecht, begründet von Ernst Rabel
RdC	Recueil des Cours de l'Académie de Droit international
Rép. de dr. civ.	Dalloz, Encyclopédie juridique, Répertoire de droit civil
Rép. de dr. int.	Dalloz, Encyclopédie juridique, Répertoire de droit international
Resp. civ. et ass.	Responsabilité civile et assurances
Rev. arb.	Revue de l'arbitrage
Rev. crit. de dr. int. pr.	Revue critique de droit international privé
Rev. de dr. immob.	Revue de droit immobilier
Rev. trim. de dr. civ.	Revue trimestrielle de droit civil
Rev. trim. de dr. europ.	Revue trimestrielle de droit européen
Rev. trim. dr. com.	Revue trimestrielle de droit commercial
RIW	Recht der internationalen Wirtschaft
RJDA	Revue de jurisprudence de droit des affaires
Rn.	Randnummer
Rz.	Randziffer
S.	Recueil Sirey/Satz/Seite
SchwJbIntR	Schweizerisches Jahrbuch für internationales Recht
Somm.	Sommaire
T.A.	texte adopté
TGI	Tribunal de grande instance
VersR	Versicherungsrecht
WM	Wertpapiermitteilungen
ZfRV	Zeitschrift für Rechtsvergleichung, IPR und Europarecht (Österreich)
ZHR	Zeitschrift für das gesamte Handelsrecht und Wirtschaftsrecht
ZVglRWiss	Zeitschrift für vergleichende Rechtswissenschaft

Einleitung

Die Haftung des Warenherstellers in Frankreich gehört seit langem zu einem der unübersichtlichsten Bereiche des französischen Rechts. Sie wird beiderseits des Rheines als „système ... excessivement compliqué“[1] oder als „Labyrinth, in dem man sich zu verlieren glaubt“[2] beurteilt und ist geprägt von einem Nebeneinander verschiedener vertraglicher und deliktischer Haftungsregime, zu denen sich im Jahre 1998 mit der Umsetzung der EG-Produkthaftungsrichtlinie 85/374 vom 25.7.1985[3] noch ein weiteres gesellt hat[4]. Diese Gemengelage der materiellrechtlichen Haftungsgrundlagen des französischen Produkthaftungsrechts setzt sich auf der Ebene des internationalen Privat- und Zivilprozeßrechts Frankreichs fort, wo von den Autoren, die sich näher mit der Problematik beschäftigt haben, ähnliche Aussagen getroffen werden[5].

Das Anliegen des ersten Teiles der Arbeit ist es, die einzelnen materiellrechtlichen Haftungsgrundlagen des französischen Produkthaftungsrechts und deren Verhältnis zueinander näher zu durchleuchten. Dabei werden, wo erforderlich, auch die dogmatischen Hintergründe und die z.T. berechtigte Kritik an den bestehenden Lösungen miteinbezogen.

Im zweiten Teil der Arbeit soll dann untersucht werden, in welcher Weise sich die vertraglichen und deliktischen Haftungsregime des materiellen französischen Produkthaftungsrechts im französischen internationalen Privat- und Zivilprozeßrecht niederschlagen und insbesondere, welche häufig noch ungeklärten Probleme sich hieraus im grenzüberschreitenden Rechtsverkehr mit Deutschland ergeben. Hierbei ist es wegen der beträchtlichen Komplexität der Materie auch erforderlich, die verschiedenen Kolli-

---

[1] Malaurie/Aynès/Gautier, contrats spéciaux, Nr. 381, S. 257.

[2] Witz/Wolter, RIW 1998, S. 832, 838.

[3] ABlEG L 210 v. 7.8.1985, S. 29.

[4] Art. 1386-1 bis 1386-18 C. civ., eingefügt durch das Gesetz Nr. 98-389 vom 19.5.1998 (Journal Officiel v. 21.5.1998, S. 7744 ff.). Dieses „neue“ Haftungsregime läßt allerdings aufgrund seines Art. 1386-18 die bisherigen „klassischen“ Produkthaftungsregime unberührt.

[5] Siehe z.B. Leclerc, J.D.I. 1995, S. 267, 317, Nr. 64: „Incontestablement, de toutes ces solutions se dégage une impression de grande complexité ... Le moins que l'on puisse dire est que la détermination de la loi applicable ne brille pas par sa simplicité.“

sionsfälle anhand typisierter Fallkonstellationen zu analysieren, wobei sowohl die Sichtweise eines französischen Gerichts als auch diejenige eines deutschen Gerichts zugrundegelegt wird.

1. Teil

Die Produkthaftung im materiellen französischen Recht

Wie eingangs erwähnt, ist das materielle französische Produkthaftungsrecht geprägt von einem Nebeneinander verschiedener vertraglicher und deliktischer Haftungsgrundlagen. Hieran hat sich durch die mit fast zehnjähriger Verspätung erfolgte Umsetzung der EG-Produkthaftungsrichtlinie 85/374 durch das Gesetz Nr. 98-389 vom 19.5.1998 nichts geändert, denn entgegen ursprünglicher Gesetzesentwürfe haben die neuen Produkthaftungsvorschriften, wie in Deutschland, das bisherige Produkthaftungsrecht unberührt gelassen. Dieses ist daher teils konkurrierend, teils aber auch ausschließlich weiterhin anzuwenden und wird nach wie vor eine erhebliche Rolle spielen.

Dieses, teils ausschließlich, teils „konkurrierend" fortgeltende Recht bildet den *Schwerpunkt* des 1. Teiles der Arbeit und wird in dem sogleich folgenden 1. Abschnitt dargestellt, während das „neue" Produkthaftungsrecht Gegenstand des sich anschließenden 2. Abschnittes ist.

1. Abschnitt

Das bisherige (fortgeltende) französische Produkthaftungsrecht

Auch für den französischen Gesetzgeber war „Produkthaftung" lange Zeit kein eigenständiger Systembegriff, für den eine eigene gesetzliche Regelung bereitgehalten wurde. Rechtsprechung und Lehre mußten daher den Besonderheiten der Produkthaftung mit einer Ausdehnung der klassischen Haftungsinstrumentarien Vertrag und Delikt begegnen. Die französische Rechtsprechung ging dabei für die Haftung *innerhalb der Absatzkette* einen anderen Weg als die deutsche: nicht eine Anpassung des Deliktsrechts, sondern eine Ausweitung der vertraglichen Haftung auf das Verhältnis zwischen nicht unmittelbar vertraglich verbundenen Gliedern der Absatzkette wurde als die ideale Lösung angesehen. Hierbei räumt die Rechtsprechung dem Nacherwerber[6] (bzw. dem Besteller bei der Aufeinanderfolge eines Kauf- und eines Werkvertrages) die Möglichkeit ein, im Wege einer „action directe" unmittelbar vertragliche Ansprüche gegen den Hersteller oder einen sonstigen Vorverkäufer geltend zu machen, obwohl dieser mit dem Nacherwerber (bzw. dem Besteller) gar nicht durch einen Vertrag verbunden ist. Deliktische Ansprüche werden dem Nacherwerber seit dem grundlegenden „Lamborghini-Urteil" vom 9.10.1979[7] nicht mehr eingeräumt, da die Rechtsbeziehungen zwischen dem Hersteller/Vorverkäufer und dem Nacherwerber als „nécessairement contractuelle" angesehen werden[8]. Entsprechendes wird auch für die genannte „action directe" des Bestellers angenommen. Gegenüber sonstigen Dritten, die weder Nacherwerber noch Besteller sind, kommt dagegen keine (ausgedehnte) vertragliche Haftung, sondern ausschließlich eine *deliktische* Haftung in Betracht.

Nach der klassischen und seit einigen Jahren in der Rechtsprechung wieder herrschenden Auffassung leitet sich die „action directe" des Nacherwerbers (bzw. des Bestellers) aus dem *ersten* Vertrag in der Absatzkette ab, d.h. der Hersteller haftet gegenüber den späteren Gliedern der Absatzkette prinzipiell so, wie er dem Ersterwerber haftet. Daher ist es für *Inhalt und Umfang* der Produkthaftungsansprüche des Nacherwerbers (bzw. des Bestellers) von entscheidender Bedeutung, wie der Hersteller gegenüber dem *Ersterwerber* (bzw. der in Anspruch genommene Vorverkäufer gegenüber seinem unmittelbaren Abnehmer) haftet.

Diese Frage soll im folgenden als erstes untersucht werden (A.). Anschließend wird dann die Haftung des Herstellers und des (Vor-) Verkäufers gegenüber dem Nacherwerber (bzw. dem Besteller) und gegenüber sonstigen Dritten erörtert (B.), wobei in dem zuletztgenannten Zusammenhang auch die deliktischen Produkthaftungsregime dargestellt werden.

A. Die Haftung des Herstellers und des Verkäufers gegenüber ihren unmittelbaren Vertragspartnern

I. Die vertragliche Haftung des Herstellers und des Verkäufers

Die vertragliche Haftung des Herstellers und des Verkäufers gegenüber einem unmittelbaren Produktabnehmer läßt sich in zwei Bereiche einteilen, die kaufrechtliche Sachmängelgewährleistung („garantie contre les vices cachés") gem. Art. 1641–1649 C. civ. und die allgemeine vertragliche Ver-

---

[6] Dieser Begriff soll hier als Oberbegriff für die auf den Erstabnehmer folgenden späteren Erwerber des Produkts verwendet werden.

[7] Cass. civ. 1re v. 9.10.1979, Bull. civ. 1979, I, Nr. 241, S. 192 f. = D. 1980, IR, S. 222 m. Anm. Larroumet = Gaz. Pal. 1980, 1, Jur., S. 249 f. m. Anm. Plancqueel = Rev. trim. dr. civ. 1980, S. 354 ff. Anm. Durry.

[8] Ausführlich zu diesem Urteil unten S. 158.

schuldenshaftung gem. Art. 1146 ff., 1184 C. civ. Während von der Sachmängelgewährleistung nur Fabrikations- und Konstruktionsfehler erfaßt werden, ist die allgemeine vertragliche Verschuldenshaftung neben Fabrikations- und Konstruktionsfehlern auch für Instruktionsfehler einschlägig.

Obwohl die Abgrenzung beider vertraglicher Haftungsregime insbesondere wegen der Unterschiede bei der Haftungsfreizeichnung und der Verjährung erhebliche praktische Bedeutung hat, war und ist diesbezüglich noch manches im Unklaren.

1. Die kaufrechtliche Sachmängelgewährleistung

Die kaufrechtliche Sachmängelgewährleistung ergibt sich zunächst einmal aus den gesetzlichen Vorschriften der Art. 1641–1649 C. civ. [a].

Diese sind aber durch die von der Rechtsprechung vorgenommene Gleichstellung von (gewerblichen) Herstellern und Verkäufern mit „bösgläubigen" Verkäufern in einem wesentlichen Punkte ergänzt bzw. korrigiert worden [b].

Schließlich wird von den gesetzlichen Bestimmungen der Sachmängelgewährleistung, die nach französischem Verständnis das System der „gesetzlichen" Sachmängelgewährleistung („garantie légale") bilden, in der Praxis häufig in verschiedener Hinsicht vertraglich abgewichen[9] [c].

a) Die „gesetzliche" Sachmängelgewährleistung („la garantie légale")

Voraussetzung für das Eingreifen der Gewährleistungsvorschriften ist nach Art. 1641 C. civ. das Vorliegen eines verborgenen Mangels. Dieser muß nach h.M. jedenfalls „zur Zeit des Kaufes" bestanden haben. Die Mangelhaftigkeit, für die dem Käufer die Beweislast obliegt, muß vor Ablauf der Ausschlußfrist des Art. 1648 C. civ. („bref délai") geltend gemacht werden. Liegen diese Voraussetzungen vor, hat der Käufer die Wahl zwischen Wandelung und Minderung, zu denen bei „Bösgläubigkeit" des Verkäufers[10] zusätzlich auch Schadensersatz geltend gemacht werden kann.

---

[9] Hierfür wird dann teilweise pauschal der mißverständliche Begriff der „garantie contractuelle" verwendet, der jedoch insbesondere auch die Bedeutung der Einräumung einer (Haltbarkeits-) Garantie i.S. deutscher Terminologie mit gleichzeitiger Haftungsbeschränkung hat (näher hierzu unten S. 53).

[10] Zu der von der Rechtsprechung und h.M. vorgenommenen Gleichstellung von gewerblichen Herstellern und Verkäufern mit „bösgläubigen" Verkäufern unten unter b).

aa) Verborgener Mangel

Nach Art. 1641 C. civ. hat der Verkäufer für solche verborgenen Mängel Gewähr zu leisten, die die Kaufsache zu dem bestimmungsgemäßen Gebrauch untauglich machen oder diesen Gebrauch derartig einschränken, daß der Käufer bei Kenntnis der Mangelhaftigkeit die Kaufsache nicht oder nur zu einem geringeren Preis gekauft hätte.

aaa) Mangelhaftigkeit

α) Mangelbegriff und Abgrenzung zur „non-conformité"-Haftung

In Frankreich hat in den letzten Jahrzehnten eine intensive Diskussion darüber stattgefunden, wann in Abgrenzung zu einer „nicht konformen" („fehlerhaften") Lieferung ein Sachmangel vorliegt. Diese Diskussion war und ist deshalb von Interesse, weil die Verjährungsfrist bei der „non-conformité"-Haftung erheblich länger als bei der Sachmängelgewährleistung ist[11]. Nicht nur in der Rechtslehre, sondern selbst innerhalb der Cour de cassation gab es hierzu verschiedene Auffassungen. Seit einigen Jahren hat sich insoweit nun eine mehr oder weniger einheitliche Linie in der Rechtsprechung eingependelt, weshalb hier nicht noch einmal die ganze Diskussion vollständig aufgerollt werden soll. Es sei jedoch kurz die Entwicklung bis zu diesem Punkt nachgezeichnet, da sie für das heutige Mangelverständnis von grundlegender Bedeutung ist.

Das Verhältnis der Sachmängelgewährleistung zur „non-conformité"-Haftung ist im Laufe der Jahrzehnte derart wechselhaft beurteilt worden, daß manche Autoren hier zu Recht von einer *„confusion indescriptible"* gesprochen haben[12]. Immer wieder wurde moniert, daß von der Rechtsprechung Fälle, die nach überkommenen Kriterien als „verborgener Mangel" einzustufen waren, als „non-conformité" behandelt wurden und umgekehrt[13].

---

[11] Während die Verjährungs- bzw. Ausschlußfrist bei der Sachmängelgewährleistung von der Rechtsprechung ungefähr im Bereich zwischen 6 und 12 Monaten angesiedelt wird, beträgt die Verjährungsfrist bei einer „non-conformité", die als Nichterfüllung der kaufvertraglichen Lieferpflicht über die allgemeine vertragliche Verschuldenshaftung sanktioniert wird, 30 Jahre zwischen Nichtkaufleuten (Art. 2262 C. civ.) und 10 Jahre bei Beteiligung eines Kaufmannes (Art. 189 bis Code de commerce).

[12] So z.B. Tournafond, D. 1989, Chr. , S. 237, 239, Nr. 15.

[13] Siehe z.B. Huet, Responsabilité du vendeur, Nr. 40–42, S. 45 f. mit Beispielen; Tournafond, D. 1989, Chr., S. 237, 239, Nr. 17 mit Beispielen; Ferid/Sonnenberger, Bd. 2, 2 G 593, S. 121, Fn. 136; v. Westphalen/Rohs, § 123, Rz. 30, S. 424 f.

Nach der klassischen „théorie conceptualiste“[14] ging die Trennlinie beider Rechtsbehelfe einher mit der Unterscheidung zwischen „pejus“ und „aliud“ (i.w.S.): während bei Abweichung der gelieferten Sache von der bestellten Sache eine Verletzung der Lieferpflicht des Verkäufers angenommen wurde, wurde die Lieferung einer zwar an sich der Bestellung entsprechenden, jedoch fehlerhaften Sache als Verletzung der zweiten Hauptpflicht des Verkäufers, der Garantiepflicht, angesehen[15]. Dabei tendierte man hinsichtlich der Fehlerhaftigkeit zu einer objektiven und vornehmlich auf physische Mängel abstellenden Betrachtungsweise (z.B. verdorbene Lebensmittel, Mauerrisse usw.)[16], denn insbesondere die Abweichung von einer *vereinbarten* Eigenschaft bei ansonsten (objektiv) fehlerfreier Kaufsache wurde als „non-conformité“ behandelt[17].

Nicht zuletzt wegen der offenbar schwierigen Umsetzung dieser Unterscheidung[18] wurde der „klassische“ Mangelbegriff von der etwa in der Mitte des 20. Jahrhunderts aufgekommenen „théorie fonctionnaliste“[19] als zu eng kritisiert. Nach dieser, allein auf das Merkmal des „bestimmungsgemäßen Gebrauchs“ in Art. 1641 C. civ. abstellenden Auffassung, ist eine Sache immer dann schon mangelhaft, wenn sie nicht zum bestimmungsgemäßen Gebrauch geeignet ist[20]. Für den bezüglich des Mangels beweispflichtigen Käufer entfällt damit entgegen dem Wortlaut des Art. 1641 C. civ. das Erfordernis, einen „Fehler“ als Grund für die Untauglichkeit zum bestimmungsgemäßen Gebrauch darzulegen[21]. Es ist klar, daß bei einem solch weiten Verständnis des Mangelbegriffes eine Unterscheidung zur „non-conformité“-Haftung kaum noch möglich ist, denn natürlich kann sich die Nichteignung zum bestimmungsgemäßen Gebrauch auch aus dem Fehlen einer *vereinbarten* Eigenschaft ergeben. Der weite, versubjektivierte

---

14 Siehe zu dieser Auffassung Tournafond, D. 1989, Chr., S. 237, 238 mit Nachweisen in Fn. 5; Ghestin/Desché, Nr. 792, S. 764 f. mit Nachweisen in Fn. 5; Nana, Nr. 16–18, S. 39–42.

15 Siehe hierzu z.B. Tournafond, D. 1989, Chr., S. 237, 238, Nr. 11; Karila, Anm. zu Cass. civ. 3ème vom 27.3.1991, D. 1992, Jur., S. 95, 96.

16 Vgl. Nana, Nr. 17 f., S. 40–42; Ghestin/Desché, Nr. 765, S. 826; Sonnenberger, FS Steindorff, S. 777, 786.

17 Vgl. Ghestin/Desché, Nr. 765, S. 826; Huet, Responsabilité du vendeur, Nr. 26 ff., S. 39 ff.; Sonnenberger, FS Steindorff, S. 777, 786.

18 Siehe die bei Huet, Responsabilité du vendeur, Nr. 40–42, S. 45 f., Tournafond, D. 1989, Chr., S. 237, 239, Nr. 17 und Ghestin/Desché, Nr. 765 ff., S. 826 ff. zitierten Beispiele.

19 Siehe zu dieser Auffassung Tournafond, D. 1989, Chr., S. 237, 240 f., Nr. 25 ff.; Ghestin/Desché, Nr. 722, S. 764 f. m.w.N. in Fn. 6; Nana, Nr. 28 ff., S. 47 ff.

20 So z.B. Ghestin/Desché, Nr. 722, S. 764 f.; Nana, Nr. 28, S. 47.

21 Vgl. Ghestin/Desché, Nr. 722, S. 765.

Fehlerbegriff der „théorie fonctionnaliste" erfaßt daher im Gegensatz zur „théorie conceptualiste" auch das Fehlen einer vereinbarten Eigenschaft[22].

Die Cour de cassation, die formal zwar an der Unterscheidung zwischen „vice caché" und „non-conformité" festhielt[23], faßte den Mangelbegriff jedoch je nach Opportunität im Einzelfall mal enger und mal weiter auf[24].

Zusätzliche Verwirrung entstand nun dadurch, daß seit ca. 1983 eine Tendenz in der Rechtsprechung bestand, nicht nur gelegentlich, sondern *systematisch* Fälle aus dem Kernbereich der Sachmängelhaftung als „non-conformité" aufzufassen[25].

Diese Rechtspechungstendenz führte somit, genau wie die „théorie fonctionnaliste", zu einer Fusion der „vice caché"- und der „non-conformité"-Haftung, allerdings mit *entgegengesetztem Ergebnis*: während, überspitzt gesagt, für die einen jeder „défaut de conformité" ein „vice" war, war für die anderen jeder „vice" ein „défaut de conformité"[26]. Grund für diese Rechtsprechung war, daß über den Rekurs auf die allgemeinen Vorschriften der Nichterfüllung die gemeinhin als erheblich zu kurz empfundene Frist des Art. 1648 C. civ. („bref délai") zugunsten der allgemeinen dreißigjährigen Verjährung zwischen Nichtkaufleuten (Art. 2262 C. civ.) bzw. der zehnjährigen Verjährung bei Beteiligung eines Kaufmannes (Art. 189 bis Code de commerce) umgangen werden sollte. In der Folgezeit wurden von der *ersten* Zivilkammer zahlreiche Urteile kassiert, die bei einem eigentlich

---

22 Siehe z.B. Ghestin/Desché, Nr. 722, S. 764; vgl. auch Larroumet, Anm. zu Cass. com. v. 24.4.1980, D. 1980, IR, S. 567 f.

23 Tournafond, D. 1989, Chr., S. 237, 239, Nr. 17; Ghestin/Desché, Nr. 769, S. 831.

24 Larroumet, Anm. zu Cass. com. v. 24.4.1980, D. 1980, IR, S. 567 f.; Bénabent, Anm. zu Cass. ass. plén. v. 7.2.1986, D. 1986, Jur., S. 293, 296; Ginestet, Anm. zu Cass. civ. 1re v. 29.1.1991 und Cass. civ. 3ème v. 27.3. 1991, J.C.P. 1992, II, 21935, S. 364.

25 Cass. civ. 1re v. 9.3.1983, Bull. civ. 1983, I, Nr. 92, S. 81 = J.C.P. 1984, II, 20295 m. Anm. Courbe; deutlicher noch Cass. civ. 1re v. 5.11.1985, Bull. civ. 1985, I, Nr. 287, S. 256 f.: Aufgrund eines Konstruktionsfehlers, der zu einer Blokkierung des Hinterrades führte, erlitt ein Motorradfahrer einen schweren Unfall. Nach Abweisung der Klage durch die Cour d'appel in Anwendung des Art. 1648 C. civ. führte die Cour de cassation aus: „Attendu qu'en statuant ainsi, sans rechercher si le vice de conception relevé ne devait pas s'analyser [...] en un manquement du fabricant-vendeur à son obligation de délivrer une machine conforme à sa *destination normale*, ce qui aurait exclu l'application de l'article 1648 du Code civil [...]" (Hervorhebung vom Verfasser). Diese Rechtsprechung wurde bestätigt durch zwei auch noch in anderer Hinsicht bedeutsame Urteile der „Assemblée plénière" der Cour de cassation v. 7.2.1986, Bull. civ. 1986, Ass. plén., Nr. 2, S. 2 = D. 1986, Jur., S. 293 m. Anm. Bénabent = D. 1987, Somm., S. 185 m. Anm. Groutel = J.C.P. 1986, II, 20616 m. Anm. Malinvaud.

26 Malinvaud, Anm. zu Cass. ass. plén. v. 7.2.1986, J.C.P. 1986, II, 20616, Nr. 8.

vorliegenden Sachmangel und einem abgelaufenen „bref délai" nicht untersucht hatten, ob nicht auch ein „défaut de conformité" vorlag[27] bzw. wurden Urteile bestätigt, die eine solche Qualifikation trotz eines eigentlich vorliegenden „vice caché" vorgenommen hatten[28]. Diese Rechtsprechung, die als Einräumung eines generellen Wahlrechts zwischen beiden Rechtsbehelfen verstanden wurde[29], fand jedoch nicht die Billigung der *dritten* Zivilkammer, die weiter auf einer strengen Unterscheidung beider Rechtsbehelfe beharrte[30], während die Position der *Chambre commerciale* zwischen derjenigen der dritten Zivilkammer und derjenigen der ersten Zivilkammer schwankte[31].

Nachdem sich auch in der Lehre heftiger Widerstand regte[32], gab die erste Zivilkammer schließlich völlig unerwartet ihre bisherige Position auf und kehrte im Einklang mit der dritten Zivilkammer wieder zu einer an der „théorie conceptualiste" orientierten Unterscheidung beider Rechtsbehelfe zurück. Dieses wichtige „revirement" begann mit einem Urteil der ersten Zivilkammer vom 5.5.1993[33], dessen Interpretation allerdings noch umstritten war[34]. In dem der Entscheidung zugrunde liegenden Verfahren griffen die Kläger, deren Schadensersatzklage wegen Lieferung mangelhafter Dachziegel aufgrund von Art. 1648 C. civ. („bref délai") abgelehnt worden war,

---

27 So z.B. Cass. civ. 1re v. 8.11.1988, Bull. civ. 1988, I, Nr. 314, S. 213 f.; Cass. civ. 1re v. 14.2.1989, Bull. civ. 1989, I, Nr. 83, S. 53 f.; Cass. civ. 1re v. 13.12.1989, Bull. civ. 1989, I, Nr. 393, S. 264; Cass. civ. 1re v. 29.1.1991, Bull. civ. 1991, I, Nr. 41, S. 25.

28 Siehe z.B. Cass. civ. 1re v. 21.6.1988, Bull. civ. 1988, I, Nr. 203, S. 141 f.; Cass. civ. 1re v. 11.6.1991, Bull. civ. 1991, I, Nr. 201, S. 132; Cass. civ. 1re v. 28.10.1991, Contr. Conc. Cons. 1992, Nr. 25, S. 11 (erste Entscheidung).

29 So z.B. Viney, J.C.P. 1993, I, 3727, Nr. 26, S. 544 und wohl auch Leveneur, Anm. zu Cass. civ. 1re v. 24.3.1992, Contr. Conc. Cons. 1992, Nr. 130, S. 5. Grundsätzlich für ein Wahlrecht zwischen beiden Rechtsbehelfen z.B. Ghestin/ Desché, Nr. 777, S. 844; Viney, aaO, Nr. 29, S. 544 m.w.N.; wohl auch Leveneur, aaO.

30 So z.B. Cass. civ. 3ème v. 27.3.1991, Bull. civ. 1991, III, Nr. 107, S. 61 f. = D. 1992, Jur., S. 95 m. Anm. Karila = J.C.P. 1992, II, 21935 (2. Fall) m. Anm. Ginestet; Cass. civ. 3ème v. 23.10.1991, Bull. civ. 1991, III, Nr. 249, S. 147.

31 Siehe einerseits Cass. com. v. 4.6.1985, Bull. civ. 1985, IV, Nr. 181, S. 152 f. und Cass. com. v. 3.4.1990, Bull. civ. 1990, IV, Nr. 108, S. 71 f., andererseits Cass. com. v. 22.5.1991, Bull. civ. 1991, IV, Nr. 176, S. 126 f., Cass. com. v. 10.12.1991, Contr. Conc. Cons. 1992, Nr. 47, S. 4 und Cass. com. v. 18.2.1992, Bull. civ. 1992, IV, Nr. 82, S. 59 f.

32 Siehe z.B. Tournafond, D. 1989, Chr., S. 237, 241 ff., Nr. 34 ff.; Groutel, Resp. civ. et ass. 1993, Chr. 27; Atias, D. 1993, Chr., S. 265 f.

33 Cass. civ. 1re v. 5.5.1993, J.C.P. 1993, IV, Nr. 1690, S. 201 = D. 1993, Jur., S. 506 f. m. Anm. Bénabent.

34 Siehe die Interpretationen von Groutel (Resp. civ. et ass. 1993, Chr. 27) und Bénabent (aaO, S. 507 f.) einerseits und diejenige von Viney (J.C.P. 1993, I, 3727, Nr. 26, S. 544) andererseits.

das berufungsgerichtliche Urteil u.a. mit dem Vorbringen an, dem Käufer stünde bei Lieferung einer mangelhaften Sache sowohl die Gewährleistungsklage des Art. 1641 C. civ. als auch die „action en responsabilité contractuelle“ des Art. 1147 C. civ. zur Verfügung. Die Antwort der ersten Zivilkammer der Cour de cassation lautete: „Mais attendu que les vices cachés, lesquels se définissent comme un défaut rendant la chose impropre à sa *destination normale*[35], ne donnent pas ouverture à une action en responsabilité contractuelle, mais à une garantie dont les modalités sont fixées par les art. 1641 et s. c. civ ...“[36]. Dieses Urteil wurde bereits überwiegend als Aufgabe des verobjektivierten Verständnisses der „non-conformité“-Haftung und damit als Aufgabe des generellen Wahlrechts zwischen „vice caché“- und „non-conformité“-Haftung angesehen[37]. Daß diese Interpretation zutreffend war, ergab sich dann alsbald aus einem weiteren Urteil der ersten Zivilkammer vom 16.6.1993[38]. Die aus den genannten Urteilen resultierende Zweiteilung in „Beeinträchtigung der Tauglichkeit zum gewöhnlichen Gebrauch“ einerseits und „Abweichung von den vertraglichen Vereinbarungen“ andererseits wurde anschließend durch drei weitere Urteile der ersten Zivilkammer aus dem Jahre 1993 bestätigt[39]. Auch die Chambre commerciale schloß sich schließlich dieser Position an[40], die seither mehrfach von den verschiedenen Kammern der Cour de cassation bestätigt worden ist[41].

Nach einem Urteil der ersten Zivilkammer vom 24.11.1993, das *nach* den erwähnten Grundsatzurteilen der ersten Zivilkammer vom 5.5., 16.6., 13.10 und 27.10.1993 erging, soll in Fortsetzung einer früheren Rechtsprechung[42] offenbar dennoch weiterhin auch die Nichteignung zu einem spe-

---

[35] Hervorhebung vom Verfasser.

[36] Cass. civ. 1re v. 5.5.1993, J.C.P. 1993, IV, Nr. 1690, S. 201 = D. 1993, Jur., S. 506 f. m. Anm. Bénabent.

[37] So Groutel, Resp. civ. et ass. 1993, Chr. 27; Bénabent, D. 1993, Jur., S. 507 f.

[38] Cass. civ. 1re v. 16.6.1993, Bull. civ. 1993, I, Nr. 224, S. 155 = D. 1994, Jur., S. 210 f. und S. 546 m. Anm. Clay. Siehe hierzu auch Bénabent, D. 1994, Chr., S. 115 f.

[39] Cass. civ. 1re v. 13.10.1993, D. 1994, Jur., S. 211; Cass. civ. 1re v. 27.10.1993 (Cie La Concorde c/Sté MTS et autre) und 8.12.1993, D. 1994, Jur., S. 212 (siehe zu diesen Urteilen auch Bénabent, aaO, Nr. 3; Clay, aaO, Nr. 2 mit Fn. 9 und Viney, J.C.P. 1994, I, 3773, Nr. 12).

[40] So insbesondere Cass. com. v. 26.4.1994, Bull. civ. 1994, IV, Nr. 159, S. 126 f.; Cass. com. v. 31.5.1994, Bull. civ. 1994, IV, Nr. 199, S. 159. Siehe zu diesen Urteilen auch Clay, aaO, Nr. 2, Fn. 10.

[41] Siehe z.B. Cass. civ. 3ème v. 28.6.1995, D. 1995, IR, S. 188; Cass. civ. 3ème v. 14.2.1996, D. 1996, IR, S. 76; Cass. civ. 1re v. 14.5.1996, J.C.P. 1996, IV, Nr. 1498.

[42] So z.B. Cass. com. v. 4.12.1950, Bull. civ. 1950, II, Nr. 365, S. 261 f.; Cass. com. v. 8.11.1972, Bull. civ. 1972, IV, Nr. 282, S. 266; Cass. com. v. 6.1.1982,

ziellen, unüblichen Gebrauch einen Mangel darstellen, vorausgesetzt, dieser besondere Gebrauch war dem Verkäufer bekannt[43].

Damit ergibt sich für die Position der Cour de cassation zur Abgrenzung zwischen der „vice caché"- und der „non-conformité"-Haftung insgesamt folgendes: eine Kaufsache ist dann mangelhaft, wenn ihre Tauglichkeit zu dem gewöhnlichen oder dem speziellen, dem Verkäufer aber bekannten Gebrauch beeinträchtigt ist; eine „non-conformité" liegt dagegen vor, wenn die Kaufsache in irgendeiner Form von den sonstigen vertraglichen Vereinbarungen abweicht, ohne daß dadurch ihre Gebrauchstauglichkeit eingeschränkt wird[44].

β) Sonstige Einzelheiten zur Mangelhaftigkeit

Ein Produkt ist also zunächst einmal mangelhaft, wenn es nicht zum normalen Gebrauch geeignet ist. Dabei wird die Mangelhaftigkeit nicht schon dadurch ausgeschlossen, daß das Produkt den Regeln der Kunst, bestimmten Normen (z.B. N.F.) oder einer behördlichen Erlaubnis entspricht[45]. Auch die Nichteignung zu einem speziellen, unüblichen Gebrauch konnte bisher einen Mangel darstellen, vorausgesetzt, dieser besondere Gebrauch war dem Verkäufer bekannt. Hieran hat sich durch das neue, objektivere Verständnis des Mangelbegriffes, wie gezeigt, offenbar nichts geändert.

Erforderlich ist schließlich eine gewisse Schwere des Mangels. Ist er leicht zu beheben oder ist die Brauchbarkeit der Kaufsache nur in geringem Maße beeinträchtigt, scheidet die Sachmängelhaftung aus[46].

bbb) Verborgenheit

Die Sachmängelhaftung wird gem. Art. 1641, 1642 C. civ. nur bei einem „verborgenen Mangel" ausgelöst. Ein solcher liegt gem. Art. 1642 C. civ.

Bull. civ. 1982, IV, Nr. 7, S. 5 f. Siehe hierzu auch Le Tourneau, Responsabilité, Nr. 1769, S. 562; Huet, Responsabilité du vendeur, Nr. 164, S. 164; Ghestin/Desché, Nr. 726, S. 770; Ferid/Sonnenberger, Bd. 2, 2 G 597.

[43] Cass. civ. 1re v. 24.11.1993, J.C.P. 1994, IV, Nr. 294.

[44] Selbstverständlich kann es auch trotz dieser neuerlichen Unterscheidung beider Rechtsbehelfe zu einem „cumul" zwischen diesen kommen, wenn die Abweichung von den vereinbarten Eigenschaften gleichzeitig die Gebrauchstauglichkeit der Kaufsache beeinträchtigt (siehe hierzu Bénabent, D. 1994, Chr., S. 115, 116, Nr. 7).

[45] Huet, Responsabilité du vendeur, Nr. 160, S. 162 f.; vgl. weiterhin Overstake, Rev. trim. dr. civ. 1972, S. 485, 510 ff., Nr. 60–68; v. Westphalen/Rohs, § 123, Rz. 6; Muthig, S. 80.

[46] Cass. com. v. 16.11.1976, D. 1977, IR, S. 52; Cass. civ. 1re v. 29.5.1963, Gaz. Pal. 1963, 2, Jur., S. 363 f.; Le Tourneau, Responsabilité, Nr. 1767, S. 561 f.; Ferid/Sonnenberger, Bd. 2, 2 G 597; v. Westphalen/Rohs, § 123, Rz. 5.

nicht vor, wenn der Mangel offensichtlich ist und der Käufer sich hiervon selbst überzeugen konnte.

Auch wenn ein Mangel nicht offensichtlich ist, gilt er als offensichtlich, wenn der Verkäufer den Käufer entsprechend informiert[47] oder dieser anderweit Kenntnis erlangt[48]. Gleiches gilt, wenn das Bestehen des Mangels zwar unsicher ist, der Verkäufer aber auf ein mögliches Auftreten des Mangels hingewiesen hat[49].

Ein Mangel gilt aber nicht nur dann als offensichtlich, wenn der Käufer ihn kannte, sondern auch dann, wenn er ihn kennen mußte, m. a. W. ein Mangel ist nicht offensichtlich, wenn es sich um einen „défaut que l'acheteur peut légitimement ignorer" handelt[50]. Es fragt sich jedoch, welcher Maßstab für ein solches „Kennenmüssen" des Käufers anzulegen ist. Problematisch ist hierbei zunächst die Frage, ob insoweit von einer konkreten oder einer abstrakten Betrachtungsweise auszugehen ist. Während der Wortlaut des Art. 1642 C. civ. eher für eine konkrete Betrachtungsweise spricht, fragen Rechtsprechung und h. L. in abstrakter Sichtweise danach, was ein durchschnittlich sorgfältiger Käufer hätte erkennen können[51]. Entsprechend dem Kenntnisstand wird dabei zwischen gewöhnlichen und professionellen Käufern unterschieden[52]. Von einem gewöhnlichen Käufer wird keine minutiöse, sondern lediglich eine einfache, elementare Untersuchung der Kaufsache verlangt[53]. Er muß z. B. die Verpackung untersuchen, die gekaufte Maschine in Gang setzen, den bestellten Anzug anprobieren, etc.[54]. Von einem professionellen Käufer wird dagegen eine eingehendere Untersuchung erwartet[55]. Am strengsten sind dabei die Anforderungen bei einem „professionel de même spécialité" oder einem „professionel de spé-

---

[47] Siehe z. B. Cass. civ. 1re v. 21.7.1970, Bull. civ. 1970, I, Nr. 249, S. 201 ff.; Cass. civ. 1re v. 3.3.1971, Bull. civ. 1971, I, Nr. 68, S. 58 f.; Cass. com. v. 19.11. 1977, Bull. civ. 1977, IV, Nr. 284, S. 241; Le Tourneau, Responsabilité, Nr. 1772, S. 563; Huet, Jcl. civil, Art. 1641 à 1649, Fasc. 30, Nr. 99.

[48] Dazu z. B. Huet, Jcl. civil, Art. 1641 à 1649, Fasc. 30, Nr. 97 f.

[49] Le Tourneau, Responsabilité, Nr. 1772, S. 563; v. Westphalen/Rohs, § 123, Rz. 7.

[50] So z. B. Ghestin/Desché, Nr. 729, S. 773 m. w. N.; Mazeaud/de Juglart, Leçons, Bd. III/2, 1. Teil, Nr. 983, S. 304.

[51] Vgl. Dejean de la Bâtie, Appréciation in abstracto et appréciation in concreto, Nr. 241 ff., S. 195 ff., mit Nachweisen zu den in der Rechtsprechung benutzten verschiedenen Formulierungen in Nr. 243, S. 197, Fn. 67–72; Mazeaud/de Juglart, Leçons, Bd. III/2, 1. Teil, Nr. 982, S. 302; Le Tourneau, Responsabilité, Nr. 1775 f., S. 564; Revel, Jcl. civil, Art. 1382 à 1386, Fasc. 366-1, Nr. 22 f.

[52] Barret, Rép. de dr. civ., Vente, Nr. 1423; Le Tourneau, Responsabilité, Nr. 1776, S. 564; Huet, Jcl. civil, Art. 1641 à 1649, Fasc. 30, Nr. 71.

[53] Le Tourneau, Responsabilité, Nr. 1777, S. 564; Ghestin/Desché, Nr. 732, S. 777 f.

[54] Le Tourneau, aaO.

cialité voisine"[56]. Diese Anforderungen gehen jedoch nicht so weit, bei dem gewerbsmäßigen *Käufer* eine Mangelkenntnis (unwiderlegbar) zu vermuten[57], wie dies ja für den gewerbsmäßigen *Verkäufer* der Fall ist[58], denn dies hätte zur Folge, daß quasi keiner der unmittelbar oder mittelbar in Anspruch genommenen gewerbsmäßigen Verkäufer einen Rückgriffsanspruch gegen *seinen* Verkäufer hätte[59]. Letztlich würde der Schaden dann an dem letzten gewerbsmäßigen Verkäufer in der Absatzkette hängenbleiben. Neben der technischen Sachkenntnis des Käufers wird schließlich für die Beurteilung des Erkennenmüssens häufig noch auf die Art des Fehlers, die Umstände der Untersuchung bei Lieferung sowie auf die Art der Kaufsache abgestellt[60].

Ob der *Ver*käufer Kenntnis von der Mangelhaftigkeit der Kaufsache hatte, ist für das grundsätzliche Eingreifen der Sachmängelgewähr ohne Belang, wohl aber für die Frage entscheidend, ob er auch Schadensersatz schuldet (vgl. Art. 1645 C. civ.), und ob seine Freizeichnungsklauseln wirksam sind (vgl. Art. 1643 C. civ.).

bb) Zeitpunkt der Mangelhaftigkeit

Obwohl es diesbezüglich bisher an einer Regelung im Code civil fehlt, besteht im Grundsatz Einigkeit darüber, daß der Mangel spätestens „zur Zeit des Kaufes" vorliegen muß[61]. Häufig wird dieser Zeitpunkt noch zu präzisieren versucht, indem man auf den Zeitpunkt des Gefahrübergangs[62], des Eigentumsübergangs[63] oder aber auf den Zeitpunkt der Lieferung

---

55 Le Tourneau, Responsabilité, Nr. 1778, S. 564 f.; Huet, Jcl. civil, Art. 1641 à 1649, Fasc. 30, Nr. 71, 75 ff.

56 v. Westphalen/Rohs, § 123, Rz. 8.

57 Cass. com. v. 15.11.1983, Bull. civ. 1983, IV, Nr. 311, S. 269 f.; Cass. civ. 3ème v. 7.2.1973, J.C.P. 1975, II, 17918 m. Anm. Ghestin; Cass. com. v. 25.5.1982, Bull. civ. 1982, IV, Nr. 201, S. 176 f.; Revel, Jcl. civil, Art. 1382 à 1386, Fasc. 366-1, Nr. 23; Huet, Responsabilité du vendeur, Nr. 235 f., S. 202 f.; Muthig, S. 85. Siehe aus neuerer Zeit z.B. ausdrücklich Cass. civ. 1re v. 20.6.1995, D. 1995, IR, S. 188; im gleichen Sinne Cass. civ. 1re v. 20.2.1996, J.C.P. 1996, IV, Nr. 846 (Leitsatz Nr. 3°).

58 Siehe hierzu unten unter b).

59 Vgl. Muthig, S. 85.

60 Ghestin/Desché, Nr. 730 ff., S. 776 ff.

61 So z.B. Cass. civ. 1re v. 12.1.1977, Bull. civ. 1977, I, Nr. 28, S. 21; Cass. civ. 3ème v. 2.10.1979, D. 1980, IR, S. 224; Cass. com. v. 18.1.1984, Bull. civ. 1984, IV, Nr. 26, S. 21; Cass. civ. 1re v. 16.7.1987, Bull. civ. 1987, I, Nr. 230, S. 169; Mazeaud/de Juglart, Leçons, Bd. III/2, 1. Teil, Nr. 984, S. 304 f.

62 So z.B. Ghestin/Desché, Nr. 735, S. 781; Alter, L'obligation de délivrance dans la vente de meubles corporels, Nr. 115, S. 202.

abstellt[64]. Ausreichend ist, wenn der Mangel zum maßgeblichen Zeitpunkt bereits im Keim vorhanden war[65].

cc) Der „bref délai" des Art. 1648 C. civ.

Ähnlich wie im deutschen Recht steht dem Käufer für die Geltendmachung seiner Sachmängelgewährleistungsrechte nur ein recht kurzer Zeitraum zur Verfügung. Dieser wird durch den sog. „bref délai" des Art. 1648 C. civ. bestimmt, wobei es sich hierbei im Gegensatz zu § 477 BGB nach überwiegender Auffassung nicht um eine Verjährungs-, sondern um eine Ausschlußfrist handelt[66].

aaa) Länge der Frist

Die Länge des „bref délai" ist in Art. 1648 C. civ. für den Bereich der Mobilien nicht allgemein festgelegt[67]. Sie wird bei Fehlen einer spezialgesetzlichen Bestimmung oder einer feststehenden „usage" nach den Umstän-

---

63 So Planiol et Ripert/Hamel, Traité pratique, 2. Aufl., Bd. X, Nr. 131, S. 147; Huet, Jcl. civil, Art. 1641 à 1649, Fasc. 30, Nr. 102; Ferid/Sonnenberger, Bd. 2, 2 G 602; Brendl/Schweinberger, S. 16.

64 So z.B. Cass. com. v. 15.11.1971, Bull. civ. 1971, IV, Nr. 276, S. 259; Cass. com. v. 10.12.1973, J.C.P. 1975, II, 17950 m. Anm. Malinvaud; Cass. com. v. 8.7.1981, Bull. civ. 1981, IV, Nr. 316, S. 250 f.; Malinvaud in der zitierten Anm. zu Cass. com v. 10.12.1973, Nr. 3; Le Tourneau, Responsabilité, Nr. 1773, S. 563.

Der im Zuge der Umsetzung der Produkthaftungsrichtlinie 85/374 vom Anfang des Gesetzgebungsverfahrens an geplante neue Art. 1641-1 C. civ., der ebenso wie die anderen geplanten Änderungen der kaufrechtlichen Sachmängelgewährleistungsvorschriften vom französischen Senat in der Lesung vom 5. Februar 1998 gestrichen wurde, stellte für den Beweis des Käufers in ähnlicher Weise auf den Zeitpunkt der „fourniture" der Kaufsache ab (die geplanten kaufrechtlichen Änderungen wurden mit Rücksicht auf den seinerzeitigen „Richtlinienvorschlag über den Verbrauchsgüterkauf und -garantien" vom 23.8.1996 (Amtsblatt der EG 1996 C 307, S. 8), der mittlerweile zur Richtlinie 1999/44 zu bestimmten Aspekten des Verbrauchsgüterkaufs und der Garantien für Verbrauchsgüter vom 25.5.1999 (Amtsblatt der EG 1999 L 171 vom 7.7.1999, S. 12; Umsetzungsfrist 31.12.2001) geworden ist, kurzfristig aus dem Gesetzesentwurf herausgenommen).

65 Siehe z.B. Cass. req. v. 8.3.1892, D.P. 1892, 1, 204; Cass. req. v. 26.12.1906, D.P. 1907, 1, 279 f.; Cass. com. v. 9.2.1965, Bull. civ. 1965, III, Nr. 103, S. 86, 87; Cass. com. v. 24.2.1981, Bull. civ. 1981, IV, Nr. 102, S. 78; Le Tourneau, Responsabilité, Nr. 1773, S. 563; Huet, Jcl. civil, Art. 1641 à 1649, Fasc. 30, Nr. 107; Ghestin/Desché, Nr. 735, S. 781.

66 So z.B. Mazeaud/de Juglart, Leçons, Bd. III/2, 1. Teil, Nr. 989, S. 314; Ferid/Sonnenberger, Bd. 2, 2 G 611. Anderer Ansicht z.B. Ancel, Rev. trim. dr. com. 1979, S. 203, 208, Nr. 9. Der Streitfrage kommt allerdings wegen der Unbestimmtheit des „bref délai" kaum Praxisrelevanz zu, vgl. dazu die Ausführungen von Huet, Jcl. civil, Art. 1641 à 1649, Fasc. 40, Nr. 67.

den des Einzelfalles und der Art des Fehlers vom Tatrichter „souverain", d.h. nicht revisibel festgestellt[68]. Die Cour de cassation prüft insoweit nur die Ordnungsgemäßheit der Ermessensausübung[69]. Die Mehrzahl der Entscheidungen siedelt den „bref délai" ungefähr in einem Zeitraum von sechs Monaten bis zu einem Jahr an[70].

Die Unbestimmtheit des „bref délai" führt zwar einerseits zu einer gewissen Flexibilität, andererseits aber zu einer großen Rechtsunsicherheit, was durch die hohe Zahl von Prozessen eindrucksvoll untermauert wird. Art. 1648 C. civ. ist daher schon seit langem Gegenstand heftiger Kritik. Ein erstes Eingreifen des Gesetzgebers durch die sog. „loi Badinter" vom 5.7.1985[71] hat eine gewisse Abmilderung dadurch gebracht, daß seither nicht mehr nur die Klageerhebung, sondern auch die Einleitung eines sog. „référé"-Verfahrens zwecks Bestellung eines Sachverständigen fristunterbrechend wirkt (vgl. den geänderten Art. 2244 C. civ.)[72]. Im Zuge der Umsetzung der EG-Produkthaftungsrichtlinie vom 25.7.1985 war von Anfang an geplant, Art. 1648 Abs. 1 C. civ. komplett neu zu fassen und künftig durch zwei Absätze zu ersetzen[73]. Auch diese Änderung wurde jedoch mit Rücksicht auf den seinerzeitigen „Richtlinienvorschlag über den Verbrauchsgüterkauf und -garantien" vom 23.8.1996[74], der mittlerweile zur Richtlinie 1999/44 zu bestimmten Aspekten des Verbrauchsgüterkaufs und der Garantien für Verbrauchsgüter vom 25.5.1999[75] geworden ist, kurz vor Abschluß des Gesetzgebungsverfahrens aufgegeben[76].

---

67 Lediglich für die hier nicht näher interessierenden „immeubles à construire" findet sich insoweit in Art. 1648 Abs. 2 C. civ. eine Regelung.

68 Siehe z.B. Cass. civ. v. 12.11.1884, D.P. 1885, 1, 357, 358; Cass. com. v. 24.3.1952, Bull. civ. 1952, II, Nr. 143, S. 109; Cass. com. v. 25.1.1966, Bull. civ. 1966, III, Nr. 51, S. 43 f.; Cass. civ. 3ème v. 2.5.1978, Bull. civ. 1978, III, Nr. 174, S. 137; Huet, Jcl. civil, Art. 1641 à 1649, Fasc. 40, Nr. 97; Ferid/Sonnenberger, Bd. 2, 2 G 611.

69 Ferid/Sonnenberger, Bd. 2, 2 G 611; Brendl/Schweinberger, S. 19.

70 Siehe hierzu eingehend Huet, Jcl. civil, Art. 1641 à 1649, Fasc. 40, Nr. 97 ff.

71 Gesetz Nr. 85-677 v. 5.7.1985, inkraftgetreten am 1.1.1986.

72 Näher zur Fristunterbrechung unten unter ccc).

73 Nach dem geplanten Art. 1648 Abs. 1 C. civ. sollte das Recht, sich auf einen Mangel zu berufen, verjährt sein, wenn der Käufer den Mangel nicht innerhalb *eines Jahres* nach dem Zeitpunkt der Entdeckung bzw. dem Zeitpunkt, in dem der Mangel hätte entdeckt werden müssen, dem Verkäufer anzeigt. Diese Frist sollte nach dem geplanten Art. 1648 Abs. 2 C. civ. zwischen „vendeurs professionnels" durch Vereinbarung oder aufgrund Verkehrssitte modifiziert werden können.

74 Amtsblatt der EG 1996 C 307, S. 8 ff. Siehe auch den geänderten Richtlinienvorschlag vom 1.4.1998, Amtsblatt der EG 1998 C 148, S. 12 ff.

75 Amtsblatt der EG 1999 L 171 vom 7.7.1999, S. 12. Die Richtlinie ist bis zum 31.12.2001 in nationales Recht umzusetzen.

76 Siehe zur kurzfristigen Streichung der geplanten kaufrechtlichen Änderungen auch bereits oben Fn. 64.

bbb) Fristbeginn

Auch der Fristbeginn ist gesetzlich nicht näher bestimmt. Da die Cour de Cassation aber im Gegensatz zur Fristdauer den Fristbeginn seit einiger Zeit in der „Revision" nachprüft[77], hat sich der Zeitpunkt der *Entdeckung* des Mangels zur h.M. entwickelt[78]. Hierin liegt ein wichtiger Unterschied zur Regelung des § 477 Abs. 1 S. 1 BGB, der auf den Zeitpunkt der Ablieferung abstellt[79].

Für den Verjährungsbeginn der Rückgriffsklage des Verkäufers gegen den Hersteller ist nach h.M. der Zeitpunkt der Zustellung der Ladungs- und Klageschrift an den Verkäufer maßgeblich[80].

ccc) Fristunterbrechung

Um die in Gang gesetzte Frist des Art. 1648 C. civ. zu unterbrechen, kam vor 1985 vor allem die Einreichung einer Klage gegen den Verkäufer in Betracht. Einfache Reklamationen, Versuche gütlicher Einigung usw.[81], ja selbst die Einleitung eines sog. „référé"-Verfahrens, d.h. eines einstweiligen Verfügungs- und Beweissicherungsverfahrens zur Bestellung eines Sachverständigen, reichten nicht aus[82]. Letzteres hat sich, wie erwähnt[83],

---

77 Vgl. Ancel, Rev. trim. dr. com. 1979, S. 203, 208, Nr. 9; Huet, Jcl. civil, Art. 1641 à 1649, Fasc. 40, Nr. 86 f.; Revel, Jcl. civil, Art. 1382 à 1386, Fasc. 366-1, Nr. 46; v. Westphalen/Rohs, § 123, Rz. 23.

78 Siehe z.B. Cass. civ. 1re v. 30.1.1967, J.C.P. 1967, II, 15025; Cass. civ. 1re v. 5.1.1972, J.C.P. 1973, II, 17340 m. Anm. Malinvaud; Cass. civ. 3ème v. 14.6.1989, Bull. civ. 1989, III, Nr. 140, S. 77; Ancel, Rev. trim. dr. com. 1979, S. 203, 208, Nr. 9; Le Tourneau, Responsabilité, Nr. 1783, S. 566; Mazeaud/de Juglart, Leçons, Bd. III/2, 1. Teil, Nr. 989, S. 313; Huet, Jcl. civil, Art. 1641 à 1649, Fasc. 40, Nr. 86; Revel, Jcl. civil, Art. 1382 à 1386, Fasc. 366-1, Nr. 46.

Zu den früher vertretenen Auffassungen, die auf den Zeitpunkt des Kaufabschlusses oder auf den Zeitpunkt der Lieferung abstellten, vgl. z.B. Revel, Jcl. civil, Art. 1382 à 1386, Fasc. 366-1, Nr. 46; Malinvaud, J.C.P. 1973, II, 17340 unter II.

Zu weiteren früher vertretenen Lösungen siehe die Anmerkung des Herausgebers zu dem Urteil der Cour de cassation v. 12.11.1884, S. 1886, 1, 149.

79 In der Lehre wurde bereits seit längerem gefordert, zusätzlich auf den Zeitpunkt abzustellen, in dem der Mangel hätte entdeckt werden müssen (so insb. Ghestin, La notion d'erreur dans le droit positif actuel, Nr. 293, S. 342 f.; Ghestin/Desché, Nr. 737, S. 787). Dieser Zeitpunkt sollte, neben demjenigen der Entdekkung des Mangels, in dem geplanten neuen Art. 1648 Abs. 1 kodifiziert werden.

80 Siehe z.B. Ancel, Rev. trim. dr. com. 1979, S. 203, 208, Nr. 9 m.w.N.; Revel, Jcl. civil, Art. 1382 à 1386, Fasc. 366-1, Nr. 46 m.w.N.; Muthig, S. 91. Dieser Zeitpunkt ist nun für die auf die „neue" Produkthaftung gestützte Rückgriffsklage normiert worden (siehe Art. 1386-7 Abs. 2 C. civ.).

81 Dazu Huet, Jcl. civil, Art. 1641 à 1649, Fasc. 40, Nr. 71 ff.; Brendl/Schweinberger, S. 19.

durch die „loi Badinter" vom 5.7.1985 geändert, d.h. seither reicht die Einleitung eines „référé"-Verfahrens zur Fristunterbrechung aus[84].

dd) Die Beweislast

Dem Käufer obliegt bei der kaufrechtlichen Sachmängelgewährleistung grundsätzlich die Beweislast für die anspruchsbegründenden Voraussetzungen. Er muß daher neben der Identität der mangelhaften mit der gelieferten Ware auch das Vorliegen eines Mangels beweisen[85]. Der Käufer muß weiterhin den Beweis dafür erbringen, daß die Sache bereits beim Kauf mit einem Mangel behaftet war, daß er einen Schaden erlitten hat[86], und daß der Mangel für den eingetretenen Schaden kausal war[87].

Das Bestehen des Mangels und die Mangelhaftigkeit zum Zeitpunkt des Kaufes sind für den Käufer oft schwer zu beweisen.

Problematisch sind dabei insbesondere die Fälle, in denen die Ursache *des Mangels*[88] unbekannt und damit die Existenz des Mangels zweifelhaft ist. Die Rechtsprechung verfährt hier teilweise recht streng, indem sie die Nichtaufklärbarkeit der Mangelursache zu Lasten des Käufers gehen läßt[89].

---

82 So z.B. Cour d'appel de Rouen v. 25.11.1959, D. 1959, Somm., S. 74; Cour d'appel de Rouen v. 27.11.1970, D. 1971, Somm. S. 76; Cour d'appel de Nancy v. 11.10.1973, D. 1973, S. 728 f.

83 Siehe oben S. 35.

84 Nach dem im Zuge der Umsetzung der Produkthaftungsrichtlinie 85/374 geplanten, aber letztendlich nicht realisierten neuen Art. 1648 Abs. 1 C. civ. sollte künftig bereits die *Anzeige* des Käufers ausreichen.

85 Für das Vorliegen eines „vice caché" muß der Käufer genaugenommen dreierlei beweisen: das Bestehen des Mangels, seine Erheblichkeit sowie seine Verborgenheit (vgl. z.B. Huet, Jcl. civil, Art. 1641 à 1649, Fasc. 30, Nr. 118).

86 Näher zu den ersatzfähigen Schäden sogleich im Zusammenhang mit der Darstellung der Schadensersatzhaftung [ee) bbb)].

87 Vgl. nur Malinvaud, Anm. zu Cass. com. v. 10.12.1973, J.C.P. 1975, II, 17950; Huet, Jcl. civil, Art. 1641 à 1649, Fasc. 30, Nr. 118, 127 ff., 139 ff.

88 Die Frage der Ursache des Mangels ist theoretisch von der Frage der Kausalität zwischen Mangel und Schaden zu unterscheiden, bei der es darum geht, ob der erwiesenermaßen bestehende Mangel tatsächlich auch den Schaden herbeigeführt hat. In der Praxis dürfte diese Unterscheidung jedoch nicht immer leicht zu treffen sein (vgl. auch Ghestin/Desché, Nr. 744, S. 802).

89 So z.B. im Fall der Explosion einer Flasche (Cour d'appel de Versailles v. 29.10.1981, Gaz. Pal. 1982, 2, Rec. som., S. 391), eines nur mangelhaft klebenden Klebemittels (Cass. com. v. 9.12.1981, Bull. civ. 1981, IV, Nr. 438, S. 350), eines Unfalles aufgrund einiger, aus unbekannten Gründen in das Bremssystem eines Traktors eingedrungener Staubkörner (Cass. civ. 1re v. 16.5.1984, Bull. civ. 1984, I, Nr. 165, S. 140 f.), wiederholter Pannen eines Neuwagens (Cass. com. v. 27.11.1984, Gaz. Pal. 1985, 1, Résumés d'arrêts, S. 80), der Implosion eines Fernsehapparates (Cass. civ. 1re v. 20.3.1989, D. 1989, Jur., S. 381) oder eines plötz-

Andere Urteile zeigen sich dagegen wesentlich großzügiger und schließen bereits aus der Existenz des Schadens unter Ausschluß anderer Ursachen auf die notwendige Existenz eines verborgenen Mangels, selbst wenn dieser sich nicht eindeutig feststellen läßt[90].

Auch bezüglich des Nachweises der Mangelhaftigkeit „zur Zeit des Kaufes" urteilt die Cour de cassation teilweise recht streng, indem sie schon bei Zweifeln, ob der Mangel nicht z.B. auch durch die Art und Weise der Lagerhaltung oder die Benutzung hervorgerufen wurde, den Beweis als nicht erbracht ansieht[91]. Die Rechtsprechung räumt dem Käufer insoweit jedoch auch erhebliche Beweiserleichterungen bis hin zur Beweislastumkehr ein, wobei der Grad der Beweiserleichterung von dem Zeitpunkt des Auftretens des Mangels abhängt. Tritt der Mangel kurz nach Kaufabschluß auf, wird seine Entstehung noch in der Verkäufersphäre, d.h. also *vor* Kaufabschluß vermutet, tritt der Mangel erst nach längerem mangelfreien Gebrauch auf, trägt der Käufer wieder die Beweislast und kann je nach Zeitablauf auch nicht mehr mit Beweiserleichterungen rechnen[92].

Diese Rechtsprechung, die somit teilweise zu einer Umkehr der Beweislast führt, sollte Eingang in den im Zuge der Umsetzung der Produkthaftungsrichtlinie geplanten Art. 1641-1 C. civ finden, der jedoch, wie die anderen geplanten Änderungen der kaufrechtlichen Gewährleistungsvorschriften, letztendlich nicht realisiert wurde[93].

Es sei schließlich an dieser Stelle noch erwähnt, daß der Käufer bei einer Schadensersatzklage neben den bisher erwähnten Voraussetzungen eigentlich noch die Kenntnis des Verkäufers von dem Mangel zu beweisen hätte (vgl. Art. 1645 C. civ.), daß ihm dieser Beweis aber im Verhältnis zum

---

lichen Motorbrandes (Cour d'appel d'Aix-en-Provence v. 27.5.1992, J.C.P. 1993, IV, Nr. 288, S. 33).

[90] Siehe z.B. Cass. com. v. 11.2.1965, Bull. civ. 1965, III, Nr. 114, S. 97 f.; Cass. civ. 1re v. 28.11.1966, D. 1967, Jur., S. 99; Cass. civ. 1re v. 21.11.1978, D. 1979, IR, S. 348 m. Anm. Larroumet; Cass. civ. 1re v. 28.11.1979, D. 1985, Jur., S. 485 (erster Fall) m. Anm. Huet; Cass. civ. 1re v. 2.12.1992, J.C.P. 1993, IV, Nr. 421 und Cass. civ. 2ème v. 9.12.1992, J.C.P. 1993, IV, Nr. 477, beide besprochen bei Viney, J.C.P. 1993, I, 3664, Nr. 23.

[91] So wurde z.B. die Gewährleistungsklage wegen Unaufklärbarkeit der Lagerbedingungen von Konservendosen abgewiesen (Cass. com. v. 10.12.1973, J.C.P. 1975, II, 17950 m. Anm. Malinvaud). Ebenso wurde es abgelehnt, aus dem bloßen Eingehen von Thuja-Pflanzen unter anormalen Umständen auf die Existenz eines Mangels zum Zeitpunkt des Kaufes zu schließen (Cass. civ. 1re v. 15.1.1976, Bull. civ. 1976, I, Nr. 22, S. 17 f.).

[92] Vgl. einerseits Cass. civ. 1re v. 28.11.1979, D. 1980, IR, S. 566 mit Anm. Larroumet und Cass. civ. 1re v. 21.11.1978, D. 1979, IR, S. 348 m. Anm. Larroumet, andererseits Cass. civ. 1re v. 4.12.1973, Bull. civ. 1973, I, Nr. 337, S. 297 ff. Zum Ganzen Huet, Jcl. civil, Art. 1641 à 1649, Fasc. 30, Nr. 134.

[93] Siehe dazu bereits soeben Fn. 64.

(gewerblichen) Hersteller und zum *(gewerblichen) Verkäufer* von der Rechtsprechung und ganz h.M. durch die unwiderlegliche Vermutung der „Bösgläubigkeit“ abgenommen wird[94].

ee) Rechtsfolgen der Sachmängelhaftung

Liegen die Voraussetzungen der Sachmängelhaftung vor, kann der Käufer Wandlung oder Minderung und, bei „Bösgläubigkeit“ des Verkäufers, kumulativ auch Schadensersatz geltend machen[95].

aaa) Wandelung und Minderung

Gemäß Art. 1644 C. civ. hat der Käufer bei Vorliegen der Voraussetzungen der Art. 1641 und 1643 C. civ. die freie Wahl zwischen Wandlung (action rédhibitoire) und Minderung (action estimatoire).

Er kann des weiteren von dem Verkäufer gem. Art. 1646 C. civ. Ersatz der ihm durch den Kauf entstandenen „Kosten“ verlangen[96].

Es sei bereits an dieser Stelle darauf hingewiesen, daß die Rechtsprechung seit einigen Jahren dem *Nacherwerber* die Möglichkeit einräumt, im Wege einer „action directe“ *direkt* von dem Hersteller bzw. Vorverkäufer auch *Wandlung* (und nicht nur Schadensersatz) zu verlangen[97]!

bbb) Schadensersatz

Nach Art. 1645 C. civ. kann der Käufer neben Wandlung oder Minderung[98] *kumulativ* Schadensersatz verlangen. Voraussetzung für das Einste-

---

94 Siehe hierzu ausführlich unten unter b).

95 Nach dem im Zuge der Umsetzung der Produkthaftungsrichtlinie geplanten, jedoch am Ende nicht verabschiedeten Art. 1644-1 C. civ. sollte der Käufer, sofern er bei einem „vendeur professionnel“ gekauft hat, unter bestimmten Voraussetzungen auch Nachbesserung und Austausch des Produktes verlangen können.

96 Zur Abgrenzung dieser „Kosten“ gegenüber dem nach Art. 1645 C. civ. zu ersetzenden Schaden sogleich unter bbb).

97 Siehe Cass. com. v. 17.5.1982, Bull. civ. 1982, IV, Nr. 182, S. 162; Cass. civ. 1re v. 27.1.1993 (Sté Métrologie/Marin u.a.), Bull. civ. 1993, I, Nr. 45, S. 30 = J.C.P. 1993, I, 3684, S. 274 f. (Anm. von Ghestin). A.A. noch Cass. com. v. 27.2.1973, J.C.P. 1973, II, 17445 m. Anm. Savatier. Für eine Erstreckung auch auf die Minderung Sonnenberger, FS Steindorff, S. 777, 793.

98 Trotz des mißverständlichen Wortlautes von Art. 1645 C. civ. besteht kein Zweifel daran, daß Schadensersatzansprüche auch neben einer Minderung geltend gemacht werden können, siehe z.B. Huet, Jcl. civil, Art. 1641 à 1649, Fasc. 50, Nr. 64; Revel, Jcl. civil, Art. 1382 à 1386, Fasc. 366-1, Nr. 53 a.E.

henmüssen des Verkäufers ist allerdings grundsätzlich, daß dieser die Mängel der Kaufsache kannte, wobei entscheidend der Zeitpunkt des Kaufabschlusses ist[99]. Für diese Bösgläubigkeit trifft den Käufer wie erwähnt grundsätzlich die Beweislast. Da aber eine entsprechende Bösgläubigkeit des Verkäufers, abgesehen davon, daß sie in Produkthaftungsfällen tatsächlich häufig nicht vorliegt, für den Käufer kaum zu beweisen ist, hilft die französische Rechtsprechung dem sich in Beweisnot befindlichen Käufer dadurch, daß sie den gewerbsmäßigen Verkäufer und den Hersteller generell als „bösgläubig“ im o.g. Sinne ansieht. Diese besondere, im Code civil nicht geregelte, Haftung wird sogleich unter b) näher untersucht werden. Zuvor bedürfen aber noch zwei Punkte näherer Erörterung, zum einen der Umfang des zu ersetzenden Schadens, zum anderen das Verhältnis dieses Schadens zu den „aus Anlaß des Kaufvertrages entstandenden Kosten“ („frais occasionnés par la vente“) gemäß Art. 1646 C. civ.

α) Umfang des zu ersetzenden Schadens

Das französische Recht geht von dem Grundsatz der „réparation intégrale“ aus, d.h. der Schadensersatzgläubiger kann grundsätzlich allen ihm entstandenen Schaden ersetzt verlangen[100].

Dieser Grundsatz wird jedoch im Vertragsrecht prinzipiell durch Art. 1150 C. civ. eingeschränkt. Hiernach ist nur der bei Vertragsabschluß „vorher-

---

[99] Huet, Jcl. civil, Art. 1641 à 1649, Fasc. 50, Nr. 79; Ghestin/Desché, Nr. 743, S. 800.

[100] Hierbei ist es egal, ob der Schaden im Zusammenhang mit der Kaufsache steht (z.B. Reparaturkosten, entgangener Gewinn) oder ob es sich um Schäden an sonstigen Rechtsgütern des Käufers handelt (die deutsche Unterscheidung zwischen Mangel- und Mangelfolgeschaden ist daher in Frankreich grundsätzlich nicht relevant, siehe aber die Bemerkung unten). Es ist weiterhin egal, ob es sich um Personen- oder Sachschäden, um materielle oder immaterielle Schäden (vgl. zur diesbezüglichen Diskussion in der Lehre Le Tourneau, Responsabilité, Nr. 572 ff.; Mazeaud/Tunc, Responsabilité, Bd. 1, Nr. 292–335) oder um Schäden aufgrund von Ersatzleistungen an Dritte geht.

Siehe zum Ganzen Ferid/Sonnenberger, Bd. 2, 2 G 621; Brendl/Schweinberger, S. 21; Winkelmann, S. 101; Huet, Jcl. civil, Art. 1641 à 1649, Fasc. 50, Nr. 74, 66; Revel, Jcl. civil, Art. 1382 à 1386, Fasc. 366-1, Nr. 53.

In den letzten Jahren zeichnete sich jedoch eine Tendenz in der Rechtsprechung der ersten Zivilkammer der Cour de cassation ab, im Vorgriff auf die Umsetzung der EG-Richtlinie 85/374 Mangelfolgeschäden nicht mehr über die Sachmängelgewährleistung, sondern über die allgemeine vertragliche Haftung wegen Verletzung einer „obligation de sécurité“ zu ersetzen. Nach der nunmehr erfolgten Umsetzung der Richtlinie wird die Rechtsprechung hiervon künftig möglicherweise wieder abrücken (dazu, daß es derzeit aber noch offen ist, ob es tatsächlich zu einer Aufgabe der Rechtsprechung zur „obligation de sécurité“ kommen wird, siehe unten S. 185).

sehbare" Schaden zu ersetzen. Auf die Vorhersehbarkeit kommt es gem. Art. 1150 C. civ. nicht an, wenn der Schaden mit „dol", d.h. vorsätzlich[101] verursacht wurde, wobei dem „dol" die „faute lourde" gleichgestellt wird[102]. Unabhängig davon, ob man die erwähnte Gleichstellung von gewerblichen Verkäufern und Herstellern mit bösgläubigen Verkäufern über die Annahme einer „faute lourde" begründet oder nicht[103], besteht weitgehend Einigkeit darüber, daß Art. 1150 C. civ. im Bereich der Sachmängelhaftung auf den gewerblichen Verkäufer und den Hersteller keine Anwendung findet: diese sind in jedem Falle, ohne daß es insoweit auf die „Vorhersehbarkeit" des Schadens ankäme, für den *gesamten* Schaden haftbar[104].

β) Das Verhältnis des Schadens zu den „frais occasionnés par la vente"

Der von dem bösgläubigen Verkäufer gemäß Art. 1645 C. civ. geschuldete Schadensersatz ist vom Ersatz der „frais occasionnés par la vente" des Art. 1646 C. civ. zu unterscheiden, denn allein letztere sind, neben dem zu verzinsenden Kaufpreis, von einem *gutgläubigen* Verkäufer zu ersetzen. Zu diesen aus Anlaß des Kaufvertrages entstandenen „Vertragskosten" gehören insbesondere die Kosten für den Abschluß des Vertrages (z.B. Maklergebühren, Reisekosten) sowie die Kosten für die Aufbewahrung und den Abtransport der Kaufsache[105]. In dem Bestreben, dem Käufer den in der Praxis häufig schwierigen Beweis der Bösgläubigkeit des Verkäufers zu ersparen, vertrat die Rechtsprechung lange Zeit einen sehr weiten Begriff der „Vertragskosten", die z.B. auch den aus der Inanspruchnahme durch einen Dritten resultierenden Schaden umfassen sollten[106]. Diese, die Gren-

---

101 Unter „dol" wurde früher nur eine absichtliche Schädigung verstanden (siehe z.B. Ferid, Bd. 1, 2 C 32). Seit Cass. civ. 1re v. 4.2.1969 (D. 1969, Jur., S. 601 m. Anm. J. Mazeaud) reicht jedoch bereits einfacher Vorsatz, eine Schädigungsabsicht ist nicht mehr erforderlich (vgl. Le Tourneau, Nr. 1200, S. 384; Mazeaud/Chabas, Leçons, Bd. II/1, Nr. 446, S. 452).

102 Cass. req. v. 24.10.1932, S. 1933, 1, S. 289 ff.; Cass. com. v. 25.5.1954, Gaz. Pal. 1954, 2, Jur., S. 306; Cass. civ. 1re v. 5.3.1963, Gaz. Pal. 1963, 1, S. 376; Le Tourneau, Responsabilité, Nr. 245, S. 89; Mazeaud/Chabas, Leçons, Bd. II/1, Nr. 447, S. 456, Fn. 12.

103 Zur dogmatischen Begründung der Gleichstellung sogleich unter b) aa).

104 Siehe z.B. Ghestin/Desché, Nr. 855, S. 903 ff.; Revel, Jcl. civil, Art. 1382 à 1386, Fasc. 366-1, Nr. 50; Malinvaud, Gaz. Pal. 1973, Doctr., S. 463, Nr.3; Brendl/ Schweinberger, S. 21; Muthig, S. 93.

105 Siehe z.B. Cornu, Anm. zu Cass. civ. 1re v. 4.2.1963, Rev. trim. dr. civ. 1963, S. 564, 565; Huet, Jcl. civil, Art. 1641 à 1649, Fasc. 50, Nr. 70; Ferid/Sonnenberger, Bd. 2, 2 G 617.

106 So das bekannte Urteil der Cour de cassation vom 21.10.1925 (Cass. Req. v. 21.10.1925, D.P. 1926, 1, S. 9 mit Bericht von Célice und Anmerkung von Josse-

zen zwischen Vertragskosten und Schaden und damit zwischen der Haftung des gutgläubigen und des bösgläubigen Verkäufers verwischende Rechtsprechung wurde in der Lehre allgemein abgelehnt[107]. Aufgrund dieser Kritik kehrte die Cour de cassation schließlich zu einer engen Auslegung des Art. 1646 C. civ. zurück[108] und löste die für den Käufer häufig unüberwindbaren Beweisschwierigkeiten bezüglich der Bösgläubigkeit des Verkäufers durch die bereits angedeutete generelle Gleichstellung von gewerblichen Verkäufern und Herstellern mit bösglaubigen Verkäufern.

b) Die Korrektur der „gesetzlichen" Sachmängelgewährleistung durch die Gleichstellung von (gewerblichen) Herstellern und Verkäufern mit „bösgläubigen" Verkäufern

aa) Inhalt und dogmatische Begründung der Gleichstellung

Gewerbsmäßige Hersteller und Verkäufer haften nach ständiger Rechtsprechung und absolut h. M. generell wie ein bösgläubiger Verkäufer[109] und zwar unabhängig davon, ob sie tatsächlich Kenntnis vom Mangel hatten oder ob dieser nach dem Stand von Wissenschaft und Technik überhaupt erkennbar war[110]. Im Gegensatz zu früheren Urteilen[111] und einer früher im

---

rand). Ausführlich zur Entwicklung der Auslegung des Art. 1646 C. civ. die nur mit dem Kürzel H.B. versehene Anmerkung zum Urteil der Cour de cassation v. 24.11.1954 in J.C.P. 1955, II, 8565 unter II. und Ficker, S. 43 ff.

[107] Siehe z. B. H. u. L. Mazeaud, Responsabilité, 4. Aufl., Bd. III, Nr. 2190, S. 290 f.

[108] Cass. civ. 1re v. 24.11.1954, J.C.P. 1955, II, 8565 m. Anm. H.B.; Cass. civ. 1re v. 10.2.1959, S. 1959, Jur., S. 45 ff. mit „conclusions" von Blanchet; Cass. civ. 1re v. 4.2.1963, J.C.P. 1963, II, 13159 m. Anm. Savatier; endgültig gesichert seit Cass. civ. 1re v. 19.1.1965, D. 1965, Jur., S. 389 f.

[109] Siehe nur Cass. civ. 1re v. 24.11.1954, J.C.P. 1955, II, 8565; Cass. civ. 1re v. 19.1.1965, D. 1965, Jur., S. 389 f.; Cass. civ. 1re v. 28.11.1966, D. 1967, Jur., S. 99; Cass. com. v. 12.3.1979, Bull. civ. 1979, IV, Nr. 98, S. 77; Cass. com. v. 3.5.1983, Bull. civ. 1983, IV, Nr. 131, S. 114 f.; siehe aus neuerer Zeit z. B. Cass. civ. 1re v. 16.4.1996, J.C.P. 1996, IV, Nr. 1389.

Aus dem Schrifttum siehe z. B. Revel, Jcl. civil, Art. 1382 à 1386, Fasc. 366-1, Nr. 55 ff.; Huet, Jcl. civil, Art. 1641 à 1649, Fasc. 50, Nr. 81 ff.; Barret, Rép. de dr. civ., Vente, Nr. 1536 ff.; Ghestin/Desché, Nr. 853, S. 899 f.; Mazeaud/de Juglart, Leçons, Bd. III/2, 1. Teil, Nr. 988, S. 312.

[110] Siehe z. B. Cass. com. v. 1.7.1969, Bull. civ. 1969, IV, Nr. 255, S. 243; Cass. com. v. 27.4.1971, J.C.P. 1972, II, 17280; Cass. com. v. 15.11.1971, D. 1972, Jur., S. 211 f.; Cass. com. v. 27.11.1973, Bull. civ. 1973, IV, Nr. 344, S. 307 f.; Cass. com. v. 12.3.1979, Bull. civ. 1979, IV, Nr. 98, S. 77; Cass. civ. 1re v. 11.3.1980, Bull. civ. 1980, I, Nr. 84, S. 69 f. Aus der Literatur siehe z. B. Huet, Jcl. civil, Art. 1641 à 1649, Fasc. 50, Nr. 84, 113; Le Tourneau, Responsabilité, Nr. 1789, S. 569.

Damit können sich gewerbliche Hersteller und Verkäufer im Bereich der Sachmängelhaftung *nicht* für Entwicklungsrisiken entlasten. Diese Haftung für Entwick-

Schrifttum vertretenen Auffassung[112] wird damit bezüglich der Bösgläubigkeit kein Gegenbeweis mehr zugelassen[113]. Eine Differenzierung zwischen dem Hersteller und dem Verkäufer wird von der Cour de cassation, entgegen früheren Äußerungen im Schrifttum[114], nicht vorgenommen[115]. Der Hersteller und der Verkäufer können sich nur in sehr engen Grenzen durch den Nachweis einer „cause étrangère" entlasten[116], wobei aber, wie erwähnt[117], eine Entlastung für Entwicklungsrisiken wegen der Haftung für unentdeckbare Mängel ausscheidet.

Die dogmatische Begründung der besonderen Haftung der (gewerblichen) Hersteller und Verkäufer als generell „bösgläubige" Verkäufer wird nicht ganz einheitlich beurteilt. Ausgangspunkt war jedenfalls die Regel „spondet peritiam artis", die sich über Domat und Pothier bis in die Digesten zurückverfolgen läßt und einen Schuldvorwurf enthält[118]. Auch die Rechtspre-

---

lungsrisiken bleibt auch nach Umsetzung der Produkthaftungsrichtlinie 85/374 bestehen (die in Frankreich zu einer grundsätzlichen Entlastbarkeit für Entwicklungsrisiken im Anwendungsbereich der neuen Vorschriften geführt hat, siehe unten S. 177 f.), da nach dem neuen Art. 1386-18 C. civ. die Haftung nach den bisherigen Haftungsregimen unberührt bleibt.

111 Cour d'appel de Rennes v. 25.11.1955, Gaz. Pal. 1956, 1, S. 137 f.; Cour d'appel d'Aix-en-Provence v. 10.11.1959, Rev. trim. dr. com. 1960, S. 381 f., Nr. 8; Cass. civ. 1re v. 31.10.1962, Bull. civ. 1962, I, Nr. 457, S. 391.

112 So z.B. Baudry-Lacantinerie et Saignat, De la vente et de l'échange, 3. Aufl., Nr. 436, S. 454 f.; wohl auch Mazeaud, Rev. trim. dr. civ. 1955, S. 611, 616 f., Nr. 15 f.

113 Siehe z.B. Cass. com. v. 27.4.1971, J.C.P. 1972, II, 17280; Cass. civ. 1re v. 21.11.1972, Bull. civ. 1972, I, Nr. 257, S. 224 f.; Cass. com. v. 8.11.1972, Bull. civ. 1972, IV, Nr. 282, S. 266; Cass. com. v. 12.3.1979, Bull. civ. 1979, IV, Nr. 98, S. 77; Cass. civ. 1re v. 11.3.1980, Bull. civ. 1980, I, Nr. 84, S. 69 f.

Aus dem Schrifttum siehe z.B. Revel, Jcl. civil, Art. 1382 à 1386, Fasc. 366-1, Nr. 56; Barret, Rép. de dr. civ., Vente, Nr. 1538; Ghestin/Desché, Nr. 856, S. 907.

114 Siehe z.B. Cornu, Anm. zu Cass. civ. 1re v. 4.2.1963, Rev. trim. dr. civ. 1963, S. 564, 565; Overstake, Rev. trim. dr. civ. 1972, S. 485, 504 ff., Nr. 47 ff.; Boitard et Rabut, Anm. zu Cass. com. v. 27.4.1971 und zu Cass. civ. 1re v. 28.4.1971, J.C.P. 1972, II, 17280 unter I./C.

115 Cass. com. v. 8.11.1972, Bull. civ. 1972, IV, Nr. 282, S. 266; Cass. civ. 1re v. 21.11.1972, Bull. civ. 1972, I, Nr. 257, S. 224 f.; Cass. com. v. 17.12.1973, Bull. civ. 1973, IV, Nr. 367, S. 327; Cass. civ. 3ème v. 18.10.1977, Bull. civ. 1977, III, Nr. 348, S. 263.

116 Siehe hierzu z.B. Le Tourneau, Responsabilité, Nr. 1790, S. 569; Huet, Jcl. civil, Art. 1641 à 1649, Fasc. 50, Nr. 100 ff. Allgemein zur Entlastung durch den Nachweis einer „cause étrangère" unten S. 77 ff.

117 Siehe soeben Fn. 110.

118 Siehe hierzu Pothier, Traité du contrat de vente, nouvelle éd. par M. Siffrein, Bd. III, Nr. 214, S. 133 f.; Mazeaud, Rev. trim. dr. civ. 1955, S. 611, 615, Nr. 13; Ficker, S. 28; Le Tourneau, Responsabilité, Nr. 1788, S. 568; Ghestin/Desché, Nr. 853, S. 900.

chung argumentierte anfangs, neben der extensiven Auslegung des Art. 1646 C. civ., mit einem Schuldvorwurf[119]. Dieser wandelte sich aber alsbald in eine Schuldvermutung um[120], die zunächst von einigen als widerleglich, später aber allgemein als unwiderleglich aufgefaßt wurde[121]. Die besondere Haftung der (gewerblichen) Hersteller und Verkäufer wurde schließlich auch mit der Figur der „obligation de sécurité" zu erklären versucht[122]. Heutzutage wird sie meist einfach als „obligation de résultat" aufgefaßt[123]. Vergegenwärtigt man sich, daß es sich bei letzterer, trotz formalem Festhalten der meisten Autoren am Verschuldensprinzip, eigentlich um eine objektive Haftung „sans faute" handelt[124], so kommt diese Auffassung den Fakten ziemlich nahe: die besondere Haftung der (gewerblichen) Hersteller und Verkäufer, denen keine Möglichkeit eines Entlastungsbeweises für mangelndes Verschulden eingeräumt wird, ist eine objektive, verschuldensunabhängige Haftung[125].

---

[119] Siehe z. B. Cass. req. v. 19.10.1937, Gaz. Pal. 1937, 2, Jur., S. 803; Cass. civ. v. 20.6.1949, Bull. civ. 1949, I, Nr. 221, S. 621; Cass. com. v. 30.1.1952, Bull. civ. 1952, III, Nr. 48, S. 38 f; Revel, Jcl. civil, Art. 1382 à 1386, Fasc. 366-1, Nr. 54.

[120] Grundlegend war hier das Urteil der ersten Zivilkammer der Cour de cassation v. 24.11.1954 (J.C.P. 1955, II, 8565), mit dem die Cour de cassation nach Auffassung vieler auch bereits die extensive Auslegung des Art. 1646 C. civ. aufgab.

[121] Vgl. nur Revel, Jcl. civil, Art. 1382 à 1386, Fasc. 366-1, Nr. 55; Ghestin/Desché, Nr. 859, S. 910 f.

[122] So z. B. Malinvaud, J.C.P. 1968, I, 2153, Nr. 31 f. im Anschluß an die Ausführungen von Mazeaud, Rev. trim. dr. civ. 1955, S. 611, 612 f., Nr. 6. Ablehnend, insbesondere unter Hinweis darauf, daß die „obligation de sécurité" grundsätzlich nur Personenschäden erfasse, Le Tourneau, Responsabilité, Nr. 1792, S. 569; Revel, Jcl. civil, Art. 1382 à 1386, Fasc. 366-1, Nr. 56; Ghestin/Desché, Nr. 860, S. 913.

[123] So z. B. Le Tourneau, Responsabilité, Nr. 1793, S. 569 f.; Lambert-Faivre, Risques et assurances des entreprises, Nr. 1004, S. 640; Huet, Jcl. civil, Art. 1641 à 1649, Fasc. 50, Nr. 87; Ghestin/Desché, Nr. 860, S. 911 ff.

Bei den „obligations de résultat" verspricht der Schuldner einen Leistungserfolg und haftet für dessen Eintritt unabhängig von der angewendeten Sorgfalt bis zur Grenze der „cause étrangère", m. a. W. der Schuldner kann sich nur durch den Nachweis einer „cause étrangère", nicht aber durch den Nachweis sorgfaltsgerechten Verhaltens entlasten. Dementsprechend hat der Gläubiger nur nachzuweisen, daß der Erfolg ausgeblieben ist, während ihm im Gegensatz zu den „obligations de moyens" insbesondere der Nachweis einer „faute" erspart bleibt (vgl. zu dieser von Demogue herausgearbeiteten Einteilung in „obligations de moyens" und „obligations de résultat" Meller, Obligation de sécurité, S. 58 f.; Constantinesco, Inexécution et Faute contractuelle, Nr. 307, S. 480; Mazeaud/Chabas, Leçons, Bd. II/1, Nr. 21, S. 13 ff.).

[124] So z. B. Constantinesco, Inexécution et Faute contractuelle, Nr. 307, S. 480; Frossard, La distinction, Nr. 4, S. 2 und Nr. 12 ff., S. 6 ff.; Meller, Obligation de sécurité, S. 57 f.; Ohler, Obligation de Moyens und Obligation de Résultat, S. 47.

[125] So z. B. auch Huet, Responsabilité du vendeur, Nr. 89, S. 84; Revel, Jcl. civil, Art. 1382 à 1386, Fasc. 366-1, Nr. 56; Ferid/Sonnenberger, Bd. 2, 2 G 622; Winkelmann, S. 102. Siehe auch Lambert-Faivre, Risques et assurances des entreprises, Nr. 1000 ff., S. 637 ff.

bb) Haftung zwischen gewerblichen Käufern untereinander

Die verschärfte Haftung der gewerblichen Hersteller und Verkäufer gilt auch gegenüber einem *gewerblichen* Käufer. Dies kann dann dazu führen, daß sich ein gewerblicher Wiederverkäufer gegenüber *seinem* gewerblichen Verkäufer auf einen ihm nicht bekannten Mangel berufen kann, während er gegenüber seinem Abnehmer unwiderlegbar so angesehen wird, als habe er den Mangel gekannt (hierin sieht die Cour de cassation keinen Widerspruch)[126]. Allerdings werden an den gewerblichen Käufer strengere Anforderungen bezüglich der Erkennbarkeit des Mangels gestellt[127]. Spielt auch die „Professionalität" des *Käufers* keine Rolle für das grundsätzliche Eingreifen der besonderen Haftung der gewerblichen Hersteller und Verkäufer, so ist sie doch für die Zulässigkeit von Haftungsausschluß- und -begrenzungsklauseln von entscheidender Bedeutung.

c) Vertragliche Einschränkung, Erweiterung oder Modifizierung der „gesetzlichen" Sachmängelgewährleistung

Die Art. 1641 ff. C. civ. sind grundsätzlich dispositiver Natur[128] und werden häufig durch vertragliche Vereinbarungen geändert bzw. ergänzt.

Sofern derartige Vereinbarungen haftungsbeschränkenden Charakter haben, sind sie nur in sehr engen Grenzen zulässig [aa)], sofern sie haftungserweiternden Charakter haben, sind sie dagegen generell zulässig [bb)]. Häufig findet sich jedoch in den Kaufverträgen ein umfassendes Regelwerk mit der Einräumung von Vor- und Nachteilen für den Käufer, welches in „positiver" und „negativer" Hinsicht von der „garantie légale" abweicht und insofern als „garantie contractuelle" oder „garantie conventionnelle" bezeichnet wird[129]. Die rechtliche Beurteilung dieser „haftungsmodifizierenden" Klauseln wird unter cc) untersucht werden.

---

126 Cass. civ. 1re v. 17.12.1968, Bull. civ. 1968, I, Nr. 328, S. 247 f.; Cass. com. v. 3.5.1983, Bull. civ. 1983, IV, Nr. 131, S. 114 f.; Cass. com. v. 15.1.1983, Bull. civ. 1983, IV, Nr. 311, S. 269 f. Zum Ganzen Huet, Jcl. civil, Art. 1641 à 1649, Fasc. 50, Nr. 86.

127 Siehe oben S. 32 f.

128 Siehe z.B. Huet, Jcl. civil, Art. 1641 à 1649, Fasc. 60, Nr. 4; Nana, Nr. 238, S. 149.

129 Siehe z.B. Huet, Jcl. civil, Art. 1641 à 1649, Fasc. 60, Nr. 65; Collart Dutilleul/Delebecque, Nr. 294, S. 229 f.; Ancel, Rev. trim. dr. com. 1979, S. 203, 204, Nr. 2 und öfter; Ghestin/Desché, Nr. 980, S. 1006 f.

aa) Haftungsbeschränkende Klauseln

Das Prinzip der grundsätzlichen Abdingbarkeit der „garantie légale“ hat hinsichtlich haftungsbeschränkender Klauseln gewichtige Ausnahmen durch die Rechtsprechung und den Gesetzgeber erfahren.

aaa) Die Rechtsprechung zu den Haftungsausschluß- und -begrenzungsklauseln

Nach Art. 1643 C. civ. kann nur der gutgläubige Verkäufer seine Haftung ausschließen. Hier kommt nun die dargestellte Rechtsprechung zur Gleichstellung der gewerblichen Hersteller und Verkäufer mit bösgläubigen Verkäufern zu einer weiteren Anwendung, denn es entspricht ständiger Rechtsprechung und absolut h. M., daß sowohl Haftungsbegrenzungs-[130], als auch Haftungsausschlußklauseln im Verhältnis zwischen gewerblichen Verkäufern/Herstellern und Konsumenten ungültig sind[131]. Lediglich zwischen „professionnels de même spécialité“ werden derartige Klauseln als zulässig angesehen[132].

Der Begriff der „professionnels de même spécialité“ wird sehr eng interpretiert. Im Prinzip ist hierfür erforderlich, daß der Käufer der gleichen Branche wie der Verkäufer angehört und die erforderlichen Sachkenntnisse hat, um das Risiko einer Mangelhaftigkeit der Kaufsache abschätzen zu können[133]. Häufig wurde die Eigenschaft eines „professionnel de même spécialité“ in der Rechtsprechung auch mit dem Argument abgelehnt, daß

---

130 Derartige Klauseln können verschiedenen Inhalt haben, sie können z. B. den Schadensersatz auf bestimmte Schäden oder der Höhe nach beschränken, sie können statt Schadensersatz nur ein Recht auf Nachbesserung gewähren, sie können die Garantiedauer beschränken u.s.w.

131 Siehe z. B. Cass. req. v. 5.6.1929, Gaz. Pal. 1929, 2, S. 433; Cass. civ. v. 20.6.1949, Bull. civ. 1949, I, Nr. 221, S. 621; Cass. com. v. 24.10.1961, D. 1962, S. 46 f. m. Anm. Hémard; Cass. civ. 1re v. 17.5.1965, Bull. civ. 1965, I, Nr. 324, S. 240; Cass. civ. 3ème v. 27.3.1969, J.C.P. 1969, II, 16102; Cass. civ. 3ème v. 30.10.1978 und Cass. com. v. 6.11.1978, J.C.P. 1979, II, 19178 m. Anm. Ghestin; Cass. civ. 3ème v. 3.1.1984, Bull. civ. 1984, III, Nr. 4, S. 3.

132 Ständige Rechtsprechung, siehe z. B. Cass. civ. 3ème v. 30.10.1978 und Cass. com. v. 6.11.1978, J.C.P. 1979, II, 19178 m. Anm. Ghestin; Cass. com. v. 28.4.1980, Bull. civ. 1980, IV, Nr. 170, S. 133 f; Cass. com. v. 4.11.1980, Bull. civ. 1980, IV, Nr. 365, S. 294; Cass. com. v. 3.12.1985, Bull. civ. 1985, IV, Nr. 287, S. 244 f.; Cass. civ. 1re v. 21.7.1987, Bull. civ. 1987, I, Nr. 241, S. 176 f.; Cass. com. v. 22.6.1993, Bull. civ. 1993, IV, Nr. 267, S. 188 f.; Cass. civ. 1re v. 20.2.1996, J.C.P. 1996, IV, Nr. 846 (Leitsatz Nr. 3°); Cass. com. v. 3.2.1998, J.C.P. 1998, IV, Nr. 1696.

Zu den vorherigen, noch nicht ganz eindeutigen Urteilen der „chambre commerciale“ vom 8.10.1973 und vom 8.7.1975 siehe Ghestin/Desché, Nr. 963, S. 982 f. und Huet, Jcl. civil, Art. 1641 à 1649, Fasc. 60, Nr. 38.

es sich bei dem Käufer lediglich um einen (gewerblichen) „client utilisateur“ (Produktbenutzer) handele[134], so daß die Rechtsprechung nach Auffassung mancher Autoren dahingehend zu interpretieren ist, daß als „professionnel de même spécialité“ eigentlich nur der gewerbliche Wiederverkäufer der gleichen Branche in Betracht kommt[135]. Angesichts der geringen Zahl höchstrichterlicher Entscheidungen, die die Eigenschaft als „professionnel de même spécialité“ *bejaht* haben, wird jedoch von den wenigen Autoren, die überhaupt näher auf diese Frage eingehen, jede Festlegung vermieden.

bbb) Das Eingreifen des Gesetzgebers

Auch der Gesetzgeber wurde schließlich zum Schutze der Konsumenten tätig, wobei ihm als Ansatz insoweit der Schutz vor „mißbräuchlichen Klauseln“ diente.

α) Überblick über die gesetzlichen Regelungen

Durch Art. 35 Abs. 1 des Gesetzes Nr. 78-23 vom 10.1.1978 wurde der Conseil d'Etat ermächtigt, Klauseln in Verbraucherverträgen, die den „Verbrauchern“ (= „non-professionnels ou consommateurs“[136]) durch einen Mißbrauch wirtschaftlicher Macht auferlegt erscheinen und dem anderen Teil einen übermäßigen Vorteil gewähren, durch Dekret zu verbieten. Von dieser Ermächtigung wurde lediglich durch ein einziges Dekret, das Dekret Nr. 78-464 vom 24.3.1978, Gebrauch gemacht. Nach dessen Art. 2 sind Freizeichnungsklauseln in Kaufverträgen zwischen Gewerbetreibenden und „nonprofessionnels“ oder „consommateurs“ als mißbräuchlich verboten. Derartige Klauseln galten nach Art. 35 Abs. 2 des Gesetzes Nr. 78-23 als „nicht geschrieben“, mit der Folge, daß der Vertrag im übrigen wirksam blieb.

Art. 35 des Gesetzes Nr. 78-23 wurde als Art. L. 132-1 in den Code de la consommation vom 26.7.1993[137] übernommen und durch das Gesetz

---

133 Ghestin/Desché, Nr. 965, S. 991; Huet, Jcl. civil, Art. 1641 à 1649, Fasc. 60, Nr. 44 m.w.N. Dies wurde von der Rechtsprechung z.B. verneint im Verhältnis zwischen dem Hersteller von Elektrotransformatoren und dem Hersteller von Reglern für diese Elektrotransformatoren (siehe Cass. civ. 1re v. 20.2.1996, J.C.P. 1996, IV, Nr. 846).

134 Siehe z.B. Cass. com. v. 6.11.1978, J.C.P. 1979, II, 19178 m. Anm. Ghestin; Huet, Jcl. civil, Art. 1641 à 1649, Fasc. 60, Nr. 43 a.E.

135 Siehe z.B. Le Tourneau, Responsabilité, Nr. 437, S. 145; Ghestin/Desché, Nr. 965, S. 991 f. Einschränkend aber Huet, Jcl. civil, Art. 1641 à 1649, Fasc. 60, Nr. 43.

136 Zum umstrittenen Begriff des „Verbrauchers“ sogleich unter β).

n° 95-96 vom 1.2.1995[138], das die französische Umsetzung der EG-Richtlinie Nr. 93/13 vom 5.4.1993 betreffend mißbräuchliche Klauseln in Verbraucherverträgen[139] darstellt, teilweise wieder verändert bzw. ergänzt. Die wesentlichen Prinzipien der vorherigen Regelung sind jedoch erhalten geblieben.

Nach dem geänderten Art. L. 132-1 Abs. 1 Code de la consommation sind Klauseln, die in einem Vertrag zwischen einem „professionnel" und einem „non-professionnel" oder „consommateur" enthalten sind, mißbräuchlich, wenn ihr Gegenstand oder ihre Wirkung darin besteht, zu Lasten des „non-professionnel" oder „consommateur" ein erhebliches Ungleichgewicht zwischen den Rechten und Pflichten der Vertragsparteien zu schaffen. Damit wurde insbesondere die bereits in Art. 35 des Gesetzes Nr. 78-23 enthaltene Differenzierung zwischen „non-professionnels" und „consommateurs" beibehalten, obwohl die EG-Richtlinie Nr. 93/13 nur auf den „consommateur" Bezug nimmt.

Art. L. 132-1 Abs. 2 Code de la consommation sieht ähnlich der vorherigen Regelung vor, daß durch Dekret des Conseil d'Etat (erlassen nach Einholung einer Stellungnahme der „commission des clauses abusives"[140]) bestimmte Klauseln für mißbräuchlich erklärt werden können.

Durch Art. L. 132-1 Abs. 3 wird dem Code de la consommation ein „Anhang" angefügt, der eine rein indizielle, nicht abschließende Liste von Klauseln enthält, die als mißbräuchlich angesehen werden können. Dieser Katalog entspricht weitgehend demjenigen der EG-Richtlinie 93/13. Eine in der Liste erwähnte Klausel kann aber nach Art. L. 132-1 Abs. 3 S. 1 Code de la consommation nur dann als mißbräuchlich angesehen werden, wenn sie den Voraussetzungen des Abs. 1 entspricht, wofür der Verbraucher nach Abs. 3 S. 2 die Beweislast trägt! Wegen der rein indiziellen Bedeutung der Liste kann diese weder mit dem Verbotskatalog des § 11 AGBG, noch mit demjenigen des § 10 AGBG verglichen werden[141]. Problematisch ist, daß die Klausel b) des Anhangs (Freizeichnungsklausel hinsichtlich der Nicht- oder Schlechterfüllung irgendeiner der vertraglichen Verpflichtungen des „professionnel") sich weitgehend mit dem Anwendungsbereich von Art. 2 des Dekretes Nr. 78-464 (nunmehr Art. R. 132-1 Code de la consomma-

---

137 Loi n° 93-949 v. 26.7.1993, D. 1993, Lég., S. 411 ff. Dieser Code de la consommation brachte erstmals eine Sammlung der wichtigsten Verbraucherschutzvorschriften, die in verschiedenen Gesetzen verstreut waren. Siehe zum Code de la consommation z.B. Bureau, D. 1994, Chr., S. 291 ff.

138 Loi n° 95-96 v. 1.2.1995, J.C.P. 1995, III, 67286.

139 Text z.B. in J.C.P. 1993 (Ed. E), III, 66199.

140 Siehe zur „commission des clauses abusives" die Regelung in Art. L. 132-2 bis 132-5 Code de la consommation.

141 Paisant, D. 1995, Chr., S. 99, 105, Nr. 31.

tion)[142] überschneidet, welcher insofern aber eine *zwingende* und nicht nur eine möglicherweise in Betracht kommende Unwirksamkeit vorsieht. Dieser Widerspruch ist dahingehend zu lösen, daß es bei der zwingenden Unwirksamkeit derartiger Klauseln in Anwendung des Dekretes Nr. 78-464 bzw. des Art. R. 132-1 Code de la consommation bleibt[143].

Nach dem geänderten Art. L. 132-1 Abs. 4 Code de la consommation sind die Bestimmungen des Art. L. 132-1 Code de la consommation nicht nur auf Allgemeine Geschäftsbedingungen, sondern auch auf *individuell ausgehandelte* Vertragsbestimmungen anwendbar[144], egal in welcher Weise diese fixiert sind (der Beispielskatalog entspricht insoweit demjenigen des Art. 35 Abs. 3 des Gesetzes Nr. 78-23 bzw. dem Art. L. 132-1 Abs. 3 der ursprünglichen Fassung des Code de la consommation). Zwar dürften in der Praxis die als mißbräuchlich beurteilten Klauseln ganz überwiegend aus dem Bereich der Allgemeinen Geschäftsbedingungen stammen, da das Risiko eines „erheblichen Ungleichgewichts" zwischen den Rechten und Pflichten der Vertragsparteien bei einem individuell ausgehandelten Vertrag deutlich geringer ist. Dennoch können aber auch in diesem Bereich Klauseln als mißbräuchlich anzusehen sein, zumal der neue Art. 132-1 Abs. 1 Code de la consommation im Gegensatz zur vorherigen Fassung nicht mehr einen „Mißbrauch wirtschaftlicher Macht" voraussetzt[145].

In Art. L. 132-1 Abs. 5 und Abs. 7 Code de la consommation finden sich Einzelheiten zur Bestimmung des mißbräuchlichen Charakters einer Klausel.

Scheinbar wie nach der vorherigen Regelung gelten nach Art. L. 132-1 Abs. 6 Code de la consommation die mißbräuchlichen Klauseln als „nicht geschrieben". Art. L. 132-1 Abs. 8 Code de la consommation stellt jedoch nun im Gegensatz zur vorherigen Regelung klar, daß der Vertrag nur dann im übrigen wirksam bleibt, wenn er ohne die mißbräuchlichen Klauseln Bestand haben kann.

Nach Art. L. 132-1 Abs. 9 Code de la consommation schließlich sind die Bestimmungen des Art. L. 132-1 Code de la consommation zwingender Natur, d.h. also nicht abdingbar[146].

---

[142] Das Dekret Nr. 78-464 vom 24.3.1978 wurde durch Dekret vom 27.3.1997 als Art. R. 132-1, R. 132-2 und R. 211-4 in den Code de la consommation eingefügt.

[143] So zum Dekret Nr. 78-464 Paisant, D. 1995, Chr., S. 99, 106, Nr. 33.

[144] Hierin liegt ein ganz erheblicher Unterschied zum deutschen AGBG.

[145] Vgl. Paisant, aaO, Nr. 20, S. 102.

[146] Klarstellend sei darauf hingewiesen, daß die Bestimmung des Art. L. 135-1 Code de la consommation (der für den Fall, daß der Vertrag dem Recht eines *nicht* zur Europäischen Union gehörenden Staates unterliegt, Art. L. 132-1 Code de la consommation unter bestimmten Voraussetzungen für zwingend anwendbar erklärt) für die vorliegende Arbeit keine Rolle spielt, da im 2. Teil der Arbeit nur Fallgestal-

β) Speziell: Der Begriff des „Konsumenten“

Fraglich und umstritten war bereits im Gesetz Nr. 78-23 vom 10.1.1978 die Auslegung der Begriffe „consommateur“ und „non-professionnel“. Wegen der Beibehaltung dieses Begriffspaares auch nach Umsetzung der EG-Richtlinie 93/13 kann insoweit auf die bisherigen Stellungnahmen in Rechtsprechung und Literatur zurückgegriffen werden.

Nach einer weiten Auffassung, die sich teilweise auf eine Differenzierung zwischen beiden Begriffen stützt[147], werden von dem Begriffspaar nicht nur diejenigen erfaßt, die für ihren persönlichen, nicht beruflichen Bedarf kontraktieren, sondern auch diejenigen, die zwar für ihren beruflichen Bedarf kontraktieren, nicht aber der gleichen Branche wie der Verkäufer angehören und insofern ein „professionnel non spécialiste“ sind[148]. Diese Auffassung orientiert sich an der „klassischen“ Rechtsprechung, die im Bereich der kaufrechtlichen Sachmängelgewährleistung Haftungsausschluß- und -begrenzungsklauseln im Verhältnis von „professionnels de même spécialité“ für wirksam, ansonsten aber für unwirksam hält.

Nach der Gegenauffassung ist mit dem Begriff des „non-professionnel“ nichts anderes als mit dem Begriff des „consommateur“ gemeint, der aber eng, z.B. als „la personne, qui, pour ses besoins personnels, non professionnels, devient partie à un contrat de fourniture de biens ou de services“ anzusehen ist[149]. Nach dieser engeren Auffassung werden also durch die zitierten Vorschriften nur diejenigen geschützt, die ausschließlich für ihren persönlichen, nicht beruflichen Bedarf kaufen.

Die Rechtsprechung schien zunächst diese enge Auffassung zu bestätigen[150], ging aber dann einen deutlichen Schritt in Richtung einer weiten Auslegung der genannten Begriffe. In einem Urteil vom 28.4.1987[151] entschied die erste Zivilkammer der Cour de cassation, daß sich eine als

---

tungen untersucht werden, bei denen französisches oder deutsches Recht zur Anwendung kommt.

[147] So z.B. Berlioz, J.C.P. 1979, Ed. C.I., II, 13019, S. 245, 248 f., Nr. 10 ff.; Mestre, Anm. zu Cass. com. v. 25.2.1986 und Cass. civ. 1re v. 15.4.1986, Rev. trim. dr. civ. 1987, S. 84, 87; ders. Anm. zu Cass. civ. 1re v. 28.4.1987, Rev. trim. dr. civ. 1987, S. 537 f.

[148] So z.B. Berlioz, aaO; Mestre aaO; Carmet, Rev trim. dr. com. 1982, S. 1, 9 ff., der allerdings mit der wohl h.M. nicht zwischen beiden Begriffen differenziert (aaO, S. 8, Fn. 40). Zustimmend auch Huet, J.C.P. 1992, I, 3592, S. 271 f., Fn. 4 a.E.

[149] So Ghestin, La formation du contrat, Nr. 77, S. 54; im gleichen Sinne Malinvaud, D. 1981, Chr., S. 49, Nr. 2; Delebecque, Anm. zu Cour d'appel de Paris v. 22.5.1986, D. 1986, Jur., S. 564, 565 f., Nr. 5.

[150] Siehe Cass. civ. 1re v. 15.4.1986, Bull. civ. 1986, I, Nr. 90, S. 91 = D. 1986, IR, S. 393 m. Anm. Aubert.

„agent immobilier" betätigende Gesellschaft gegenüber der Gesellschaft, die ihr für ihre Geschäftsräume eine Alarmanlage verkauft und eingebaut hatte, bezüglich verschiedener Klauseln auf Art. 35 Abs. 1 des Gesetzes Nr. 78-23 und Art. 2 des Dekretes Nr. 78-464 berufen konnte. Begründet wurde diese Entscheidung damit, daß die „sehr spezielle Technik von Alarmanlagen" außerhalb der beruflichen Kompetenz der Klägerin lag, die sich somit *„im gleichen Zustand der Unwissenheit wie jeder andere Konsument"* befand.

Entgegen der EG-Richtlinie 93/13 vom 5.4.1993, die in ihrem Art. 2 von einem engen Konsumentenbegriff ausgeht und keine Differenzierung zwischen „non-professionnels" und „consommateurs" kennt, wurde bei der Umsetzung der Richtlinie in Frankreich an dem bisherigen Begriffspaar festgehalten, worin allgemein eine Bestätigung der bisherigen Rechtsprechung gesehen wird[152].

Ob mit der Entscheidung vom 28.4.1987 eine vollständige Akzeptierung der erwähnten weiten Auffassung beabsichtigt war, wie manche instanzgerichtliche Urteile vermuten ließen[153], war dem Urteil vom 28.4.1987 nicht klar zu entnehmen, wurde von den Kommentatoren aber eher bezweifelt. Dafür, daß es sich in dieser Entscheidung nicht um ein vollständiges „revirement" gegenüber der zuvor herrschenden engen Auffassung handelte, sprach die Tatsache, daß der Erwerb der Alarmanlage zwar letztlich für den Geschäftsbetrieb der Immobilienmaklergesellschaft erfolgte, er aber dennoch in keinem direkten Zusammenhang mit deren gewöhnlicher Tätigkeit stand[154]. Anders wäre es zu beurteilen gewesen, wenn die Immobilienmaklergesellschaft z.B. eine EDV-Anlage für ihre Buchhaltung erworben hätte[155].

---

[151] Cass. civ. 1re v. 28.4.1987, Bull. civ. 1987, I, Nr. 134, S. 103 f. = D. 1987, Somm., S. 455 m. Anm. Aubert = J.C.P. 1987, II, 20893 m. Anm. Paisant = D. 1988, Jur., S. 1 m. Anm. Delebecque = Rev. trim. dr. civ. 1987, S. 537 f. (Anm. Mestre). Die Rechtsprechung der Instanzgerichte schloß sich dieser Tendenz an, siehe z.B. Cour d'appel de Paris v. 22.3.1990, D. 1990, IR, S. 98; Tr. com. Fréjus v. 1.3.1993, J.C.P. 1994, II, 22194 m. Anm. Coutant und Alexandre. Vgl. auch Cour d'appel de Grenoble v. 13.6.1991, J.C.P. 1992, II, 21819 und die dortige Anmerkung von Paisant, insbesondere Nr. 10–12.

[152] Paisant, D. 1995, Chr., S. 99, 101, Nr. 17; Ghestin/Marchessaux-van Melle, J.C.P. 1995, Actualités, Heft 12 (22.3.1995), Nr. 2.

[153] So insbesondere Cour d'appel d'Angers v. 16.12.1987, D. 1988, Chr., S. 260 (Annexe), siehe dazu die Ausführungen von Paisant, D. 1988, Chr., S. 253, S. 254 f., Nr. 8 ff. (in diesem Urteil wurde offenbar eine völlige Deckungsgleichheit mit der bisherigen traditionellen Rechtsprechung, d.h. also eine Anwendung der zitierten Schutzvorschriften auch auf einen „professionnel" einer *anderen* Branche, der *in Ausübung seines Berufes* handelt, intendiert).

[154] So z.B. Paisant in seiner Urteilsanmerkung in J.C.P. 1987, II, 20893, Nr. 10; vgl. auch Lem, S. 90 f.

Diese restriktive Interpretation der Entscheidung vom 28.4.1987 wurde durch das grundlegende Urteil der ersten Zivilkammer vom 24.1.1995[156] bestätigt. Obwohl die Geschäftspartner in casu völlig unterschiedlichen Branchen angehörten, lehnte die Cour de cassation eine Anwendung des Art. L. 132-1 Code de la consommation i.V. mit Art. 2 des Dekretes Nr. 78-464 ab und zwar mit der Begründung, die genannten Vorschriften seien nicht auf Verträge betreffend die Lieferung von Waren oder Dienstleistungen anzuwenden, die eine *direkte Beziehung zur geschäftlichen Tätigkeit* des Vertragspartners haben. Diese Lösung wurde durch zwei weitere Urteile vom 3.1.1996 und 30.1.1996 wortgleich bestätigt[157] und anschließend noch mehrfach wiederholt[158], so daß sich nach langem hin und her offenbar eine einheitliche Linie eingependelt hat.

Daraus ist zu folgern:

- Es ist nicht ausgeschlossen, daß ein Gewerbetreibender, der aus Anlaß seines Gewerbes (d.h. also nicht ausschließlich für seinen persönlichen Bedarf) handelt, in den Schutzbereich des Art. L. 132-1 Code de la consommation fällt[159].
- Allein die Tatsache, daß der Gewerbetreibende *nicht* der gleichen Branche wie der Verwender der Freizeichnungsklausel angehört, reicht jedoch nicht aus, um ihn in den Schutz der genannten Vorschriften gelangen zu lassen.
- Es ist vielmehr zusätzlich erforderlich, daß der Vertrag in keiner direkten Beziehung zur geschäftlichen Tätigkeit des „gewerblichen Verbrauchers“ stand.

bb) Haftungserweiternde Klauseln

Ausschließlich haftungserweiternde Klauseln, die in der Praxis erheblich seltener vorkommen, sind mangels Schutzbedürfnis des Käufers generell zulässig[160].

---

155 Vgl. Paisant, aaO.

156 Cass. civ. 1re v. 24.1.1995, D. 1995, IR, S. 47 = D. 1995, Jur., S. 327 ff. m. Anm. Paisant = D. 1995, Somm. S. 229 m. Anm. Delebecque = D. 1995, Somm. S. 310 m. Anm. Pizzio.

157 Cass. civ. 1re v. 3.1. und 30.1.1996, D. 1996, Jur., S. 228 f. m. Anm. Paisant = D. 1996, Somm., S. 325 m. Anm. Denis Mazeaud.

158 Siehe Cass. civ. 1re v. 10.7.1996, D. 1996, IR, S. 191; vgl. auch Cass. civ. 1re v. 5.11.1996, D. 1997, IR, S. 4.

159 Mißverständlich waren insofern zwei vorherige Urteile der Cour de cassation, die sich in diese Richtung interpretieren ließen, siehe Cass. civ. 1re v. 24.11.1993, J.C.P. 1994, II, 2234 m. Anm. Leveneur = D. 1994, Somm., S. 236 m. Anm. Paisant und Cass. com. v. 10.5.1994, D. 1995, Somm., S. 89 m. Anm. Denis Mazeaud.

cc) „Haftungsmodifizierende" Klauseln, „garantie contractuelle" und Haltbarkeitsgarantie

Wie bereits eingangs erwähnt, enthalten die Allgemeinen Geschäftsbedingungen vieler Kaufverträge ein eigenes, von der „garantie légale" in positiver *und* negativer Hinsicht abweichendes Haftungssystem, das heute vielfach als „garantie contractuelle" bezeichnet wird[161].

Die dem Käufer vorteilhaften Aspekte bestehen dabei meist in der Einräumung einer „garantie de bon fonctionnement", die einer Haltbarkeitsgarantie i. S. deutscher Terminologie entspricht und i. d. R. mit der Einräumung eines Rechts auf kostenlose Reparatur oder Austausch des Produktes verbunden wird. Diese zusätzlichen Rechte werden jedoch nur für einen bestimmten Zeitraum ab Kauf oder Lieferung eingeräumt. Tritt während dieser Zeit ein Fehler des Produktes auf, so kann der Käufer typischerweise *in Abweichung von der „garantie légale"* die ihm eingeräumten Rechte unabhängig davon geltend machen, ob der Fehler versteckt oder offensichtlich ist, ob er eine gewisse Schwere hat, und ob für ihn beweisbar ist, daß der Mangel schon zum Zeitpunkt des Kaufes bzw. der Lieferung vorhanden war[162].

In der Praxis ist es äußerst selten, daß dem Käufer ausschließlich die Vorteile einer „garantie de bon fonctionnement" eingeräumt werden, ohne daß gleichzeitig *versucht* wird, die Haftung in anderer Hinsicht zu beschränken. So sehen die Allgemeinen Geschäftsbedingungen z. B. häufig vor, daß dem Käufer unter Ausschluß der gesetzlichen Gewährleistungsrechte *nur* ein Recht auf Nachbesserung oder Austausch zustehen soll, oder daß dem Käufer zwar auch Wandlung und Minderung offenstehen sollen, nicht aber Schadensersatz, oder daß der Schadensersatz für bestimmte Schäden, wie z. B. Mangelfolgeschäden, ausgeschlossen sein soll, u.s.w. Fast immer ist auch eine Befristung der Garantieansprüche vorgesehen. Die „garantie contractuelle" stellt nach h. M. nur einen *Zusatz* zur „garantie légale" (den gesetzlichen Gewährleistungsvorschriften) dar, d. h. der Käufer kann sich auf die „garantie légale" jederzeit berufen[163]. Nach Art. R. 211-4

---

[160] Siehe nur Huet, Jcl. civil, Art. 1641 à 1649, Fasc. 60, Nr. 114; Collart Dutilleul/Delebecque, Nr. 293, S. 229.

[161] So z. B. Huet, aaO, Nr. 65 ff.; Collart Dutilleul/Delebecque, Nr. 294, S. 229 f.

[162] Siehe hierzu Ghestin/Desché, Nr. 984 ff., S. 1008 ff.; Huet, aaO, Nr. 81 ff.; Revel, Jcl. civil, Art. 1382 à 1386, Fasc. 366-1, Nr. 79; Le Tourneau, Rev. trim. dr. com. 1980, S. 231, 265, Nr. 100 ff.; Collart Dutilleul/Delebecque, Nr. 293, S. 229.

[163] Collart Dutilleul/Delebecque, Nr. 294, S. 230 m. w. N.; Revel, Jcl. civil, Art. 1382 à 1386, Fasc. 366-1, Nr. 81; Barret, Dalloz, Rép. de dr. civ., Vente, Nr. 1563; Huet, Jcl. civil, Art. 1641 à 1649, Fasc. 60, Nr. 69; Ghestin/Desché, Nr. 997, S. 1019 f.; teilweise a.A. Ancel, Rev. trim. dr. com. 1979, S. 203, 226 ff., Nr. 31 ff., der für den Fall des Vorliegens der Voraussetzungen der „garantie con-

Code de la consommation (vormals Art. 4 des Dekretes Nr. 78-464 vom 24.3.1978) ist der Verkäufer sogar verpflichtet, ausdrücklich auf die jederzeitige Anwendbarkeit der „garantie légale" hinzuweisen. Was die Wirksamkeit der „garantie contractuelle" angeht, so wird von der h.M. angenommen, daß deren haftungsbeschränkende Klauseln unwirksam sind, während die dem Käufer günstigen Klauseln wegen des Zusatzcharakters der „garantie contractuelle" wirksam bleiben[164].

2. Die allgemeine vertragliche Verschuldenshaftung

Die vertragliche Produkthaftung in Frankreich basiert neben der kaufrechtlichen Sachmängelgewährleistung auch auf der allgemeinen vertraglichen Verschuldenshaftung gemäß Art. 1146 ff., 1184 C. civ.

a) Fallgruppen

Obwohl eine Klassifizierung in Fehlerkategorien in Frankreich weit weniger üblich ist als in Deutschland, bietet sich eine solche nicht nur aus Darstellungsgründen, sondern auch wegen der unterschiedlich hohen Anforderungen an die Darlegung einer „faute" des Herstellers oder Verkäufers an. Dabei ist jedoch zu berücksichtigen, daß sich insoweit noch keine einheitliche Terminologie durchgesetzt hat, und daß z.B. die Fälle einer Schadensverursachung durch mangelhafte Verpackung, Lagerung oder Untersuchung der Ware meist gesondert neben den Fabrikations-, Konstruktions- und

---

tractuelle" und der „garantie légale" vorschlägt, dem Käufer nicht die freie Wahl zwischen beiden einzuräumen, sondern ihn zunächst auf die „garantie contractuelle" zu verweisen und erst wenn diese ihm keine Befriedigung gewährt, die „garantie légale" anzuwenden (ablehnend gegenüber diesem Vorschlag Ghestin/Desché, Nr. 998, S. 1020 f. und Revel, aaO).

164 Barret, aaO; Collart Dutilleul/Delebecque, aaO; Huet, aaO, Nr. 69 und Nr. 93; Revel, aaO, Nr. 80 f.

Bedenken äußert insoweit Ghestin (Ghestin/Desché, Nr. 973, S. 997 ff.), der darauf verweist, daß die „garantie contractuelle" mit ihren haftungserweiternden und -beschränkenden Klauseln ein einheitliches, unteilbares Ganzes darstelle und eine bloße Teilunwirksamkeit der „garantie contractuelle" daher häufig unbillig sei. Entweder sei insoweit eine Gesamtnichtigkeit der „garantie contractuelle" anzunehmen (*nicht* aber des gesamten Kaufvertrages, mit den aus ihm resultierenden gesetzlichen Gewährleistungsrechten) oder aber die Klauseln der „garantie contractuelle" seien wegen der Gewährung von Vor- und Nachteilen insgesamt nicht als „mißbräuchlich" i.S. des Art. 35 des Gesetzes Nr. 78-23 (jetzt Art. L. 132-1 Code de la consommation) einzustufen.

Hinsichtlich der Teil-/Gesamtnichtigkeit des gesamten Vertrages statuiert Art. L. 132-1 Abs. 8 Code de la consommation nun im Gegensatz zur vorherigen Regelung, daß der Vertrag nur dann im übrigen wirksam bleiben soll, wenn er ohne die mißbräuchlichen Klauseln Bestand haben kann.

Instruktionsfehlern genannt werden. Diese Fälle sollen daher auch hier neben den Fabrikations-, Konstruktions- und Instruktionsfehlern unter dem Sammelbegriff „sonstige Pflichtverletzungen" kurz Erwähnung finden[165].

aa) Fabrikations- und Konstruktionsfehler

Im Bereich der Fabrikations- und Konstruktionsfehler ist zunächst einmal an die *„non-conformité"-Haftung* zu denken [aaa)], deren Anwendungsbereich allerdings duch die seit einigen Jahren vorgenommene klare Unterscheidung von der „vice caché"-Haftung reduziert ist.

Fast parallel zu der „Zurückstutzung" der „non-conformité"-Haftung auf ihr früheres Maß wurde in der Rechtsprechung seit Beginn der 90'er Jahre ein auf die *„obligation de sécurité"* gestütztes „neues" Haftungsregime entwickelt [bbb)], das sich mehr und mehr als ein Vorgriff der Rechtsprechung auf die vom französischen Gesetzgeber unterlassene Umsetzung der Produkthaftungsrichtlinie 85/374 herauskristallisierte. Ob dieses von der Rechtsprechung entwickelte Haftungsregime, das zwar deutlich an die Richtlinie 85/374 angelehnt ist, sich jedoch von dieser und der mittlerweile erfolgten französischen Umsetzung auch in mehrfacher Hinsicht unterscheidet, mit der Umsetzung der Richtlinie durch das Gesetz Nr. 98-389 obsolet geworden ist, ist umstritten und bisher ungeklärt.

aaa) „Non-conformité"

Liefert der Hersteller oder Verkäufer eine nicht vertragsgemäße Sache („chose non-conforme"), liegt eine Nichterfüllung seiner kaufvertraglichen Lieferpflicht vor, die über die allgemeine vertragliche Verschuldenshaftung sanktioniert wird[166]. Die „non-conformité" kann sich dabei nicht nur aus einer hier nicht näher interessierenden Identitäts- und Quantitätsabweichung

---

165 Produktbeobachtungs- und Rückrufpflichten spielten bisher in der französischen Rechtsprechung zum vertraglichen Produkthaftungsrecht so gut wie keine Rolle (siehe aber zur Verurteilung eines Verkäufers auf der Basis der deliktischen Verschuldenshaftung wegen fehlender „Zurückziehung" einer mangelhaften Ware unten S. 144).

Aus Anlaß der Umsetzung der EG-Produkthaftungsrichtlinie 85/374 ist in das „neue" französische Produkthaftungsrecht eine entsprechende Bestimmung aufgenommen worden, die allerdings „rechtstechnisch" über die Versagung bestimmter Entlastungsgründe funktioniert (siehe zu dieser Regelung unten, S. 180).

166 Die Ansprüche wegen Nichterfüllung der Lieferpflicht werden, wenn überhaupt eine Anspruchsgrundlage zitiert wird, zumeist nur auf die Art. 1147 und 1184 C. civ. gestützt (siehe hierzu z. B. Huet, Responsabilité du vendeur, Nr. 30, S. 41; Mazeaud/de Juglart, Leçons de droit civil, Bd. III/2, 1. Teil, Nr. 980, S. 299), strenggenommen gehört hierzu als Überleitung auch eine Zitierung der Art. 1610,

ergeben, sondern, wie erwähnt[167], auch aus dem Fehlen sonstiger vertraglich vereinbarter Eigenschaften, wie z.B. hinsichtlich der Qualität des Produktes. Eine Verletzung der Lieferpflicht liegt schließlich auch bei Lieferung einer mit offenbaren Mängeln behafteten Kaufsache vor, es sei denn, der Käufer nimmt diese vorbehaltlos an[168]. Bei rein objektiven (versteckten) Mängeln, ist die „non-conformité"-Haftung jedoch seit dem „revirement" des Jahres 1993 nicht mehr anzuwenden[169]. Der Anwendungsbereich der „non-conformité"-Haftung ist durch das erwähnte „revirement" zwar wieder auf das frühere Maß zurückgestutzt worden, trotzdem aber nicht zu vernachlässigen.

Es fragt sich, was der Käufer alles beweisen muß, um einen Anspruch aus „non-conformité" mit Erfolg geltend zu machen. Die Beantwortung dieser Frage wird dadurch erschwert, daß die in Frankreich überwiegende Auffassung nicht klar zwischen der „inexécution" einer vertraglichen Verpflichtung und der „faute" des Schuldners trennt, sondern diese vielmehr weitgehend gleichsetzt[170]. Daher mündet die Frage des Beweises der „inexécution" sogleich in die für das französische Recht grundlegende Unterscheidung zwischen „obligations de moyens" (der Gläubiger muß eine „faute" des Schuldners nachweisen) und „obligations de résultat" (der Gläubiger braucht keine „faute" des Schuldners nachzuweisen), die bereits oben in anderem Zusammenhang erläutert wurde[171]. Die „obligation de délivrer un produit *conforme*" wird von manchen zwar im Gegensatz zur Lieferpflicht *als solcher* prinzipiell als „obligation de moyens" eingestuft[172]. Da die Rechtsprechung jedoch bereits in der Lieferung eines nicht „konformen" Produktes eine „faute", ja teilweise sogar eine „faute lourde" sieht[173], wird die Pflicht zur Lieferung einer vertragsgemäßen Sache hinsichtlich des *Herstellers* ganz überwiegend als „obligation de résultat" aufgefaßt[174]. Dies bedeutet, daß dem Käufer der Nachweis einer „faute" erspart bleibt, und

---

1611 C. civ. (so Ferid/Sonnenberger, Bd. 2, 2 G 593 mit Fn. 136, siehe auch 2 G 529-531 und 2 G 540 ff.).

167 Siehe oben S. 27 und S. 31.

168 Siehe z.B. Ferid/Sonnenberger, Bd. 2, 2 G 542, 2 G 593; Huet, Responsabilité du vendeur, Nr. 34 f., S. 43 f.

169 Siehe oben S. 29 f.

170 Siehe dazu Ferid, Das französische Zivilrecht, Bd. 1, 2 C 18 f. und z.B. die Darstellungen bei Aynès, Jcl. civil, Art. 1146 à 1155, Fasc. 11, Nr. 32 ff. und Schmidt-Szalewski, jurisprudence française, droit des contrats, Nr. 542 ff.

171 Siehe oben S. 44 mit Fn. 123.

172 So Le Tourneau, Responsabilité civile, Nr. 1764, S. 560.

173 Cass. civ. 1re v. 11.12.1961, Bull. civ. 1961, I, Nr. 595, S. 474 f.; Cass. civ. 1re v. 21.3.1962, Bull. civ. 1962, I, Nr. 174, S. 154 f. Siehe hierzu Viney, Colloque 1975, S. 76, Nr. 10; Le Tourneau, Responsabilité, Nr. 1764, S. 560; Revel, Jcl. civil, Art. 1382 à 1386, Fasc. 366-2, Nr. 17; Ghestin/Desché, Nr. 863, S. 917.

daß der Hersteller sich nur durch den Nachweis einer „cause étrangère“[175], nicht aber durch den Nachweis sorgfaltsgerechten Verhaltens entlasten kann. Gegenüber einem „bloßen“ Verkäufer gilt im Gegensatz zur Sachmängelgewährleistung offenbar nur eine einfache, d.h. also widerlegliche Schuldvermutung[176]. In beiden Fällen trägt aber damit der Käufer jedenfalls nicht die Beweislast für eine „faute“ des Herstellers/Verkäufers.

Damit ist aber noch nicht entschieden, wer die Beweislast für die *Abweichung von den vertraglichen Vereinbarungen*, d.h. also für die *objektive* Tatsache der Nichterfüllung trägt. Trotz der weitgehenden Gleichstellung von „inexécution“ und „faute“ wird *dieser* Beweis von der herrschenden Auffassung auch bei den „obligations de résultat“ dem Gläubiger auferlegt[177], während nach anderer Ansicht den Schuldner die Beweislast für die ordnungsgemäße Erfüllung, d.h. also hier für die Übereinstimmung zwischen den vereinbarten und den tatsächlich vorhandenen Eigenschaften trifft[178].

Nach h.M. muß der Käufer, der sich auf eine „non-conformité“ beruft, somit das Bestehen eines Vertrages, eine Abweichung der Kaufsache von den vertraglichen Vereinbarungen und einen hieraus resultierenden Schaden beweisen, der Nachweis einer „faute“ ist dagegen nicht erforderlich [zu den Entlastungsmöglichkeiten des Herstellers und des Verkäufers unten unter b) bb)].

---

[174] Viney, Colloque 1975, S. 77, Nr. 10; dieselbe, conditions, Nr. 765, S. 854; Revel, Jcl. civil, Art. 1382 à 1386, Fasc. 366-2, Nr. 26; Ghestin/Desché, Nr. 863, S. 917; Muthig, S. 100; im Ergebnis ähnlich Le Tourneau, aaO.

[175] Dazu näher unten unter b) bb).

[176] Cour d'appel de Douai v. 10.12.1963, Gaz. Pal. 1964, 1, Jur., S. 231 ff.; Cass. civ. 1re v. 22.6.1971, D. 1971, Somm., S. 191; Viney, Colloque 1975, S. 77, Nr. 10; Ghestin/Desché, Nr. 863, S. 918.

[177] Siehe z.B. Constantinesco, Inexécution et Faute contractuelle, Nr. 223, S. 353 m.N. zum älteren Schrifttum; Mazeaud/Chabas, Leçons, Bd. II/1, Nr. 451, S. 464 f.; Malaurie/Aynès/Gautier, contrats spéciaux, Nr. 302, S. 217; in diese Richtung auch Cass. com. v. 3.12.1980, Bull. civ. 1980, IV, Nr. 409, S. 328.

[178] So z.B. Mazeaud/Tunc, Responsabilité, Bd. I, Nr. 694-2 f. und aus neuerer Zeit Bénabent, D. 1994, Chr., S. 115, Nr. 4.

Diese Auffassung beruft sich auf die Regelung des Art. 1315 C. civ. aus dem sie folgert, daß zwar den Gläubiger die Beweislast für das Bestehen der Verplichtung trifft (Abs. 1), daß aber der Schuldner nach Abs. 2 die Beweislast für seine Befreiung durch Erfüllung trägt (siehe hierzu neben den zitierten Autoren auch Ferid, Das französische Zivilrecht, Bd. 1, 2 C 92).

Nach h.M. betrifft Art. 1315 Abs. 2 C. civ. jedoch nur den Fall, daß der Gläubiger Erfüllung der Primärpflicht (und nicht etwa Schadensersatz) verlangt (siehe Constantinesco, aaO und Mazeaud/Chabas, aaO).

bbb) „Obligation de sécurité“

Spätestens seit einem vielbeachteten Urteil vom 11.6.1991 erkennt die erste Zivilkammer der Cour de cassation recht deutlich auch im Kaufvertrag eine *von der Sachmängelgewährleistung und der „non-conformité“-Haftung unabhängige* „obligation de sécurité“ an: „Mais attendu que l'action en responsabilité contractuelle exercée contre le vendeur pour manquement à son obligation de sécurité, laquelle consiste à ne livrer que des produits exempts de tout vice ou de tout défaut de fabrication de nature à créer un danger pour les personnes ou pour les biens ...“[179]. Dieselbe Formulierung wurde, bis auf die ausdrückliche Verwendung des Begriffes „obligation de sécurité“, in einem Urteil vom 27.1.1993 nahezu wörtlich wiederholt[180] und dort sogar auf die „action directe“ des Nacherwerbers ausgeweitet. In einem Urteil der Cour de cassation vom 17.1.1995[181] wurde die Formulierung der vorherigen Urteile erneut übernommen und durch einen interessanten weiteren Halbsatz ergänzt: „... qu'il en est responsable tant à l'égard des tiers que de son acquéreur ...“ Die von der Cour de cassation in den genannten Urteilen verwendete Formulierung „exempts de tout vice *ou* de tout défaut de fabrication“ war dabei bereits weit genug, nicht nur die ausdrücklich erwähnten *Fabrikations*fehler, sondern auch die *Konstruktions*fehler zu erfassen („tout vice“). Dies wurde bestätigt durch spätere Urteile vom 15.10.1996[182] und vom 3.3.1998[183], in denen nur noch

[179] Cass. civ. 1re v. 11.6.1991, Bull. civ. 1991, I, Nr. 201, S. 132 = J.C.P. 1992, I, 3572, S. 158 (Anm. Viney) = Rev. trim. dr. civ. 1992, S. 114 m. Anm. Jourdain = Rép. not. Defrénois 1992, S. 471 ff. (zweiter Fall) mit Anm. Dagorne-Labbé = D. 1993, Somm., S. 241 m. Anm. Tournafond.

Ebenso bereits vorher, allerdings ohne ausdrückliche Verwendung des Begriffes der „obligation de sécurité“, Cass. civ. 1re v. 20.3.1989, D. 1989, Jur., S. 381 m. Anm. Malaurie = Rev. trim. dr. div. 1989, S. 756 ff. m. Anm. Jourdain. Siehe auch Cass. civ. 1re v. 22.1.1991, Bull. civ. 1991, I, Nr. 30, S. 18 f. = Rev. trim. dr. civ. 1991, S. 539 f. m. Anm. Jourdain.

[180] Siehe Cass. civ. 1re v. 27.1.1993 (Albespy/Debregeas), Bull. civ. 1993, I, Nr. 44, S. 29 f. = Rev. trim. dr. civ. 1993, S. 592 ff. m. Anm. Jourdain = D. 1994, Somm. S. 238 m. Anm. Tournafond: „[...] le vendeur professionnel est tenu de livrer des produits exempts de tout vice ou de tout défaut de fabrication de nature à créer un danger pour les personnes et pour les biens [...]“.

[181] Cass. civ. 1re v. 17.1.1995, Bull. civ. 1995, I, Nr. 43, S. 29 ff. = D. 1995, Jur., S. 350 m. Anm. Jourdain = Rev. trim. dr. civ. 1995, S. 631 ff. (Bespr. Jourdain) = J.C.P. 1995, I, 3853, Nr. 9 ff. (Bespr. Viney) = D. 1996, Somm., S. 15 f. m. Anm. Paisant.

[182] Cass. civ. 1re v. 15.10.1996, Bull. civ. 1996, I, Nr. 354, S. 248 f. = D. 1996, IR, S. 252: „Le fabricant comme le vendeur professionnel sont tenus de livrer des produits exempts de tout défaut de nature à créer un danger pour les personnes ou les biens ...“.

[183] Cass. civ. 1re v. 3.3.1998, D. 1998, IR, S. 96 = J.C.P. 1998, II, 10049 mit Bericht Sargos.

allgemein von „exempts de tout défaut" die Rede war (zumindest in dem letztgenannten Urteil ging es inhaltlich sogar recht deutlich um einen Konstruktionsfehler).

Bevor sogleich näher auf die Einzelheiten der im Kaufvertrag „neu entdeckten" „obligation de sécurité" einzugehen ist, sind zuvor noch einige grundlegende Dinge vorauszuschicken.

α) *Allgemein zur „obligation de sécurité" und deren früherem Verhältnis zur Haftung des Herstellers und des Verkäufers*

Die „obligation de sécurité" ist eine durch richterliche Rechtsfortbildung aus Art. 1135 C. civ. abgeleitete vertragliche Nebenpflicht. Sie läßt sich ins Deutsche am besten als (vertragliche) Sicherungspflicht übersetzen und kommt funktionell der deliktischen Verkehrssicherungspflicht des deutschen Rechts nahe[184]. Im Vordergrund steht dabei nach Auffassung vieler Autoren die Personensicherungspflicht[185], in den soeben erwähnten Urteilen der Cour de cassation ging es jedoch auch um die Sicherung der Güter des Käufers („danger pour les personnes ou pour les biens"). Die Rechtsprechung hat das Bestehen einer „obligation de sécurité" für eine Vielzahl von Vertragsarten bejaht[186], ihr Verhältnis zur kaufrechtlichen Haftung des Herstellers und des Verkäufers war und ist bis dato nicht endgültig geklärt[187].

---

184 So z.B. Meller, Obligation de sécurité, S. 14; Ferid/Sonnenberger, Bd. 2, 2 O 38.

Näheres zur Ausgestaltung der „obligation de sécurité", die als „obligation de sécurité-résultat" und als „obligation de sécurité-moyens" auftreten kann, z.B. bei Le Tourneau, Responsabilité, Nr. 1320 ff., S. 422 ff.; Meller, Obligation de sécurité, S. 4 ff.

Eine ausdrückliche gesetzliche Normierung der „obligation de sécurité" findet sich z.B. in Art. L. 221-1 Code de la consommation (vormals Art. 1 des Gesetzes Nr. 83-660 vom 21.7.1983). Hierbei handelt es sich jedoch um eine Vorschrift aus dem Bereich der Schadens*prävention*, deren Verletzung zwar zu einem Verbot des entsprechenden Produktes führen kann (Art. L. 221-2 ff. Code de la consommation), die jedoch im Bereich der Schadens*reparation* nicht anzuwenden ist.

185 So z.B. Le Tourneau, Responsabilité, Nr. 1792, S. 569, Nr. 1327, S. 423; Revel, Jcl. civil, Art. 1382 à 1386, Fasc. 366-1, Nr. 56; Ghestin/Desché, Nr. 860, S. 913.

186 Siehe z.B. die Überblicke bei Viney, conditions, Nr. 500, S. 597 ff.; Mazeaud/Chabas, Leçons, Bd. II/1, Nr. 402, S. 396 ff.; Larroumet, Droit civil, Bd. 3, Nr. 612, S. 607 ff., Nr. 618, S. 621 ff.; Meller, Obligation de sécurité, S. 73 ff.

187 Nicht näher eingegangen wird hier auf die Haftung des Verkäufers für Schädigungen, die durch die zum Kauf ausgestellten Waren *vor* Abschluß des Kaufvertrages erfolgten, denn hierfür haftet der Verkäufer grundsätzlich nur *deliktisch*, siehe z.B. Cass. civ. 1re v. 18.1.1978, Bull. civ. 1978, I, Nr. 27, S. 22 (Explosion einer Flasche im Einkaufswagen, Anwendung des Art. 1384 Abs. 1 C. civ.); Huet, Jcl.

Während die „obligation de sécurité" im Anwendungsbereich der kaufrechtlichen Sachmängelgewährleistung ganz überwiegend für entbehrlich gehalten bzw. als mit dieser teilidentisch angesehen wurde[188], wurde sie von Teilen der Lehre als Begründung der Haftung für Instruktionsfehler herangezogen[189]. Von der heute herrschenden Rechtsprechung und Lehre werden die Instruktionspflichten jedoch nicht mehr als Ausprägung der „obligation de sécurité", sondern als *eigenständige* Nebenpflicht („obligation de renseignement") angesehen[190].

Welche Bedeutung die nunmehr seit einigen Jahren im Bereich der Fabrikations- und Konstruktionsfehler erfolgte Anerkennung einer selbständigen, von der kaufrechtlichen Sachmängelgewährleistung losgelösten „obligation de sécurité" hat, ist im folgenden zu untersuchen.

β) Bedeutung der im Kaufvertrag „neu entdeckten" „obligation de sécurité"

Die Entwicklung einer von der Sachmängelgewährleistung unabhängigen kaufvertraglichen „obligation de sécurité" seit ca. 1989 und deutlicher noch seit 1991 zeigt einmal mehr, in welchen Turbulenzen sich das französische kaufvertragliche Produkthaftungsrecht befindet und welche Kreativität die Rechtsprechung entwickelt hat, um einerseits dem häufig als nicht angemessen erscheinenden Regime der „garantie des vices cachés" zu entgehen und andererseits die Untätigkeit des Gesetzgebers zu kompensieren, der erst mit fast 10-jähriger Verspätung und nach Verurteilung durch den EuGH die Produkthaftungsrichtlinie vom 25.7.1985 umgesetzt hat[191].

Die französische Rechtsprechung hat sich bei der Entwicklung des genannten Haftungsregimes zunächst recht zurückhaltend, dann aber immer

---

civil, Art. 1641 à 1649, Fasc. 20, Nr. 67; vgl. auch Cass. civ. 1re v. 20.10.1964, Bull. civ. 1964, I, Nr. 461, S. 357 (Explosion einer Flasche *nach* Zahlung an der Kasse, Anwendung der vertraglichen Verschuldenshaftung).

188 Siehe z.B. Huet, Responsabilité du vendeur, Nr. 88, S. 83; Ghestin/Desché, Nr. 860, S. 913; Mazeaud/Tunc, Responsabilité, Bd. 1, Nr. 160, S. 214; Mazeaud/de Juglart, Leçons, Bd. III/2, 1. Teil, Nr. 993, S. 318; Meller, Obligation de sécurité, S. 109.

Grundsätzlich positiv gegenüber einer Anwendung der „obligation de sécurité" im Bereich des Kaufvertrages Viney, conditions, Nr. 500, S. 602 f. (die Autorin räumt aber ein, daß sich die „obligation de sécurité" in den allermeisten Fällen in der „garantie des vices cachés" erschöpft) und wohl auch Durry, La distinction, Nr. 162, S. 128.

189 So. z.B. Mazeaud/Mazeaud, Responsabilité, Bd. II, Nr. 1406, S. 504; Mazeaud/Tunc, Responsabilité, Bd. I, Nr. 160, S. 214 f. und Mazeaud/de Juglart, Leçons, Bd. III/2, 1. Teil, Nr. 993, S. 319.

190 Näher hierzu unten Fn. 230.

191 Ausführlich hierzu unten im 2. Abschnitt.

deutlicher an der genannten Produkthaftungsrichtlinie orientiert. Dies hat in dem zitierten Urteil vom 17.1.1995 z. B. dazu geführt, eine eigentlich systemfremde *deliktische* „obligation de sécurité" zugunsten *Dritter* zu bejahen (allerdings ist die Rechtsprechung in dem hier untersuchten Bereich des „klassischen" (fortgeltenden) Produkthaftungsrechts bisher noch nicht so weit gegangen, auch gegenüber dem *Vertragspartner* oder dem *Nacherwerber* eindeutig eine außervertragliche Haftung anzunehmen[192]). In dem ebenfalls bereits zitierten Urteil vom 3.3.1998 bereitete die Cour de cassation dann an sich bereits allen Spekulationen über den wahren Hintergrund des genannten Haftungsregimes ein Ende und fügte der bisher von ihr verwendeten Formel einen neuen Halbsatz an, der nahezu wörtlich dem Kernsatz des Art. 6 der Produkthaftungsrichtlinie 85/374 entsprach: „Le fabricant est tenu de livrer un produit exempt de tout défaut de nature à créer un danger pour les personnes ou les biens, *c'est-à-dire un produit qui offre la sécurité à laquelle on peut légitimement s'attendre.*" Noch deutlicher wurde die Cour de cassation schließlich in ihrem Urteil vom 28.4.1998[193], in dem sie formulierte: „Vu les articles 1147 et 1384, alinéa premier, du Code civil, interprétés à la lumière de la Directive CEE n° 85/374 du 24 juillet 1985 ...".

Im einzelnen ist hinsichtlich der Voraussetzungen und Rechtsfolgen des von der Rechtsprechung entwickelten Haftungsregimes und hinsichtlich seines Verhältnisses zu den anderen produkthaftungsrechtlichen Rechtsbehelfen (insbesondere zu den aus der Umsetzung der Richtlinie resultierenden Bestimmungen) noch manches ungeklärt.

αα) Voraussetzungen und Rechtsfolgen

Das von der Rechtsprechung entwickelte Haftungsregime ist zwar deutlich an der Produkthaftungsrichtlinie 85/374 orientiert[194], es bestehen insofern aber auch einige Unterschiede.

---

192 Dies ist im Anwendungsbereich der im 2. Abschnitt näher behandelten Art. 1386-1 ff. C. civ. (der Umsetzung der genannten Richtlinie) selbstverständlich anders, da dort auch gegenüber dem Vertragspartner und dem Nacherwerber außervertraglich gehaftet wird (siehe hierzu unten S. 165 f.).

193 Cass. civ. 1re v. 28.4.1998, D. 1998, IR, S. 142 = J.C.P. 1998, II, 10088 mit Bericht Sargos.

194 So bereits vor den erwähnten Klarstellungen durch die Cour de cassation Viney, Anm. zu Cass. civ. 1re v. 11.6.1991, J.C.P. 1992, I, 3572, S. 158, 159; Jourdain, Anm. zu Cass. civ. 1re v. 11.6.1991, Rev. trim. dr. civ. 1992, S. 114, 115; ders. Anm. zu Cass. civ. 1re v. 27.1.1993, Rev. trim. dr. civ. 1993, S. 592, 593 f.; Tournafond, Anm. zu Cass. civ. 1re v. 11.6.1991, D. 1993, Somm., S. 241 f.; ders. Anm. zu Cass. civ. 1re v. 27.1.1993, D. 1994, Somm. S. 238; Barret, Dalloz, Rép. de dr. civ., Vente, Nr. 1670.

ααα) Kein „Verschulden"

Wie nach der Produkthaftungsrichtlinie und deren französischer Umsetzung braucht dem gewerblichen Hersteller und Verkäufer kein „Verschulden" nachgewiesen zu werden, da die von der Rechtsprechung im Kaufvertrag neu „entdeckte" „obligation de sécurité" eine „obligaton de résultat" ist[195].

βββ) Nachweis eines Mangels

Nicht immer ganz einheitlich beurteilt wurde die Frage, ob der Geschädigte einen „Mangel" nachzuweisen hat und wenn ja, welcher Art dieser sein muß. In den Urteilen vom 20.3.1989 und 11.6.1991 wurde von der Cour de cassation recht deutlich der Nachweis eines „vice" bzw. eines „défaut de fabrication" verlangt[196]. Auch das Schrifttum folgte dem weitgehend[197] und betonte, daß die bloße Gefährlichkeit des Produktes noch nicht ausreichen könne, da hierdurch zum einen jegliche industrielle Aktivität gelähmt würde[198] und zum anderen die Abgrenzung zwischen einer gefährlichen und einer ungefährlichen Sache kaum möglich sei, denn jede Sache könne zu einer gefährlichen werden[199]. Der von der Cour de cassation verlangte „Mangel" wurde dabei von den Autoren, je nachdem, ob man mehr die erste oder die zweite Hälfte der von der Cour de cassation verwendeten Formel[200] betonte, entweder als Mangel im herkömmlichen Sinne gesehen und von dem Begriff des „défaut de sécurité" i. S. der Richtlinie bzw. der französischen Umsetzungsentwürfe unterschieden[201] oder aber dem „défaut de sécurité" gleich erachtet[202].

---

[195] Tournafond, Anm. zu Cass. civ. 1re v. 11.6.1991, D. 1993, Somm., S. 241; Huet, Jcl. civil, Art. 1641 à 1649, Fasc. 20, Nr. 72; Barret, Dalloz, Rép. de dr. civ., Vente, Nr. 1673; vgl. auch Jourdain, Anm. zu Cass. civ. 1re v. 11.6.1991, Rev. trim. dr. civ. 1992, S. 114, 115 f.

[196] Dies ergibt sich neben dem klaren Wortlaut beider Urteile (Fundstellen oben in Fn. 179) aus der Tatsache, daß die Cour de cassation in ihrem *Urteil vom 20.3.1989* das Urteil der Vorinstanz u. a. *gerade deshalb aufgehoben hatte, weil dort eine Haftung des Herstellers bejaht wurde, ohne daß ein „vice de fabrication" nachgewiesen werden konnte.*

[197] Tournafond, aaO, S. 241; Huet, aaO; Barret, aaO, Nr. 1672.

[198] So Malaurie in der Anmerkung zu Cass. civ. 1re v. 20.3.1989, D. 1989, Jur., S. 381, 382.

[199] Barret, aaO, Nr. 1672.

[200] „... exempts de tout vice ou de tout défaut de fabrication de nature à créer un danger pour les personnes ou pour les biens".

[201] So Tournafond, aaO, S. 241 f.

[202] So insbesondere Jourdain, Anm. zu Cass. civ. 1re v. 11.6.1991, Rev. trim. dr. civ. 1992, S. 114, 115; ders., Anm. zu Cass. civ. 1re v. 17.1.1995, D. 1995, Jur., S. 351, 353 unter 2.

Eine gewisse Unsicherheit ergab sich dann durch ein Urteil der ersten Zivilkammer vom 22.11.1994, in dem die Cour de cassation es nicht für erforderlich hielt, einen Mangel des schadensstiftenden Produktes festzustellen, wenn dieses als solches bereits eine Gefahr darstellt[203]. Damit hatte die Cour de cassation an sich genau konträr zu der Entscheidung vom 20.3.1989 entschieden. Da die Cour de cassation jedoch in ihren späteren Urteilen vom 17.1.1995 und 15.10.1996[204] wieder deutlich das Vorliegen eines „vice“ oder „défaut de fabrication“ (Urteil vom 17.1.1995) bzw. einfach eines „défaut“ (Urteil vom 15.10.1996) verlangte, konnte das Urteil vom 22.11.1994 nicht als vollständiges „revirement“ zu verstehen gewesen sein.

Klarheit trat dann durch das ebenfalls bereits erwähnte Urteil vom 3.3.1998[205] ein, in dem die Cour de cassation zwar einerseits wie in den beiden vorhergehenden Urteilen den Nachweis eines „Mangels“ verlangte, andererseits aber klarstellte, daß sie hierunter einen „Sicherheitsmangel“ i.S. der Produkthaftungsrichtlinie 85/374 versteht. Daraus folgt, daß der Anwendungsbereich des von der Rechtsprechung entwickelten Haftungsregimes der „obligation de sécurité“ enger ist als derjenige der Sachmängelgewährleistung, die nicht nur Verletzungen des Integritätsinteresses, sondern auch reine Äquivalenzstörungen erfaßt[206].

γγγ) Schaden

Aus der von der Cour de cassation verwendeten Formulierung „danger pour les personnes ou les biens“ ergibt sich deutlich, daß sowohl Personen- als auch Sachschäden über das genannte Haftungsregime ersetzbar sind[207]. Bei den Sachschäden stellt sich jedoch die Frage, ob hierunter nur die Schäden an anderen Gütern des Käufers oder aber auch die Schäden an der Kaufsache selbst fallen. Nach Auffassung von Tournafond ist mangels näherer Präzisierung in den genannten Urteilen von letzterem auszugehen[208]. Dies hätte jedoch zur Konsequenz, daß die Sachmängelgewähr-

---

203 Cass. civ. 1re v. 22.11.1994, Bull. civ. 1994, I, Nr. 340, S. 245 f. = Rev. trim. dr. civ. 1995, S. 375 ff. m. Anm. Jourdain.

204 Nachweise oben in Fn. 181 und 182.

205 Nachweise oben in Fn. 183.

206 Zum Verhältnis beider Haftungsregime unten unter ββ).

207 In dem zitierten Urteil vom 28.4.1998 (Cass. civ. 1re v. 28.4.1998, D. 1998, IR, S. 142 = J.C.P. 1998, II, 10088 mit Bericht Sargos) wurde klargestellt, daß auch der immaterielle Schaden der „victimes par ricochet“ von dem genannten Haftungsregime erfaßt wird.

208 Tournafond, Anm. zu Cass. civ. 1re v. 11.6.1991, D. 1993, Somm., S. 241, 242.

leistung bei Vorliegen eines „Sicherheitsmangels" hinsichtlich der Schadensersatzansprüche gegen einen gewerblichen Hersteller oder Verkäufer *vollständig* durch das von der Rechtsprechung entwickelte Haftungsregime verdrängt würde. Nicht nur wegen dieses sehr weitgehenden Ergebnisses, sondern insbesondere auch wegen der ganz offensichtlichen Orientierung der Rechtsprechung an der Produkthaftungsrichtlinie 85/374 spricht Überwiegendes dafür, daß von dem genannten Haftungsregime nicht Schäden an der Kaufsache selbst, sondern nur Schäden an *anderen* Gütern des Käufers erfaßt werden, was im übrigen, wegen der begrifflichen Differenzierung in den genannten Urteilen zwischen „produits" und „biens", auch sprachlich die plausiblere Deutung ist[209].

δδδ) Verjährung

Ein wesentlicher Unterschied zur Sachmängelgewährleistung und zur Produkthaftungsrichtlinie bzw. deren französischer Umsetzung in den Art. 1386-1 ff. C. civ. besteht in der erheblich längeren Verjährungsfrist des von der Rechtsprechung entwickelten Haftungsregimes. Statt des gewährleistungsrechtlichen „bref délai" bzw. der dreijährigen Verjährungsfrist des Art. 1386-17 C. civ. (= Art. 10 Abs. 1 der Richtlinie) ist auf die Haftung wegen Verletzung einer „obligation de sécurité" die Verjährungsfrist der allgemeinen vertraglichen Verschuldenshaftung anzuwenden (grundsätzlich 30 Jahre, Art. 2262 C. civ.; 10 Jahre bei Beteiligung eines Kaufmannes, Art. 189 bis Code de commerce).

εεε) Berechtigte und Verpflichtete des Schadensersatzanspruches

Als *Verpflichtete* des Schadensersatzanspruches wurden in den zitierten Urteilen ohne Unterschied sowohl der gewerbliche Hersteller als auch der gewerbliche Verkäufer herangezogen. Die generelle Heranziehung des gewerblichen Verkäufers deckt sich zwar nicht mit der Produkthaftungsrichtlinie, wohl aber mit sämtlichen französischen Umsetzungsentwürfen und der schließlich in Art. 1386-7 Abs. 1 C. civ. getroffenen Regelung, die allesamt eine Haftung des gewerblichen Verkäufers unabhängig davon vorsehen, ob der Hersteller binnen einer bestimmten Frist feststellbar ist oder nicht[210].

---

[209] Im Ergebnis genauso Jourdain, Rev. trim. dr. civ. 1992, S. 114, 116 und Viney, J.C.P. 1992, I, 3572, S. 158, 159, die recht selbstverständlich hinsichtlich der das Produkt selbst betreffenden Schäden weiterhin die gesetzliche Sachmängelgewährleistung für anwendbar halten.

[210] So aber Art. 3 Abs. 3 der Richtlinie und z. B. § 4 Abs. 3 ProdHaftG.

Hinsichtlich der *Berechtigten* des Schadensersatzanspruches hat das bereits zitierte Urteil vom 17.1.1995 eine zweifache Erweiterung gebracht. Während es in den vorherigen Urteilen nur um die *vertragliche* Haftung gegenüber dem *nicht gewerblichen* Käufer oder Nacherwerber ging[211], bejahte die Cour de cassation in dem Urteil vom 17.1.1995 sowohl eine *vertragliche* Haftung gegenüber dem *gewerblichen* Erstkäufer[212], als auch eine *deliktische* Haftung gegenüber „außenstehenden" *Dritten.* Beide Ansprüche (!) wurden dabei auf die in den vorhergehenden Urteilen näher umrissene „obligation de sécurité" gestützt, was eine kleine „Revolution" des französischen Haftungsrechts bedeutete, denn trotz gelegentlicher Forderungen in der Lehre nach einer Ausdehnung der „obligation de sécurité" auf den Bereich des Deliktsrechts[213] spielte diese bisher nur im Vertragsrecht eine Rolle[214]. Die aus dem Urteil folgende Annahme einer „außervertraglichen obligation de sécurité"[215] erschließt sich allerdings erst bei einer näheren Lektüre des Urteilstextes[216].

---

211 Dies war ebenfalls in dem späteren Urteil vom 15.10.1996 der Fall.

212 Hierbei dürfte es sich nach der obigen Definition um einen „professionnel de même spécialité" gehandelt haben.

213 So z.B. Lambert-Faivre, D. 1994, Chr., S. 81 ff.

214 Lambert-Faivre aaO S. 81; Jourdain, D. 1995, Jur., S. 351, 352 unter I.A.

215 So ausdrücklich auch Jourdain, aaO, S. 352 unter I.A. und Viney, J.C.P. 1995, I, 3853, Nr. 12.

216 Es ging in dem genannten Urteil um die Ansprüche eines kleinen Mädchens, das beim Spielen im Hof einer Privatschule von einem dort üblicherweise für psychomotorische Übungen verwendeten Plastikreifen am Auge verletzt wurde. Die Privatschule hatte den Reifen bei der „Sté Lafoly et de Lamarcelle" gekauft, die ihn ihrerseits von der „Sté Armand Colin et Bourrelier" erworben hatte. Letztere ließ Reifen dieses Typs zunächst bei der „Sté Omniplast" und später dann bei der „Sté Planet Wattohm", die die „Omniplast" übernommen hatte, herstellen.

In erster Instanz wurden die „Sté Armand Colin et Bourrelier" und die Privatschule „in solidum" zur Leistung von Schadensersatz an die Eltern als gesetzliche Verwalter des Vermögens ihrer Tochter verurteilt.

Die zweite Instanz hielt zwar weiterhin die „Sté Armand Colin et Bourrelier" für verantwortlich, lehnte aber eine Haftung der Privatschule ab, da es insoweit an der Darlegung einer „faute" fehle. Statt dessen wurde aber der Hersteller („Planet Wattohm") zum Ersatz des *vollen* Haftungsschadens der „Sté Armand Colin et Bourrelier" verurteilt.

Die Revision führte schließlich zur teilweisen Aufhebung des Berufungsurteiles soweit es die Ansprüche der Eltern und der „Sté Armand Colin et Bourrelier" gegen die Privatschule und ihren Versicherer abgelehnt hatte (die Cour de cassation hielt die Schule dabei aufgrund einer Art *vertraglicher Sachhalterhaftung* auch ohne Darlegung einer „faute" für verantwortlich; diese bisher nur vereinzelt in der Lehre diskutierte Figur, die von der Cour de cassation hier jedoch *nicht* für die Produkthaftung des *Herstellers* und *Verkäufers* verwendet wurde, bildet eine weitere wesentliche Neuerung des Urteiles).

Bestätigt wurde dagegen die auf Art. 1382 C. civ. gestützte Haftung der „Sté Armand Colin et Bourrelier" gegenüber den Eltern, wobei die Cour de cassation in

Aus der genannten Entscheidung ergibt sich zwar eine teilweise, jedoch keineswegs eine vollständige „décontractualisation“ der „obligation de sécurité“: die Verpflichtung der Hersteller und gewerblichen Verkäufer keine Produkte zu liefern, deren Mangelhaftigkeit zu einer Gefahr für Personen und Güter führen kann, besteht zwar grundsätzlich sowohl gegenüber dem Vertragspartner als auch gegenüber Dritten, in dem ersten Fall, dem derjenige des Nacherwerbers gleichzustellen ist, handelt es sich aber weiterhin um eine *vertragliche* Haftung, im zweiten Fall dagegen um eine *deliktische* Haftung. Damit hat die Cour de cassation jedoch im Ergebnis im Bereich der „Sicherheitsmängel“ eine weitgehend übereinstimmende Haftung von Herstellern und Verkäufern gegenüber Erwerbern, Nacherwerbern und Dritten geschaffen[217].

ββ) Verhältnis der Haftung wegen Verletzung einer „obligation de sécurité“ zur Sachmängelgewährleistung, zur „non-conformité“-Haftung und zur französischen Umsetzung der EG-Produkthaftungsrichtlinie 85/374

Da die „non-conformité“-Haftung, wie gezeigt, seit ca. 1993 generell nicht mehr auf (rein) objektive „Mängel“ Anwendung findet, die Haftung wegen Verletzung einer „obligation de sécurité“ jedoch einen (objektiven) „Sicherheitsmangel“ voraussetzt, besteht insofern kein Überschneidungsproblem.

Eine Überschneidung besteht jedoch mit der traditionellen „vice caché“-Haftung der gewerblichen Hersteller und Verkäufer[218], die ebenfalls einen (objektiven) „Mangel“ des Produktes voraussetzt und damit an sich auch den (engeren) Bereich der „Sicherheitsmängel“ mitumfaßt. Aus den bisherigen Urteilen ergab sich diesbezüglich im Überschneidungsbereich die Tendenz, die „vice caché“-Haftung weiter hinsichtlich Wandelung, Minderung und Ersatz der am Produkt selbst entstandenen Schäden (einschließlich direkt hieraus resultierender Vermögensschäden, wie z.B. entgangener

---

diesem Zusammenhang dann die in den vorherigen Urteilen verwendete Formel um den bereits erwähnten Nachsatz „... qu'il en est responsable tant à l'égard des tiers que de son acquéreur ...“ erweiterte. Bestätigt wurde schließlich auch die *volle* Haftung des Herstellers gegenüber der „Sté Armand Colin et Bourrelier“, da der eingetretene Schaden nach Auffassung der Cour de cassation vollständig dem Hersteller zuzurechnen war. Zur Begründung der Haftung des Herstellers griff die Cour de cassation dann wieder auf die in den vorhergehenden Urteilen aufgestellte Formel zur „obligation de sécurité“ zurück.

[217] Siehe auch unten S. 143.

[218] Auf die hier nicht näher interessierende Haftung der *nicht* gewerblichen Hersteller und Verkäufer sind dagegen weiterhin *nur* die Art. 1641 ff. C. civ. anzuwenden.

Gewinn[219]) anzuwenden, die Haftung wegen Verletzung der „obligation de sécurité" dagegen für den Ersatz von Personenschäden und Schäden an sonstigen Gütern des Käufers[220], wobei dem Käufer insoweit kein Wahlrecht eingeräumt wurde[221].

Aus der dargestellten Rechtsprechung resultiert somit momentan eine erhebliche Beschränkung des Anwendungsbereiches der „garantie des vices cachés". Hierbei drängt sich die Parallele zu der zuvor über eine systematische Ausweitung der „non-conformité"-Haftung vollzogenen Einschränkung der „garantie des vices cachés" und ihres ungeliebten Art. 1648 C. civ. auf, die erst im Jahre 1993, nach langjährigem Widerstand der dritten Zivilkammer, wieder rückgängig gemacht wurde. Während diese Einschränkung jedoch schlicht über die Gewährung eines Wahlrechts erfolgte, welches wegen der erheblich günstigeren Verjährungsregelung i. d. R. zugunsten der „non-conformité"-Haftung ausgeübt wurde, folgt die Einschränkung hier aus der Herausnahme bestimmter Schäden, die in etwa den Mangelfolgeschäden i. S. deutscher Terminologie entsprechen. Hierbei entspricht das momentane Verhältnis zwischen der „obligation de sécurité" und der Sachmängelgewährleistung dem *ursprünglich* geplanten Verhältnis zwischen den Art. 1641 ff. C. civ. und dem aus der Umsetzung der Produkthaftungsrichtlinie vom 25.7.1985 resultierenden Regime: während eines Zeitraumes von 10 Jahren sollten hiernach Personenschäden und Sachschäden an anderen Sachen des Käufers nur über die umgesetzten Richtlinienbestimmungen, Schäden an der Kaufsache dagegen weiterhin über die Sachmängelgewährleistung ersetzt werden.

Es ist derzeit jedoch noch völlig offen, ob die dargestellte Rechtsprechung nach der nunmehrigen Umsetzung der Produkthaftungsrichtlinie Bestand haben wird. Da nach dem in Umsetzung der Produkthaftungsrichtlinie erlassenen Art. 1386-18 C. civ. *alle* bisherigen Haftungsregime mit der aus der Umsetzung resultierenden Haftung konkurrieren sollen, wäre

---

219 Vgl. Jourdain, Rev. trim. dr. civ. 1992, S. 114, 116. Siehe auch Ferid/Sonnenberger, Bd. 4/1, 2 G 604 a, allerdings zum Verhältnis zwischen der Sachmängelgewährleistung und einem früheren Entwurf zur Umsetzung der Produkthaftungsrichtlinie, der noch eine Verdrängung der Sachmängelgewährleistung vorsah.

220 Jourdain, Rev. trim. dr. civ. 1992, S. 114, 116; ders. Rev. trim. dr. civ. 1993, S. 592, 594; Viney, J.C.P. 1992, I, 3572, S. 158, 159.

221 Siehe Cass. civ. 1re v. 27.1.1993, Bull. civ. 1993, I, Nr. 44, S. 29, 30: „[...] obéissait non aux règles de la garantie mais à celles de la responsabilité contractuelle [...]" (siehe auch Jourdain, Rev. trim. dr. civ. 1993, S. 592, 594, der dies ebenfalls als Ausschluß eines Wahlrechts interpretiert). Auch in dem Urteil vom 15.10.1996 brachte die Cour de cassation zum Ausdruck, daß die Haftung wegen Verletzung der „obligation de sécurité" bei einem „Sicherheitsmangel" statt der Sachmängelgewährleistung zur Anwendung kommt (Cass. civ. 1re v. 15.10.1996, Bull. civ. 1996, I, Nr. 354, S. 248 f.).

die Rechtsprechung an einer Fortsetzung nicht per se gehindert, was dann insbesondere für die Fälle von Bedeutung wäre, in denen eine Haftung nach den umgesetzten Richtlinienbestimmungen wegen *Verjährung* nicht mehr in Betracht käme[222]. In den anderen Fällen, d.h. also, wenn eine Verjährung nach den neu in den Code civil eingefügten Produkthaftungsvorschriften noch *nicht* eingetreten ist, dürfte es allerdings kaum zu einer Fortsetzung der genannten Rechtsprechung kommen, da das von der Rechtsprechung entwickelte Haftungsregime ja gerade einen Vorgriff auf die Umsetzung der Richtlinie darstellen sollte, diese Umsetzung aber nunmehr erfolgt und zu respektieren ist[223]. Folgt man dieser Einschätzung, so dürfte damit aber auch, jedenfalls in den Fällen, in denen noch *keine* Verjährung nach den neuen Produkthaftungsvorschriften des Code civil eingetreten ist, die bisherige „Sperrwirkung" der Haftung wegen Verletzung der „obligation de sécurité" gegenüber der Sachmängelgewährleistung wieder entfallen: da nach Art. 1386-18 C. civ. die „neue" Produkthaftung, wie erwähnt, *neben* die bisherigen Haftungsregime tritt, käme eine Verdrängung der Sachmängelgewährleistungsvorschriften für den Bereich der Personenschäden und der Schäden an sonstigen Gütern des Käufers nicht mehr in Betracht. Es bleibt abzuwarten, wie die Rechtsprechung diese Fragen lösen wird.

bb) Instruktionsfehler und „sonstige Pflichtverletzungen"

Die allgemeine vertragliche Haftung des Herstellers und des Wiederverkäufers kann sich auch aus Instruktionsfehlern und „sonstigen Pflichtverletzungen" ergeben. Im Gegensatz zu der unter aa) genannten Fallgruppe muß hier jedoch dem Schuldner eine „faute" nachgewiesen werden[224].

aaa) Die Verletzung von Instruktionspflichten

In Frankreich hat sich eine umfangreiche Judikatur zur Verletzung von kaufvertraglichen Auskunfts-, Aufklärungs- und Warnpflichten entwikkelt[225]. Als Oberbegriff für diese Pflichten hat sich, jedenfalls in der überwiegenden Rechtsprechung und Literatur, der Begriff der „obligation de

---

[222] Wie sich aus dem „rapport" n° 226 des Senators Fauchon vom 21.1.1998 ergibt, war es gerade ein Anliegen des französischen Gesetzgebers, dem Geschädigten durch die Regelung des Art. 1386-18 C. civ. „die sehr kurzen Verjährungsfristen der Richtlinie" zu ersparen (Sénat, session ordinaire de 1997–1998, rapport n° 226 v. 21.1.1998, S. 45).

[223] Allerdings gehen die Meinungen diesbezüglich auseinander, siehe z.B. einerseits Ghestin, aaO, S. 1206, Nr. 27, der von einer „Fusion" beider Haftungsregime ausgeht, und andererseits Jourdain, aaO, S. 1214, Nr. 47, der eine Aufgabe der genannten Rechtsprechung bezweifelt.

[224] Overstake, Rev. trim. dr. civ. 1972, S. 485, 491, Nr. 13; Muthig, S. 104.

renseignement“ eingebürgert, häufig werden aber noch die Warnpflichten („obligations de mise en garde“) begrifflich verselbständigt. Die „obligation de renseignement“ ist zum einen von den vorvertraglichen Instruktionspflichten („obligations précontractuelles de renseignement“), die hinsichtlich des Schadensersatzes über das Deliktsrecht sanktioniert werden[226], zum anderen von den „obligations de conseil“, die eine regelrechte Beratung mit Darstellung von Vor- und Nachteilen des Produktes enthalten[227], zu unterscheiden. Diese Unterscheidung wird von manchen als zwar theoretisch aber kaum praktisch durchführbar kritisiert[228]. Im einzelnen ist hier vieles umstritten und es herrscht eine geradezu verwirrende Vielfalt an Begriffen und Unterscheidungen[229]. In den folgenden Ausführungen wird von der „obligation de renseignement“ im klassischen Sinne, d.h. also als vertragliche Auskunfts-, Aufklärungs- und Warnpflicht die Rede sein, während das weite Feld der vorvertraglichen und vertraglichen Beratungspflichten („obligations de conseil“) hier nicht betreten werden soll.

Die mittlerweile von der überwiegenden Auffassung begrifflich verselbständigte[230] „obligation de renseignement“ wird zum einen aus Art. 1135

---

225 Siehe z.B. Cass. civ. 1re v. 22.4.1959, Bull. civ. 1959, I, Nr. 209, S. 176 f.; Cass. civ. 3 ème v. 28.3.1968, Bull. civ. 1968, III, Nr. 144, S. 114 f.; Cass. civ. 1re v. 15.11.1972, Bull. civ. 1972, I, Nr. 246, S. 215; Cass. civ. 1re v. 31.1.1973, Bull. civ. 1973, I, Nr. 40, S. 37 = J.C.P. 1975, I, 2679 („Annexe“) m. Anm. von N'Guyen Thanh-Bourgeais und Revel; Cass. civ. 1re v. 9.12.1975 (zwei Urteile), J.C.P. 1977, II, 18588 m. Anm. Malinvaud; Cass. civ. 1re v. 15.5.1979, D. 1979, IR, S. 440; Cass. civ. 1re v. 10.6.1980, J.C.P. 1980, Ed. C.I. 9068; Cass. civ. 3 ème v. 27.1.1982, J.C.P. 1982, IV, S. 135; Cass. civ. 1re v. 14.12.1982, Bull. civ. 1982, I, Nr. 361, S. 309 f.; Cass. civ. 1re v. 11.10.1983, Bull. civ. 1983, I, Nr. 228, S. 204 f.; Cass. civ. 3 ème v. 17.10.1984, J.C.P. 1984, IV, S. 355; Cass. civ. 1re v. 27.2.1985, Bull. civ. 1985, I, Nr. 82, S. 75; Cass. civ. 1re v. 23.4.1985, Bull. civ. 1985, I, Nr. 125, S. 115 f. = D. 1985, Jur., S. 558 ff. m. Anm. Dion; Cass. civ. 1re v. 13.5.1986, Bull. civ. 1986, I, Nr. 128, S. 128 f.; Cass. civ. 1re v. 15.3.1988, Bull. civ. 1988, I, Nr. 80, S. 52; Cass. civ. 1re v. 7.6.1989, Bull. civ. 1989, I, Nr. 232, S. 155; Cass. civ. 1re v. 11.12.1990, Bull. civ. 1990, I, Nr. 289, S. 203; Cass. civ. 1re v. 23.6.1993, Bull. civ. 1993, I, Nr. 226, S. 157; Cass. civ. 1re v. 4.5.1994, D. 1994, Somm., S. 236 f. m. Anm. Paisant.

226 Siehe hierzu z.B. Ghestin/Desché, Nr. 867, S. 920; Fabre-Magnan, Nr. 278, S. 220 f.

227 Näher hierzu z.B. Ghestin/Desché, Nr. 867, S. 920; Fabre-Magnan, Nr. 11, S. 9.

228 So z.B. Le Tourneau, Responsabilité, Nr. 176, S. 69; derselbe D. 1987, Chr., S. 101.

229 Siehe hierzu z.B. Fabre-Magnan, Nr. 8 ff., S. 7 ff. und Nr. 277 ff., S. 220 ff. Die Autorin verwendet als Oberbegriff für den ganzen Bereich der vorvertraglichen und vertraglichen Auskunfts-, Aufklärungs-, Warn- und Beratungspflichten den Begriff der „obligation d'information“.

230 Früher wurde die „obligation de renseignement“ häufig als Ausdruck der „vice caché“-Haftung (siehe hierzu z.B. Gross, La notion d'obligation de garantie

C. civ. abgeleitet, zum anderen aber auch als „accessoire" der Lieferpflicht angesehen[231]. Sie beinhaltet die Verpflichtung des Herstellers und des Verkäufers, dem Käufer alle unerläßlichen oder nützlichen Auskünfte für den Gebrauch der verkauften Sache zu geben[232], insbesondere, wenn es um ein neuartiges, gefährliches oder komplexes Produkt geht[233] oder wenn Unvereinbarkeiten oder Gegenanzeigen bestehen[234]. Dabei müssen die entsprechenden Auskünfte und Warnungen in einer klaren und dem durchschnittlichen Empfänger verständlichen Weise mitgeteilt werden sowie im übrigen natürlich vollständig und genau sein[235].

Als Schuldner der „obligation de renseignement" kommen grundsätzlich sowohl der Hersteller als auch der bloße Wiederverkäufer in Betracht. Da der Hersteller aber normalerweise über besondere Kenntnisse hinsichtlich des Produktes und seiner Zusammensetzung verfügt, wurden die ihm obliegenden Warn- und Auskunftspflichten von einigen Urteilen strenger als diejenigen des einfachen Wiederverkäufers beurteilt, denn letzterer wurde nur zur Aufklärung über solche Risiken verpflichtet, die er kannte oder kennen mußte[236]. Andere Urteile halten dagegen den Wiederverkäufer in gleicher

---

dans le droit des contrats, Nr. 205 ff., S. 117 ff.; N'Guyen Thanh-Bourgeais und Revel, J.C.P. 1975, I, 2679, Nr. 5) oder der „obligation de sécurité" (siehe oben S. 70) angesehen. Heute wird sie jedoch überwiegend als eigenständige, über die allgemeine vertragliche Haftung sanktionierte Verpflichtung eingestuft (N'Guyen Thanh-Bourgeais und Revel, J.C.P. 1975, I, 2679, Nr. 5 ff.; Le Tourneau, Responsabilité, Nr. 1343, S. 426; Ghestin/Desché, Nr. 867, S. 921).

[231] Siehe z. B. Cass. civ. 1re v. 3.7.1985, J.C.P. 1985, IV, S. 320 einerseits und Cass. civ. 1re v. 27.2.1985, Bull. civ. 1985, I, Nr. 82, S. 75 andererseits.

Aus der Literatur siehe z. B. Le Tourneau, Responsabilité, Nr. 1343, S. 426 und Nr. 1753, S. 555; Viney, Colloque 1986, S. 76, Fn. 20 und S. 78, Fn. 31; Ghestin/Desché, Nr. 867, S. 920; Lem, S. 94.

[232] Siehe z. B. Le Tourneau, Responsabilité, Nr. 1753, S. 555; Ghestin/Desché, Nr. 867, S. 921; Mazeaud/de Juglart, Leçons, Bd. III/2, 1. Teil, Nr. 950, S. 264.

[233] Siehe z. B. Le Tourneau, Responsabilité, Nr. 1753, S. 555 m. w. N.; Dion, Anm. zu Cass. civ. 1re v. 23.4.1985, D. 1985, Jur., S. 559, 560 f. unter I. B.; Ghestin/Desché, Nr. 868, S. 922 ff. m. w. N.; Lem, S. 95.

Seit Mitte der 70 er Jahre wird aber auch eine „obligation de renseignement" für Produkte angenommen, die nicht gefährlich, neuartig oder komplex sind, vgl. z. B. Cass. civ. 1re v. 9.12.1975 (zwei Urteile), J.C.P. 1977, II, 18588 und die dortige Anmerkung von Malinvaud unter I.; Cass. civ. 1re v. 11.10.1983, Bull. civ. 1983, I, Nr. 228, S. 204 f. und die Anmerkung von Hémard und Bouloc in Rev. trim. dr. com. 1984, S. 718, 719 f.

[234] Siehe z. B. Le Tourneau, Nr. 1753, S. 556; Ghestin/Desché, Nr. 869, S. 924 ff. je m. w. N.

[235] Viney, Colloque 1986, S. 78; Revel, Jcl. civil, Art. 1382 à 1386, Fasc. 366-2, Nr. 24; Ghestin/Desché, Nr. 869, S. 926; Lem, S. 95.

[236] Siehe z. B. Cass. civ. 1re v. 31.1.1973, Bull. civ. 1973, I, Nr. 40, S. 37 = J.C.P. 1975, I, 2679 („Annexe") m. Anm. von N'Guyen Thanh-Bourgeais und Revel; Cass. civ. 1re v. 13.5.1986, Bull. civ. 1986, I, Nr. 128, S. 128 f.; N'Guyen

Weise für verantwortlich wie den Hersteller, auch wenn er sich nur darauf beschränkt hatte, die Informationen des Herstellers weiterzugeben[237].

Die „obligation de renseignement" besteht sowohl gegenüber „einfachen" Käufern als auch gegenüber gewerblichen Käufern, es sei denn, daß letztere aufgrund ihrer fachlichen Qualifikation bereits die entsprechenden Kenntnisse hatten oder haben mußten[238].

Im Gegensatz zu den unter aa) erörterten Fallgruppen wird die „obligation de renseignement" grundsätzlich als „obligation de moyens" eingestuft[239], so daß der Gläubiger eine „faute" des Herstellers bzw. Verkäufers nachzuweisen hat. Diese für den Gläubiger an sich negative Situation wird dadurch abgemildert, daß auf der einen Seite, insbesondere gegenüber einem nicht gewerblichen Käufer, sehr hohe inhaltliche Anforderungen an die „obligation de renseignement" gestellt werden[240], denen auf der anderen Seite recht niedrige Beweisanforderungen hinsichtlich der Verletzung dieser Verpflichtung gegenüberstehen[241].

Thanh-Bourgeais und Revel in der Anmerkung zu Cass. civ. 1re v. 31.1.1973, aaO, Nr. 12; Ghestin/Desché, Nr. 869, S. 926; Lem, S. 94 f.

237 So Cass. civ. 3 ème v. 27.1.1982, J.C.P. 1982, IV, S. 135. Im gleichen Sinne z.B. Cass. civ. 1re v. 9.12.1975, J.C.P. 1977, II, 18588 (zweites Urteil) m. Anm. Malinvaud; Cass. civ. 1re v. 27.2.1985, Bull. civ. 1985, I, Nr. 82, S. 75 f. Vgl. auch Cass. civ. 1re v. 19.1.1983, Bull. civ. 1983, I, Nr. 30, S. 27.

Aus der Literatur siehe Viney, Anm. zu Cass. civ. 1re v. 22.11.1978, J.C.P. 1979, II, 19139 unter I.A.1. mit Fn. 8; Revel, Jcl. civil, Art. 1382 à 1386, Fasc. 366-2, Nr. 23 a.E.; Ghestin/Desché, Nr. 869, S. 926.

238 Cass. civ. 1re v. 9.12.1975 (zwei Urteile), J.C.P. 1977, II, 18588 m. Anm. Malinvaud; Cass. civ. 1re v. 11.6.1980, Bull. civ. 1980, I, Nr. 186, S. 151; Cass. civ. 1re v. 23.4.1985, Bull. civ. 1985, I, Nr. 125, S. 115 f.; Cass. com. v. 5.2.1985, Bull. civ. 1985, IV, Nr. 48, S. 41 f.; Malinvaud, Anm. zu Cass. civ. 1re v. 9.12. 1975, aaO, unter II.A.; Le Tourneau, Responsabilité, Nr. 1755, S. 556; Viney, Colloque 1986, S. 78; Ghestin/Desché, Nr. 870, S. 927 f.

Dieses Prinzip wurde in neuerer Zeit wieder bestätigt z.B. in Cass. civ. 1re v. 4.5.1994, D. 1994, Somm., S. 236 f. m. Anm. Paisant, Cass. civ. 1re v. 7.6.1995, D. 1995, IR, S. 164 und Cass. civ. 1re v. 3.6.1998, J.C.P. 1998, IV, 2684.

239 Cass. civ. 1re v. 23.4.1985, Bull. civ. 1985, I, Nr. 125, S. 115 f.; Malinvaud, Anm. zu Cass. com. v. 16.10.1973, J.C.P. 1974, II, 17846, Nr. 2; Le Tourneau, Responsabilité, Nr. 1345, S. 427; Mazeaud/de Juglart, Leçons, Bd. III/2, 1.Teil, Nr. 950, S. 265; Huet, Anm. zu Cass. civ. 1re v. 11.10.1983, Rev. trim. dr. civ. 1984, S. 731, 733; ders. Responsabilité du vendeur, Nr. 53, S. 55; Viney, Colloque 1986, S. 78; Larroumet, Droit civil, Bd. 3, Nr. 618, S. 621.

240 Vgl. Viney, Colloque 1986, S. 78 mit Fn. 38.

241 Siehe z.B. Huet, Anm. zu Cass. civ. 1re v. 11.10.1983, Rev. trim. dr. civ. 1984, S. 731, 733 f.; derselbe, Responsabilité du vendeur, Nr. 53, S. 55; Fabre-Magnan, Nr. 485, S. 396. Vgl. auch Cass. civ. 1re v. 23.4.1985, Bull. civ. 1985, I, Nr. 125, S. 115 f.

Die „obligation de renseignement“ hat mittlerweile auch einige bruchstückhafte Regelungen durch den Gesetz- bzw. Verordnungsgeber erfahren, die jedoch in der gerichtlichen Praxis bisher keine entscheidende Rolle gespielt haben. Zu nennen ist hier zum einen der bereits an früherer Stelle erwähnte[242] Art. R. 211-4 Code de la consommation (vormals Art. 4 des Dekretes Nr. 78-464 vom 24.3.1978), wonach der gewerbliche Verkäufer bei einer „garantie contractuelle“ den „Verbraucher“ auf die zu seinen Gunsten jederzeit anwendbare „garantie légale“ hinzuweisen hat. Zu nennen sind zum anderen die Art. L. 111-1 bis 111-3 Code de la consommation, die den drei Absätzen des früheren Art. 2 des Gesetzes Nr. 92-60 vom 18.1.1992 entsprechen. In diesen Vorschriften wird noch einmal deutlich die Pflicht des gewerblichen Verkäufers zum Ausdruck gebracht, den „Konsumenten“ vor Abschluß des Kaufvertrages über die wesentlichen Eigenschaften der Kaufsache aufzuklären (Art. L. 111-1) und auf die voraussichtliche Dauer der Verfügbarkeit der für den Gebrauch unabdingbaren Ersatzteile hinzuweisen (Art. L. 111-2)[243]. Nach Art. 111-3 Code de la consommation sind diese Regelungen unbeschadet etwaiger anderer, für den Konsumenten günstigerer Regelungen anzuwenden.

bbb) „Sonstige Pflichtverletzungen“

Eine Haftung des Herstellers und des Verkäufers kann sich schließlich auch aus sonstigen Pflichtverletzungen ergeben, wenn z.B. die Ware nicht ordnungsgemäß verpackt, gelagert oder transportiert wurde[244] oder aber der Schuldner diese nicht ausreichend untersucht bzw. getestet hat[245]. Die dem bloßen Wiederverkäufer obliegende Untersuchungspflicht ist dabei weniger

---

[242] Siehe oben S. 53 f.

[243] Eine entsprechende Verpflichtung trifft nach Art. L. 111-2 S. 2 Code de la consommation den Hersteller oder Importeur gegenüber dem Verkäufer.

[244] Siehe Cass. com. v. 11.5.1981, Bull. civ. 1981, IV, Nr. 220, S. 173 f.; Cass. civ. 1re v. 20.10.1964, Bull. civ. 1964, I, Nr. 461, S. 357; Cass. civ. 1re v. 22.6. 1971, D. 1971, Somm., S. 191; Overstake, Rev. trim. dr. civ. 1972, S. 485, 496 ff., Nr. 25 ff.; Malinvaud, Gaz. Pal. 1973, Doctr., S. 463, 466, Nr. 17; Viney, Colloque 1975, S. 81, Nr. 13; Ghestin/Desché, Nr. 866, S. 919; Lem, S. 93 f.

[245] Vgl. Cass. civ. 2 ème v. 20.7.1962, Bull. civ. 1962, II, Nr. 621, S. 452; Cass. com. v. 17.3.1981, Bull. civ. 1981, IV, Nr. 150, S. 118; Cass. civ. 1re v. 8.1.1985, Bull. civ. 1985, I, Nr. 11, S. 10; Viney, Colloque 1975, Nr. 13, S. 81; Ghestin/ Desché, Nr. 866, S. 919; Lem, S. 93 f.

Eine teilweise Normierung der Untersuchungspflicht findet sich in Art. L. 212-1 Abs. 2 Code de la consomation (vormals Art. 11-4 des Gesetzes vom 1.8.1905, eingefügt durch das Gesetz Nr. 83-660 vom 21.7.1983), wonach der für das erste Inverkehrbringen Verantwortliche gehalten ist, die Vereinbarkeit des Produktes mit den geltenden Bestimmungen zu überprüfen.

streng als diejenige des Herstellers, denn er ist nur zu den Kontrollen verpflichtet, zu denen er technisch und fachlich in der Lage ist[246].

b) Haftungsfreizeichnung, Entlastung und Verjährung

aa) Haftungsfreizeichnung

aaa) Allgemeines

Haftungsausschluß- und -begrenzungsklauseln sind mangels einer dem Art. 1643 C. civ.[247] entsprechenden Vorschrift im Bereich der allgemeinen vertraglichen Verschuldenshaftung grundsätzlich wirksam. Dies gilt aber nach ständiger Rechtsprechung nicht bei „dol" und „faute lourde"[248]. Die Rechtsprechung neigt nun hinsichtlich eines „professionnel" nicht selten dazu, jede einfache „faute professionnelle" als „faute lourde" anzusehen[249] und kommt damit nach Auffassung mancher Autoren im Ergebnis zu einer quasi genauso weitgehenden Unwirksamkeit von Haftungsfreizeichnungsklauseln wie im Bereich der Sachmängelgewährleistung[250]. Insbesondere wird mitunter bereits allein in der *Lieferung* einer mangelhaften Sache eine „faute lourde" des Herstellers gesehen, ohne daß es noch auf ein persönliches Fehlverhalten ankäme[251]. Die in der Lehre hervorgehobene Tendenz der Rechtsprechung zur Annahme einer „faute lourde" des Herstellers ist jedoch keineswegs konstant, weshalb auch die diesbezüglich ebenfalls in der Lehre vorgenommene Gleichsetzung mit der Sachmängelgewährleistung mit Vorsicht zu genießen ist[252].

Es empfiehlt sich eine nach Fallgruppen getrennte Untersuchung.

---

[246] Vgl. Cour d'appel de Douai v. 10.12.1963, Gaz. Pal. 1964, Jur., S. 231, 232; T.G.I. de Soissons v. 18.12.1969, D. 1970, Somm., S. 136; Viney, Colloque 1975, Nr. 13, S. 81; Ghestin/Desché, Nr. 866, S. 919; Lem, S. 94.

[247] Siehe zu dieser Vorschrift oben bei der Sachmängelgewährleistung S. 46.

[248] Siehe nur Malaurie/Aynès, Obligations, Nr. 826, S. 484; Mazeaud/Chabas, Leçons, Bd. II/1, Nr. 635, S. 765.

[249] Le Tourneau, Responsabilité, Nr. 409 f., S. 137 f.; Viney, Colloque 1986, S. 83 m.w.N.; Ghestin/Desché, Nr. 871, S. 928 ff.

[250] Vgl. Ghestin/Desché, Nr. 871, S. 928 und S. 932.

[251] Siehe z.B. Cass. com. v. 20.3.1961, Bull. civ. 1961, III, Nr. 148, S. 132; Cass. civ. 1re v. 11.12.1961, Bull. civ. 1961, I, Nr. 595, S. 474 f.; Ghestin/Desché, Nr. 871, S. 930 f.; vgl. auch N'Guyen Thanh-Bourgeais, Rev. trim. dr. civ. 1973, S. 496, 511, Nr. 25.

[252] Gegen die Annahme, daß allein in der Lieferung eines fehlerhaften Produktes durch den Hersteller *immer* eine „faute lourde" zu sehen ist (was insoweit Freizeichnungsklauseln ausschließen würde), spricht z.B. das sogleich noch zu erörternde Grundsatzurteil der Cour de cassation vom 20.12.1988 zur Gültigkeit von Freizeichnungsklauseln im Bereich der „non-conformité", das Freizeichnungsklauseln grundsätzlich zwischen allen „professionnels" zuläßt, egal ob diese der gleichen Branche

bbb) Instruktionsfehler und „sonstige Pflichtverletzungen“

Es fragt sich, ob die soeben erwähnte Rechtsprechung ohne weiteres auf die *Instruktionsfehler und „sonstigen Pflichtverletzungen“* übertragen werden kann, denn diesbezüglich wird dem Schuldner ja nur eine „obligation de moyens“ auferlegt, d.h. diesem muß grundsätzlich eine „faute“ nachgewiesen werden[253]. Zwar hat die Cour de cassation in einer Entscheidung vom 22.11.1978[254] die bloße Nichterfüllung einer „obligation de renseignement“ schon als „faute lourde“ angesehen und damit eine entsprechende Haftungsfreizeichnungsklausel zu Fall gebracht, die Bedeutung dieses Urteiles ist aber keineswegs klar und bietet Anlaß zu verschiedenen Interpretationen[255]. Als gesichert anzusehen ist lediglich, daß Klauseln, die (auch) die Freizeichnung von der Haftung für Instruktionsfehler und „sonstige Pflichtverletzungen“ zum Ziel haben unter Art. L. 132-1 Code de la consommation (vormals Art. 35 Abs. 1 des Gesetzes Nr. 78-23 v. 10.1.1978) i.V. mit Art. R. 132-1 Code de la consommation (vormals Art. 2 des Dekretes Nr. 78-464 v. 24.3.1978) fallen und damit im Verhältnis zwischen einem gewerblichen Verkäufer und einem „non-professionnel“ bzw. „consommateur“ unwirksam sind[256]. In welchem Umfang im übrigen derartige Klauseln im Verhältnis *zwischen „professionnels“* gültig oder ungültig sind und ob etwa die Rechtsprechung zu den „professionnels de même spécialité“ auf diesen Bereich zu übertragen ist, ist bisher nicht geklärt.

---

angehören oder nicht (dieser Widerspruch wird von Ghestin kritisiert, Ghestin/Desché, Nr. 967, S. 994 f.).

Auch ein Urteil der Cour d'appel de Bordeaux vom 5.4.1994 (J.C.P. 1994, IV, Nr. 2213) steht im Widerspruch zu der genannten Tendenz, da hier auf die „nonconformité“-Haftung des Herstellers Art. 1150 C. civ. angewendet wird, der jedoch bei „faute lourde“ nach ständiger Rechtsprechung ausgeschlossen ist.

253 Siehe oben S. 71.

254 Cass. civ. 1re v. 22.11.1978, J.C.P. 1979, II, 19139 m. Anm. Viney.

255 Vgl. einerseits Ghestin/Desché, Nr. 871, S. 931, die mehr auf die Lieferung eines für die Zwecke des Käufers ungeeigneten Produktes abstellen ohne dabei auf die „obligation de renseignement“ einzugehen und dadurch weniger Probleme haben, das Urteil der Rechtsprechungstendenz zuzuordnen, die bereits in der Lieferung eines fehlerhaften Produktes eine „faute lourde“ sieht.

Vgl. andererseits Revel, Jcl. civil, Art. 1382 à 1386, Fasc. 366-2, Nr. 10, die hier auf die Nichterfüllung der „obligation de renseignement“ abstellt, aus dem Urteil aber nicht die Konsequenz einer generellen Unzulässigkeit von Haftungsfreizeichnungsklauseln im Bereich der „obligation de renseignement“ ziehen möchte (Nr. 12 aaO).

256 Siehe den Wortlaut des zitierten Art. R. 132-1 Code de la consommation: „[...] est interdite [...] la clause ayant pour objet ou pour effet de supprimer ou de réduire le droit à réparation du non-professionnel ou consommateur en cas de manquement par le professionnel *à l'une quelconque* de ses obligations“ (Hervorhebung vom Verfasser).

ccc) „Non-conformité"

Etwas klarer erscheint die Rechtslage im Bereich der *„non-conformité"*, denn hier hat die Cour de cassation in einem Urteil vom 20.12.1988 entschieden, daß es für die Gültigkeit einer Freizeichnungsklausel zwischen zwei „professionnels" nicht darauf ankommt, ob es sich bei dem Käufer um einen „professionnel de même spécialité" handelt oder nicht, nach diesem Urteil sollen also m. a. W. Freizeichnungsklauseln im Bereich der „non-conformité"-Haftung grundsätzlich zwischen allen „professionnels" zulässig sein[257]. Aus diesem Urteil, das vielfach kritisiert[258], jedoch später von der Rechtsprechung bestätigt wurde[259], folgt somit an sich eine erheblich weitere Zulässigkeit von Freizeichnungsklauseln zwischen „professionnels" als im Bereich der Sachmängelgewährleistung. Die Bedeutung der zitierten Urteile wird jedoch dadurch abgemildert, daß auch auf die „non-conformité"-Haftung grundsätzlich die Vorschriften der Art. L. 132-1 und R. 132-1 Code de la consommation anwendbar sind[260] und die Rechtsprechung den persönlichen Anwendungsbereich der genannten Vorschriften recht weit versteht[261]. Danach können sich auch Gewerbetreibende auf den Schutz der zitierten Vorschriften berufen, wenn der Kauf entweder für rein private Zwecke erfolgte oder aber zwar durch die berufliche Tätigkeit des Gewerbetreibenden veranlaßt wurde, jedoch in keiner unmittelbaren Beziehung zu dessen eigentlicher Tätigkeit stand. Stand der Kauf dagegen in unmittelbarer Beziehung zu der ausgeübten Tätigkeit, sind die genannten Vorschriften des Code de la consommation nicht anwendbar und es kommt wieder die zuvor zitierte Rechtsprechung (Urteile vom 20.12.1988 und vom 24.11.1993) zur Anwendung. Dies bedeutet, daß dann, im Gegensatz zur Sachmängelgewährleistung, auch Freizeichnungsklauseln zwischen Gewerbetreibenden einer *verschiedenen* „spécialité" gültig sind.

---

257 Cass. civ. 1re v. 20.12.1988, Bull. civ. 1988, I, Nr. 373, S. 252. Zu dieser Entscheidung und ihren Konsequenzen siehe z. B. die Anmerkung von Virassamy in J.C.P. 1989, II, 21354, Nr. 15 ff.; Ghestin/Desché, Nr. 967, S. 994 f. und Nr. 872, S. 932.

258 Siehe z. B. die Kritik von Ghestin, der u. a. kritisiert, daß das Urteil in einem gewissen Widerspruch zu der bereits erörterten Rechtsprechungstendenz steht, die bereits in der Lieferung eines fehlerhaften Produktes eine „faute lourde" sieht (Ghestin/Desché, Nr. 967, S. 994 f).

259 Cass. civ. 1re v. 24.11.1993, J.C.P. 1994, II, 22334 m. Anm. Leveneur.

260 Siehe den soeben in Fn. 256 wiedergegebenen Wortlaut des Art. R. 132-1 Code de la consommation.

261 Siehe hierzu ausführlich oben S. 50 ff.

ddd) „Obligation de sécurité“

Noch nicht ausdrücklich entschieden wurde, in welchem Umfang Freizeichnungen im Bereich der von der Rechtsprechung herausgearbeiteten kaufvertraglichen *„obligation de sécurité“* wirksam sind. Bei Anwendung der *allgemeinen* Grundsätze zur „obligation de sécurité“ sind derartige Freizeichnungen aber generell, d.h. im Gegensatz zur Sachmängelgewährleistung auch zwischen „professionnels de même spécialité“, unwirksam[262].

bb) Entlastung

Soweit den Hersteller und den Verkäufer eine „obligation de moyens“[263] oder eine widerlegliche Verschuldensvermutung[264] trifft, können sie sich durch den Nachweis fehlenden Verschuldens entlasten, was hier keiner näheren Erörterung bedarf.

Besteht aber eine „obligation de résultat“[265], ist eine Entlastung wegen fehlenden Verschuldens nicht möglich. Der Hersteller und der Verkäufer können sich dann nur durch den Nachweis einer „cause étrangère“ entlasten [aaa].

Besonders schwierig und unübersichtlich ist die Frage einer Entlastung für Entwicklungsrisiken, die hier gesondert behandelt werden soll [bbb].

Die genannten Entlastungsgründe sind grundsätzlich nicht nur für die vertragliche, sondern auch für die deliktische Verschuldenshaftung von Bedeutung und werden daher meist für beide Haftungsregime zusammen dargestellt[266]. Auch hier soll so vorgegangen werden, so daß sich im folgenden manche Fundstellen auf die deliktische *Verschuldens*haftung beziehen.

---

262 So auch Jourdain, Anm. zu Cass. civ. 1re v. 11.6.1991, Rev. trim. dr. civ. 1992, S. 114, 116; jetzt auch Beaumart, S. 41.

263 So für Hersteller und Verkäufer hinsichtlich der Instruktionsfehler und „sonstigen Pflichtverletzungen“.

264 So bei der Lieferung eines „nicht konformen“ Produktes durch einen „bloßen“ *Wiederverkäufer* (siehe oben S. 57), nicht aber im Bereich der „obligation de sécurité“, wo auch den Verkäufer eine „obligation de résultat“ trifft (siehe oben S. 62).

265 So für den *Hersteller* bei der „non-conformité“-Haftung (siehe oben S. 56) und bei der Haftung wegen Verletzung der „obligation de sécurité“ (siehe oben S. 62), für den *Verkäufer* aber offenbar nur bei der „obligation de sécurité“ (siehe oben S. 57 einerseits und S. 62 andererseits).

266 Siehe z.B. Viney, Colloque 1975, S. 82 f., Nr. 14; Revel, Jcl. civil, Art. 1382 à 1386, Fasc. 366-2, Nr. 28 ff.; Lem, S. 96 unten und S. 107 f.

aaa) Nachweis einer „cause étrangère“

Der Begriff „cause étrangère“, der auch in Art. 1147 C. civ. verwendet wird, bildet nach heute wohl überwiegender Auffassung den Oberbegriff für die drei klassischen Entlastungsgründe „force majeure“ (höhere Gewalt), „fait ou faute d'un tiers“ (nicht schuldhaftes oder schuldhaftes Verhalten eines Dritten) und „fait ou faute de la victime“ (nicht schuldhaftes oder schuldhaftes Verhalten des Geschädigten)[267], während vorwiegend in der Rechtsprechung auch der Begriff „force majeure“ (i.w.S.) als Oberbegriff verwendet wird. Diese bedauerliche Begriffsverwirrung dürfte sicherlich darin ihren Grund finden, daß eine *vollständige* Entlastung bei allen drei Entlastungsgründen immer nur dann möglich ist, wenn die „cause étrangère“ den Charakter einer „force majeure“ hat[268], d.h. also ein äußeres, unvorhersehbares und unüberwindbares Ereignis ist[269]. Die Bejahung dieser Voraussetzungen führt dann zu der Feststellung, daß die „cause étrangère“ die „cause unique“ oder „cause exclusive“ des Schadens war[270]. Liegen die genannten Voraussetzungen einer „force majeure“ (äußeres, unvorhersehbares und unüberwindbares Ereignis) dagegen nicht vor, so kommt je nach Art des Entlastungsgrundes entweder nur eine teilweise oder gar keine Entlastung in Betracht.

α) „Force majeure“

Unter „force majeure“ i.e.S. (höhere Gewalt) werden heute nicht mehr nur Naturereignisse, wie Gewitter, Erdrutsch, Erdbeben usw., sondern auch auf menschliche Einwirkung zurückgehende Ereignisse wie Unruhen, Krieg usw. verstanden[271]. Waren diese Ereignisse nicht die „einzige Ursache“ des Schadens, somit also nach französischer Terminologie kein äußeres, unvorhersehbares und unüberwindbares Ereignis, so tritt bei der „force majeure“ i.e.S. nicht etwa eine teilweise Entlastung, sondern *gar keine* Entlastung des Schädigers ein[272].

---

267 Siehe z.B. Le Tourneau, Responsabilité, Nr. 703 ff., S. 237 ff.; Viney, conditions, Nr. 383 ff., S. 455 ff.; Mazeaud/Chabas, Leçons, Bd. II/1, Nr. 571 ff., S. 662 ff.

268 Siehe nur Mazeaud/Chabas, Leçons, Bd. II/1, Nr. 572, S. 662 f.; Viney, conditions, Nr. 395, S. 465 f. m.w.N. zur umfangreichen Rechtsprechung.

269 Siehe stellvertretend für alle Mazeaud/Chabas, aaO.

270 Siehe z.B. Le Tourneau, Responsabilité, Nr. 750, S. 253 und Nr. 759, S. 255; Mazeaud/Chabas, aaO, Nr. 588, S. 677 f. und Nr. 597, S. 685.

271 Siehe z.B. Le Tourneau, Responsabilité, Nr. 721 ff., S. 243 ff.; Jourdain, Jcl. civil, Art. 1382 à 1386, Fasc. 161, Nr. 2.

272 Mazeaud/Chabas, aaO, Nr. 579, S. 668 f. (dort auch zur Aufgabe der früheren Lamoricière-Rechtsprechung); Jourdain, Jcl. civil, aaO, Fasc. 161, Nr. 110 ff., 114.

β) „Fait ou faute de la victime"

Liegen die Voraussetzungen einer „force majeure" vor, so führt sowohl das Verschulden als auch das bloß schuldlose Verhalten des Geschädigten zu einer vollständigen Entlastung des Schädigers[273].

Liegen diese Voraussetzungen dagegen nicht vor, so ist zu differenzieren zwischen einem schuldhaften und einem schuldlosen Verhalten des Geschädigten: Handelte der Geschädigte schuldhaft, so ist eine teilweise Entlastung des Schädigers möglich[274]. Diese Lösung wurde durch die bekannte und noch zu erörternde „Desmares-Rechtsprechung"[275] nicht tangiert, da diese nur die *„gardien"-Haftung* aus Art. 1384 Abs. 1 letzter HS C. civ. betraf[276]. Lag dagegen ein nicht schuldhaftes Verhalten des Geschädigten vor, so kommt auch eine teilweise Entlastung des Schädigers nicht in Betracht[277].

Als Beispiele für ein Verschulden des Geschädigten lassen sich die Mißachtung der Bedienungsanleitung des Herstellers[278], die Verwendung unqualifizierten Personals[279] und die übermäßige Produktbenutzung[280] nennen. Auch eine unvorhersehbare, besondere Empfindlichkeit bzw. Veranlagung des Geschädigten wird in diesem Zusammenhang erörtert[281].

γ) „Fait ou faute d'un tiers"

Erfüllt das nicht schuldhafte oder schuldhafte Verhalten des Dritten die Voraussetzungen einer „force majeure", so wird der (vermeintliche) Schädiger vollständig entlastet[282]. Es haftet ausschließlich der Dritte[283].

---

273 Siehe z.B. Jourdain, Jcl. civil, aaO, Fasc. 161, Nr. 98 f.; Le Tourneau, Responsabilité, Nr. 759 ff., S. 255 f.

274 Mazeaud/Chabas, aaO, Nr. 594, S. 682; Jourdain, Jcl. civil, aaO, Fasc. 162, Nr. 57 ff.

275 Siehe unten S. 155 f.

276 Jourdain, Jcl. civil, aaO, Nr. 70; Mazeaud/Chabas, aaO. Siehe dagegen zur Haftung aus Art. 1382, 1383 C. civ. z.B. Cass. civ. 2ème v. 21.7.1982 („Arrêt Guillaume"), Gaz. Pal. 1982, 2, Rec. des Somm., S. 317 m. Anm. Chabas.

277 Jourdain, Jcl. civil, aaO, Nr. 78–80; Viney, conditions, Nr. 431, S. 509 f.

278 Siehe z.B. Cass. civ. 2 ème v. 21.6.1962, Bull. civ. 1962, II, Nr. 537, S. 384 ff.; Malinvaud, Anm. zu Cass. com. v. 16.10.1973, J.C.P. 1974, II, 17846, Nr. 8; Revel, Jcl. civil, Art. 1382 à 1386, Fasc. 366-2, Nr. 29; Viney, Colloque 1975, S. 83, Nr. 14.

279 Weber/Rohs, PHI 1982, S. 36, 43.

280 Weber/Rohs, aaO.

281 Siehe z.B. Viney, Colloque 1975, S. 83, Nr. 14; Revel, aaO, Nr. 32; Brendl/Schweinberger, S. 28.

282 Le Tourneau, Responsabilité, Nr. 750 ff., S. 253 f.; Jourdain, Jcl. civil, aaO, Fasc. 161, Nr. 98 f.; Mazeaud/Chabas, aaO, Nr. 583, S. 674.

Liegen dagegen die Voraussetzungen einer „force majeure" nicht vor, so kommt es, egal, ob ein schuldloses oder ein schuldhaftes Verhalten des Dritten vorliegt, nicht einmal zu einer teilweisen Entlastung des Schädigers, dieser haftet vielmehr im Außenverhältnis „in solidum" mit dem Dritten[284].

bbb) Entlastung für Entwicklungsrisiken

Problematisch ist die Frage, inwieweit sich der Hersteller nach dem (vollständig fortgeltenden) „klassischen" französischen Produkthaftungsrecht für Entwicklungsrisiken entlasten kann.

Im Bereich der Sachmängelgewährleistung wird ihm eine solche Entlastung, wie gezeigt, verwehrt, da dort der Hersteller nach ständiger Rechtsprechung auch für Mängel haftet, die nach dem Stand von Wissenschaft und Technik unentdeckbar waren[285].

Nach Auffassung mancher Autoren verhält sich dies im Bereich der vertraglichen und deliktischen[286] Verschuldenshaftung grundsätzlich anders. Hier soll sich der Hersteller durch den Nachweis entlasten können, daß der Mangel nach dem Stand von Wissenschaft und Technik bei Inverkehrbringen des Produktes nicht erkennbar war, vorausgesetzt er hat ein Höchstmaß an Vorstudien, Materialprüfungen und Untersuchungen durchgeführt[287].

In der Tat hat die Rechtsprechung einen solchen Entlastungsbeweis zugelassen, allerdings *ausschließlich im Bereich von Arzneimitteln bzw. pharmazeutischen Produkten*[288]. Es läßt sich daher mit der klaren Mehrheit der Autoren zu Recht folgern, daß außerhalb dieses besonderen, teilweise spe-

---

283 Siehe z. B. Cass. civ. 1re v. 20.10.1964, Bull. civ. 1964, I, Nr. 461, S. 357 f., wo für die Explosion einer Limonadenflasche allein der Betreiber des Supermarktes, der die Flasche in der Nähe einer Wärmequelle gelagert hatte, nicht aber der Hersteller (Vittel) verantwortlich gemacht wurde (siehe zu diesem Urteil auch Lem, S. 108, Fn. 388); siehe auch die ähnlich liegenden Fälle Cass. civ. 1re v. 22. und 23.6.1971 (zwei Urteile), J.C.P. 1971, IV, S. 208 f.

284 Viney, conditions, Nr. 420, S. 491 ff.; Jourdain, aaO, Fasc. 162, Nr. 17 ff. je m. w. N.

285 Siehe oben S. 42 mit Fn. 110.

286 Dazu, daß die Entlastungstatbestände hier für die vertragliche und deliktische Verschuldenshaftung gemeinsam dargestellt werden, siehe oben S. 76.

287 So für das Deliktsrecht: v. Westphalen/Rohs, § 123, Rz. 36; Klein, Anw. Bl. 1992, S. 207, 209; Muthig, S. 112 f. (genau entgegengesetzt aber offenbar für den Bereich der „non-conformité" auf S. 100).

Für das Delikts- und das Vertragsrecht: Revel, D. 1984, Chr., S. 69, 71 f., Nr. 12 (vorsichtiger allerdings in Jcl. civil, Art. 1382 à 1386, Fasc. 366-2, Nr. 35).

288 Cour d'appel de Poitiers v. 4.12.1957, Gaz. Pal. 1958, 1, S. 76 f.; Cass. civ. 1re v. 23.5.1973, Bull. civ. 1973, I, Nr. 181, S. 161 ff.; Cass. civ. 1re v. 8.4.1986, D. 1987, Chr., S. 77 f. (Annexe I) und zu diesem Punkt die Anmerkung von Huet, D. 1987, Chr., S. 73, 74, Nr. 5 a. E. Vgl. auch Cour d'appel de Paris v. 4.7.1970, D.

zialgesetzlich geregelten Bereiches ein solcher Entlastungsbeweis von der Rechtsprechung im Rahmen der „klassischen" vertraglichen und deliktischen Verschuldenshaftung grundsätzlich *nicht* zugelassen wird[289].

Dies gilt jedenfalls insoweit, wie den Hersteller eine „obligation de résultat" trifft[290]. Entsprechend hat die Rechtsprechung in jüngerer Zeit anläßlich der Haftung für Blutkonserven, die AIDS-infiziertes Blut enthielten, ausdrücklich statuiert, daß die Unentdeckbarkeit des Mangels keine „cause étrangère" darstellt, die die beklagten Bluttransfusionszentren von der Haftung wegen Verletzung ihrer „obligation de sécurité (de résultat)" befreit[291].

Hinsichtlich der Instruktionsfehler kann diese Rigidität jedoch nicht gelten, da diese ja als „obligations de moyens" eingestuft werden, d.h. also den *Nachweis einer „faute" des Herstellers* voraussetzen[292].

1971, Jur., S. 73 f. m. Anm. v. Plat und Duneau und Cass. civ. 1re v. 8.10.1980, Bull. civ. 1980, I, Nr. 248, S. 199.

289 So Huet, D. 1987, Chr., S. 73, 76 f., Nr. 10; Ghestin/Desché, Nr. 869, S. 925 („dans le domaine particulier des médicaments"); Markovits, La directive, Nr. 358, S. 223–225; Lorenz, FS Ferid II (1988), S. 289, 293 f.; allgemein auch Malinvaud, Gaz. Pal. 1973, Doctr., S. 463, 467; Ghestin, D. 1986, Chr., S. 135, 140 f.; Lambert-Faivre, Risques et assurances des entreprises, Nr. 1004, S. 640; Sonnenberger, FS Steindorff, S. 777, 790 (jedenfalls für die vertragliche Haftung); wohl auch Winkelmann, S. 105.

290 Dazu soeben Fn. 265.

291 So insb. Cass. civ. 1re v. 9.7.1996 (3 Urteile), D. 1996, Jur., S. 610 ff. m. Anm. Lambert-Faivre.

In einem der Verfahren hatte sich beispielsweise der Versicherer des beklagten Transfusionszentrums u.a. auf folgendes berufen: den Beklagten treffe nur eine „obligation de moyens", eine „faute" sei aber nicht dargelegt; die Cour d'appel habe nach der Feststellung, daß der HIV-Virus seinerzeit unentdeckbar war, nicht ausschließen dürfen, daß diese Unentdeckbarkeit als „force majeure" i.S. des Art. 1148 C. civ. anzusehen sei; schließlich habe sich die Cour d'appel geweigert, die *EG-Produkthaftungsrichtlinie vom 25.7.1985* in Betracht zu ziehen, obwohl der nationale Richter in einem Rechtsstreit, der in den Anwendungsbereich der Richtlinie falle, verpflichtet sei, sein nationales Recht im Lichte und anhand der Zielsetzung der Richtlinie zu interpretieren.

Die Cour de cassation antwortete hierauf, daß das Bluttransfusionszentrum die Verpflichtung treffe, mangelfreie Produkte zu liefern, ohne daß insoweit eine andere Entlastungsmöglichkeit als der Nachweis einer „cause étrangère" bestehe (hierin liegt die Statuierung einer „obligation de résultat" durch die Cour de cassation), daß aber in concreto der innere Mangel des Produktes, auch wenn er unentdeckbar war, keine „cause étrangère" darstelle. Im Hinblick auf die Berufung des Beklagten (bzw. seiner Versicherung) auf die EG-Richtlinie Nr. 85/374 führt die Cour de cassation aus, daß der nationale Richter nur dann verpflichtet sein könne, sein nationales Recht im Lichte und anhand der Zielsetzung der Richtlinie zu interpretieren, wenn diese für den Mitgliedsstaat zwingend sei und keine Option einräume; dies sei aber bei Art. 15 Abs. 1b) der Richtlinie der Fall, da dieser den Mitgliedstaaten die Möglichkeit einräume, in ihr nationales Recht eine Entlastung für Entwicklungsrisiken einzuführen oder nicht (aaO, S. 612, 2ème espèce).

Bei den Beratungen zur Umsetzung der EG-Produkthaftungsrichtlinie 85/374 war in Frankreich von Anfang an die Zulassung oder Versagung einer Entlastung für Entwicklungsrisiken, d.h. also die Ausübung der Option des Art. 15 Abs. 1b) der Richtlinie, heftig umstritten[293]. Dieser Streit war einer der Hauptgründe für die jahrelange Nicht-Umsetzung der Richtlinie[294]. Wie an späterer Stelle noch ausführlich darzulegen sein wird[295], hat sich der französische Gesetzgeber schließlich für eine grundsätzliche Entlastbarkeit bei Entwicklungsrisiken entschieden, hiervon aber Ausnahmen gemacht (so z.B. bei Produkten, die aus dem menschlichen Körper gewonnen werden, womit insbesondere die Fälle verseuchter Blutkonserven erfaßt werden sollen). Diese neu eingeführte grundsätzliche Entlastbarkeit für Entwicklungsrisiken gilt aber selbstverständlich nur für die Haftung nach den neuen Produkthaftungsvorschriften, d.h. soweit sich der Geschädigte auf das (fortgeltende) „klassische" Produkthaftungsrecht beruft, was ihm nach der Regelung des Art. 1386-18 C. civ. ohne weiteres möglich ist, bleibt es grundsätzlich bei der bisherigen Rechtsprechung[296].

cc) Verjährung

Die Ansprüche aus der allgemeinen vertraglichen Verschuldenshaftung verjähren gem. Art. 2262 C. civ. grundsätzlich in dreißig Jahren, bei Beteiligung eines Kaufmannes gem. Art. 189 bis Code de commerce in zehn Jahren. Diese langen Verjährungsfristen waren, wie gezeigt, einer der Hauptgründe für die Zurückdrängung der Sachmängelhaftung mit ihrem als zu kurz empfundenen „bref délai". Die Verjährung beginnt nach wohl h.M. mit dem Zeitpunkt der Fälligkeit der nicht erfüllten Verpflichtung zu laufen[297].

---

292 Auch in dem bereits erwähnten Urteil der ersten Zivilkammer vom 8.4.1986 (D. 1987, Chr., S. 73, 77 f.), das eine Entlastung für Entwicklungsrisiken bejaht hatte, ging es primär um einen Instruktionsmangel. Im Ergebnis wie hier Berg, J.C.P. 1996, I, 3945, Nr. 39.

293 Vgl. Ferid/Sonnenberger, Bd. 4/1, 2 O 384b. Siehe hierzu auch den Bericht des Senators Fauchon vom 21.1.1998 (Sénat, session ordinaire de 1997–1998, rapport n° 226 v. 21.1.1998), S. 13 und 17.

294 So z.B. Lambert-Faivre, Anm. zu Cass. civ. 1re v. 9.7.1996, aaO, S. 613.

295 Siehe unten S. 177 f.

296 Eine andere, in den Bereich der Spekulation fallende Frage ist, inwieweit die neue gesetzliche Regelung künftig zu einer Aufgabe der bisherigen Rechtsprechung zu den Entwicklungsrisiken führen wird, siehe hierzu unten S. 186.

297 Siehe z.B. Viney, Introduction à la responsabilité, Nr. 178, S. 315.

c) Umfang des zu ersetzenden Schadens

Auch für die allgemeine vertragliche Haftung gilt das grundlegende Prinzip der Totalreparation, zu beachten ist jedoch, daß sich die von der Rechtsprechung entwickelte Haftung wegen Verletzung einer „obligation de sécurité" nicht auf Schäden am Produkt selbst bezieht.

Eine weitere Beschränkung folgt im Prinzip aus Art. 1150 C. civ., wonach der Schuldner einer vertraglichen Verpflichtung grundsätzlich nur für den bei Vertragsschluß vorhersehbaren Schaden haftet. Diese Beschränkung gilt jedoch, wie an früherer Stelle erörtert, nicht bei „dol" und „faute lourde" des Schädigers und wird im Ergebnis bei der *„vice caché"-Haftung* des Herstellers und des Verkäufers generell nicht angewendet[298].

Es fragt sich, wie sich letzteres im Bereich der allgemeinen vertraglichen Verschuldenshaftung verhält. Soweit die Rechtsprechung, wie im Bereich der *„non-conformité"*, bereits in der Lieferung einer fehlerhaften Sache eine „faute lourde" des Herstellers (nicht aber des Verkäufers) sieht, kommt eine Anwendung des Art. 1150 C. civ. eigentlich nicht in Betracht. Daß die Tendenz der Gerichte zur Annahme einer „faute lourde" jedoch keineswegs durchgängig ist, zeigt ein Urteil der Cour d'appel de Bordeaux vom 5.4.1994[299]. In diesem Fall führte der Motorbrand eines Neuwagens nicht nur zu dessen Zerstörung, sondern auch zu erheblichen Schäden an dem Wohnhaus des Käufers, in dessen Garage der Wagen abgestellt war. Die Cour d'appel verurteilte zwar den Hersteller und den Verkäufer aufgrund der „non-conformité"-Haftung zur Leistung von Schadensersatz hinsichtlich des Autos, hinsichtlich der Schäden am Wohnhaus des Käufers verneinte es aber eine Ersatzpflicht, da diese Schäden bei Vertragsabschluß nicht vorhersehbar gewesen seien. Die Cour d'appel wendet hier also auch auf die „non-conformité"-Haftung des *Herstellers* Art. 1150 C. civ. an! Im Gegensatz zur Sachmängelhaftung des Herstellers und des gewerblichen Verkäufers besteht also im Bereich der „non-conformité" kein gesichertes Prinzip einer grundsätzlichen Nichtanwendbarkeit des Art. 1150 C. civ.

Was die Haftung wegen Verletzung der kaufrechtlichen *„obligation de sécurite"* angeht, so dürfte eine Anwendung des Art. 1150 C. civ. eigentlich kaum in Betracht kommen, denn die „obligation de sécurité" ersetzt ja gerade hinsichtlich der Mangelfolgeschäden die „vice caché"-Haftung[300] und räumt dem Käufer insofern sogar eine erheblich günstigere Verjährungsfrist ein.

---

298 Siehe oben S. 41.

299 Cour d'appel de Bordeaux, J.C.P. 1994, IV, Nr. 2213.

300 Für die ja, wie erörtert, im Hinblick auf die Haftung des Herstellers und des gewerblichen Verkäufers eine Anwendung des Art. 1150 C. civ. im Ergebnis nicht in Betracht kommt.

Im Bereich der *Instruktionsfehler und „sonstigen Pflichtverletzungen“* muß dem Schuldner, wie gezeigt, grundsätzlich eine „faute“ *nachgewiesen* werden, so daß wegen des schwierigen Nachweises einer „faute lourde“ eine Anwendung des Art. 1150 C. civ. hier wesentlich häufiger in Betracht kommen dürfte. Aber auch in diesem Bereich haben die Gerichte, wenn auch erheblich seltener, vereinzelt die Tendenz, in der bloßen Nichterfüllung einer „obligation de renseignement“ eine „faute lourde“ des Herstellers zu sehen[301]. Eine feststehende Grundregel läßt sich also auch hier nicht aufstellen.

II. Ausschluß der deliktischen Haftung: das „non-cumul“-Prinzip

Da sich in der französischen Rechtslehre die These von der „unité de responsabilité“ nicht durchgesetzt hatte[302], war es erforderlich, das Verhältnis vertraglicher und deliktischer Haftung zueinander zu klären. Zwei grundsätzliche Möglichkeiten kamen hier in Betracht, entweder eine Überschneidung beider Haftungsregime mit Gewährung eines Wahlrechts im Überschneidungsbereich oder aber das Bestehen zweier sich ausschließender Anwendungsbereiche. Die französische Rechtsprechung und Lehre entschieden sich nach anfänglicher Diskussion schließlich für die zweite Möglichkeit, d.h. nach ganz h.M. kann sich ein geschädigter Vertragspartner im Anwendungsbereich vertraglicher Haftung nicht wahlweise auch auf Deliktsrecht berufen[303].

---

301 Siehe hierzu das oben (S. 74, Fn. 254) zitierte Urteil der Cour de cassation vom 22.11.1978.

302 Siehe hierzu z.B. Demogue, Anm. zu Cass. civ. v. 11.1.1922, S. 1924, 1, 105 ff.; Viney, conditions, Nr. 161 ff., S. 193 ff.; Marty et Raynaud, Les obligations, Bd. 1, Nr. 446 ff., S. 492 ff.

Seit einiger Zeit wird aber von verschiedenen Autoren erneut für eine Vereinheitlichung beider Haftungsregime, zumindest im Bereich der „responsabilité professionnelle“ oder der Produkthaftung, plädiert, siehe z.B. Tunc, La responsabilité civile, Nr. 44 bzw. 46 ff.; Viney, J.C.P. 1979, II, 19139 unter I. B.; dieselbe conditions, Nr. 242 ff., insb. Nr. 243, S. 292 f.; Lambert-Faivre, Assurances des entreprises et des professions, Nr. 925–928, S. 619–624, Nr. 745, S. 469 f.; Revel, D. 1984, Chr. S. 69, 72, Nr. 14; Jourdain, Rev. trim. dr. civ. 1993, S. 592, 594.

303 So z.B. Cass. Req. v. 21.1.1890, S. 1890, 1, S. 408 = D.P. 1891, 1, S. 380 f.; Cass. civ. v. 11.1.1922, S. 1924, 1, S. 105 ff. m. Anm. Demogue = D.P. 1922, 1, S. 16 f.; Cass. civ. v. 22.7.1931, D.H. 1931, S. 506; Cass. civ. v. 9.1.1940, D.P. 1940, 1, S. 49 ff. m. Anm. L. P.; Cass. civ. v. 16.1.1951, J.C.P. 1951, II, 6163 m. Anm. Rodière; Cass. civ. 1re v. 16.11.1965, D. 1966, Jur., S. 61; Cass. civ. 1re v. 9.3.1970, Bull. civ. 1970, I, Nr. 87, S. 71; Cass. civ. 1re v. 11.1.1989, J.C.P. 1989, II, 21326 (erste Entscheidung) m. Anm. Larroumet.

Zu einigen früheren abweichenden Entscheidungen siehe z.B. Espagnon, Jcl. civil, Art. 1146 à 1155, Fasc. 16-1, Nr. 57.

Es ist noch einmal zu betonen, daß es in Frankreich selbst bei der anfänglichen Diskussion nie um eine „echte" Anspruchskonkurrenz i. S. eines Nebeneinander von vertraglichem und deliktischem Anspruch mit womöglich gegenseitiger Beeinflussung[304] ging, sondern lediglich um die Frage eines Wahlrechts („option") zwischen beiden[305]. Dementsprechend wird auch im Bereich der heute von der h. M. anerkannten Ausnahmen vom „non-cumul"-Prinzip lediglich ein Wahlrecht gewährt[306]. Da es ebenso nie ernsthaft zur Diskussion stand, ob der Gläubiger die ihm vorteilhaften Aspekte des einen Anspruchs mit denen des anderen Anspruchs „kumulieren" oder gar zweimalig Ersatz verlangen kann[307], wird der Begriff „non-cumul" heute allgemein für verfehlt gehalten[308]. Auch wenn es sicherlich richtiger wäre, von einer „non-option" zu sprechen, findet der Begriff „non-cumul" jedoch weiterhin in der ganz überwiegenden Lehre und Rechtsprechung Anwendung, so daß er auch hier zu Grunde gelegt werden soll. Das „non-cumul"-Prinzip hat zu einer wahren Flut von Literatur in Frankreich und mehreren ausführlichen Untersuchungen in deutscher Sprache geführt[309]. Es kann heute ohne weiteres als fester Bestandteil des französischen Rechts bezeichnet werden[310].

Aus der schier unübersehbaren Literatur siehe z. B. Rodière, J.C.P. 1950, I, 868, Nr. 17; Martine, L'option entre la responsabilité contractuelle et la responsabilité délictuelle, S. 57 a. E.; Cornu, Le problème du cumul, S. 239, 241, 246 ff., 256; Espagnon, Jcl. civil, Art. 1146 à 1155, Fasc. 16-1, Nr. 55 ff.; Durry, La distinction de la responsabilité contractuelle et de la responsabilité délictuelle, Nr. 191, S. 150 f.; Viney, conditions, Nr. 216 ff., S. 259 ff.; Le Tourneau, Responsabilité, Nr. 263 ff., S. 95 ff.; Marty et Raynaud, Les obligations, Bd. 1, Nr. 450, S. 502 ff.; Mazeaud/Chabas, Leçons, Bd. II/1, Nr. 404, S. 402 ff.

Nachweise zum älteren Schrifttum finden sich z. B. bei Martine, aaO, S. 52 ff.; Cornu, aaO, S. 239, 240, Fn. 3; Schlechtriem, Vertragsordnung, S. 64 f., Fn. 6; Knetsch, S. 80 ff.

Zur früher vertretenen Gegenauffassung siehe z. B. Martine, aaO, S. 48 ff. m. w. N.; Espagnon, La règle du non-cumul, Nr. 29, S. 30 f. m. w. N.; ders. Jcl. civil, Art. 1146 à 1155, Fasc. 16-1, Nr. 56; Schlechtriem, aaO, S. 65 Fn. 6 m. w. N.

304 So die h. M. in Deutschland, wobei jedoch umstritten ist, ob es sich hierbei um zwei Schadensersatzansprüche handelt (Theorie von der „einwirkenden Anspruchskonkurrenz") oder nur um einen Schadensersatzanspruch, der inhaltlich von beiden Normenkomplexen gestaltet wird (Theorie von der Anspruchseinheit bei Anspruchsnormenkonkurrenz), siehe zu diesen und zu weiteren früher vertretenen Auffassungen ausführlich v. Walter, Konkurrenz, S. 8 ff.

305 Martine, L'option, S. 20, 48 ff.; Cornu, Le probleme du cumul, S. 239, 240; Mazeaud/Chabas, aaO, Nr. 404, S. 402.

306 v. Walter, Konkurrenz, S. 73 f., 77.

307 Durry, La distinction, Nr. 184, S. 147; Marty et Raynaud, Les obligations, Bd. 1, Nr. 450, S. 502 f.; Mazeaud/Chabas, aaO, Nr. 404, S. 402.

308 Siehe stellvertretend für alle Mazeaud/Chabas, aaO.

309 Siehe z. B. Wahl, Vertragsansprüche Dritter, S. 204 ff.; Ficker, Die Schadensersatzpflicht des Verkäufers, S. 82 ff.; Schlechtriem, Vertragsordnung, S. 63 ff.;

Zwar ist zum Teil umstritten, ob, und wenn ja, welche Ausnahmen vom Prinzip des „non-cumul“ zuzulassen sind, zumindest in der Rechtsprechung haben sich insoweit jedoch hauptsächlich drei Ausnahmen durchgesetzt: hiernach darf auf Deliktsrecht zurückgegriffen werden bei „dol“[311], bei gleichzeitigem Vorliegen einer Straftat[312] und bei Verträgen zugunsten Dritter[313].

Die Bejahung des „non-cumul“-Prinzips bringt es mit sich, daß von den französischen Gerichten der genaue Anwendungsbereich der vertraglichen und der deliktischen Haftung abgegrenzt werden muß[314]. Diese Abgrenzung bietet in verschiedenen Bereichen immer wieder Anlaß zu Unsicherheiten und Kontroversen in Lehre und Rechtsprechung, die hier natürlich unmöglich im einzelnen dargestellt werden können. Es läßt sich aber feststellen, daß nach einer Phase der Ausdehnung der vertraglichen Haftung[315] seit einigen Jahren eine gegenläufige Tendenz zur „Bestandssicherung“, ja sogar zur Ausweitung der deliktischen Haftung besteht[316].

Knetsch, Das Verhältnis von Vertrags- und Deliktsrecht, S. 78 ff; v. Walter, Konkurrenz, S. 67 ff.

310 Vgl. z.B. Cornu, Le problème du cumul, S. 239, 256; Durry, La distinction, Nr. 191, S. 151; Espagnon, Jcl. civil, Art. 1146 à 1155, Fasc. 16-1, Nr. 57.

311 Siehe die Nachweise bei Espagnon, Jcl. civil, Art. 1146 à 1155, Fasc. 16-1, Nr. 64; Mazeaud/Chabas, Leçons, Bd. II/1, Nr. 404, S. 402, Fn. 2; Ferid/Sonnenberger, Bd. 2, 2 O 49. Diese Ausnahme wurde in der Lehre scharf kritisiert, siehe z.B. Viney, conditions, Nr. 222, S. 265 f.; Mazeaud/Chabas, aaO und S. 403; Espagnon, aaO, Nr. 64.

312 Der Geschädigte kann in diesem Fall seine zivilrechtlichen Ansprüche im Wege des Adhäsionsverfahrens vor den Strafgerichten geltend machen, die nur Deliktsrecht anwenden (siehe hierzu Viney, aaO, Nr. 223, S. 266; Mazeaud/Chabas, aaO, Nr. 404, S. 403 f.; Espagnon, aaO, Nr. 65; Ferid/Sonnenberger, aaO, 2 O 51). Beschränkt sich der Geschädigte auf eine Geltendmachung vor den Zivilgerichten, kann er sich jedoch *nicht* auf Deliktsrecht berufen, da die Zivilgerichte auch bei gleichzeitigem Verstoß gegen strafrechtliche Normen das „non-cumul“-Prinzip anwenden (siehe Viney, aaO; Espagnon, aaO).

313 Siehe hierzu z.B. Viney, aaO, Nr. 224, S. 267; Mazeaud/Chabas, aaO, Nr. 404, S. 404; Ferid/Sonnenberger, aaO, 2 O 50.

314 Zu den klassischen Abgrenzungskriterien siehe z.B. Espagnon, Jcl. civil, Art. 1146 à 1155, Fasc. 16-1, Nr. 5 ff.; Marty et Raynaud, Les obligations, Bd. 1, Nr. 449, S. 497 ff.

315 Beschleunigt wurde diese Entwicklung in den 70er und 80er Jahren durch die Lehre von den „groupes de contrats“, die auch auf die Rechtsprechung (insbesondere der ersten Zivilkammer der Cour de cassation) zeitweise einen großen Einfluß ausgeübt hat (näher hierzu unten S. 114 f.).

316 Ein Meilenstein in dieser Entwicklung ist das Urteil der Assemblée plénière der Cour de cassation vom 12.7.1991, das neben der Ablehnung einer vertraglichen Haftung zwischen dem Werkbesteller und dem Subunternehmer auch eine Ablehnung des von der ersten Zivilkammer der Cour de cassation offen vertretenen Konzeptes der „groupes de contrats“ enthielt (siehe hierzu unten S. 115 ff.). Zu anderen

Das „non-cumul“-Prinzip wurde in den letzten Jahren von einzelnen Autoren scharf angegriffen und sogar offen für seine Abschaffung plädiert[317].

Innerhalb des Anwendungsbereiches der in Umsetzung der Produkthaftungsrichtlinie 85/374 erlassenen „neuen“ Produkthaftungsvorschriften ist es nun tatsächlich zu einer Einschränkung des „non-cumul“-Prinzips gekommen, welche allerdings weniger auf einer grundlegenden Neuorientierung des französischen Zivilrechts, als vielmehr auf den zwingenden Vorgaben der Richtlinie beruht: da es sich bei dem aus der Umsetzung der Richtlinie resultierenden Haftungsregime um eine außervertragliche Haftung handelt, die auch bei Bestehen vertraglicher Beziehungen zwischen Schädiger und Geschädigtem zur Anwendung kommt, wird das „non-cumul“-Prinzip *insoweit* durchbrochen[318]. Dies gilt aber nicht für das Verhältnis der „klassischen“ vertraglichen und deliktischen Produkthaftungsregime zueinander, d.h. im Bereich des bisherigen Produkthaftungsrechts bleibt das „non-cumul“-Prinzip unverändert bestehen (erst recht gilt dies für die sonstigen Bereiche außerhalb des Produkthaftungsrechts).

B. Die Haftung des Herstellers und des Verkäufers gegenüber Dritten

Im folgenden soll die Haftung des Herstellers und des Verkäufers gegenüber *Dritten* untersucht werden.

Auch für den französischen Gesetzgeber war „Produkthaftung“ lange Zeit kein eigenständiger Systembegriff, für den eine eigene gesetzliche Regelung bereitgehalten wurde. Rechtsprechung und Lehre mußten daher den Besonderheiten der Produkthaftung mit einer Ausdehnung der klassischen Haftungsinstrumentarien Vertrag und Delikt begegnen. Die französische Rechtsprechung ging dabei jedoch für die Haftung innerhalb der Absatzkette einen anderen Weg als die deutsche: nicht eine Anpassung des Deliktsrechts, sondern eine Ausweitung der vertraglichen Haftung auf außerhalb unmittelbarer vertraglicher Beziehungen stehender Glieder der Absatzkette wurde als die ideale Lösung angesehen. Dabei ließ die Rechtsprechung im Verhältnis zwischen Nacherwerber und Hersteller/Vorverkäufer lange Zeit eine „option“ zwischen vertraglicher Haftung („action directe“) und deliktischer Haftung zu, bevor sie in dem grundlegenden „Lamborghini-Urteil“ vom 9.10.1979[319] das „non-cumul“-Prinzip auch auf

Bereichen einer Zurückdrängung der vertraglichen Haftung siehe z.B. Lapoyade Deschamps, Resp. civ. et ass. 1992, Chr., Nr. 33, S. 4, 5 f.

[317] Siehe insbesondere Viney, J.C.P. 1992, I, 3625, Nr. 16 f.; dieselbe J.C.P. 1993, I, 3664, Nr. 4–6; dieselbe J.C.P. 1995, I, 3853, Nr. 2.

[318] Siehe hierzu auch unten S. 165 f.

dieses Verhältnis ausdehnte und fortan die Rechtsbeziehungen zwischen diesen Personen als „nécessairement contractuelle“ ansah[320]. Gegenüber sonstigen Dritten, die weder Erwerber noch Nacherwerber des Produktes sind, wird aber auch in Frankreich deliktisch gehaftet[321]. Nachfolgend soll nun zunächst die ausgedehnte vertragliche Haftung (I.), anschließend die deliktische Haftung (II.) und schließlich das Verhältnis beider zueinander (III.) untersucht werden.

I. Vertragliche Haftung: die „action directe en garantie“ und „en responsabilité contractuelle de droit commun“

Seit etwas mehr als hundert Jahren[322] gewährt die französische Rechtsprechung dem Zweit-, Dritt- (usw.) bzw. Endabnehmer einer beweglichen Kaufsache unmittelbare *Sachmängelgewährleistungsansprüche* gegen den Hersteller bzw. einen dem Hersteller in der Absatzkette nachgeordneten Verkäufer („action directe en *garantie*“).

Derartige direkte vertragliche Ansprüche werden mittlerweile auch im Bereich der *„obligation de renseignement“* (seit ca. 1973), der *„non-conformité“* (seit ca. 1983) und der *„obligation de sécurité“* (seit ca. 1993) anerkannt. Diese drei letztgenannten Direktansprüche sollen hier in Anlehnung an den gemeinsamen Oberbegriff der allgemeinen vertraglichen Verschuldenshaftung als „action directe *en responsabilité contractuelle de droit commun*“ bezeichnet werden[323].

Die Rechtsprechung tituliert die direkten vertraglichen Ansprüche innerhalb der Absatzkette von jeher als „action directe“ und wird hierin von dem größten Teil der Lehre unterstützt. Ein Teil der Lehre dagegen sieht diese Ansprüche mangels gesetzlicher Grundlage nicht als „action directe“ an, ohne aber ansonsten ihre Zulässigkeit zu bezweifeln[324]. Neben diesen terminologischen Problemen, denen auch terminologisch zu begegnen ist, ist die „action directe“ noch zur „action indirecte“ und zum „appel en

---

319 Cass. civ. 1re v. 9.10.1979, Bull. civ. 1979, I, Nr. 241, S. 192 f. = D. 1980, IR, S. 222 m. Anm. Larroumet = Gaz. Pal. 1980, 1, Jur., S. 249 f. m. Anm. Plancqueel = Rev. trim. dr. civ. 1980, S. 354 ff. Anm. Durry.

320 Ausführlich zu diesem Urteil unten S. 158.

321 Zum verbleibenden Anwendungsbereich der deliktischen Haftung unten S. 161.

322 Allgemein wird Cass. civ. v. 12.11.1884, S. 1886, 1, 149 = D. 1885, 1, 357 als das erste eindeutige Urteil angesehen.

323 Genaueres zur Terminologie unten unter 1. b).

324 So z.B. Solus, L'action directe, Nr. 112, S. 148; Debray, Privilèges sur les créances et Actions directes, S. 76; Cozian, L'action directe, Nr. 62, S. 42 u. Nr. 96, S. 62; Marty/Raynaud/Jestaz, Les obligations, Bd. 2, Nr. 158, S. 142; Flour et Aubert, Les obligations, Bd. 1, Nr. 452, S. 326 Fn. 2.

garantie“ abzugrenzen sowie ihre Natur als materiellrechtliches oder prozessuales Institut zu klären. Bevor nun also im folgenden speziell die unmittelbaren Gewährleistungsansprüche und die unmittelbaren Ansprüche aus allgemeiner vertraglicher Verschuldenshaftung samt ihres „régime“ untersucht werden, ist es zunächst erforderlich, auf den Begriff und die verschiedenen Einteilungen der „action directe“ einzugehen.

1. Begriffliches und Abgrenzungen

Hinter dem Begriff „action directe“ verbergen sich die verschiedensten Arten von direkten Ansprüchen in den verschiedensten Rechtsgebieten[325].

a) Definition der „action directe“

Allen gemeinsam ist sicherlich, daß die „action directe“ „im Gegensatz zur ‚action indirecte‘ einem Gläubiger erlaubt, im eigenen Namen und für eigene Rechnung gegen den Schuldner seines Schuldners vorzugehen“[326]. Im übrigen gibt es eine engere und eine weitere Auffassung zum Begriff der „action directe“. Die engere Auffassung sieht, wie bereits angedeutet, nur das als „action directe“ an, was auf gesetzlicher Grundlage fußt[327]. Dementsprechend wird z. B. der direkte Gewährleistungsanspruch als bloße „pseudo-action directe“ oder „fausse action directe“ aus dem Begriff der „action directe“ ausgeschieden, ohne aber die Zulässigkeit eines derartigen Anspruches zu bezweifeln[328]. Da die Rechtsprechung und der weit überwiegende Teil des Schrifttums dieser engeren Auffassung die Gefolgschaft verweigert[329] und sich die Bezeichnung „action directe“ für die direkten

---

[325] Vgl. z. B. die von Cozian, L'action directe, S. 77 ff. und Jamin, La notion d'action directe, S. 9 ff. dargestellten verschiedenen „actions directes“.

[326] So z. B. die Definition von Debray, Privilèges sur les créances et actions directes, S. 55.

[327] Siehe oben S. 87, Fn. 324.

[328] Siehe z. B. Cozian, L'action directe, Nr. 62, S. 42 und Nr. 96, S. 62. Cozian sieht die Verwendung des Begriffes „action directe“ für den direkten Gewährleistungsanspruch als überflüssig an, weil sich dieser bereits aus der Parteiautonomie und dem allgemeinen Schuldrecht ergebe (aaO., Nr. 96, S. 62).

[329] In der Rechtsprechung wird der Anspruch des Nacherwerbers gegen den Vormann seines Verkäufers durchweg als „action directe“ bezeichnet (siehe z. B. die in Fn. 366 zitierten Urteile).

Aus der Literatur siehe z. B. Mazeaud/Chabas, Leçons, Bd. II/1, Nr. 805-3, S. 917; Larroumet, Droit civil, Bd. 3, Nr. 794, S. 891; Le Tourneau, Responsabilité, Nr. 1798, S. 571; Ghestin/Desché, Nr. 1015, S. 1036; Savatier, Anm. zu Cass. civ. 1re v. 4.2.1963, J.C.P 1963, II, 13159; Cornu, Anm. zu Cass. civ. 1re v. 4.2.1963, Rev. trim. dr. civ. 1963, S. 564; Jamin, La notion d'action directe, Nr. 2, S. 3 u. Nr. 25 ff., S. 18 ff.

Ansprüche aus Sachmängelgewährleistung und aus allgemeiner vertraglicher Verschuldenshaftung eingebürgert hat, soll diese Bezeichnung auch hier verwendet werden.

b) „Action directe en garantie", „action directe en responsabilité contractuelle de droit commun" und „action directe en paiement"

Um die genannten Ansprüche des Nacherwerbers auch terminologisch besser von den zahlreichen anderen „actions directes" abgrenzen zu können, ist es angebracht, diese als „action directe en garantie"[330] und „action directe en responsabilité contractuelle de droit commun" zu bezeichnen und den „actions directes en paiement" gegenüberzustellen[331]. Bei den „actions directes en paiement" geht es, im Gegensatz zu den hier näher betrachteten „actions directes en garantie" und „en responsabilité contractuelle de droit commun", nicht um Sekundäransprüche, sondern um Primäransprüche auf Erfüllung (*insoweit* findet also eine Einteilung nach Rechtsfolgen statt, nicht jedoch innerhalb der Sekundäransprüche). Als Beispiel für die „action directe en paiement" möge der direkte Zahlungsanspruch des Vermieters gegen den Untermieter (Art. 1753 C. civ.), der direkte Zahlungsanspruch des Arbeiters gegen den Bauherrn bzw. den Besteller eines anderen Werkes (Art. 1798 C. civ.) oder derjenige des Auf-

---

330 Die „action directe en garantie" läßt sich genaugenommen unterteilen in eine „action directe en garantie des vices cachés" für die kaufrechtliche Sachmängelgewährleistung, eine „action directe en garantie de l'éviction" für die kaufrechtliche Rechtsmängelgewährleistung und eine „action directe en garantie décennale" für die werkvertragliche Sachmängelgewährleistung.

Im Vordergrund steht für die Zwecke der vorliegenden Arbeit natürlich die kaufrechtliche Sachmängelgewährleistung. Die historische Entwicklung aller drei genannten „actions directes" ist jedoch auf das engste verknüpft. So spielte der direkte Rechtsmängelgewährleistungsanspruch eine Art Vorreiterrolle für die beiden direkten Sachmängelgewährleistungsansprüche im Bereich des Kauf- und des Werkvertragsrechts (siehe unten unter 2.).

331 Die Einteilung in „actions directes en paiement", „en garantie" und „en responsabilité" wurde der Terminologie von Jamin, La notion d'action directe, entlehnt. Da der Begriff „action directe en responsabilité" jedoch teilweise auch zur Betonung der Rechtsfolge „Schadensersatz" verwendet wird („direkter Schadensersatzanspruch" im Gegensatz z.B. zu „direktem Wandelungsbegehren"), in den folgenden Ausführungen jedoch nicht nach Rechtsfolgen, sondern nach Haftungsregimen unterschieden werden soll, wird hier zur Verdeutlichung des Bezugs auf die allgemeine vertragliche Verschuldenshaftung der Begriff „action directe en responsabilité contractuelle de droit commun" verwendet.

Die grundlegende Unterteilung in „actions directes en garantie" und „actions directes en paiement" nahmen z.B. bereits Teyssié (Les groupes de contrats, Nr. 521 ff., S. 259 ff.) und Bertrand (L'opposabilité du contrat aux tiers, Nr. 276, S. 458 Fn. 1) vor, während eine „action directe en responsabilité contractuelle de droit commun" zu dieser Zeit noch nicht generell anerkannt war.

traggebers gegen den „Unterbeauftragten" bzw. den Substituten des Beauftragten (Art. 1994 C. civ.) dienen. Ein weiterer wesentlicher Unterschied zwischen den „actions directes en paiement" einerseits und den „actions directes en garantie" bzw. „en responsabilité contractuelle de droit commun" andererseits besteht darin, daß die „actions directes en paiement" auf gesetzlicher Grundlage fußen[332] und damit als (angebliche) „actions directes véritables" identisch mit dem engeren Begriff der „action directe" sind, während es für die „actions directes en garantie" und „en responsabilité contractuelle de droit commun", jedenfalls im Bereich des *Mobiliarkaufs*[333], an einer gesetzlichen Grundlage fehlt.

c) Die „action directe" als materiellrechtliches und als prozessuales Institut

Der Begriff der „action directe" ist noch in anderer Hinsicht zu präzisieren, impliziert er doch, daß es hierbei primär um eine „direkte Klage", d.h. also ein prozessuales Institut geht. Unter „action directe" wird jedoch in den meisten Fällen[334] der direkte *materiellrechtliche* Durchgriffsanspruch verstanden[335], der bei Bedarf natürlich auch im Klagewege geltend gemacht werden kann. Der Grund für diese Begriffsverwirrung liegt darin, daß der Terminus „action directe" aus einer Zeit stammt, in der die Begriffe „Anspruch" und „Klage" noch nicht sauber getrennt wurden[336]. Wäre es sicher auch korrekter von einem „droit direct" zu reden[337], so hat

---

332 Siehe dazu Jamin D. 1991, Chr., S. 257, 259 f. und die von den Vertretern der „legalistischen" Auffassung erörterten Fälle.

333 Mittlerweile ist die „action directe en garantie" in einigen Bereichen gesetzlich geregelt, so in Art. 1646-1 C. civ. (der Verkäufer eines zu errichtenden Gebäudes („immeuble à construire") ist ab Abnahme allen nachfolgenden Eigentümern nach Maßgabe der Art. 1792, 1792-1 und 1792-2 C. civ. verantwortlich) und in dem neugefaßten Art. 1792 C. civ (der „constructeur" haftet gegenüber dem Werkbesteller und jedem nachfolgenden Erwerber für Mängel des Bauwerks).

Eine Besonderheit stellt die Inanspruchnahme des Herstellers von „composants" nach Art. 1792-4 C. civ dar, wobei es sich jedoch insoweit *nicht* um eine „action directe" gegen den Hersteller handelt, sondern um eine Erstreckung der werkvertraglichen Haftung des Werkunternehmers auf den Hersteller von „composants" bzw. die in Art. 1792-4 C. civ. gleichgestellten Personen (näher zur Haftung nach Art. 1792-4C. civ. unten S. 126 ff.).

334 Zu hier nicht weiter interessierenden Ausnahmen Cozian, L'action directe, Nr. 313, S. 193.

335 Cozian, L'action directe, Nr. 22, S. 16 und Nr. 315, S. 194; Marty/Raynaud/Jestaz, Les obligations, Bd. 2, Nr. 156, S. 140; besonders deutlich auch Heuzé, Rev. crit. de dr. int. pr. 1996, S. 243, 245 Fn. 1.

336 Cozian, L'action directe, Nr. 22, S. 15; Marty/Raynaud/Jestaz, Les obligations, Bd. 2, Nr. 156, S. 140.

337 Vgl. Gebler, D. 1973, Chr., S. 109, 110.

sich der Begriff „action directe“ doch so sehr eingebürgert, daß er auch hier verwendet werden soll.

d) „Action directe“ und „action indirecte (oblique)“

Die Besonderheiten der „action directe“ lassen sich gut im Vergleich zur „action oblique“ (Art. 1166 C. civ.) aufzeigen. Nach Art. 1166 C. civ. kann ein Gläubiger, mit Ausnahme der höchstpersönlichen, alle Rechte und Klagen seines Schuldners ausüben. Sinn dieser Maßnahme ist es, der (evt. bewußten) Nachlässigkeit des Schuldners in seinen Vermögensangelegenheiten entgegenzuwirken, die zu einer Verminderung der dem Gläubiger als Haftungsobjekt dienenden Vermögensmasse führen kann. Der Gläubiger handelt bei der „action oblique“ im Namen und für Rechnung seines Schuldners[338], so daß ihm deren Vorteile erst indirekt auf dem Umweg über das Vermögen des Schuldners zufließen. Er steht somit natürlich im Wettbewerb zu den anderen, häufig besser gesicherten Gläubigern seines Schuldners, denen gegenüber er insbesondere im Konkurs des Schuldners keinerlei Vorrang genießt[339]. Im Gegensatz hierzu gibt die „action directe“ dem Gläubiger ein (insofern) eigenes Recht[340] gegen den Schuldner seines Schuldners, das er im eigenen Namen und für eigene Rechnung ausübt[341]. Die „action directe“ stellt sich somit für deren Gläubiger als ein „droit de préférence“, d.h. also ein Recht auf vorzugsweise Befriedigung vor den anderen Gläubigern des Zwischenmannes (= Schuldners) dar, die auch auf dessen Forderung gegen den „sous-débiteur“ („Drittschuldner“) zugreifen wollen[342] und erspart dem Gläubiger der „action directe“ durch die Mög-

---

338 Siehe z.B. Marty/Raynaud/Jestaz, Les obligations, Bd. 2, Nr. 148, S. 130.

339 Siehe z.B. Duranton, Cours de droit français suivant le Code civil, Nr. 275, S. 293; Duvergier, Le droit civil français suivant l'ordre du Code, Bd. XVI, Nr. 344, S. 413 f.; Solus, L'action directe, Nr. 92, S. 119 f.; Laborde-Lacoste, Essai sur la notion d'ayant cause à titre particulier en droit privé français, S. 168.

340 So z.B. Laurent, Principes de droit civil, Bd. XXIV, Nr. 229, S. 230; Baudry-Lacantinerie et Saignat, De la vente et de l'échange, Nr. 359, S. 301; Beudant et Lerebours-Pigeonnaire, Cours de droit civil français, Bd. XI, Nr. 223, S. 176.

Aus neuerer Zeit siehe z.B. Marty/Raynaud/Jestaz, Les obligations, Bd. 2, Nr. 156, S. 140 und Nr. 165, S. 149; Ghestin/Desché, Nr. 1037, S. 1055; Jamin, La notion d'action directe, Nr. 369, S. 327.

Aus dem deutschen Schrifttum siehe z.B. Ferid/Sonnenberger, Bd. 2, 2 G 655; derselbe in FS Steindorff, S. 777, 783.

Siehe aber zur Doppeldeutigkeit des Begriffes „eigenes Recht“ unten S. 131, Fn. 541.

341 Siehe z.B. Debray, Privilèges sur les créances et Actions directes, S. 55; Nonet, Action directe et inopposabilité des exceptions, Nr. 1, S. 68; Cozian, L'action directe, Nr. 9, S. 5; Jamin, La notion d'action directe, Nr. 1, S. 1; Marty/Raynaud/Jestaz, Les obligations, Bd. 2, Nr. 147, S. 129.

lichkeit einer direkten Klage gegen den Schuldner seines Schuldners zusätzlich die bei der „action oblique" oder der Forderungspfändung nötigen verfahrensrechtlichen Umwege[343]. Schließlich kommt eine „action oblique" nur in Betracht, wenn in *keinem* der beteiligten Verträge ein Haftungsausschluß vereinbart ist[344]. Dies ist bei der „action directe en garantie" anders: da diese nach der klassischen, und nach Ablehnung der Lehre von den „groupes de contrats" auch heute wieder in der Rechtsprechung vertretenen Auffassung allein an die Haftungsvoraussetzungen des ersten Vertrages der Absatzkette anknüpft, wird dem Geschädigten trotz Haftungsausschlusses in dem von ihm abgeschlossenen („zweiten") Vertrag eine „action directe" gewährt[345].

e) „Action directe en garantie" und „appel en garantie"

Schließlich ist die „action directe en garantie" noch zum „appel en garantie" abzugrenzen. Bei diesem klagt der Käufer gegen seinen unmittelbaren Verkäufer, der dann seinen eigenen Verkäufer bzw. den Hersteller durch eine Art „Streitverkündung" in den Prozeß mithineinzieht, um dessen Verurteilung (!) zu erreichen. Die prozessualen Wirkungen eines „appel en garantie" gehen deutlich über diejenigen der Streitverkündung des deutschen Rechts hinaus, denn der in den Rechtsstreit hineingezogene Vorverkäufer bzw. Hersteller wird nicht nur Beteiligter, sondern Prozeßpartei[346]. Dementsprechend wird beim „appel en garantie" gleichzeitig über beide Verfahren geurteilt, so daß der eigentlich beklagte Verkäufer selber einen Titel gegen den Vorverkäufer auf Freistellung von seiner Schadensersatzverpflichtung gegen den Käufer erhält[347]. Bei Zulässigkeit des „appel en garantie" kann der Verkäufer sogar die Entlassung aus dem Rechtsstreit und dessen Übernahme durch den Vorverkäufer verlangen[348]. Auch nach seiner Verurteilung kann der Verkäufer natürlich noch bei dem Vorverkäufer

---

[342] Cozian, L'action directe, Nr. 41 ff., S. 32 ff.; Jamin, La notion d'action directe, Nr. 365 ff., S. 321 ff. Dieses Vorzugsrecht besteht sowohl im Konkurs des Zwischenmannes als auch bei der gegen diesen gerichteten Einzelzwangsvollstrekkung, siehe Cozian, aaO, Nr. 48, S. 34.

[343] Siehe dazu Cozian, aaO, Nr. 37–41, S. 28–32.

[344] Vgl. Duranton, Cours de droit français, Nr. 275, S. 293; Jamin, La notion d'action directe, Nr. 31, S. 21.

[345] Siehe stellvertretend für alle Jamin, La notion d'action directe, Nr. 31 f., S. 20 ff., Nr. 409, S. 360.

[346] v. Westphalen/Rohs, Bd. 2, § 123, Nr. 41.

[347] v. Westphalen/Rohs, Bd. 2, § 123, Nr. 41; Mazeaud/Tunc, La responsabilité civile, 5. Aufl., Bd. III, Nr. 2187, S. 307.

[348] Ficker, Die Schadensersatzpflicht, S. 136.

Regreß nehmen[349]. Liegt der Fehler der Kaufsache beim Hersteller, können somit sämtliche Lieferanten mittels „appel en garantie“ gegen ihren Verkäufer vorgehen, so daß die Absatzkette letztlich bis zum Hersteller „aufgerollt“ wird. Wohl wegen der Umständlichkeit eines solchen Kettenregresses, der bei einer längeren Absatzkette aufgrund der Vielzahl der Prozeßbeteiligten den Käufer i. d. R. auch rein zeitlich wesentlich später zum gewünschten Ergebnis führen dürfte, hat der „appel en garantie“ stark an Bedeutung verloren[350].

2. Entwicklung und Begründung der „action directe en garantie“

Bevor im folgenden Rechtsnatur und dogmatische Begründung der „action directe en garantie“ näher untersucht werden [b], soll kurz deren Entwicklung bis zur endgültigen Anerkennung durch die Rechtsprechung sowie die sich anschließende Fortentwicklung skizziert werden [a].

a) Entwicklung

Die „action directe en garantie“ entwickelte sich zunächst im Bereich der Rechtsmängelgewährleistung („garantie de l'éviction“) und wurde dann auch im Bereich der Sachmängelgewährleistung anerkannt.

aa) Die „action directe en garantie“ im römischen Recht und im „ancien droit“

Im römischen Recht war zur Übertragung vertraglicher Rechte gegen einen Dritten eine ausdrückliche Zession erforderlich[351], d.h. eine „action directe en garantie“ war unbekannt[352]. Bei den Postglossatoren und im „ancien droit“ finden sich zwar einige Ansätze in Richtung auf eine „action directe“[353], von einer Anerkennung der „action directe“ kann aber keine

---

[349] Dieses Vorgehen wird auch als „demande principale en garantie“ bezeichnet und der während des Prozesses erfolgenden „demande incidente en garantie“ gegenübergestellt, vgl. Ficker, Die Schadensersatzpflicht, S. 135; Ferid/Sonnenberger, Bd. 2, Nr. 2 G 664, S. 137.

[350] Vgl. Klima, RIW 1987, S. 307, 310.

[351] Troplong, De la vente, Nr. 437, S. 214; Jamin, La notion d'action directe, Nr. 28, S. 18.

[352] Wahl, Vertragsansprüche Dritter, S. 33; Jamin, aaO, Nr. 28, S. 18 f.; Cozian, L'action directe, Nr. 4, S. 3. Zu den verschiedenen Bedeutungen des Terminus „actio directa“ im römischen Recht vgl. Solus, L'action directe, Nr. 2, S. 2 f.

[353] Vgl. die bei Wahl, aaO, S. 34 f. und S. 31 zitierten Erörterungen von Bartolus, d'Espeisses bzw. Despeisses und Guy de Rousseaud de la Combe.

Rede sein[354]. Auch die vielzitierten Äußerungen von Domat[355] und Pothier[356] beinhalteten noch keine klare Befürwortung einer „action directe“. Zwar überwanden beide das strenge römischrechtliche Prinzip der Unübertragbarkeit von Mängelrechten außerhalb einer ausdrücklichen Zession. Ihnen ging es dabei aber nur um die Ausübung der Rechte des Erstkäufers durch den Zweitkäufer, nicht jedoch um die Ausübung eines eigenen Rechts des Zweitkäufers[357]. Beide waren insofern also zunächst nur Wegbereiter für die durch den Code civil dann normierte *„action oblique“*[358] (damit allerdings, wie sogleich zu zeigen sein wird, *indirekt* auch für die „action directe“).

bb) Die „action directe en garantie“ zwischen dem Inkrafttreten des Code civil und 1884

Nach der Anerkennung der „action oblique“ durch den Code civil (Art. 1166 C. civ.) war zunächst fraglich, ob hierunter auch Gewährleistungsrechte fallen oder ob diese als „höchstpersönliche Rechte“ aus dem Anwendungsbereich des Art. 1166 C. civ. ausscheiden[359]. In der Tat wurde letzteres, wiederum für den Bereich der Rechtsmängelhaftung, anfangs in der Rechtsprechung vertreten, d.h. eine Ausübung der Rechtsmängelgewährleistungsrechte des Erstkäufers durch den Zweitkäufer wurde abgelehnt[360]. Dies wurde von der Cour de Bordeaux aber schon bald anders

---

354 Ausdrücklich gegen eine „action directe“ waren z.B. Voet und Berthelot, siehe hierzu Wahl, aaO, S. 28 und S. 34.

355 Domat, Les loix civiles dans leur ordre naturel, Nouvelle édition 1777, Bd. I, Liv. I, Tit. II, Sect. X, Nr. XXIX, S. 53: „La demande en garantie peut être formée tant par l'acquéreur que par ses représentants, soit à titre universel, soit à titre particulier; ainsi l'héritier de l'acquéreur, ou son donataire, aura le même droit que lui; un second acheteur auroit aussi le même droit, comme exerçant les droits du premier acquéreur.“

356 Pothier, Traité du contrat de vente, nouvelle éd. par M. Siffrein, Bd. III (1821), Nr. 149, S. 88: „Le second acheteur pourroit-il, en offrant de me quitter de ce que je lui dois de mon chef, être reçu à exercer en ma place et à son profit mes actions contre le premier vendeur, pour la restitution du prix de 10,000 liv.?

On pourroit le soutenir; car lorsque je vends une chose à quelqu'un, je suis censé lui vendre et transporter tous les droits et actions qui tendent à faire avoir cette chose, et par conséquent l'action *ex empto* que j'ai contre mon vendeur *ut præstet rem habere licere*“.

357 Vgl. die in den beiden vorherigen Fußnoten angeführten Zitate und Jamin, aaO, Nr. 29, S. 19 sowie Nr. 31, S. 21.

358 Vgl. Jamin, aaO, Nr. 29, S. 19 und implizit Troplong, De la vente, Nr. 437, S. 214.

359 Siehe den Wortlaut von Art. 1166 C. civ.: „Néanmoins les créanciers peuvent exercer tous les droits et actions de leur débiteur, à l'exception de ceux qui sont exclusivement attachés à la personne.“

gesehen[361] und in der Lehre u. a. durch Anwendung der Thesen von Pothier auch theoretisch untermauert: die Gewährleistungsrechte seien nicht „exclusivement attachés à la personne“, sondern „hingen“ im Gegenteil der verkauften Sache an[362]. Nach dieser Anerkennung der „action oblique“ im Bereich der Rechtsmängelhaftung wurden aber alsbald deren Nachteile aufgezeigt, so insbesondere der Umweg über das Vermögen des Zwischenmannes mit den bekannten Nachteilen im Konkursfalle[363]. Abhilfe war hier nur möglich, wenn man dem Gläubiger ein eigenes, insbesondere vom Konkurs des Zwischenmannes unabhängiges Recht gab, eine Forderung, die nun mehr oder weniger explizit in der Lehre erhoben wurde[364]: die „action directe en garantie“ (im Bereich der Rechtsmängelhaftung) war geboren. Als Grundlage dieser „action directe en garantie“ diente die letztlich auf Pothier zurückgehende und nun z. B. von Duvergier auf die „action directe en garantie“ angewendete *„théorie de l'accessoire“*[365]. Hiernach überträgt der Verkäufer mit der Kaufsache auch „tous les droits et actions qui tendent à faire avoir cette chose“ (Pothier)[366] bzw. „tous les droits et actions qui se sont identifiés avec cette chose, ou qui en sont devenus des accessoires“ (Aubry et Rau)[367]. Diese theoretischen Vorarbeiten in der Lehre führten schließlich dazu, daß auch in der Rechtsprechung, die seit Anerkennung der

---

360 So Cour d'appel de Bruxelles v. 6.1.1808, S. 1810, II, 489; Cour royale de Paris v. 22.3.1825, S. 1826, II, 227.

361 Cour royale de Bordeaux v. 5.4.1826, S. 1827, II, 6; Cour d'appel de Bordeaux v. 4.2.1831, S. 1831, II, 138, 139.

362 Vgl. Duranton, Cours de droit français suivant le Code civil, Bd. XVI (1833), Nr. 275, S. 290–293; Troplong, De la vente (1844), Nr. 437, S. 214.

363 Siehe z. B. Duranton, aaO, Bd. XVI (1833), Nr. 275, S. 293; Duvergier, Le droit civil français suivant l'ordre du Code, Bd. XVI (1835), Nr. 344, S. 413 f.; Zachariaë, Cours de droit civil français, Bd. II (1839), § 355, S. 518, Fn. 15; Laurent, Principes de droit civil, Bd. XXIV (1876), Nr. 229, S. 230.

364 Besonders deutlich z. B. Laurent, aaO, Bd. XXIV (1876), Nr. 229, S. 230: „... de là suit que le second acheteur, en exerçant la garantie, agit contre le vendeur en vertu d'un droit qui lui est propre, et non en vertu du droit de son vendeur; ce qui est décisif.“ Die anderen in der vorigen Fußnote genannten Autoren kamen bereits zum gleichen Ergebnis, ohne allerdings ausdrücklich von einem „droit propre“ zu sprechen.

365 Duvergier, aaO, Bd. XVI (1835), Nr. 344, S. 414: „Il faut donc chercher ailleurs que dans l'article 1166 la source de son droit exclusiv (2). Je la trouve dans les contrats successifs, lesquels, en transmettant la propriété de la chose, ont transmis de proche en proche, et comme accessoires les actions en garantie que chaque vente a fait naître ...“.

366 Pothier, aaO. Wie gezeigt ging es aber Pothier (ebenso wie auch Domat) noch nicht um die Gewährung eines *eigenen* Rechts des Nacherwerbers.

367 Aubry et Rau, Cours de droit civil français, 4. Aufl., Bd. IV (1871), § 355, S. 376, Fn. 26 und die folgenden Auflagen; fast identische Formulierung in Bd. II (1869), § 176, S. 71 und in den folgenden Auflagen. Diese Formulierung wurde im folgenden prägend für die „théorie de l'accessoire“.

„action oblique" im Bereich der Rechtsmängelhaftung von einer Vermengung zwischen Art. 1166 C. civ. und der „action directe" geprägt war[368], schließlich klar zwischen beiden Rechtsbehelfen unterschieden wurde.

cc) Die unzweideutige Anerkennung einer „action directe en garantie" durch das Urteil der Cour de cassation vom 12.11.1884[369]

In dem grundlegenden Urteil vom 12.11.1884 gewährte die Cour de cassation einer französischen Eisenbahngesellschaft eine „action directe" gegen die belgische Herstellerin von Lokomotiven. Dabei lehnte die Cour de cassation Art. 1166 C. civ. („action oblique") ausdrücklich als Grundlage der „action directe" der Nacherwerberin ab. Der Entscheidung lag folgender Sachverhalt zugrunde: Die „Compagnie du chemin de fer du Nord" (kurz „Compagnie du Nord") hatte von der mittlerweile in Konkurs gefallenen „Compagnie de Lille à Valenciennes" (kurz „Compagnie de Lille") die Betreibung einer Eisenbahn übernommen und zu diesem Zweck u. a. deren Lokomotiven, Waggons, Depots sowie deren Ansprüche auf noch zu liefernde Materialien gekauft. Zu diesen Ansprüchen gehörten auch solche auf Lieferung von Lokomotiven und Waggons gegen die „Compagnie métallurgique et charbonnière belge" (kurz „Compagnie métallurgique"). Wenn hier von „Ansprüchen auf Lieferung" die Rede ist, so ist damit nicht der Anspruch auf Eigentumsverschaffung gemeint, denn die „Compagnie de Lille" war mangels Abstraktionsprinzip im französischen Recht bereits durch ihren Kaufvertrag mit der „Compagnie métallurgique" Eigentümerin der Lokomotiven und Waggons geworden, d.h. die „Compagnie du Nord" erwarb hier nicht unmittelbar von der „Compagnie métallurgique" das Eigentum an den zu liefernden Lokomotiven und Waggons[370]. Es kam wie

---

[368] Siehe z.B. Cour royale de Bordeaux v. 4.2. 1831, S. 1831, 2, 138, 139; Cour d'appel de Paris v. 24.2.1882 (Vorinstanz zu dem sogleich besprochenen grundlegenden Urteil der Cour de cassation v. 12.11.1884), S. 1883, 2, 229, 230 = D.P. 1882, 2, 78.

[369] Cass. civ. v. 12.11.1884, S. 1886, 1, 149 = D.P. 1885, 1, 357. Zuvor hatte die Cour de Rennes bereits in einem Urteil vom 9.4.1870 (D.P. 1872, 2, 110) eine „action directe" im Bereich der „garantie décennale" ohne Zitierung von Art. 1166 C. civ. zugelassen, allerdings begründet auf eine „subrogation implicite".

Hingegen brachte das manchmal als erstmalige Einräumung einer „action directe en garantie" zitierte Urteil der Cour de cassation vom 25.1.1820 (S. 1820, 1, 213 ff.) noch keine klare Anerkennung derselben, denn die hier dem Käufer eingeräumten Rechtsmängelgewährleistungsansprüche kamen diesem nur aufgrund einer *ausdrücklich* vereinbarten „Subrogationklausel" zu und nicht etwa aufgrund einer automatischen Übertragung von Gewährleistungsrechten (ebenso, allerdings mit anderer Begründung, Jamin, aaO, Nr. 32, S. 21 f.).

[370] Vgl. auch Ficker, Die Schadensersatzpflicht, S. 125, Fn. 38.

es kommen mußte, einige dieser direkt an die „Compagnie du Nord" gelieferten Lokomotiven erlitten einen Maschinenschaden, eine explodierte sogar. Beide Vorfälle gingen dabei auf einen „vice caché" zurück. Die „Compagnie du Nord" klagte daraufhin gegen die belgische Herstellerin und den Konkursverwalter der „Compagnie de Lille" auf Schadensersatz. Sowohl die erste als auch die zweite Instanz folgten diesen Anträgen[371] und wurden hierin, trotz des Einwandes der belgischen Herstellerin, zwischen ihr und der Klägerin bestünde kein unmittelbares Rechtsverhältnis, von der Cour de cassation bestätigt. Art. 1166 C. civ., wonach die Klägerin hier nur Leistung von Schadensersatz in die Konkursmasse hätte verlangen können, schloß die Cour de cassation nun aber als Grundlage für die „action directe" endgültig aus. Statt dessen berief sie sich zur Begründung der „action directe" auf die in der Lehre entwickelte „théorie de l'accessoire": „... l'action de la Comp. du Nord contre la Société métallurgique est fondée, non sur le principe posé dans l'art. 1166, C. civ., mais sur le principe que la vente d'une chose comprend tous ses accessoires et notamment les actions que le vendeur a pu acquérir à son occasion ...". Somit wurde also nicht nur die „théorie de l'accessoire", sondern auch die Existenz einer „action directe en garantie" im Bereich der Sachmängelhaftung höchstrichterlich anerkannt. Diese Lösung entwickelte sich fortan zur ständigen Rechtsprechung[372].

---

[371] Siehe Cour d'appel de Paris v. 24.2.1882, S. 1883, 2, 229 = D.P. 1882, 2, 78 und das dort zitierte Urteil des Tribunal civil de la Seine v. 29.4.1880.

[372] Cour d'appel de Bordeaux v. 11.1.1888, D.P. 1889, 2, 11, 12; Cass. req. v. 3.11.1932, D.H. 1932, 570, 571; Cass. civ. 1re v. 4.2.1963, Bull. civ. 1963, I, Nr. 77, S. 69, 70 = J.C.P. 1963, II, 13159 m. Anm. Savatier = S. 1963, 1, 193, 194 m. Anm. Meurisse; Cour d'appel de Paris v. 20.6.1967, D.P. 1968, Somm., S. 60; Cour d'appel de Lyon v. 7.3.1968, J.C.P. 1969, IV, S. 120; Cass. civ. 1re v. 5.1.1972, J.C.P. 1973, II, 17340 m. Anm. Malinvaud; Cass. civ. 1re v. 9.10.1979, Bull. civ. 1979, I, Nr. 241, S. 192 f.; Cour d'appel de Nîmes v. 18.12.1980, D. 1983, Jur. S. 29 m. Anm. Larroumet; Cass. civ. 1re 19.1.1988, D. 1988, IR, S. 38; Cass. com. v. 4.6.1991, Bull. civ. 1991, IV, Nr. 206, S. 146 f.; zumindest implizit auch Cass. civ. 1re v. 7.6.1995, D. 1996, Jur., S. 395 f. m. Anm. Denis Mazeaud (siehe dazu, daß das Urteil, trotz der „Neutralität" seiner Formulierung, recht deutlich auf der „théorie de l'accessoire" fußt, Viney, J.C.P. 1995, I, 3893, Nr. 29 und Denis Mazeaud in der zitierten Anmerkung, S. 396, Nr. 4).

Ungefähr zeitgleich wurde eine „action directe en garantie décennale" des Erwerbers eines Bauwerks gegen den „constructeur" anerkannt, wobei hier in entsprechender Weise eine Übertragung der dem Besteller gegen den „constructeur" zustehenden werkvertraglichen Gewährleistungsansprüche auf den Erwerber angenommen wurde (viele der für die „théorie de l'accessoire" üblicherweise zitierten Urteile stammen eigentlich aus diesem Bereich, so neben dem bereits zitierten Urteil der Cour d'appel de Rennes v. 9.4. 1870 (D.P. 1872, 2, 110), das sich jedoch auf die „subrogation personelle" stützt: Cass. Belgique v. 8.7.1886, D.P. 1888, 2, 5, 6; Cour d'appel de Paris v. 11.1.1906, D.P. 1907, 2, 391, 392; Cour d'appel d'Aix-en-Provence v. 5.10.1954, J.C.P. 1955, II, 8548 m. Anm. Rodière; Cass. civ. 3ème v.

dd) Die Ausweitung der „action directe en garantie" auf die Wandlung

Entgegen der früheren Rechtsprechung[373] gewährt die Cour de cassation seit einem Urteil vom 17.5.1982 einem Nacherwerber auch im Bereich der Wandlung eine „action directe en garantie"[374]. Die dabei auftretende Frage, ob der Hersteller/Vorverkäufer dem Nacherwerber den Kaufpreis des von ihm abgeschlossenen Vertrages oder den Kaufpreis des von dem Nacherwerber abgeschlossenen Vertrages zu erstatten hat, hat die Cour de cassation in einem Urteil vom 27.1.1993 konsequent zugunsten des im ersten Kaufvertrag geschuldeten Kaufpreises entschieden[375]. Hat der Nacherwerber einen höheren Kaufpreis an den Zwischenmann gezahlt, kann er den Restbetrag u.U. im Wege des Schadensersatzes vom Hersteller/Vorverkäufer verlangen[376].

ee) Die Zuerkennung einer „action directe en garantie des vices cachés" an den Besteller

Mit der Ausweitung der „action directe en garantie" des Nacherwerbers auf die Wandlung bzw. die Minderung sollte es aber nicht sein Bewenden haben, denn am 29.5.1984 entschied die erste Zivilkammer, daß auch ein Besteller, im Falle der Aufeinanderfolge von Kauf- und Werkvertrag, direkte Gewährleistungsansprüche gegen den Hersteller von Baumaterialien geltend machen kann[377]. Die Cour de cassation ergänzte damit die durch

---

23.3.1968, J.C.P. 1968, IV, S. 81 = D. 1970, Jur., S. 663 m. Anm. Jestaz; Cass. civ. 3ème 12.11.1974, Bull. civ. 1974, III, Nr. 407, S. 312; T.G.I. Paris v. 22.4.1975, D. 1975, Jur., S. 711, 712 m. Anm. v. Jean Mazeaud; Cass. civ. 3ème v. 28.10.1975, Bull. civ. 1975, III, Nr. 311, S. 235, 236; Cass. civ. 3ème v. 22.2.1978, Bull. civ. 1978, III, Nr. 93, S. 73, 74; Cass. civ. 3ème v. 5.4.1978, J.C.P. 1978, IV, S. 189; Cass. civ. 3ème v. 21.3.1979, Bull. civ. 1979, III, Nr. 73, S. 53, 54; Cass. civ. 3ème v. 20.4.1982, Bull. civ. 1982, III, Nr. 95, S. 66; Cass. civ. 3ème v. 26.4.1983, Bull. civ. 1983, III, Nr. 91, S. 72; siehe aus jüngerer Zeit z.B. Cass. civ. 3ème v. 8.2.1995, D. 1995, IR, S. 72).

373 Cass. com. v. 27.2.1973, J.C.P. 1973, II, 17445 m. Anm. Savatier = Gaz. Pal. 1973, 2, Jur., S. 737 f. m. Anm. Plancqueel.

374 Cass. com. v. 17.5.1982, Bull. civ. 1982, IV, Nr. 182, S. 162 = J.C.P. 1982, IV, 268 = D. 1983, IR, S. 479 m. Anm. Larroumet.

375 Cass. civ. 1re v. 27.1.1993 (Sté Métrologie/Marin), Bull. civ. 1993, I, Nr. 45, S. 30 = J.C.P. 1993, I, 3684, Nr. 5, S. 274 f. (Bespr. Ghestin).

376 Cass. civ. 1re v. 27.1.1993, aaO. Diese Lösung wurde zuvor z.B. schon von Ghestin/Desché, Nr. 1023, S. 1045 vertreten. Hierzu und zur früheren Diskussion in der Lehre siehe auch Ghestin, J.C.P. 1993, I, 3684, Nr. 5, S. 274, 275.

377 Cass. civ. 1re v. 29.5.1984, Bull. civ. 1984, I, Nr. 175, S. 149 = D. 1985, Jur., S. 213 m. Anm. Bénabent = J.C.P. 1985, I, 20387 m. Anm. Malinvaud = Gaz. Pal. 1985, 2, S. 437 m. Anm. Souleau.

Art. 1792-4 C. civ. in beschränktem Umfang mögliche *werkvertragliche* (!) Inanspruchnahme der Hersteller von „composants“[378] und ließ eine „action directe“ gegen die Hersteller und Lieferanten sämtlicher Arten von Baumaterialien (d.h. nicht nur von „composants“) zu. Im Gegensatz zu Art. 1792-4 C. civ., der kurioserweise die werkvertragliche Haftung des *Werkunternehmers* gegenüber dem Besteller auf den Hersteller von „composants“ ausdehnt und beide gesamtschuldnerisch haften läßt, geht es im gegenwärtigen Zusammenhang aber, auf der Grundlage der „théorie de l'accessoire“, um die Übertragung der dem Unternehmer gegen den *Hersteller* zustehenden *kaufrechtlichen* Gewährleistungsansprüche auf den Besteller. Inwieweit diese mit der vorherigen Rechtsprechung brechende Lösung (zuvor standen dem Besteller außerhalb von Art. 1792-4 C. civ. nur deliktische Ansprüche zur Verfügung[379]) aber wirklich noch mit der „théorie de l'accessoire“ zu rechtfertigen ist, ist angesichts der Tatsache, daß der Besteller i.d.R. das Eigentum an den verwendeten Baumaterialien *originär* durch Einbau oder Verbindung erwirbt, zumindest zweifelhaft[380]. Die *dritte* Zivilkammer der Cour de cassation sperrte sich denn auch gegen die von der *ersten* Zivilkammer vertretene Lösung und sah die Ansprüche des „maître de l'ouvrage“ gegen den Hersteller außerhalb von Art. 1792-4 C. civ. auch weiterhin als deliktsrechtlich an[381], was am 7.2.1986 zu einer ersten Entscheidung der „Assemblée plénière“ der Cour de cassation in diesem Bereich führte[382]. Die „Assemblée plénière“ machte sich die Position der *ersten* Zivilkammer zu eigen und gewährte dem Besteller eine „action directe“ gegen den Hersteller eines Isoliermittels, nun jedoch auf der Grundlage der „non-conformité“-Haftung[383].

---

378 Siehe hierzu bereits oben S. 90, Fn. 333 und ausführlich unten S. 126 ff.

379 Trotz nachhaltiger Kritik in der Lehre qualifizierte die vorherige Rechtsprechung die Beziehungen zwischen dem Besteller und dem Hersteller von Baumaterialien als deliktisch, siehe hierzu die Nachweise bei Malinvaud D. 1984, Chr., S. 41, 45 rechte Spalte.

380 Unter Hinweis auf den originären Eigentumserwerb des Bestellers durch „accession“ halten Chabas (Mazeaud/Chabas, Leçons, Bd. II/1, Nr. 756, S. 888 f.) und Jourdain (D. 1992, Chr., S. 149, 152, Nr. 19) eine Rechtfertigung der „action directe“ des Bestellers durch die „théorie de l'accessoire“ nicht mehr für möglich. Anderer Ansicht dagegen Malinvaud, D. 1984, Chr., S. 41, 45 und Mourier, RJDA 1991, 583, 584.

381 Cass. civ. 3ème v. 19.6.1984, J.C.P. 1985, II, 20387 m. Anm. Malinvaud = D. 1985, Jur., S. 213 m. Anm. Bénabent = Bull. civ. 1984, III, Nr. 120, S. 95.

382 Cass. ass. plén. v. 7.2.1986 (zwei Urteile), Bull. civ. 1986, Ass. plén., Nr. 2, S. 2 = D. 1986, Jur., S. 293 m. Anm. Bénabent = D. 1987, Somm., S. 185 m. Anm. Groutel = J.C.P. 1986, II, 20616 m. Anm. Malinvaud.

383 Näher zu diesem Urteil unten bei der Darstellung der „action directe en responsabilité contractuelle de droit commun“, S. 125.

b) Dogmatische Begründung der „action directe en garantie"

Bei klassischem Verständnis der Begriffe „Vertragspartei" und „Dritter" widerspricht die „action directe en garantie" dem in Art. 1165 C. civ. normierten Prinzip des „effet relatif des contrats"[384], ohne daß hierfür eine ausdrückliche gesetzliche Grundlage bestünde. Rechtsprechung und Lehre haben sich daher seit mehr als einhundert Jahren, d.h. seit Anerkennung der „action directe en garantie des vices cachés", bemüht, diesem Manko durch die Entwicklung einer brauchbaren dogmatischen Erklärung abzuhelfen. Allerdings hat sich bisher keines der vorgeschlagenen Konzepte endgültig durchsetzen können, was sicherlich auch daran liegt, daß sich alle Vorschläge gewichtigen Einwänden ausgesetzt sehen.

Drei Hauptansatzpunkte zur Lösung des Konflikts mit Art. 1165 C. civ. lassen sich unterscheiden:

Entweder man nimmt an, daß die Gewährleistungrechte durch irgendeinen aus dem Code civil abgeleiteten Mechanismus auf den Zweit-/Nacherwerber übergehen bzw. zu seinen Gunsten geschaffen werden [aa] (vorgeschlagen wurden insoweit hauptsächlich ein Übergang der Gewährleistungsrechte als „accessoire" der Kaufsache, die Erlangung der Gewährleistungsrechte mittels eines stillschweigenden Vertrages zugunsten Dritter und der Übergang der Gewährleistungsrechte mittels stillschweigender Zession).

Oder man lehnt es ab, den Nacherwerber bezüglich des Vertragsverhältnisses zwischen dem Hersteller/Vorverkäufer und dessen *unmittelbarem* Abnehmer als „Dritten" anzusehen (mit der Folge, daß dann kein Verstoß gegen Art. 1165 C. civ. mehr vorläge) und begründet dies damit, daß der Nacherwerber „Partei" der gleichen „groupe de contrats" sei [bb].

Schließlich gibt es auch Stimmen, die sämtliche bisherigen Vorschläge als unzureichend empfinden und ein Eingreifen des Gesetzgebers verlangen [cc].

aa) Der Übergang der Gewährleistungsrechte durch einen aus dem Code civil abgeleiteten Mechanismus

aaa) Die „théorie de l'accessoire"

Die klassische und von den meisten Autoren innerhalb des ersten Ansatzes vertretene Erklärung stammt von der „théorie de l'accessoire"[385]. Wie

---

[384] Art. 1165 C. civ. lautet: „Les conventions n'ont d'effet qu'entre les parties contractantes; elles ne nuisent point au tiers, et elles ne lui profitent que dans le cas prévu par l'article 1121."

gezeigt, folgte ihr von Anfang an auch die Rechtsprechung[386]. Nachdem die erste Zivilkammer der Cour de cassation zwischen 1988 und 1991 kurzzeitig dem Konzept der „groupes de contrats“ folgte, ist die „théorie de l'accessoire“ seit dem Grundsatzurteil der „Assemblée plénière“ vom 12.7.1991 wieder fest in der Rechtsprechung der Cour de cassation verankert[387]. Der Übergang der Mängelrechte als „accessoire“ der Kaufsache wurde lange Zeit in der Lehre zusätzlich durch eine stillschweigende Zession der Gewährleistungsrechte begründet[388], bevor sich hieraus, nach der Kritik von Rodière[389], ein von der „théorie de l'accessoire“ unabhängiger Erklärungsansatz bildete. Da es sich hierbei in der Tat um zwei verschiedene Fragen handelt, soll die „cession de créance tacite“ später gesondert untersucht werden [unten ccc)].

Die „théorie de l'accessoire“ rechtfertigt die Durchbrechung des Prinzips der Relativität der Schuldverträge wie erwähnt damit, daß mit der Kaufsache gleichzeitig auch die dieser als „accessoire“ anhängenden Gewährleistungsrechte auf den Käufer übergehen.

Zur Stütze dieser Ansicht wird von vielen Autoren Art. 1615 C. civ. zitiert, der wie folgt lautet: „L'obligation de délivrer la chose comprend ses accessoires et tout ce qui a été destiné à son usage perpétuel.“

---

385 Duranton, aaO, Bd. XVI, Nr. 275, S. 291–293; Duvergier, aaO, Bd. XVI, Nr. 344, S. 414; Zachariaë, aaO, Bd. II, § 355, S. 518, Fn. 15; Marcadé, Explication, Bd. VI, Tit. VI, Chap. IV, Sect. III, § 1er, IV, S. 258; Demolombe, Cours de Code Napoléon, Bd. XXIV Nr. 280, S. 264 f.; Aubry et Rau, aaO, 4. Aufl., Bd. II, § 176, S. 71 und Bd. IV, § 355, S. 376, Fn. 26 und die folgenden Auflagen; Laurent, aaO, Bd. XXIV, Nr. 186, S. 183 f. und Nr. 229, S. 230; Huc, Commentaire, Bd. X, Nr. 131, S. 179 und Nr. 154, S. 209; Baudry-Lacantinerie et Saignat, De la vente et de l'échange, Nr. 359, S. 301; Laborde-Lacoste, Essai sur la notion d'ayant cause à titre particulier, S. 167 f.; Debray, aaO, S. 76; Josserand, Cours de Droit civil positif français, Bd. II, Nr. 1107, S. 579; Mourgeon, Les effets, Nr. 11, S. 14–18; Beudant et Lerebours-Pigeonnière, aaO, Bd. XI, Nr. 223, S. 176 f.; Planiol-Ripert-Boulanger, Traité élémentaire, 4. Aufl., Bd. II, Nr. 2542, S. 802; Planiol-Ripert, Traité pratique, 2. Aufl., Bd. X von Hamel, Givord und Tunc, Nr. 138, S. 157 f.; Marty et Raynaud, Bd. II/1 (1. Aufl.), Nr. 239, S. 218; Goubeaux, La règle de l'accessoire, Nr. 73–80, S. 123–131 und Nr. 87, S. 137–139; Cornu, Rev. trim. dr. civ. 1973, S. 582, 583; Gabet-Sabatier, La connexité, Nr. 347, S. 323; Huet, Responsabilité contractuelle et responsabilité délictuelle, Nr. 568, S. 534; Malinvaud, D. 1984, Chr., S. 41, 44; Mazeaud/de Juglart, Leçons, Bd. III/2, 1. Teil, Nr. 985-2, S. 307; Durry, La distinction, Nr. 206, S. 169 Fn. 401.

386 Siehe soeben S. 96 f.

387 Siehe unten S. 115 ff.

388 So z.B. Laurent, aaO, Bd. XXIV, Nr. 186, S. 183 und Nr. 229, S. 229 f.; Baudry-Lacantinerie et Saignat, De la vente et de l'échange, Nr. 359, S. 301; Josserand, aaO, Bd. II, Nr. 1107, S. 579.

389 Rodière, Anm. zu Cour d'appel d'Aix-en Provence v. 5.10.1954, J.C.P. 1955, II, 8548.

Kernfrage ist damit zunächst, ob im französischen Recht ein Recht als „Zubehör"[390] einer Sache angesehen werden kann. Nicht nur einem vom deutschen Rechtsdenken herkommenden Beobachter erscheint eine solche Frage als befremdlich, auch namhafte französische Juristen hielten eine solche Konstruktion für „monstrueux"[391]. So geht es nach der Analyse von Rodière in Art. 1615 C. civ. um das *materielle* Zubehör der als *materiell* aufzufassenden Kaufsache („C'est la chose, objet du contrat de vente, la chose dans sa matérialité qu'il désigne"[392]). Man dürfe nicht das Recht (Eigentum) und sein Bezugsobjekt (Kaufsache) verwechseln, die in Art. 1615 C. civ. genannten „accessoires" beträfen die Sache und nicht das (Eigentums-)Recht[393]. Unter „accessoires" i.S. des Art. 1615 C. civ. seien daher körperliche Gegenstände, wie z.B. das Werkzeug im Kofferraum des verkauften Autos, die Möbel des verkauften Hauses etc. zu verstehen, nicht aber Rechte[394].

Rodière wird entgegengehalten, daß ursprünglich zwar unter einer „chose" und unter deren „accessoires" körperliche Gegenstände zu verstehen waren, daß aber die Redakteure des Code civil bei Verwendung des Wortes „chose" nur einer sprachlichen Gewohnheit folgten und das Wort „chose" nicht im wörtlichen Sinne zu verstehen sei. So sei z.B. in den Art. 1582 ff. C. civ. (Vorschriften über den Kauf) unter „chose" auch ein Recht zu verstehen[395]. Problematisch ist, daß der Code civil keine allge-

---

390 Es ist fraglich, ob man den Begriff „accessoires" ohne weiteres mit „Zubehör" übersetzen kann, fehlt doch im Code civil die scharfe Trennung zwischen Bestandteilen und Zubehör (vgl. Ferid, Das französische Zivilrecht, Bd. 2, 3 A 67). Manche übersetzen daher den Begriff „accessoires" in Art. 1615 C. civ. mit „Bestandteilen" (so Heinsheimer-Kaden-Wolff-Merk in der Übersetzung des Art. 1615 C. civ.). Einen allgemeinen Begriff der „accessoires" hat das französische Recht bisher nicht entwickelt (vgl. Ficker, aaO, S. 120, Fn. 8; Heinsheimer-Kaden-Wolff-Merk, Anm. zu Art. 522–525, S. 146; Ferid, aaO, 3 A 67; Ferid/Sonnenberger, aaO, 3 A 75).

Zu den Unterschieden und Gemeinsamkeiten der verschiedenen Verwendungen der Begriffe „accessoire" und „Zubehör" vgl. Ferid, aaO, 3 A 67 ff.; Ferid/Sonnenberger, aaO, 3 A 73 ff. Da beide Begriffe nicht deckungsgleich sind, soll im folgenden nur noch von „accessoire" die Rede sein.

391 So Rodière in seiner vielzitierten Anmerkung zum Urteil der Cour d'appel d'Aix-en-Provence v. 5.10.1954, J.C.P. 1955, II, 8548 unter II.

392 Rodière, aaO.

393 So Rodière, aaO. Die Verwechslung, ja Identifizierung des Eigentumsrechts mit der Sache, auf die sich das Eigentumsrecht bezieht, ist in Frankreich weit verbreitet, siehe dazu Mazeaud/Chabas, Leçons, Bd. II/2, Nr. 1289, S. 6; Ferid, aaO, 3 A 23 mit Fn. 66.

394 Rodière, aaO. Der Analyse von Rodière folgten Gross, La notion d'obligation de garantie dans le droit des contrats, Nr. 192, S. 185; Cozian, Nr. 94, S. 61; zustimmend im Grundsatz auch Jestaz, Anm. zu Cour d'appel de Riom v. 4.1.1968, D. 1969, Jur., S. 104, 105.

meine Definition des Begriffes „Sache“ enthält, wie etwa § 90 BGB mit seiner Beschränkung auf körperliche Gegenstände. „Das“ französische Sachenrecht[396] nimmt zu seinem Ausgangspunkt nicht den Begriff der „chose“, sondern den Begriff des „bien“ (vgl. Art. 516 C. civ. ff.)[397], ins Deutsche am besten zu übersetzen mit „Gut“[398] oder „Vermögenswert“[399]. Unter den Oberbegriff „bien“ fallen dann tatsächlich nicht nur körperliche, sondern auch unkörperliche Vermögenswerte (wie etwa Forderungen, geistiges Eigentum etc.)[400]. Die dem Oberbergriff „bien“ unterfallenden *körperlichen* Vermögenswerte pflegt man dabei aber als „choses“ zu bezeichnen[401], während bei *unkörperlichen* Gütern, wie z. B. Forderungen, die Verwendung des Begriffes „chose“ unüblich ist und statt dessen von „biens incorporels“ gesprochen wird[402]. Dennoch kann natürlich die fehlende Differenzierung in Art. 1582 C. civ., der nur von einer „chose“ spricht und nicht wie § 433 Abs. 1 BGB zwischen Sachen und Rechten als Kaufobjekt differenziert, nicht dahin interpretiert werden, in Frankreich könnten nur Sachen, nicht aber Rechte verkauft werden[403]. Die Praxis (auch die juristische) bezeichnet den Kauf von Rechten üblicherweise aber als „cession“[404], was angesichts des fehlenden Abstraktionsprinzipes in Frankreich verständlich ist. Somit muß man also differenzieren zwischen einer Verwendung des Wortes „chose“ im *engeren* Sinne, d.h. als körperlicher Gegenstand, und

---

395 Dazu Mazeaud/de Juglart, Leçons de droit civil, Bd. III/2, 1. Teil, Nr. 836, S. 119; Malinvaud, Anm. zu Cass. civ. 1re v. 5.1.1972, J.C.P. 1973, II, 17340 unter I.A.1.; Nana, La réparation des dommages, Nr. 382, S. 231; Cadiet, Jcl. civil, Art. 1598, Fasc. L, Nr. 13.

396 Die umfassende Kategorie des Sachenrechts als des Inbegriffs aller Normen, die dingliche Rechte an Sachen regeln, ist dem Code civil unbekannt (Ferid/Sonnenberger, aaO, 3 A 1; Ferid, aaO, 3 A 4).

397 Ferid, aaO, 3 A 23.

398 So Ferid/Sonnenberger, aaO, 3 A 32; Heinsheimer-Kaden-Wolff-Merk, aaO, Anm. zu Art. 516, S. 144.

399 So Ferid, aaO, 3 A 23.

400 Siehe z. B. Planiol-Ripert-Picard, Traité pratique, 2. Aufl., Bd. III, Nr. 51, S. 58.

401 Siehe z. B. Mazeaud/Chabas, Leçons, Bd. II/2, Nr. 1289, S. 6 („Une chose peut se voir, se toucher, non un droit; [...] la chose, objet du droit, est un bien corporel, non le droit“); Marty/Raynaud/Jestaz, Les obligations, 2. Aufl., Bd. 2, Nr. 2, S. 1 („... la théorie de la possession s'est édifiée essentiellement à propos des choses, des biens corporels“); Lefebvre, Jcl. civil, Art. 516, Fasc. A, Nr. 20 („... le législateur s'est attaché à une distinction des «choses», c'est à dire des *res corporales* ...“); Planiol-Ripert-Picard, aaO, Nr. 51, S. 58; Heinsheimer-Kaden-Wolff-Merk, aaO, Anm. zu Art. 516, S. 144; Ferid/Sonnenberger, aaO, Bd. 2, 3 A 32.

402 Ferid/Sonnenberger, aaO, Bd. 2, 3 A 32.

403 Siehe z. B. die Regelung der Art. 1689 ff. C. civ.

404 Malinvaud, J.C.P. 1973, II, 17340 unter I. A. 1.; Mazeaud/de Juglart, Leçons, Bd. III/2, 1. Teil, Nr. 836, S. 119.

einer Verwendung des Wortes im *weiteren* Sinne als „objet de la prestation du vendeur"[405]. Geklärt ist damit aber noch nicht, ob das Wort „chose" in Art. 1615 C. civ. im engeren oder im weiteren Sinne zu verstehen ist. Allein aus der Regelung des Art. 1692 C. civ. läßt sich jedoch schließen, daß es in Art. 1615 C. civ. nur um „choses" im *engeren* Sinne gehen kann, denn Art. 1692 C. civ. lautet: „La vente ou cession d'une créance comprend les accessoires de la créance, tels que caution, privilège et hypothèque." Würden bereits in Art. 1615 C. civ. auch Rechte und ihre „accessoires" erfaßt sein, wäre Art. 1692 C. civ. überflüssig! Somit geht es also in Art. 1615 C. civ. offenbar um Sachen als „accessoires" von Sachen und in Art. 1692 C. civ. um Rechte als „accessoires" von Rechten[406].

Es fragt sich, ob sich aus dem möglicherweise hinter den Art. 1615 und 1692 C. civ. stehenden Prinzip „accessorium sequitur principale" ein Übergang der Gewährleistungsrechte herleiten läßt. Nach Auffassung von Goubeaux steht einem solchen Gedanken nicht die grundlegende Verschiedenheit von Sachen und Rechten entgegen, denn immer, wenn im französischen Kaufrecht von „Sachen" die Rede sei, sei damit eigentlich das Eigentumsrecht gemeint. So ginge es bei der „action directe en garantie" eben um die Gewährleistungsrechte als „accessoire" des Eigentumsrechts[407]. Nach Goubeaux resultiert die Differenz zwischen den Auffassungen von Aubry et Rau („théorie de l'accessoire") und Rodière[408] daraus, daß diese jeweils auf verschiedenen Ebenen argumentierten, Rodière auf der Ebene der (Rechts-)*Objekte*, Aubry et Rau auf der Ebene der *Rechte*[409]. Befinde man sich auf der Ebene der Rechtsobjekte/-gegenstände, könne man in der Tat nicht davon sprechen, daß ein Recht „accessoire" einer Sache sei[410]. Ginge es aber um ein „droit accessoire", befinde man sich auf der Ebene der Rechte und nicht der Rechtsobjekte. Auf dieser Ebene sei dann nicht mehr von Haupt- und Nebensache die Rede, sondern etwa von einem *dinglichen* Recht als „accessoire" eines anderen *dinglichen* Rechts (z.B. das Recht der Grunddienstbarkeit als Akzessorium des Eigentumsrechts, vgl. Art. 637 C. civ.), von einem *dinglichen* Recht als „accessoire" eines *obligatorischen* Rechts (z.B. eine Hypothek als „accessoire" einer Forderung, siehe Art. 1692 C. civ.) oder aber von einem *obligatorischen* Recht als Akzessorium eines *dinglichen* Rechts[411]. Im Gegensatz zu den beiden erstgenannten Fallkonstellationen handelt es sich bei der letztge-

[405] Cadiet, Jcl. civil, Art. 1598, Fasc. L, Nr. 14.

[406] Vgl. Goubeaux, La règle de l'accessoire, Nr. 87, S. 138 unten.

[407] Goubeaux, La règle de l'accessoire, Nr. 87, S. 138 f.

[408] Zur Kritik von Rodière soeben S. 102.

[409] Vgl. Goubeaux, aaO, S. 137 f.

[410] Goubeaux, Nr. 87, S. 138.

[411] Goubeaux, aaO.

nannten Konstruktion aber nicht um einen vom Code civil anerkannten Fall, sondern genau um das zu lösende Problem! Goubeauxs Ausführungen führen damit zunächst einmal nur zu einer Präzisierung der Problemstellung: es ist nicht mehr fraglich, ob Rechte „accessoires“ von Sachen sein können, sondern, ob *obligatorische* Rechte „accessoires“ von *dinglichen* Rechten sein können. Für Goubeaux ist die Antwort positiv und findet ihre Begründung in dem ungeschriebenen Prinzip „accessorium sequitur principale“[412]. Abgesehen davon, daß es nicht unumstritten ist, ob dem Code civil wirklich ein solches allgemeines (Auffang-)Prinzip zugrundeliegt, auf das im Bedarfsfall auch außerhalb gesetzlicher Vorschriften zurückgegriffen werden kann[413], setzt seine Anwendung immer noch zunächst voraus, daß die (obligatorischen) Gewährleistungsrechte tatsächlich als „accessoires“ des Eigentums angesehen werden können. Hiermit ist man aber wieder beim Ausgangsproblem angelangt, denn *was* alles unter den Begriff der gesetzlich nicht definierten „accessoires“ fällt, sagt das Prinzip „accessorium sequitur principale“ selbstverständlich nicht, es statuiert lediglich deren gemeinsamen Übergang mit der Hauptsache. Mit anderen Worten, den Übergang der Gewährleistungsrechte mangels einschlägiger gesetzlicher Bestimmungen mit der Maxime „accessorium sequitur principale“ zu erklären, zeigt eine „*technische*“ Möglichkeit auf, den Übergang zu bewerkstelligen, die Frage der Zulässigkeit eines solchen Übergangs, die auf das Engste mit der Frage zusammenhängt, ob obligatorische Rechte überhaupt „accessoires“ des Eigentums sein können, wird damit aber nicht beantwortet. Die Rechtsprechung löst diese Frage insgesamt sehr uneinheitlich. Zwar sieht sie die Gewährleistungsrechte ohne nähere Begründung als „accessoire“ der Hauptsache an, lehnt dies aber für andere obligatorische Rechte ab[414]. Nach allem verbleibt in Anwendung der „théorie de l'accessoire“ ein

---

412 Goubeaux, aaO, Nr. 87, S. 138 f.

413 So sieht z.B. Rodière die Maxime „accessorium sequitur principale“ als „règle d'une civilisation grossière et primitive ...“ an. Diese soll „hors des cas où la loi ou une commodité inéluctable l'impose elle ne doit pas guider l'interprète“ (Beudant et Lerebours-Pigeonnière, Cours de droit civil français, Bd. XII, bearbeitet von Rodière und Percerou, Nr. 182, S. 197).

414 So lehnte die Cour de cassation z.B. den automatischen Übergang der Verpflichtung, eine bestimmte Anzahl von Wohnungen 50 Jahre lang für bestimmte Personen zu reservieren, ab (Cass. civ. 3ème v. 16.11.1988, Bull. civ. 1988, III, Nr. 163, S. 88 f.).

Im Bereich deliktischer Ansprüche wurde es von der Cour de cassation ebenfalls abgelehnt, deliktische bzw. „quasi-deliktische“ Schadensersatzansprüche auf den Käufer eines Grundstücks übergehen zu lassen (Cass. civ. 3ème v. 25.1. 1983, Bull. civ. 1983, III, Nr. 26, S. 20 f.).

Zum Ganzen siehe Schmidt-Szalewski, Jcl. civil, Art. 1603 à 1623, Fasc. 10, Nr. 70 ff.

erhebliches theoretisches Erklärungsvakuum, das auch Goubeauxs Umweg über die Ebene der Rechte nicht aufzufüllen vermag.

Neben dieser theoretischen Unzulänglichkeit sprechen aber auch gewichtige Argumente gegen die praktische Umsetzung der „théorie de l'accessoire", von denen hier nur zwei herausgegriffen werden sollen.

So wird seit mehreren Jahren in ständiger Rechtsprechung zugelassen, daß der Zwischenmann in der Absatzkette auch noch nach Veräußerung der Kaufsache *seine* Gewährleistungsrechte ausüben kann, sofern er hieran ein „intérêt direct et certain" hat[415]. Wie aber kann dies möglich sein, wenn doch die Gewährleistungsrechte mit dem Eigentum an der Kaufsache auf den Zweitkäufer übergegangen sind[416]?

Weiterhin gilt für den Übergang der Gewährleistungsrechte auch die Maxime, daß niemand mehr Rechte übertragen kann, als er selber hat („nemo plus iuris ..."). Dennoch hält es die Chambre commerciale für unerheblich, ob der zur Begründung der „action directe" geltend gemachte Mangel auch für den Zwischenverkäufer in der Kette „versteckt" war und stellt insofern allein auf den Gläubiger der „action directe" (Nacherwerber) ab[417]. War der Mangel für diesen versteckt, nicht aber für den gewerblichen Zwischenverkäufer[418], so ist nach dieser Rechtsprechungstendenz eine „action directe en garantie" zu bejahen. Damit würde aber der Zwischenverkäufer, dem mangels „Verstecktheit" des Mangels selber keine Gewährleistungsrechte gegen seinen Vormann zustünden, mehr Rechte übertragen als er selber hat!

Die „théorie de l'accessoire" ist somit in der praktischen Anwendung nicht ohne Systembrüche durchzuführen. Da ihr im übrigen eine saubere theoretische Herleitung der „action directe en garantie" aus dem Code civil

---

415 Ein solches Interesse ist insbesondere dann zu bejahen, wenn der Zwischenverkäufer von dem Zweitkäufer aus Gewährleistung in Anspruch genommen wird, siehe Cass. civ. 3 ème v. 21.3.1979, Bull. civ. 1979, III, Nr. 73, S. 53; Cour d'appel de Nîmes v. 18.12.1980, D. 1980, IR, S. 453 m. Anm. Giverdon = D. 1983, Jur., S. 29 m. Anm. Larroumet; Cass. civ. 3 ème v. 20.4.1982, Bull. civ. 1982, III, Nr. 95, S. 66; Cass. civ. 1re v. 19.1.1988, Bull. civ. 1988, I, Nr. 20, S. 14; Cass. civ. 3 ème v. 24.2.1988, Bull. civ. 1988, III, Nr. 41, S. 22; Cour d'appel de Nancy v. 14.12.1992, J.C.P. 1993, IV, Nr. 2436, S. 296.

416 Ebenso Conte, Anm. zu Cour d'appel d'Agen v. 7.12.1988, Gaz. Pal. 1989, 2, Jur., S. 900, 901 f.; Viney, Mélanges Holleaux, S. 399, 416; Jamin, aaO, Nr. 255, S. 228, der einen diesbezüglichen Erklärungsversuch Malinvauds (D. 1984, Chr., S. 41, 44) überzeugend widerlegt.

417 So Cass. com. v. 24.11.1987, Bull. civ. 1987, IV, Nr. 250, S. 186 f.; a.A. z.B. Cass. civ. 3 ème v. 28.10.1975, Bull. civ. 1975, III, Nr. 311, S. 235 und wohl auch Cass. civ. 1re v. 20.6.1995, D. 1995, IR, S. 188.

418 Zu den höheren Anforderungen an die Verborgenheit des Mangels bei gewerblichen Käufern siehe oben S. 32 f.

nicht gelingt, ist sie als dogmatische Begründung der „action directe en garantie" nicht befriedigend.

bbb) Die Erlangung der Gewährleistungsrechte durch stillschweigenden Vertrag zugunsten Dritter

Als zweiter klassischer Erklärungsansatz neben der „théorie de l'accessoire" wird allgemein die auf Art. 1122 C. civ.[419] gestützte „stipulation pour autrui tacite" angeführt.

Zunächst einmal ist festzustellen, daß es erheblich weniger Anhänger dieser Auffassung gibt als allgemein angenommen wird[420], denn nicht wenige der hier üblicherweise genannten Autoren erklären den Übergang der *Gewährleistungsrechte*, die als der Kaufsache „inhärente" Rechte angesehen werden, gar nicht mit einem stillschweigenden Vertrag zugunsten Dritter, sondern mit der „théorie de l'accessoire", m. a. W. diese Autoren halten Art. 1122 C. civ. nur dort für erforderlich, wo es um den Übergang der einer Sache *nicht* inhärenten „rein obligatorischen" Rechte[421] geht[422].

---

[419] Art. 1122 C. civ. lautet: „On est censé avoir stipulé pour soi et pour ses heritiers et ayants cause, à moins que le contraire ne soit pas exprimé ou ne résulte de la nature de la convention."

[420] Zitiert werden für diese Auffassung vor allem z. B. Lepargneur, Rev. trim. dr. civ. 1924, S. 481 ff.; Savatier, Rev. trim. dr. civ. 1934, S. 525 ff.; du Garreau de la Méchenie, Rev. trim. dr. civ. 1944, S. 219 ff.; Weill, Le principe de la relativité des conventions en droit privé français, Nr. 505 ff., S. 865 ff.; Soinne, La responsabilité des architectes et entrepreneurs après la réception des travaux, Bd. I, Nr. 91, S. 203 ff.; Bonet et Gross, J.C.P. 1974, I, 2602, Nr. 27–29; Planiol-Ripert-Esmein, Traité pratique, Bd. VI, Nr. 331, S. 454 f.

[421] Im Anschluß an Aubry et Rau (Cours de droit civil français, 5. Aufl., Bd. II, § 176, S. 98 f.) und Demolombe (Cours de Code Napoléon, Bd. XXIV, Nr. 278, S. 263) unterscheiden Lepargneur (Rev. trim. dr. civ. 1924, S. 481, 500, Nr. 5) und Weill (aaO, Nr. 507, S. 874 f.) zwischen obligatorischen Rechten, die einer Sache „inhärent" sind (z. B. Sachmängelgewährleistungsrechte) und obligatorischen Rechten, die zwar *in Bezug* auf eine Sache geschaffen wurden („droits relatifs au bien"), dieser aber *nicht* „inhärent" und folglich als „droits purement personnels" zu qualifizieren sind (z. B. werkvertragliche Ansprüche auf Errichtung eines Gebäudes, zu diesem Beispiel siehe Demolombe, aaO, Bd. XXIV, Nr. 281, S. 265).

[422] So sieht Lepargneur die Gewährleistungsrechte als „accessoires" des übertragenen Guts an und hält für deren Übergang eine Rekurrierung auf Art. 1122 C. civ. für völlig überflüssig (aaO, S. 502, Nr. 6). Nur für die lediglich „in Bezug" auf die Sache geschaffenen „rein obligatorischen" Rechte erscheint ihm dies erforderlich (aaO, S. 504 unten, Nr. 7).

Ebenso Mourgeon, der für die „droits accessoires" ausdrücklich der „théorie de l'accessoire" folgt, für die „droits relatifs au bien" aber einen Übergang mittels Art. 1122 C. civ. befürwortet (aaO, Nr. 11, S. 17 f.; Nr. 12, S. 20).

Im Prinzip genauso Weill (aaO, Nr. 506, S. 872 einerseits und Nr. 510, S. 881 andererseits), der aber offenbar eine Erklärung über Art. 1122 C. civ. für gleichwertig hält (aaO, Nr. 506, S. 872 unten).

Andere wiederum stehen in der von ihnen vorgeschlagenen Konstruktion der „théorie de l'accessoire" wesentlich näher als einer „stipulation pour autrui tacite"[423].

Neben der Tatsache, daß Art. 1122 C. civ. wegen der zahlreichen Streitfragen und Unsicherheiten, die allgemein seinen Anwendungsbereich betreffen, eine denkbar schlechte Rechtsgrundlage zur dogmatischen Erklärung der „action directe en garantie" wäre (so ist insbesondere umstritten, ob der Begriff des „ayant-cause" in Art. 1122 C. civ. i.S. eines Einzelrechtsnachfolgers oder eines Gesamtrechtsnachfolgers zu verstehen ist[424], wobei in letzterem Falle Art. 1122 C. civ. natürlich von vornherein als Rechtsgrundlage einer „action directe" ausscheiden würde; umstritten ist auch, ob der Begriff „stipuler" in Art. 1122 C. civ. i.S. der Übertragung von Rechten *und* Pflichten[425] oder nur i.S. der Übertragung von Rechten[426] zu verstehen

---

423 So meint du Garreau de la Méchenie zwar, daß der Einzelrechtsnachfolger alle sich auf die Sache beziehenden obligatorischen Rechte und Pflichten (!) im Wege einer auf Art. 1122 C. civ. zu stützenden „vocation successorale spéciale" bzw. einer „vocation légale" erhält (aaO, S. 219, 227 ff., insb. S. 229, 234), lehnt hierfür aber einen Rekurs auf eine „stipulation pour autrui tacite" ab (aaO, S. 227). Statt dessen erweitert er den Begriff der „accessoires" durch eine Versubjektivierung auch auf die bloß „in Bezug" auf eine Sache bestehenden obligatorischen Rechte (aaO, S. 225 f.) und verknüpft deren Übergang mit der Eigentümereigenschaft bzgl. der jeweiligen Sache (aaO, S. 238).

424 Für eine Auslegung als Einzelrechtsnachfolger z.B.: Demolombe, aaO, Bd. XXIV, Nr. 274, S. 261; Baudry-Lacantinerie et Barde, Des obligations, Nr. 211, S. 272; Lepargneur, Rev. trim. dr. civ. 1924, S. 481, 486–489 (Nr. 2); Planiol-Ripert-Esmein, Traité pratique, Bd. VI, Nr. 331, S. 455; Weill, aaO, Nr. 64, S. 112 f.; du Garreau de la Méchenie, Rev. trim. dr. civ. 1944, S. 219 unten; Ghestin/Desché, Nr. 1028, S. 1048; Jamin, aaO, Nr. 234, S. 210; Flour et Aubert, Les obligations, Bd. 1, Nr. 453, S. 326.

Für eine Auslegung als Gesamtrechtsnachfolger z.B. Vigié, Cours élémentaire, Bd. 2, Nr. 1155, S. 514; Bufnoir, Propriété et contrat, S. 753; Laborde-Lacoste, Essai sur la notion d'ayant cause à titre particulier, S. 23; wohl auch Goutal, Essai sur le principe de l'effet relatif du contrat, Nr. 21, S. 27 und Mazeaud/Chabas, Leçons, Bd. II/1, Nr. 753, S. 873.

425 So z.B. Larombière, Théorie & pratique, Bd. I, Art. 1122, Nr. 4, S. 131 f.; Bufnoir, aaO, S. 755; Aubry et Rau, aaO, 5. Aufl., Bd. IV, § 346, S. 564, Fn. 3 bis; Baudry-Lacantinerie et Barde, aaO, Nr. 213, S. 273.

Diese Interpretation stößt natürlich dann auf Probleme, wenn man durch Art. 1122 C. civ. (auch) den Einzelrechtsnachfolger erfaßt sieht, da dieser dann ohne ausdrückliche Zustimmung Inhaber fremder Schulden würde, was zu Recht allgemein abgelehnt wird (aus der Rechtsprechung vgl. z.B. Cour d'appel de Dijon v. 15.1.1908, D.P. 1911, 2, S. 128; Cass. civ. v. 15.1.1918, D.P. 1918, 1, S. 17; Cour d'appel de Montpellier v. 30.1.1963, D. 1963, Jur., S. 665, 667; aus der Literatur vgl. z.B. Aubry et Rau, 4. Aufl., Bd. II, § 176 bis, S. 74; Laurent, Bd. XVI, Nr. 14 f., S. 18 f.; Demolombe, Bd. XXIV, Nr. 283 ff., S. 268 ff.; Lepargneur, Rev. trim. dr. civ. 1924, S. 481, 528–530, Nr. 15; Rodière, Anm. zu Cour d'appel d'Aix-en-Provence v. 5.10.1954, J.C.P. 1955, II, 8548 unter III).

ist), spricht aber vor allem folgendes gegen die Vermutung einer stillschweigenden „stipulation pour autrui“ zugunsten des Nacherwerbers:

Voraussetzung eines Vertrages zugunsten Dritter ist nach französischem Recht unter anderem, daß der Versprechensempfänger ein zumindest „moralisches“ Interesse daran hat, dem Dritten Rechte zukommen zu lassen[427]. Es müßte also der Zwischenverkäufer (Versprechensempfänger) ein zumindest moralisches Interesse daran haben, dem Nacherwerber (Dritter) Gewährleistungsrechte gegen den Vorverkäufer (Versprechender) einzuräumen. Da der Zwischenverkäufer im Regelfall dem Nacherwerber ohnehin selbst aus Gewährleistung haftet[428], somit also die Übertragung der Gewährleistungsrechte für ihn keinesfalls den Effekt einer Haftungsbefreiung hat, hat er in dem *allein maßgeblichen Moment seines Vertragsabschlusses mit dem Vorverkäufer/Hersteller*[429] keinerlei Interesse daran, einem ihm i.d.R. *überhaupt noch nicht bekannten* Nacherwerber eine zusätzliche Klagemöglichkeit einzuräumen, ja häufig weiß er nicht einmal, daß er die Sache später weiter verkaufen will[430].

Auch die stillschweigende „stipulation pour autrui“ stellt daher keine befriedigende Erklärung für den Übergang der Gewährleistungsrechte bei der „action directe en garantie“ dar.

ccc) Der Übergang durch stillschweigende „cession de créance“

Möglicherweise gelingt aber eine solche Erklärung durch die Annahme einer stillschweigenden Zession.

Wurde diese Lösung ursprünglich auch häufig mit der „théorie de l'accessoire“ vermengt, so hat sich hieraus doch nach der vielzitierten Kritik von Rodière[431] ein eigener Erklärungsansatz gebildet[432], der aller-

---

426 So z.B. Lepargneur, Rev. trim. dr. civ. 1924, S. 481, 489 ff., Nr. 3; Weill, Nr. 510, S. 881; Goutal, Nr. 23 f., S. 28 f.
Bei dieser Interpretation stellt sich das Problem, daß der auch in Art. 1122 C. civ. genannte Erbe grundsätzlich nicht nur die Forderungen, sondern auch die Schulden des Erblassers übernimmt (vgl. z.B. Art. 724, 873 C. civ.).

427 Vgl. Cass. civ. v. 16.1.1888, S. 1888, 1, S. 121, 127; Cass. req. v. 30.4.1888, S. 1890, 1, S. 407 f.; Mazeaud/Chabas, Leçons, Bd. II/1, Nr. 774, S. 897 und Nr. 780, S. 900; Ghestin/Desché, Nr. 1029, S. 1049.

428 Siehe zur Unwirksamkeit von Freizeichnungsklauseln im Verhältnis zwischen Verkäufer und privatem Endabnehmer oben S. 46 ff.

429 Zur Maßgeblichkeit dieses Zeitpunktes siehe z.B. Boubli, J.C.P. 1974, I, 2646, Nr. 13 a.E.; Malinvaud, D. 1984, Chr., S. 41, 44.

430 Vgl. Boubli, J.C.P. 1974, I, 2646, Nr. 13; Gabet-Sabatier, Nr. 346, S. 322; Malinvaud, D. 1984, Chr., S. 41, 44; Ghestin/Desché, Nr. 1029, S. 1049; Jourdain, D. 1992, Chr. S. 149, 151.

dings nie von der Rechtsprechung gebilligt wurde[433]. Nach diesem Ansatz wird der Zwischenverkäufer so angesehen, als habe er dem Nacherwerber stillschweigend seine Gewährleistungsrechte abgetreten. Als mögliche Grundlage hierfür wird Art. 1135 C. civ. zitiert[434] und festgestellt, der Kaufvertrag beinhalte als „suite naturelle“ die Verpflichtung des Verkäufers, dem Käufer seine Gewährleistungsrechte abzutreten[435].

Auch diese Auffassung sieht sich diversen Einwänden ausgesetzt. Zum einen wird ihr zu Recht vorgehalten, daß die Annahme einer stillschweigenden Zession zugunsten des Nacherwerbers gegen Art. 1690 C. civ. verstößt[436]. Nach dieser Vorschrift muß die Abtretung, um gegenüber dem Schuldner oder Dritten Wirkung zu entfalten, entweder dem Schuldner (hier = Hersteller/Vorverkäufer) durch förmliche Gerichtsvollzieherzustellung bekanntgemacht oder aber von diesem durch notarielle Urkunde „akzeptiert“ werden[437]. Beides geschieht aber bei der „action directe en garantie“ typischerweise nicht (!), da dem Hersteller weder die (vermeintliche) Abtretung der Gewährleistungsrechte an den Nacherwerber per Gerichtsvollzieher bekanntgemacht wird, noch der Hersteller seine Kenntnisnahme von der Abtretung mittels notarieller Urkunde erklärt.

---

431 Rodière, Anm. zu Cour d'appel d'Aix-en-Provence v. 5.10.1954, J.C.P. 1955, II, 8548.

432 Rodière folgten z.B.: Gross, La notion d'obligation en garantie, Nr. 191–193; Cozian, L'action directe, Nr. 94, S. 60; Savatier, Anm. zu Cass. com. v. 17.12. 1973, J.C.P. 1975, II, 17912 unter III.

433 Auch aus der von Rodière zur Stütze seiner Ansicht zitierten Entscheidung der Cour de Rennes v. 9.4.1870 (D. 1872, 2, S. 110 f.) ergibt sich nichts anderes. Diese Entscheidung stützt sich zum einen auf Art. 1615 C. civ. (ein Bezug zur „théorie de l'accessoire“ liegt also nahe), zum anderen auf eine „subrogation“, nirgends aber auf eine „cession de créance“ (vgl. auch Jamin, aaO, Nr. 227, S. 205, Fn. 6). Malinvaud sieht diese Entscheidung, ebenso wie drei weitere (Cass. Belgique v. 8.7.1886, D.P. 1888, 2, S. 5; Cour d'appel d'Aix-en-Provence v. 5.10.1954, J.C.P. 1955, II, 8548 m. Anm. Rodière; Cass. civ. 3 ème v. 23.3.1968, D. 1970, Jur., S. 663) sogar als ausdrückliche Ablehnung einer Erklärung durch „cession de créance“ an (Malinvaud, Anm. zu Cass. civ. 1re v. 5.1.1972, J.C.P. 1973, II, 17340 unter I.A.3.).

434 Art. 1135 C. civ. lautet: „Les conventions obligent non seulement à ce qui est exprimé, mais encore à toutes les suites que l'équité, l'usage ou la loi donnent à l'obligation d'après sa nature.“

435 So z.B. Rodière, aaO.

436 Siehe z.B. Malinvaud, Anm. zu Cass. civ. 1re v. 5.1.1972, J.C.P. 1973, II, 17340 unter I.A.3.; derselbe D. 1984, Chr., S. 41, 43; Boubli, J.C.P. 1974, I, 2646, Nr. 14 und Nr. 16; Bonet et Gross, J.C.P. 1974, I, 2602, Nr. 24; Teyssié, Nr. 516, S. 256; Bertrand, Nr. 283, S. 469; Jamin, Nr. 228, S. 206.

437 Das Wort „acceptation“ in Art. 1690 Abs. 2 C. civ. ist insofern ungenau, als es hier nicht um eine „Zustimmung“ des Schuldners geht, sondern lediglich um die Bekundung der Kenntnisnahme von der Zession, vgl. Mazeaud/Chabas, Leçons, Bd. II/1, Nr. 1260, S. 1278.

Auch die Annahme einer *stillschweigenden* „acceptation"/Kenntnisnahme des Schuldners, wie sie von der Rechtsprechung entgegen dem Wortlaut des Art. 1690 Abs. 2 C. civ. dann für zulässig erachtet wird, wenn die Kenntnisnahme „irgendwie" zum Ausdruck kommt[438], hilft insoweit nicht weiter, denn sie setzt immer noch die Kenntnisnahme als solche voraus. Eine solche Kenntnisnahme ist aber für den Schuldner (= Hersteller/Vorverkäufer), insbesondere da es ja um eine *stillschweigende Abtretung* geht, kaum zu realisieren. Die einzige Möglichkeit, diese Schwierigkeit zu umgehen, bestünde darin, den Schuldner in Kenntnis *zu setzen*, sei es durch förmliche Zustellung gem. Art. 1690 Abs. 1 C. civ., sei es durch formlose Anzeige. Beides wäre aber in der Praxis nicht zu realisieren. Man stelle sich nur vor, einem Hersteller von Mineralwasserflaschen müßte bezüglich jeder einzelnen verkauften Mineralwasserflasche die Abtretung der Gewährleistungsansprüche mittels förmlicher Zustellung durch den Gerichtsvollzieher bekanntgemacht werden! Auch eine *formlose* Anzeige wäre absolut praxisfremd, abgesehen davon, daß durch ein solches Vorgehen das Formerfordernis des Art. 1690 Abs. 1 C. civ., an dem die Rechtsprechung bisher im Gegensatz zu dem Formerfordernis des Art. 1690 Abs. 2 C. civ. noch rigoros festhält[439], zur Makulatur würde.

Neben dieser Unvereinbarkeit mit Art. 1690 C. civ. spricht aber vor allem gegen eine Erklärung der „action directe en garantie" durch stillschweigende Zession, daß diese wie die Erklärung durch stillschweigende „stipulation pour autrui" von einer puren Willensfiktion ausgeht, wenn sie annimmt, der Zwischenverkäufer wolle *in jedem Falle* seine Gewährleistungsrechte an den Nacherwerber abtreten[440]. Hat z. B. der Zwischenverkäufer dem Nacherwerber aufgrund eines Mangels einen verminderten Kaufpreis eingeräumt und stellt sich heraus, daß dieser Mangel bereits bei Abschluß des Kaufvertrages des Zwischenverkäufers mit dem Hersteller/Vorverkäufer bestand, so hat der Zwischenverkäufer natürlich keinerlei Interesse an einer Abtretung seiner Gewährleistungsrechte an den Nacher-

---

[438] So z. B. Cass. Req. v. 6.2.1878, D.P. 1878, 1, S. 275 f.; Cass. com. v. 17.1.1951, J.C.P. 1951, II, 6297; Cass. com. v. 15.7.1986, Bull. civ. 1986, IV, Nr. 157, S. 132 f. (siehe hierzu auch die Besprechung von Mestre, Rev. trim. dr. civ. 1987, S. 758).

Eine bloße, *nicht* irgendwie zum Ausdruck kommende „einfache" Kenntnisnahme des Schuldners reicht aber nicht aus, siehe Cass. ass. plén. v. 14.2.1975, D. 1975, Jur., S. 349.

[439] So reicht z. B. eine „Zustellung" durch eingeschriebenen Brief nicht aus, vgl. Mazeaud/Chabas, Leçons, Bd. II/1, Nr. 1260, S. 1278.

[440] Jestaz, Anm. zu Cass. civ. 3 ème v. 23.3.1968, D. 1970, Jur., S. 663, 664 unter I.A.; Malinvaud, Anm. zu Cass. civ. 1re v. 5.1.1972, J.C.P. 1973, II, 17340 unter I.A.3.; derselbe D. 1984, Chr., S. 41, 43; Gabet-Sabatier, Nr. 346, S. 322; Bertrand, Nr. 283, S. 470; Ghestin/Desché, Nr. 1030, S. 1050; Jamin, Nr. 228, S. 105 f.; Jourdain, D. 1992, Chr., S. 149, 151, Nr. 11.

werber, sondern im Gegenteil großes Interesse daran, sich in Höhe des Differenzbetrages bei dem Hersteller/Vorverkäufer schadlos zu halten. Dies ist aber nicht mehr möglich, wenn fingiert wird, der Zwischenverkäufer habe seine Gewährleistungsrechte abgetreten[441]. Räumt man andererseits, um diesem Problem zu entgehen, dem Zwischenverkäufer die Möglichkeit ein, trotz fingierter Abtretung weiterhin aus Gewährleistung gegen den Hersteller/Vorverkäufer vorzugehen, so kommt es zu einem ähnlichen logischen Bruch wie bei der „théorie de l'accessoire": wie soll der Zwischenverkäufer seine Gewährleistungsrechte ausüben, wenn er sie doch vorher auf den Nacherwerber übertragen hat?

Aufgrund der genannten Argumente kommt somit auch eine Erklärung des Übergangs der Gewährleistungsrechte mittels stillschweigender Zession nicht in Betracht.

bb) Die Erklärung der „actions directes" durch das Konzept der „groupes de contrats"

aaa) Inhalt und Einfluß auf Lehre und Rechtsprechung

Im Jahre 1975 erschien, auch vor dem Hintergrund der nicht in befriedigender Weise aus dem Code civil begründbaren „action directe en garantie", die bahnbrechende Arbeit von Bernard Teyssié „Les groupes de contrats". Teyssié, dessen Thesen sich bald ein großer Teil der Lehre anschloß, ging von der Beobachtung aus, daß im heutigen Recht nicht nur „groupements de personnes" und „groupements de biens" existieren, sondern auch „groupements de contrats", die er dann kürzer als „groupes de contrats" bezeichnete[442]. Innerhalb der „groupes de contrats" seien wiederum zwei Kategorien zu unterscheiden, die „chaînes de contrats" und die „ensembles de contrats"[443]. Während die „chaînes de contrats" dadurch charakterisiert seien, daß sich alle Verträge in der Kette auf das gleiche Objekt bezögen, sei das prägende Element der „ensembles de contrats" die Identität des verfolgten wirtschaftlichen Zieles[444]. Die „chaînes de contrats" lassen sich nach Teyssié noch weiter unterteilen in „chaînes de contrats par addition" (Hauptbeispiel ist der hier interessierende sukzessive Verkauf eines Kaufobjektes) und „chaînes de contrats par diffraction", deren Besonderheit es ist, daß der Gegenstand des Initialvertrages eine Aufteilung erfährt (so z. B. bei Subunternehmer- oder Untermietverträgen)[445]. Diese so von Teyssié

---

441 Vgl. auch Ghestin/Desché, Nr. 1030, S. 1050.

442 Teyssié, Nr. 4 ff., S. 2 ff.

443 Teyssié, Nr. 68, S. 36.

444 Teyssié, Nr. 68, S. 36.

445 Teyssié, Nr. 69–72, S. 39 f.; Nr. 73 ff., S. 41 ff.

begrifflich fixierte Figur der „groupes de contrats" hat nun nach Meinung des Autors unter anderem den Effekt, „sekundäre" vertragliche Beziehungen zwischen den „Parteien derselben Vertragsgruppe" zu schaffen, auch wenn diese *nicht* unmittelbar vertraglich verbunden sind[446]. Derartige „sekundäre vertragliche Beziehungen", deren Existenz der Autor insbesondere durch die „actions directes" begründet sieht[447], zwingen nach seiner Auffassung zu einer Revision des in Art. 1165 C. civ. normierten Prinzips der Relativität der Schuldverträge und des dort verwendeten Begriffes des „Dritten"[448]. Durch die „sekundären vertraglichen Beziehungen" seien nämlich die Mitglieder einer „groupe" auch außerhalb unmittelbarer vertraglicher Beziehungen *nicht* als „Dritte" im klassischen Sinne anzusehen, weshalb zwischen ihnen auch nur eine vertragliche und nicht etwa eine deliktische Haftung in Betracht komme[449]. Das Mittel zur Geltendmachung dieser vertraglichen Ansprüche sei die „action directe". Diese finde innerhalb der „groupes de contrats" ihre Erklärung einfach in den durch die „groupe" geschaffenen vertraglichen Beziehungen[450]. Hieraus resultiert nach Teyssié eine Zweiteilung der „actions directes" in solche, die *innerhalb*, und solche, die *außerhalb* einer „groupe de contrats" geltend gemacht werden. Die innerhalb einer „groupe de contrats" geltend gemachten „actions directes", die ja nach Teyssié auf „vertraglichen Beziehungen" gründen, stellten keinen Verstoß gegen das Prinzip der Relativität der Schuldverträge (Art. 1165 C. civ.) dar und bedürften daher auch keiner gesetzlichen Grundlage. Die außerhalb einer „groupe de contrats" geltend gemachten „actions directes" verstießen hingegen gegen Art. 1165 C. civ. und könnten daher nur auf gesetzlicher Grundlage zugelassen werden[451].

Konsequenz der Lehre von den „groupes de contrats" ist eine erhebliche Ausweitung des Anwendungsbereiches der vertraglichen Haftung, denn nach dieser Lehre sind „actions directes" nicht nur im Bereich der „chaînes de contrats par addition" (Paradebeispiel: sukzessive Kaufverträge), sondern auch im Bereich der „chaînes de contrats par diffraction" (Beispiel: Subunternehmervertrag) und der „ensembles de contrats"[452] generell zulässig. Die Thesen Teyssiés, die zu Recht als „esthétiquement séduisantes" bezeichnet

---

446 Teyssié, Nr. 474, S. 237.

447 Teyssié, Nr. 475 ff., S. 237 ff.

448 Teyssié, Nr. 474, S. 237.

449 Teyssié, Nr. 474, S. 237.

450 Teyssié, Nr. 558 f., S. 278 f.

451 Teyssié, Nr. 560, S. 280.

452 Als Beispiel für diese nicht „linear", sondern eher „kreisförmig" strukturierten Gebilde lassen sich die Verträge zwischen Inserent, Werbefachmann und Werbeträger nennen.

wurden[453], fanden rasch Anhängerschaft in der Lehre[454] und lösten damit einen „puissant courant doctrinal"[455] aus.

Selbst die *Rechtsprechung* der *ersten* Zivilkammer der Cour de cassation folgte zwischen 1988 und 1991 dieser Lehre: Nachdem sich die erste Zivilkammer in der „Assemblée plénière" vom 7.2.1986 gegenüber der Position der dritten Zivilkammer durchgesetzt hatte[456], machte sie sich daran, die von ihr favorisierte Lösung eines möglichst weiten Anwendungsbereiches der vertraglichen „action directe" auch auf „Vertragsgruppen" auszudehnen, in denen keiner der beteiligten Verträge mehr eigentumsübertragend war. So gewährte sie, inspiriert durch die Lehre von den „groupes de contrats", in einem Urteil vom *8.3.1988* zunächst eine „action de nature nécessairement contractuelle" bei der Aufeinanderfolge von zwei Werkverträgen[457]. In dem der Entscheidung zugrundeliegenden Fall hatte ein gewisser Herr Holguera die „société Clic Clac Photo" mit der Vergrößerung von Dias beauftragt. Die „société Clic Clac Photo" schaltete hierzu ihrerseits die „société Photo Ciné Strittmatter" ein, der dann die Dias abhanden kamen. Da es hier nun, im Gegensatz zu den Urteilen vom 29.5.1984 und 7.2.1986[458], in keinster Weise mehr um eine Eigentumsübertragung ging,

---

[453] Jamin, D. 1991, Chr., S. 257, 261.

[454] Siehe z.B. Neret, Le sous-contrat, Nr. 438, S. 318; Bertrand, L'opposabilité, Nr. 300 ff., S. 495 ff.; Mestre, Journées Réné Savatier 1986, S. 41, 59 f.; Larroumet, J.C.P. 1988, I, 3357, Nr. 12; Jourdain, Anm. zu Cass. civ. 1re v. 8.3.1988, J.C.P. 1988, II, 21070, Nr. 4; Delebecque, J.C.P. 1989, Ed. E, supplément 4, S. 25 ff.; Viney, Mélanges Holleaux, S. 399, 417.

Einschränkend Rémy (Rev. trim. dr. civ. 1988, S. 551, 552), der dem Konzept der „groupes de contrats" nur für den Bereich der „sous-contrats" folgen wollte, nicht aber für den Bereich der sukzessiven Kaufverträge, da er die „action directe" dort als „ungefähr" durch die „règle de l'accessoire" erklärt ansah.

Ebenfalls einschränkend, aber genau in umgekehrter Richtung, äußerte sich Bénabent, der das Konzept der „groupes de contrats" nur für den Bereich der „chaînes de contrats" als Erklärung zuließ (siehe die Anmerkung zu Cass. civ. 1re v. 29.5.1984 und Cass. civ. 3ème v. 19.6.1984, D. 1985, Jur., S. 213, 214 sowie die Anmerkung zu Cass. ass. plén. v. 7.2.1986, D. 1986, Jur., S. 293, 294 f.).

Auch Huet und Durry plädierten für eine Ausweitung der vertraglichen Haftung. Sie argumentierten zwar zum Teil in ähnlicher Weise wie die Lehre von den „groupes de contrats", schlossen sich deren Thesen aber letztlich nicht an. Für den hier interessierenden Bereich hielten beide sogar an der „théorie de l'accessoire" fest (siehe Huet, Responsabilité contractuelle et responsabilité délictuelle, Nr. 568, S. 534; ders. Responsabilité du vendeur, Nr. 316, S. 239; Durry, La distinction, Nr. 206, S. 169, Fn. 401).

[455] So Jamin, D. 1991, Chr. S. 257; Durry, Bespr. von Cass. civ. 1re v. 9.10.1979, Rev. trim. dr. civ. 1980, S. 354, 355.

[456] Was, wie ausgeführt, zur Anerkennung der „action directe" eines Werkbestellers gegen den Hersteller von Baumaterialien führte (siehe oben S. 99).

[457] Cass. civ. 1re v. 8.3.1988, Bull. civ. 1988, I, Nr. 69, S. 46 = J.C.P. 1988, II, 21070 = J.C.P. 1988, éd. E, II, 15294 m. Anm. Delebecque = D. 1988, IR, S. 87.

somit also die „théorie de l'accessoire" definitiv als Grundlage der „action directe" ausschied, stellte dieses Urteil einen völligen Bruch mit der vorherigen Rechtsprechung dar, allerdings ohne hierfür eine (ausdrückliche) Begründung zu liefern. Diese Begründung wurde dann durch das Urteil der ersten Zivilkammer vom *21.6.1988* nachgeholt, in dem sich die erste Zivilkammer ausdrücklich der Lehre von den „groupes de contrats" anschloß: „Attendu que, dans un groupe de contrats, la responsabilité contractuelle régit nécessairement la demande en réparation de tous ceux qui n'ont souffert du dommage que parce qu'ils avaient un lien avec le contrat initial; qu'en effet, dans ce cas, le débiteur ayant dû prévoir les conséquences de sa défaillance selon les règles contractuelles applicables en la matière, la victime ne peut disposer contre lui que d'une action de nature nécessairement contractuelle, même en l'absence de contrat entre eux"[459]. In diesem Fall handelte es sich nicht einmal mehr um eine Kette von in bezug aufeinander abgeschlossenen Verträgen (so noch in dem Urteil vom 8.3.1988), sondern um ein sog. „ensemble de contrats"[460], wobei die einzige Verbindung der beteiligten drei Verträge darin bestand, daß zufällig zwei von ihnen von den „Aéroports de Paris" abgeschlossen worden waren[461]. Die *dritte* Zivilkammer der Cour de cassation sperrte sich denn auch, wie zu erwarten war, gegen diese erneuten Erweiterungen des Anwendungsbereiches der vertraglichen Haftung[462], was zu einer zweiten Entscheidung der „Assemblée plénière" am *12.7.1991* führte[463]. In dieser Entscheidung bestä-

458 Zu beiden Urteilen oben unter a) ee), S. 98 f.

459 Cass. civ. 1re v. 21.6.1988, Bull. civ. 1988, I, Nr. 202, S. 141 = D. 1989, Jur., S. 5 m. Anm. Larroumet = D. 1989, Somm., S. 239 m. Anm. Aubert = J.C.P. 1988, II, 21125 m. Anm. Jourdain = J.C.P. 1988, éd. E, II, 15294 m. Anm. Delebecque.

460 Siehe hierzu soeben S. 113, Fn. 452. Vgl. auch die „conclusions" des Generalanwalts bei der Cour de cassation, Herrn Mourier, zu dem Urteil der Assemblée plénière vom 12.7.1991, abgedruckt in RJDA 1991, S. 583, 585: „Elle l'applique à une structure circulaire formée de conventions étrangères les unes aux autres et dont l'interdépendance est à peine perceptible".

461 Die norwegische Luftfahrtgesellschaft „Braathens SAFE" hatte mit der Betreiberin der Pariser Flughäfen („Aéroports de Paris") einen sog. „contrat d'assistance aéroportuaire" abgeschlossen, der für letztere unter anderem die Verpflichtung enthielt, die Flugzeuge der „Braathens SAFE" von der „gangway" rückwärts soweit zu ziehen, daß diese sich aus eigener Kraft zur Abflugpiste bewegen konnten. Bei einer solchen Operation kam es zu einer Kollision zwischen einer der Flughafenbetreiberin gehörenden Zugmaschine und einem Flugzeug der „Braathens SAFE", bedingt durch einen Fehler im Inneren einer pneumatischen „Wanne", die von der „société Soderep" hergestellt und von der „Saxby Manutention", der Herstellerin der Zugmaschine, in diese eingebaut worden war.

462 So lehnte sie insbesondere eine „action directe" des Werkbestellers gegen den Subunternehmer ab, siehe Cass. civ. 3ème v. 22.6.1988, D. 1988, IR, S. 200 = J.C.P. 1988, II, 21125 (2. Urteil) m. Anm. Jourdain = Bull. civ. 1988, III, Nr. 115, S. 63 f.; Cass. civ. 3ème v. 31.10.1989, D. 1989, IR, S. 304 = J.C.P. 1989, IV,

tigte nun die „Assemblée plénière" die zurückhaltende Position der dritten Zivilkammer und urteilte, daß dem Werkbesteller mangels vertraglicher Verbindung mit dem Subunternehmer nur eine „quasi-deliktische" Klage gegen diesen zustehe. Da sich die Vorinstanz (Cour d'appel de Nancy vom 16.1.1990[464]) ausdrücklich auf die Begründung des auf der Lehre von den „groupes des contrats" fußenden Urteiles der ersten Zivilkammer vom 8.3.1988 bezogen hatte, in dem ja eine vertragliche „action directe" des Werkbestellers gegen den Subunternehmer befürwortet worden war, wird das Urteil der Assemblée plénière vom 12.7.1991 allgemein als Ablehnung der Lehre von den „groupes de contrats" verstanden[465]. Ob es darüber hinausgehend auch als Ablehnung der Figur der vertraglichen „action directe" des Nacherwerbers (Aufeinanderfolge zweier Kaufverträge) bzw. des Werkbestellers gegen den Hersteller (Aufeinanderfolge von Kauf- und Werkvertrag) zu verstehen war, wurde anfangs zwar als Frage aufgeworfen, dann aber alsbald von den Kommentatoren[466] und schließlich von der Cour de cassation selbst verneint. Zunächst durch ein Urteil der *ersten* Zivilkammer vom 28.10.1991[467], dann durch ein Urteil der *dritten* Zivilkammer vom 30.10.1991[468] und schließlich durch ein Urteil der *Chambre commerciale* vom 10.12.1991[469] wurde die von der „Assemblée plénière" am *7.2.1986* bezogene Position bekräftigt und, unter teilweise fast wörtlicher Übernahme der damaligen Begründung[470], dem Werkbesteller bei der Aufeinanderfolge

S. 422 = Bull. civ. 1989, III, Nr. 208, S. 114; Cass. civ. 3ème v. 28.3.1990, D. 1991, S. 25 m. Anm. Kullmann.

463 Cass. ass. plén. v. 12.7.1991, Bull. civ. 1991, Ass. plén., Nr. 5, S. 7 f. = D. 1991, Jur., S. 549 m. Anm. Ghestin = D. 1991, Somm., S. 321 m. Anm. Aubert = J.C.P. 1991, II, 21743 m. Anm. Viney = J.C.P. 1991, éd. E, II, Nr. 218, S. 279 m. Anm. Larroumet = D. 1992, Somm., S. 119 m. Anm. Bénabent.

464 Wiedergegeben in dem Urteil der „Assemblée plénière" vom 12.7.1991.

465 So z.B. Jamin, D. 1991, Chr. S. 257, Nr. 1 und S. 259, Nr. 3; Jourdain, D. 1992, Chr., S. 149, Nr. 1; Ghestin, D. 1991, Jur., S. 549, Nr. 1 und S. 551, Nr. 4 und 7; Viney, J.C.P. 1991, I, 21743, S. 355, 357 unter 1°; Aubert, D. 1991, Somm., S. 321.

466 Siehe z.B. Larroumet, J.C.P. 1991, éd. E, II, 218, S. 279, 280 f., Nr. 7; Jamin, D. 1991, Chr., S. 257, 258 f., Nr. 3; Jourdain, D. 1992, Chr., S. 149, 150, Nr. 6; Ghestin, D. 1991, Jur., S. 549, 552, Nr. 7 f.; Aubert, D. 1991, Somm., S. 321; vorsichtiger Viney, J.C.P. 1991, II, 21743, S. 355, 357 unter 1°.

467 Cass. civ. 1re v. 28.10.1991, Contr. conc. cons. 1992, Nr. 25, S. 11 (erstes Urteil) m. Anm. Leveneur.

468 Cass. civ. 3ème v. 30.10.1991, Bull. civ. 1991, III, Nr. 251, S. 148 = Contr. conc. cons. 1992, Nr. 25, S. 11 f. (zweites Urteil) m. Anm. Leveneur = RJDA 1992, Nr. 32, S. 25 f. Siehe auch die Besprechung von Jamin in J.C.P. 1992, I, 3570, S. 149 f.

469 Cass. com. v. 10.12.1991, Contr. conc. cons. 1992, Nr. 47, S. 4 m. Anm. Leveneur.

470 Siehe insbesondere die soeben zitierten Urteile vom 28.10. und 10.12.1991.

eines Kauf- und eines Werkvertrages eine vertragliche „action directe" gegen den Hersteller oder den Vorverkäufer (Urteil vom 10.12.1991) von Baustoffen gewährt. Die Cour de cassation kehrte damit wieder einheitlich zur „théorie de l'accessoire" zurück[471].

Die Lehre von den „groupes de contrats" kann somit in der Praxis als gescheitert angesehen werden.

bbb) Stellungnahme

Obwohl die Rechtsprechung eine inhaltliche Auseinandersetzung mit den Thesen der Lehre von den „groupes de contrats" vermissen läßt, ist ihr in ihrer ablehnenden Haltung im Ergebnis zuzustimmen, denn diverse Einwände lassen sich gegen die Auffassung von Teyssié und der ihm folgenden Autoren vorbringen.

Zunächst einmal ist das ausufernde Verständnis des Begriffes der Vertragspartei zu kritisieren.

Bei der Abgrenzung zwischen Vertragsparteien und „Dritten" werden in Frankreich vier bzw. fünf Kategorien von Personen unterschieden. Klar ist zunächst, daß diejenigen, die einen Vertrag abgeschlossen haben, „partie" sind. Ihnen am nächsten kommen die Gesamtrechtsnachfolger, die üblicherweise einer Partei gleichgestellt werden[472]. Als nächstes kommen die Einzelrechtsnachfolger, sodann diejenigen, die zwar in vertraglichen Beziehungen zu *einer* der Vertragsparteien stehen, nicht aber deren Rechtsnachfolger sind. Am weitesten vom „foyer contractuel" entfernt und unstreitig als „tiers" anerkannt, sind diejenigen, die in keinster Weise mit einer der Parteien in irgendeiner rechtlichen Beziehung stehen (sog. „penitus extranei" oder „tiers absolus")[473]. Die Diskussion darüber, wer als „Dritter" i. S. des Art. 1165 C. civ. anzusehen ist, hat in Frankreich schon Tradition. Während allerdings früher darüber diskutiert wurde, ob der Einzelrechtsnachfolger als „Dritter" i. S. des Art. 1165 C. civ. anzusehen ist[474], hat die Diskus-

---

471 Siehe danach z. B. Cass. civ. 1re v. 27.1.1993 (Sté Métrologie/Marin), Bull. civ. 1993, I, Nr. 45, S. 30 = J.C.P. 1993, I, 3684, Nr. 5, S. 274 f. (Bespr. Ghestin); Cass. civ. 1re v. 23.6.1993, J.C.P. 1993, IV, Nr. 2169, S. 262; Cass. civ. 1re v. 7.6.1995, D. 1996, Somm., S. 14 m. Anm. Tournafond = D. 1996, Jur., S. 395 f. m. Anm. Denis Mazeaud = J.C.P. 1995, I, 3893, Nr. 29 (Bespr. Viney).

472 Goutal, Nr. 18, S. 25; Starck/Roland/Boyer, Obligations, Bd. 2, Nr. 1450, S. 503.

473 Vgl. zu dieser Einteilung Goutal, Nr. 10–13, S. 23 f.; Starck/Roland/Boyer, aaO, Nr. 1449–1466, S. 502–508; Marty et Raynaud, Bd. 1, Nr. 262–269, S. 272–283; Mazeaud/Chabas, Leçons, Bd. II/1, Nr. 745 ff., S. 869 ff.

474 Vgl. Weill, Nr. 62 ff., S. 109 ff. und Nr. 70 ff., S. 125 ff. m. w. N.; du Garreau de la Méchenie, Rev. trim. dr. civ. 1944, S. 219, 223, 237.

sion durch die Lehre von den „groupes de contrats“ eine ganz neue Qualität erreicht. Nach ihr sollen nicht mehr nur die Glieder einer „chaîne de contrats par addition“, d.h. also Einzelrechtsnachfolger, sondern auch die Glieder einer „chaîne de contrats par diffraction“ oder eines „ensemble de contrats“ (d.h. also Personen, die mit *einer* der Vertragsparteien in irgendeiner Weise vertraglich verbunden sind, ohne aber deren Rechtsnachfolger zu sein) nicht mehr „Dritte“ im Verhältnis zu den Vertragsparteien sein. Art. 1165 C. civ. würde durch eine solche Interpretation aber quasi gegenstandslos, denn durch die Qualifikation von solchen Personen als Vertragspartei, die zwar in vertraglichen Beziehungen zu einer der Vertragsparteien stehen, nicht aber deren Rechtsnachfolger sind, verbliebe als Anwendungsbereich des Art. 1165 C. civ. nur der Bereich der „tiers absolus“. Daß aber Verträge nicht irgendeinen völlig außenstehenden Dritten, der mit keiner der Vertragsparteien in irgendeiner rechtlichen Beziehung steht, verpflichten oder berechtigen, ist eine pure Selbstverständlichkeit und bedurfte auch im Jahre 1804 keiner gesetzlichen Regelung[475]. Wenn auch der klassische Individualismus des 19. Jahrhunderts sicherlich überholt ist und das Prinzip der Relativität vertraglicher Verpflichtungen mittlerweile viele Ausnahmen erfahren hat, so bleibt es doch als Prinzip eine der Grundsäulen des französischen Rechts[476]. Eine Aufhebung des Art. 1165 C. civ., einmal ganz abgesehen von der Frage, ob sie sinnvoll wäre, kann aber weder durch die Lehre noch durch die Rechtsprechung, sondern allein durch den Gesetzgeber erfolgen[477].

Mit der Anerkennung der Lehre von den „groupes de contrats“ würde letztlich das Rechtsinstitut des Vertrages gefährdet, denn prägendes Element eines Vertrages ist nun einmal die Willensübereinstimmung[478]: Partei eines

---

[475] Vgl. bereits Weill, Nr. 70, S. 126 oben: „Si on restreint les tiers de l'article 1165 aux personnes «qu'aucun rapport obligatoire n'unit ou n'unira aux parties contractantes», le législateur n'aurait posé qu'un principe d'évidence. Il faut donc raisonnablement conclure que l'article 1165 se réfère encore à d'autres personnes“.

[476] Obwohl von manchen bereits in den dreißiger Jahren totgesagt (am weitestgehendsten insoweit wohl Savatier in seinem berühmten Aufsatz „Le prétendu principe de l'effet relatif des contrats“ in Rev. trim. dr. civ. 1934, 525 ff.), hat das Prinzip des Art. 1165 C. civ. heute nach wie vor Bestand, vgl. dazu die „conclusions“ des „avocat général à la Cour de cassation“ Mourier zum Urteil der Assemblée plénière vom 12.7.1991, RJDA 1991, S. 583, 587, Nr. 1; Goutal, Nr. 1, S. 17; Mestre, Rev. trim. dr. civ. 1988, S. 125, Nr. 10; Boubli, Rev. de Dr. immob. 1992, S. 27, Nr. 2.

[477] Vgl. Mourier, aaO (vorige Fußnote): „Mais cette règle existe encore et la nouvelle interprétation qu'il faut donner de l'article 1165, pour généraliser le mécanisme du groupe de contrats, entraînerait cette fois sa mise à mort plutôt qu'un simple et nouveau déclin. Il sérait peut-être préférable de laisser le législateur exercer un pouvoir qui n'appartient pas au juge.“

Vertrages zu sein, setzt bekanntlich einen diesbezüglichen Willen voraus und läßt sich nicht oktroyieren[479].

Neben diesen eher rechtstheoretischen Bedenken ist die Lehre von den „groupes de contrats" aber auch wegen der von ihr erzielten praktischen Ergebnisse abzulehnen, denn sie führt zu einer radikalen Verschlechterung der Situation des Gläubigers einer „action directe en garantie". Bedingt ist dies dadurch, daß nach dieser Auffassung nicht mehr, wie zuvor, nur der *erste* Vertrag in der Absatzkette für die Einreden des Schuldners der „action directe en garantie" maßgeblich ist (die „action directe en garantie" leitet sich ja nach dieser Auffassung nicht mehr durch irgendeinen Mechanismus aus dem ersten Vertrag der Kette ab), sondern auch der *zweite* bzw. der von dem Gläubiger der „action directe" abgeschlossene Vertrag. Besonders deutlich wurde dies durch die von der ersten Zivilkammer der Cour de cassation aufgestellte Regel der *„double limite"* ausgedrückt: „Attendu que dans le cas où le débiteur d'une obligation contractuelle a chargé une autre personne de l'exécution de cette obligation, le créancier ne dispose contre cette personne que d'une action de nature nécessairement contractuelle, qu'il peut exercer directement dans la double limite de ses droits et de l'étendue de l'engagement du débiteur substitué"[480]. Obwohl die „action

---

478 Vgl. Ghestin, Droits (12) 1990, S. 7, 8 ff., der dies auch historisch und durch Vergleich mit dem Vertragsbegriff anderer Rechtsordnungen belegt.

479 So Conte, Anm. zu Cour d'appel d'Agen v. 7.12.1988, Gaz. Pal. 1989, I, Jur., S. 900, 902: „La notion de partie, ou de tiers, ne peut pas procéder d'une analyse purement «objective» de l'ensemble contractuel, fondée sur les rapports économiques unissant les différents contrats; la qualité de partie, découlant de la volonté de s'obliger, a un fondement «subjectif»: il n'est pas possible d'imposer cette qualité à une personne qui, à aucun moment, n'a consenti à l'être ...".

Ebenso Jamin, La notion d'action directe, Nr. 290, S. 261; Boubli, Rev. de Dr. immob. 1992, S. 27, Nr. 2; vgl. auch Aubert, Anm. zu Cass. ass. plén. v. 12.7.1991, D. 1991, Somm., S. 321.

480 Cass. civ. 1re v. 8.3.1988, Bull. civ. 1988, I, Nr. 69, S. 46 = J.C.P 1988, II, 21070 = Rev. trim. dr. civ. 1988, S. 760 m. Anm. Jourdain = J.C.P. 1988, éd. E, II, 15294 m. Anm. Delebecque.

Zwar erkannte die Cour de cassation in diesem Urteil noch nicht ausdrücklich die Lehre von den „groupes de contrats" an (dies erfolgte, wie gezeigt, erst durch das Urteil vom 21.6.1988, s.o. S. 115), diese Lehre bildete aber unterschwellig die Grundlage des Urteiles (vgl. Jamin, aaO, Nr. 173, S. 153), denn die Einräumung einer „action directe" des Kunden eines Fotogeschäfts gegen ein von dem Fotogeschäft beauftragtes unabhängiges Fotolabor, das die zu vergrößernden Dias des Kunden verloren hatte, ließ sich nicht mehr mit der bis dato herrschenden „théorie de l'accessoire" begründen, da hier keinerlei Eigentumsübergang erfolgt war (vgl. Jamin, D. 1991, Chr., S. 257, 258).

Die Regel der „double limite" befürworteten im Anschluß an das soeben zitierte Urteil z.B.: Cour d'appel d'Agen v. 7.12.1988, Gaz. Pal. 1989, Jur., S. 899 f.; Cour d'appel de Nancy v. 16.1.1990 (Vorinstanz zu Cass. ass. plén. v. 12.7.1991), wiedergegeben im Urteil der Assemblée plénière v. 12.7.1991 in Bull. civ. 1991, Ass.

directe en garantie“ eigentlich *zugunsten* des Zweit- bzw. Nacherwerbers geschaffen wurde, insbesondere um diesem, im Gegensatz zur „action oblique“, ein Vorgehen gegen den Schuldner seines Schuldners trotz Haftungsausschlusses in dem von ihm abgeschlossenen *zweiten bzw. nachfolgenden* Vertrag der Absatzkette zu ermöglichen[481], kumuliert die Regel von der „double limite“ für den Zweiterwerber die Nachteile beider Verträge: ihm können der schärfste Haftungsausschluß und die kürzeste Verjährungsfrist beider Verträge entgegengehalten werden[482]. Diese Entwicklung steht aber nicht nur in krassem Gegensatz zum Ursprung der „action directe“, sondern auch zu den gesetzgeberischen Bestrebungen zugunsten eines verstärkten Konsumentenschutzes[483]

Urteil der Assemblée plénière v. 12.7.1991, RJDA 1991, S. 583, 588, Nr. 4.. Nicht zuletzt wohl deshalb ist die Regel der „double limite“, wie auch das Konzept der „groupes de contrats“, von der Rechtsprechung nach nur wenigen Jahren wieder aufgegeben worden: maßgeblich für die Einreden des Schuldners der „action directe“ ist, wie vorher[484], grundsätzlich nur der von dem *Schuldner* der „action directe“ abgeschlossene Vertrag (bei einer Inanspruchnahme des Herstellers also der *erste* Vertrag in der Absatzkette)[485].

Ein letzter, logischer Einwand sei gegen die Lehre von den „groupes de contrats“ noch vorgebracht. Die Tatsache, daß immer mehr „actions directes“ innerhalb von „groupes de contrats“ anerkannt werden, und daß es für diese bisher keine befriedigende dogmatische Erklärung gibt, führt nicht notwendig dazu, die „action directe“ durch den Begriff der „groupes de contrats“ zu erklären, m. a. W. es besteht keine logische Verbindung zwischen der Existenz einer „groupe de contrats“ und derjenigen einer „action

---

plén., Nr. 5, S. 7; implizit auch Cass. civ. 1re v. 31.10.1989, J.C.P. 1990, II, 21568, wo die „double limite“ zwar nur ausdrücklich im Vorbringen des Revisionsklägers erwähnt wird, die Cour de cassation dieses aber implizit bestätigt; implizit wohl auch Cass. civ. 1re v. 21.6.1988 (siehe zu diesem Urteil oben S. 115), da ansonsten der Hinweis der Cour de cassation, die Cour d'appel habe den Vertrag zwischen dem Gläubiger der „action directe“ und seinem unmittelbaren Schuldner (Aéroports de Paris) zu interpretieren gehabt, keinen Sinn macht (so auch Larroumet, Anm. zu Cass. civ. 1re v. 21.6.1988, D. 1989, Jur., S. 6, 7 f.; Ghestin, Anm. zu Cass. ass. plén. v. 12.7.1991, D. 1991, Jur., S. 549, 551, Nr. 6).

481 Vgl. Duranton, Bd. XVI, Nr. 275, S. 293; Jamin, La notion d'action directe, Nr. 31, S. 20 f.

482 Ghestin/Desché, Nr. 1040, S. 1061.

483 Siehe Jamin, aaO, Nr. 295, S. 265. Vgl. auch Mourier, „conclusions“ zum

484 Siehe z. B. Cour d'appel de Paris v. 20.6.1967, D. 1968, Somm., S. 60.

485 So z. B. Cass. civ. 3 ème v. 30.10.1991, RJDA 1992, Nr. 32, S. 25 = J.C.P. 1992, I, 3570, S. 149 f. (Besprechung von Jamin); Cass. civ. 3 ème v. 26.5.1992, J.C.P. 1992, Ed. E, Pan., Nr. 964, S. 310 (Sté Wanson Industrie c. Sté nouvelle de chauffage Sochan). Fehlgehend insofern Muthig, S. 89.

directe"[486]. Zum einen gibt es nämlich bekanntlich auch „actions directes" außerhalb von „groupes de contrats", so z. B. die „action directe" des Geschädigten gegen den Haftpflichtversicherer des deliktischen Schädigers[487] (hier existiert nur *ein* Vertrag, der Versicherungsvertrag), zum anderen kann in einer „groupe de contrats" auch Rückgriff durch ein Aufrollen der Vertragskette mittels „appel en garantie" oder durch „action oblique" genommen werden[488]. Dem Konzept der „groupes de contrats" kommt somit ein rein deskriptiver Charakter zu[489], es ist nach allem als Erklärung für die „action directe en garantie" ebenfalls nicht tauglich.

cc) Erforderliches Eingreifen des Gesetzgebers

Da keine der bisher für die „action directe en garantie" vorgeschlagenen Rechtfertigungen eine in theoretischer und praktischer Hinsicht befriedigende Lösung des Konfliktes mit Art. 1165 C. civ. vorweisen kann, fordern nicht wenige Autoren folgerichtig ein Eingreifen des Gesetzgebers[490]. Ein solches wäre im Rahmen der Umsetzung der EG-Produkthaftungsrichtlinie Nr. 85/374 möglich gewesen. Tatsächlich zielte ein unter Federführung von Ghestin erarbeitetes „avant-projet" auf eine sehr weitgehende Reformierung auch der kaufrechtlichen Sachmängelgewährleistung und enthielt eine Regelung der „action directe"[491]. Dieses „avant-projet" konnte sich aber nicht durchsetzen, so daß schließlich nach zahlreichen Gesetzesentwürfen nur eine mehr oder weniger strikte Umsetzung der Richtlinie erfolgte[492], ohne gleichzeitige gesetzliche Anerkennung der „action directe en garantie". Für die auch nach Umsetzung der Produkthaftungsrichtlinie weiterbestehende „action directe en garantie" bleibt es somit bei der bereits beschriebenen unbefriedigenden Situation.

---

486 Vgl. Jamin, aaO, Nr. 279, S. 251.

487 Siehe Jamin, aaO, Nr. 293, S. 263 mit weiteren Beispielen.

488 Jamin, aaO, Nr. 294, S. 264.

489 Jamin, aaO, Nr. 294, S. 264 (siehe auch Nr. 279, S. 251).

490 So Boubli, J.C.P. 1974, I, 2646, Nr. 27 ff.; Ghestin, Conformité et garanties dans la vente, Nr. 338, S. 352; derselbe in Ghestin/Desché, Nr. 1042 f., S. 1062 ff.; Conte, Anm. zu Cour d'appel d'Agen v. 7.12.1988, Gaz. Pal. 1989, 2, Jur., S. 900, 902; wohl auch Schmidt-Szalewski, Jcl. civil, Art. 1603 à 1623, Fasc. 10, Nr. 70 ff.

491 Art. 1387-15 des „Avant-Projet de loi sur la responsabilité du fait des produits défectueux" (Fassung von März 1988) lautete: „Le demandeur peut exercer directement contre le producteur ou l'un quelconque des fournisseurs successifs les droits et actions dont il dispose en vertu des sections 1 et 2.

Cette action directe, nécessairement contractuelle, peut être exercée quels que soient les contrats en exécution desquels le produit a été fourni." (zitiert nach Junke, Internationale Aspekte, Anh. III).

492 Ausführlich dazu unten im 2. Abschnitt.

3. Die Anerkennung einer „action directe en responsabilité contractuelle de droit commun“ im Bereich der allgemeinen vertraglichen Verschuldenshaftung

Trotz der nicht einwandfreien dogmatischen Begründbarkeit direkter vertraglicher Ansprüche des Nacherwerbers gegen den Hersteller/Vorverkäufer im Bereich der *Sachmängelgewährleistung* hat die Cour de cassation diese Lösung auch auf Ansprüche des Nacherwerbers aus allgemeiner vertraglicher Verschuldenshaftung ausgedehnt [a]. Als Grundlage diente auch hier zumindest implizit die „théorie de l'accessoire“.

Die Cour de cassation blieb hierbei aber nicht stehen, sondern gewährte, nach anfänglichem heftigem Widerstand der dritten Zivilkammer der Cour de cassation, schließlich auch einem *Werkbesteller* direkte vertragliche Ansprüche aus allgemeiner vertraglicher Verschuldenshaftung gegen den Hersteller oder einen Vorverkäufer [b], wobei als Grundlage hier ebenfalls noch auf die „theórie de l'accessoire“ rekurriert wurde.

Eine noch größere Ausdehnung der vertraglichen Haftung wurde zwar von der ersten Zivilkammer der Cour de cassation in Anlehnung an die Lehre von den „groupes de contrats“ befürwortet, konnte sich aber in der „Assemblée plénière“ der Cour de cassation nicht durchsetzen [c].

a) Aufeinanderfolge mehrerer Kaufverträge

Eine „action directe en responsabilité contractuelle de droit commun“ wurde bei der Aufeinanderfolge zweier oder mehrerer Kaufverträge erst im Bereich der „obligation de renseignement“, dann im Bereich der „non-conformité“ und schließlich im Bereich der „obligation de sécurité“ anerkannt.

aa) „Obligation de renseignement“

Obwohl von manchen bezweifelt[493], gibt es doch seit einem Urteil der ersten Zivilkammer der Cour de cassation vom 31.1.1973 eine klare Tendenz in Rechtsprechung und Lehre zur Gewährung direkter *vertraglicher* Ansprüche des Nacherwerbers gegen den Hersteller/Vorverkäufer wegen Verletzung der „obligation de renseignement“[494].

---

[493] Nach Auffassung mancher Autoren sind Ansprüche wegen der Verletzung von Instruktionspflichten außerhalb unmittelbarer vertraglicher Beziehungen generell, d.h. also auch innerhalb einer Absatzkette, als deliktisch einzustufen, vgl. Brendl/Schweinberger, S. 24 (unter 3) und S. 34 f. (unter 4.2); wohl auch v. Westphalen/Rohs, § 123, Nr. 37.

Die Frage war in der französischen Rechtslehre umstritten, siehe hierzu z.B. Viney, Anm. zu Cass. civ. 1re v. 22.11.1978, J.C.P. 1979, II, 19139 mit Fn. 15; Brendl/Schweinberger, S. 35.

bb) „Non-conformité“

Deutlicher noch als bei der „obligation de renseignement“ erfolgte in einem Urteil der ersten Zivilkammer vom 9.3.1983 die Einräumung direkter vertraglicher Ansprüche des Nacherwerbers gegen den Hersteller im Bereich der „non-conformité“-Haftung[495]. In dem der Entscheidung zugrundeliegenden Fall war der Hersteller eines Autoklavs, der aufgrund einer fehlerhaften Sicherheitsvorrichtung bei dem Nacherwerber explodiert war, von der Cour d'appel de Versailles auf der Grundlage des Art. 1382 C. civ. zur Leistung von Schadensersatz an den Nacherwerber verurteilt worden. Vor der Cour de cassation rügte der Hersteller u. a., daß die Haftung des Herstellers gegenüber dem Nacherwerber „notwendigerweise vertraglicher Natur“ und die Ansprüche des Nacherwerbers daher wegen Nichteinhaltung des gewährleistungsrechtlichen „bref délai“ (Art. 1648 C. civ.) verjährt seien[496]. Die Cour de cassation folgte zwar der Einschätzung, daß die Haftung des Herstellers gegenüber dem Nacherwerber *vertraglicher* Natur sei, stützte diese Haftung jedoch nicht auf die Sachmängelgewährleistung, son-

---

[494] So z.B. Cass. civ. 1re v. 31.1.1973, Bull. civ. 1973, I, Nr. 40, S. 36 f. = J.C.P. 1975, I, 2679 (Annexe) mit Anm. von N'Guyen Thanh-Bourgeais und Revel; Cass. civ. 1re v. 9.12.1975, Bull. civ. 1975, I, Nr. 361, S. 300 f. = J.C.P. 1977, II, 18588 (erstes Urteil) m. Anm. Malinvaud; Cass. civ. 1re v. 23.4.1985, D. 1985, Jur., S. 558 f. m. Anm. Dion; Cass. civ. 1re v. 13.5.1986, Bull. civ. 1986, I, Nr. 128, S. 128 f.; Cass. civ. 1re v. 7.6.1989, Bull. civ. 1989, I, Nr. 232, S. 155 = D. 1991, Somm., S. 184 f. m. Anm. Penneau. A.A. (für den z.T. spezialgesetzlich geregelten Bereich pharmazeutischer Produkte) Cour d'appel de Paris v. 4.7.1970, D. 1971, Jur., S. 73 f.; Cour d'appel de Nîmes v. 19.5.1994, J.C.P. 1995, IV, Nr. 1080.

Zustimmend in der Lehre z.B. Dion, Anm. zu Cass. civ. 1re v. 23.4.1985, D. 1985, Jur., S. 559; Revel, Jcl. civil, Art. 1382 à 1386, Fasc. 366-2, Nr. 8 f.; Fabre-Magnan, Nr. 429, S. 344; Calais-Auloy/Steinmetz, Droit de la consommation, Nr. 50, S. 47; allgemein auch Viney, Colloque 1986, S. 79; Jamin, La notion d'action directe, Nr. 397, S. 351 f., der aber auch auf eine (angeblich) abweichende Entscheidung der dritten Zivilkammer vom 6.5.1981 (J.C.P. 1981, IV, S. 258) hinweist, in der jedoch ganz neutral nur von der „responsabilité civile“ die Rede ist.

[495] Cass. civ. 1re v. 9.3.1983, Bull. civ. 1983, I, Nr. 92, S. 81 f. = J.C.P. 1984, II, 20295 m. Anm. Courbe = Rev. trim. dr. civ. 1983, S. 753 ff. m. Anm. Rémy.

[496] Der Hersteller, bei dem es sich, wie bei dem Verkäufer, um eine englische Gesellschaft handelte, rügte darüber hinaus, daß hier von der Cour d'appel französisches Recht angewendet worden war. Die Cour de cassation antwortete darauf, daß das streitige Rechtsverhältnis nicht in den Anwendungsbereich eines internationalen Übereinkommens falle, daß der Hersteller im Berufungsverfahren des weiteren nicht vorgetragen habe, daß seine Haftung dem englischen Recht unterliege, und daß die Cour d'appel nicht von Amts wegen verpflichtet gewesen sei, diese Frage, die in concreto in den Bereich der Parteiautonomie falle, zu untersuchen (es handelte sich hierbei bereits um eine frühe, wenn auch noch nicht sehr deutliche, Vorwegnahme der späteren „Coveco“-Rechtsprechung, die zwar eine teilweise, nicht aber eine vollständige Aufgabe der „Bisbal“-Rechtsprechung etablierte, siehe hierzu auch unten S. 203, Fn. 829).

dern auf die „non-conformité“-Haftung, was zu einer Ausschaltung des Art. 1648 C. civ. („bref délai“) führte. Diese Lösung wurde anschließend in einem weiteren Urteil der ersten Zivilkammer vom 5.11.1985[497] und sodann in den Urteilen der Assemblée plénière vom 7.2.1986 mitbestätigt[498]. Nach Aufgabe der Gleichsetzung zwischen Mangel und „non-conformité“ und der damit verbundenen „Zurückstutzung“ des Anwendungsbereiches der „non-conformité“-Haftung[499], spielen die direkten Ansprüche aus „non-conformité“ mittlerweile allerdings eine geringere Rolle.

cc) „Obligation de sécurité“

Schließlich hat die Cour de cassation folgerichtig auch im Bereich der von ihr seit Beginn der 90'er Jahre herausgearbeiteten kaufvertraglichen „obligation de sécurité“ eine „action directe“ des Nacherwerbers gegen den Hersteller/Vorverkäufer zugelassen[500].

b) Aufeinanderfolge von Kauf- und Werkvertrag

Die Konstruktion einer „action directe en responsabilité contractuelle de droit commun“ wurde von der Rechtsprechung auch bei der Aufeinanderfolge eines Kauf- und eines Werkvertrages anerkannt. Es ging hierbei um Fälle, in denen die von einem Werkunternehmer bei einem Hersteller oder einem Zwischenhändler gekauften und anschließend bei dem Werkbesteller eingebauten Materialien (z. B. Dachziegel, Isoliermittel etc.) sich nachträglich als fehlerhaft erwiesen [aa].

Diese von der Rechtsprechung entwickelte „action directe“ ist allerdings von der gesamtschuldnerischen Haftung des Herstellers aus Art. 1792-4 C. civ. zu unterscheiden [bb].

---

497 Cass. civ. 1re v. 5.11.1985, Bull. civ. 1985, I, Nr. 287, S. 256 f. (es ging hier um die Schadensersatzklage des Käufers eines Motorrades gegen den Hersteller wegen der auf einen Konstruktionsfehler zurückzuführenden plötzlichen Blockierung des Hinterrades).

498 Cass. ass. plén. v. 7.2.1986 (zwei Urteile), Bull. civ. 1986, Ass. plén., Nr. 2, S. 2 f.

499 Siehe hierzu oben S. 26 ff.

500 Cass. civ. 1re v. 27.1.1993, (Albespy/Debregeas), Bull. civ. 1993, I, Nr. 44, S. 29 f. = Rev. trim. dr. civ. 1993, S. 592 ff. m. Anm. Jourdain = D. 1994, Somm., S. 238 m. Anm. Tournafond.

aa) „Action directe en responsabilité contractuelle de droit commun“

Nachdem zunächst die erste Zivilkammer der Cour de cassation in einem Urteil vom 29.5.1984, entgegen der vorherigen Rechtsprechung, einem Besteller direkte *Gewährleistungsansprüche* gegen den Hersteller eingeräumt hatte[501] und hiermit heftigsten Widerstand der dritten Zivilkammer auslöste[502], bestätigte die durch diese Kontroverse erforderlich gewordene Assemblée plénière der Cour de cassation in ihren Urteilen vom 7.2.1986 die Position der ersten Zivilkammer und weitete diese auch noch auf Ansprüche aus *„non-conformité“* aus[503]. Als Grundlage für die Übertragung der Ansprüche aus „non-conformité“ auf den Besteller diente wieder klar die „théorie de l'accessoire“: „... le maître de l'ouvrage, comme le sous-acquéreur, jouit de tous les droits et actions attachés à la chose qui appartenait à son auteur“. Nach anfänglichem Zögern[504] beugte sich die dritte Zivilkammer schließlich diesen Urteilen[505]. Diese Lösung wurde in einem Urteil der Chambre commerciale vom 10.12.1991 schließlich auch auf die direkten Ansprüche eines Bestellers gegen den *Vorverkäufer*, von dem der Werkunternehmer die fehlerhaften Materialien erworben hatte, ausgedehnt[506]. Damit wurden insgesamt direkte vertragliche Ansprüche aus Sachmängelgewährleistung und wegen „non-conformité“ nicht nur bei der Aufeinanderfolge von Kaufverträgen (*homogene Kette*), sondern auch bei der Aufeinanderfolge eines Kauf- und eines Werkvertrages (*heterogene Kette*) gewährt.

Aus der in den genannten Urteilen der Assemblée plénière vom 7.2.1986 verwendeten weiten Formulierung „tous les droits et actions attachés à la chose“ läßt sich ableiten, daß hiernach nicht nur Ansprüche aus Sachmängelgewährleistung und wegen Nichterfüllung der Lieferpflicht (= „non-conformité“), sondern auch wegen Verletzung der mit der Lieferpflicht verbundenen Nebenpflichten auf die genannten Personen übergehen sollen[507].

---

[501] Siehe hierzu oben S. 98.

[502] Siehe oben S. 99.

[503] Cass. ass. plén. v. 7.2.1986 (zwei Urteile), Bull. civ. 1986, Ass. plén., Nr. 2, S. 2 f. = D. 1986, Jur., S. 293 m. Anm. Bénabent = D. 1987, Somm, S. 185 m. Anm. Groutel = J.C.P. 1986, II, 20616 m. Anm. Malinvaud.

[504] Cass. civ. 3 ème v. 7.5.1986, D. 1987, Jur., S. 257 m. Anm. Bénabent.

[505] Cass. civ. 3 ème v. 15.2.1989, Bull. civ. 1989, III, Nr. 35, S. 20; Cass. civ. 3 ème v. 10.5.1990, Bull. civ. 1990, III, Nr. 116, S. 64.

[506] Cass. com. v. 10.12.1991, Contr. conc. cons. 1992, Nr. 47, S. 4 m. Anm. Leveneur.

[507] Sonnenberger, FS Steindorff, S. 777, 788; Muthig, S. 77; Viney, Colloque 1986, S. 79.
Es ist daher denkbar, daß einem Werkbesteller (bei der Aufeinanderfolge eines Werk- und eines Kaufvertrages) auch direkte vertragliche Ansprüche wegen Verlet-

bb) Abgrenzung zur Haftung aus Art. 1792-4 C. civ.

Ebenfalls um eine Aufeinanderfolge von Kauf- und Werkverträgen kann es sich handeln in den Fällen des Art. 1792-4 C. civ. Nach dieser Vorschrift kann der Hersteller (Abs. 1), Importeur (Abs. 2) oder „Quasihersteller“ (Abs. 3) von „composants“[508] unmittelbar dem Werkbesteller haften. Im Gegensatz zu den zuvor beschriebenen Fällen geht es bei Art. 1792-4 C. civ. jedoch nicht um eine „action directe en garantie“ oder „en responsabilité contractuelle de droit commun“, bei der die Gewährleistungs- oder Nichterfüllungsansprüche des Unternehmers gegen den Hersteller (oder die gleichgestellten Personen) auf den Werkbesteller übergehen, sondern um eine Erstreckung der *werkvertraglichen* Haftung des Unternehmers auf die in Art. 1792-4 C. civ. genannten Haftpflichtigen, die dann gesamtschuldnerisch mit dem Unternehmer haften.

Welche Produkte genau zu den „composants“ gehören, ist leider immer noch nicht endgültig geklärt[509]. Als Ausgangspunkt kann die Definition des, allerdings annullierten[510], Art. 241-2 Code des assurances dienen, nach dem von Art. 1792-4 C. civ. erfaßt werden „ceux réalisant des parties de la construction, dénommés composants, conçues et fabriquées pour remplir dans un bâtiment un ou plusieurs rôles déterminés avant toute mise en œuvre“[511]. Auch diese Formulierung hilft allerdings nicht sehr viel weiter als der Text des Art. 1792-4 C. civ.[512].

Von Spinetta, der an der Formulierung der im Jahre 1978 neugefaßten Art. 1792 ff. C. civ. maßgeblich beteiligt war („loi Spinetta“), wird folgende Dreiteilung der Bauprodukte vorgeschlagen:

- amorphe Produkte, wie Zement, Sand usw.;
- „Halbprodukte“, wie Asbestzement und Terrakotten;
- „composants“, wie z. B. vorgefertigte Fassadenelemente[513].

---

zung der „obligation de renseignement“ oder der „obligation de sécurité“ zustehen können.

508 Der Begriff der „composants“ bzw. „EPERS“ (éléments pouvant entrainer la responsabilité solidaire“) wird als Oberbegriff für die Periphrase des Art. 1792-4 Abs. 1 C. civ. („Le fabricant d'un ouvrage, d'une partie d'ouvrage ou d'un élément d'équipement conçu et produit pour satisfaire, en état de service, à des exigences précises et déterminées à l'avance ...“) verwendet.

509 Siehe zu einer früheren Einschätzung die Bemerkungen von Malinvaud in D. 1984, Chr., S. 41, 47: „[...] la plus grande incertitude règne sur la notion de composants [...]. C'est dire que nul ne sait quels sont exactement les fabricants concernés [...]. Dans l'immediat, la situation est donc des plus confuses.“

510 Conseil d'Etat v. 30.11.1979, AJPI 1980, S. 224 m. Anm. Moderne.

511 So Périnet-Marquet, J.C.P. 1989, I, 3399, Nr. 13, die auch den Text der Vorschrift wiedergibt (Wiedergabe auch bei Liet-Veaux, Jcl. civil, Art. 1788 à 1794, Fasc. 6, Nr. 273).

512 Vgl. Liet-Veaux, Gaz. Pal. 1979, 1, Doctr., S. 327.

Nach Liet-Veaux müssen für das Vorliegen von „composants" folgende Voraussetzungen erfüllt sein:

- Es muß sich um ein „heterogenes" Produkt handeln, das aus verschiedenen Teilen zusammengesetzt ist, um eine einzige Funktion zu erfüllen.
- Das Produkt muß fabrikmäßig vorgefertigt sein, wozu auch die Konzeption und der Zusammenbau gehören.
- Das Produkt muß auf der Baustelle ohne vorherige Demontage eingesetzt oder installiert werden können[514].

Die Rechtsprechung hat keine allgemeingültigen Abgrenzungskriterien aufgestellt und begnügt sich weitgehend mit der Subsumtion des Gesetzestextes. So hat sie die „composants"-Eigenschaft abgelehnt für verwendungsfertigen Beton[515], Asbestzementplatten[516], Fassadenputz[517] oder ein Dichtungsmittel[518]. Ebenfalls nicht als „composants" angesehen wurden einfache Dachziegel[519] oder Platten für den Belag eines Tennisplatzes[520], dagegen wurde die „composants"-Eigenschaft bejaht für „Ziegelsteine", die speziell für einen Tennisplatz konzipiert wurden[521] und für eine Wärmepumpe[522].

Für die Abgrenzung gegenüber der „action directe" des Werkbestellers (bei der Aufeinanderfolge eines Kauf- und eines Werkvertrages) ergibt sich somit folgendes:

- Soweit es sich um spezielle, auf genauen vorherigen Wunsch hergestellte zusammengesetzte Produkte handelt, kommt eine Haftung des Herstellers aus Art. 1792-4 C. civ. in Betracht.
- Handelt es sich dagegen um einfache, jederzeit ersetzbare Massenprodukte wie Isoliermittel, Fassadenputz oder Dachziegel, kommt die Rechtsprechung zur „action directe" gegenüber dem Hersteller zum Zuge[523].

---

513 Nachweise bei Liet-Veaux, Gaz. Pal. 1979, 1, Doctr., S. 327, 328 und (ders.) in Jcl. civil, Art. 1788 à 1794, Fasc. 6, Nr. 270.

514 Liet-Veaux, Gaz. Pal. 1979, 1, Doctr. S. 327, 328.

515 Cass. civ. 3 ème v. 24.11.1987, Bull. civ. 1987, III, Nr. 188, S. 110 f. = D. 1987, IR, S. 250.

516 Cour d'appel de Versailles v. 14.1.1987, Rev. de Dr. immob. 1987, S. 259.

517 Cour d'appel de Versailles v. 21.4.1989, Rev. de Dr. immob. 1989, S. 364.

518 Cour d'appel de Paris v. 30.5.1990, D. 1990, IR, S. 159, bestätigt durch Cass. civ. 3 ème v. 26.5.1992, Bull. civ. 1992, III, Nr. 167, S. 101 f.

519 Cass. civ. 3 ème v. 4.12.1984, Bull. civ. 1984, III, Nr. 202, S. 157 f.; ebenso Conseil d'Etat v. 20.3.1992, J.C.P. 1992, IV, Nr. 1595, S. 174.

520 Cass. civ. 3 ème v. 27.1.1993, D. 1993, IR, S. 52 = Bull. civ. 1993, III, Nr. 10, S. 6 f.

521 Cour d'appel de Paris v. 27.10.1990 (SA GFA/Sté TBF, unveröffentlicht), zitiert nach Liet-Veaux, Jcl. civil, Art. 1788 à 1794, Fasc. 6, Nr. 275.

522 Cour d'appel de Chambéry v. 12.9.1990, D. 1990, IR, S. 258, bestätigt von Cass. civ. 3 ème v. 20.1.1993, D. 1993, IR, S. 52.

- Diese Abgrenzung gilt ebenso für den Importeur und den „Quasihersteller".
- Ein bloßer Verkäufer, selbst wenn er „composants" verkauft, wird dagegen von Art. 1792-4 C. civ. nicht erfaßt[524]; für ihn gilt daher immer nur die Rechtsprechung zur „action directe".

c) Aufeinanderfolge von Werkverträgen

Wie oben bereits näher im Zusammenhang mit der Lehre von den „groupes de contrats" dargelegt wurde[525] und daher hier nur noch einmal kurz erwähnt werden soll, gewährte die erste Zivilkammer der Cour de cassation kurzzeitig auch bei der Aufeinanderfolge von zwei Werkverträgen eine „action de nature nécessairement contractuelle" des Bestellers gegen den Subunternehmer[526]. Da die dritte Zivilkammer jedoch auf ihrer ablehnenden Haltung beharrte und einem Besteller weiterhin nur deliktische Ansprüche gegen den „sous-traitant" gewährte[527], wurde eine Entscheidung der Assemblée plénière der Cour de cassation erforderlich. Diese schloß sich dann der Position der dritten Zivilkammer an und lehnte eine „action directe" des Bestellers gegen den Subunternehmer ab[528].

Am Rande erwähnt sei, daß nach wohl h.M. jedoch ein „fabricant sous-traitant" (Aufeinanderfolge zweier Werkverträge), der ein auf die Bedürfnisse des Bestellers abgestimmtes *Einzel*produkt nach dessen genauen Angaben fertigt, von der *(werk-)vertraglichen* Haftung des Art. 1792-4 C. civ. erfaßt werden kann[529] (selbstverständlich geht es insoweit nur um die

---

523 Siehe für ein Isoliermittel Cass. Ass. plén. v. 7.2.1986 (Nachweise oben in Fn. 503) und für Fassadenputz Cass. civ. 3 ème v. 14.11.1991, D. 1992, IR, S. 2 = Bull. civ. 1991, III, Nr. 271, S. 159 f.

524 Siehe neben dem klaren Wortlaut der Vorschrift auch Malinvaud, D. 1984, Chr., S. 41, 47, unter b).

525 Siehe oben S. 114 f.

526 So Cass. civ. 1re v. 8.3.1988, Bull. civ. 1988, I, Nr. 69, S. 46 = J.C.P. 1988, II, 21070 = J.C.P. 1988, éd. E, II, 15294 m. Anm. Delebecque = D. 1988, IR, S. 87.

527 Cass. civ. 3ème v. 22.6.1988, D. 1988, IR, S. 200 = J.C.P. 1988, II, 21125 (2. Urteil) m. Anm. Jourdain = Bull. civ. 1988, III, Nr. 115, S. 63 f.; Cass. civ. 3ème v. 31.10.1989, D. 1989, IR, S. 304 = J.C.P. 1989, IV, S. 422 = Bull. civ. 1989, III, Nr. 208, S. 114; Cass. civ. 3ème v. 28.3.1990, D. 1991, Jur., S. 25 (2. Urteil) m. Anm. Kullmann.

528 Cass. ass. plén. v. 12.7.1991, Bull. civ. 1991, Ass. plén., Nr. 5, S. 7 f. = D. 1991, Jur., S. 549 m. Anm. Ghestin = D. 1991, Somm., S. 321 m. Anm. Aubert = J.C.P. 1991, II, 21743 m. Anm. Viney = J.C.P. 1991, éd. E, II, 218, S. 279 m. Anm. Larroumet = D. 1992, Somm., S. 119 m. Anm. Bénabent. Näher zu diesem Urteil oben S. 115 f.

529 So z.B. Périnet-Marquet, J.C.P. 1989, I, 3399, Nr. 13 f. und Djoudi, D. 1992, Chr., S. 215, 217 f., Nr. 10.

Hersteller von „composants“, nicht aber von anderen Produkten), d.h. also gesamtschuldnerisch mit dem (Haupt-)Unternehmer dem Besteller aus Werkvertrag haften kann. Begründet wird diese Auffassung u.a. damit, daß es nach dem Willen des Gesetzgebers offenbar nicht auf die genaue Rechtsnatur des Vertrages zwischen Unternehmer und Hersteller (Kauf- oder Werkvertrag) ankomme, so daß auch ein Werkvertrag genüge[530]. Des weiteren müsse Art. 1792-4 C. civ. erst recht nach genauen Vorgaben hergestellte *Einzel*produkte erfassen[531]. Nach der Gegenauffassung fällt dagegen ein „fabricant sous-traitant“ nicht unter Art. 1792-4 C. civ.[532], da von den im Jahre 1978 neu gefaßten Art. 1792 ff. C. civ. grundsätzlich nicht der „sous-traitant“ erfaßt werden sollte[533]. Auf diese Diskussion, die im Detail schwierigste Abgrenzungsfragen mit sich bringt[534], soll hier nicht näher eingegangen werden. Es sei lediglich erwähnt, daß die Frage der Einbeziehung der Haftung des Subunternehmers nicht nur den Gesetzgeber des Jahres 1978 („loi Spinetta“) vor Schwierigkeiten stellte[535], sondern auch denjenigen des Jahres 1998 (Umsetzung der Produkthaftungsrichtlinie 85/374): so wollte die Assemblée Nationale, im Gegensatz zum Sénat, die „sous-traitants“ *nicht* vom Anwendungsbereich der „neuen“ Produkthaftungsvorschriften ausschließen, übersah bei der von ihr gewählten Formulierung des letzten Absatzes des Art. 1386-6 C. civ. (Definition des Herstellers[536]) aber offenbar, daß ein „fabricant sous-traitant“, jedenfalls nach

---

530 Siehe Périnet-Marquet, aaO, Nr. 18 mit Fn. 54.

531 Périnet-Marquet, aaO, Nr. 13 f.

532 So z.B. Liet-Veaux, Jcl. civil Art. 1788 à 1794, Fasc. 6, Nr. 280.

533 Dies wird auch von Périnet-Marquet (aaO, Nr. 19) und Djoudi (aaO, Nr. 10 a.E.) eingeräumt.

534 Siehe hierzu einerseits den bereits zitierten Aufsatz von Périnet-Marquet („Le fabricant sous-traitant: Une hybridation difficile“, J.C.P. 1989, I, 3399) und andererseits die Formulierung in dem im Rahmen des Gesetzgebungsverfahrens zur Umsetzung der Produkthaftungsrichtlinie 85/374 erstellten Rapport n° 377 des Senators Fauchon vom 7. April 1998: „Si les garanties légales dues par les constructeurs en matière immobilière ne s'appliquent pas en principe aux sous-traitants, *l'article 1792-4* met néanmoins une responsabilité solidaire envers le maître de l'ouvrage à la charge du ‚*fabricant d'un ouvrage, d'une partie d'ouvrage ou d'un élément d'équipement conçu et produit pour satisfaire, en état de service, à des exigences précises et déterminées à l'avance*‘. Certains sous-traitants entrent dans cette définition. Leur responsabilité envers le maître de l'ouvrage „peut“ donc être mise en œuvre au titre de la garantie biennale ou décennale *sans qu'il soit possible de définir exactement les conditions de cette responsabilité en l'état de la jurisprudence et de la doctrine*“ (Sénat, session ordinaire de 1997–1998, Rapport n° 377, S. 11; Hervorhebung im zweiten Absatz vom Verfasser).

535 Siehe hierzu Périnet-Marquet, aaO, Nr. 19, die sich recht kritisch zu der damaligen Diskussion äußert.

536 „Ne sont pas considérées comme producteurs, au sens du présent titre, les personnes dont la responsabilité peut être recherchée sur le fondement des articles 1792 à 1792-6 et 1646-1“.

wohl h.M., unter Art. 1792-4 C. civ. fallen kann und somit doch vom Anwendungsbereich der neuen Vorschriften ausgeschlossen wird[537].

4. Das „régime“ der „action directe en garantie“ und „en responsabilité contractuelle de droit commun“

Im folgenden sollen Inhalt und Funktionsweise der „action directe en garantie“ und „en responsabilité contractuelle de droit commun“ näher untersucht werden. Dabei geht es insbesondere um die Frage, inwieweit der erste und/oder der zweite bzw. nachfolgende Vertrag in der Absatzkette[538] für die Einreden[539] des Schuldners der genannten „actions directes“ relevant ist und in welchem Maße die genannten „actions directes“ ein „eigenes“ oder ein „abgeleitetes“ Recht darstellen. Die Ausführungen gelten zumeist für beide Arten von „actions directes“ („action directe en garantie“ und „action directe en responsabilité contractuelle de droit commun“). Wo Unterschiede bestehen, wird gesondert darauf hingewiesen.

a) Die Maßgeblichkeit des ersten Vertrages in der Absatzkette

Getreu dem Grundsatz der Herleitung der „action directe“ aus dem ersten Vertrag in der Absatzkette ist dieser Vertrag grundsätzlich maßgeblich für den Haftungsumfang und die Einreden des Schuldners der „action directe“[540]. Allerdings gibt es auch Stimmen in Rechtsprechung und Lehre, die den „Direktanspruch“ in mancher Beziehung unabhängig von den Rechten des Zwischenmannes gegen den „sous-débiteur“ (= Schuldner des

---

537 Auf dieses (eventuelle) Versehen wird auch in dem soeben zitierten Bericht n° 377 des Senators Fauchon vom 7. April 1998 mehrfach hingewiesen (siehe S. 3, 8 und 11 f. des Berichtes). Näher zu der Problematik unten S. 167 f.

538 Der Einfachheit halber wird im folgenden von einer aus zwei Verträgen bestehenden Kette ausgegangen.

539 Gemeint ist hier und im folgenden der Begriff der Einreden im prozeßrechtlichen Sinne, d.h. der rechtshindernden, rechtsvernichtenden und rechtshemmenden Einreden (= Einwendungen und Einreden im materiellrechtlichen Sinne).

540 Siehe z.B. Jourdain, Anm. zu Cass. ass. plén. v. 12.7.1991, D. 1992, Chr., S. 149, 151, Nr. 13: „... puisque c'est l'action même dont disposait l'auteur qui est exercée par l'ayant cause, elle doit être en tout point soumise à son régime. Ainsi, qu'il s'agisse de l'objet de l'obligation transgressée (obligation de résultat ou de moyens), des preuves à établir, de l'étendue de la réparation, de la prescription de l'action ou de la compétence juridictionnelle, c'est le régime de l'action transmise qui doit s'appliquer et non celui de l'action dont disposait la victime contre son cocontractant direct. Ainsi surtout, lorsqu'ont été stipulées des clauses limitatives ou exclusives de responsabilité susceptibles de produire effet dans le contrat inexécuté, elles pourront être opposées à la victime par le responsable.“

Schuldners = Schuldner der „action directe") machen wollen. Die „action directe" kann nach dieser Tendenz m. a. W. nicht mehr in jeder Beziehung als ein bloß „abgeleitetes" Recht („droit dérivé") bezeichnet werden, sondern gewährt hiernach teilweise auch ein von der Rechtsposition des Zwischenmannes unabhängiges „eigenes" Recht („droit propre")[541], was aber nicht zwingend heißen muß, daß sich dessen Inhalt aus dem von dem Nacherwerber abgeschlossenen „zweiten" Vertrag der Absatzkette ergibt.

aa) Haftungsfreizeichnung

Nach dem Grundprinzip der „action directe en garantie" haftet der „sous-débiteur" dem Gläubiger der „action directe" (Nacherwerber/Werkbesteller) nur insoweit, als er zum Zeitpunkt ihrer Ausübung dem Zwischenmann haftbar ist. Eine wirksame Haftungsfreizeichnungsklausel im ersten Vertrag der Absatzkette ist danach grundsätzlich dem Gläubiger der „action directe" entgegenhaltbar, da dieser nicht mehr Rechte haben kann als derjenige, von dem er seine Rechte ableitet[542]. Dies ist die Position, die bisher schon konsequent von der dritten Zivilkammer der Cour de cassation vertreten wurde[543].

Diese Lösung ist aber dann problematisch, wenn in dem ersten Vertrag der Absatzkette zwischen zwei „professionnels (de même spécialité)" eine gültige Haftungsfreizeichnungsklausel vereinbart wurde, während es sich bei dem Endabnehmer um einen bloßen Konsumenten oder einen Gewerbetreibenden einer anderen „spécialité" handelt, dem gegenüber eine solche

---

541 Der Begriff des *„eigenen Rechts"* wird im Zusammenhang mit der „action directe" (meist ohne terminologische Klarstellung) in zwei verschiedenen Bedeutungen verwendet: Einmal geht es darum, daß die „action directe" ihrem Inhaber, *im Gegensatz zur „action oblique"*, unstreitig ein „eigenes Recht" gibt, das dieser im eigenen Namen und für eigene Rechnung ausübt (siehe hierzu oben S. 91 f.). Wenn dagegen oben im Text und in den folgenden Ausführungen von der mehr oder weniger umfangreichen Bedeutung eines „eigenen Rechts" des Nacherwerbers die Rede ist, so ist damit im Anschluß an Jamin, La notion d'action directe, die (teilweise) Unabhängigkeit von dem Inhalt des ersten Vertrages der Absatzkette, d.h. also der Gegensatz zu einem ausschließlich „abgeleiteten" Recht gemeint. In dem einen Fall geht es also mehr um die Rechtsinhaberschaft, in dem anderen Fall mehr um Inhalt und Begrenzung des „eigenen Rechts".

542 Jamin, La notion d'action directe, Nr. 384, S. 337; Jourdain, Anm. zu Cass. ass. plén. v. 12.7.1991, D. 1992, Chr., S. 149, 151, Nr. 13.

543 Siehe z.B. Cass. civ. 3ème v. 26.5.1992 (Wanson/Sochan), Bull. civ. 1992, III, Nr. 175, S. 106 f. Mit dieser Entscheidung zog die dritte Zivilkammer zugleich auch die vollständigen Konsequenzen aus der ihr durch Cass. ass. plén. vom 7.2.1986 auferlegten *vertraglichen* Qualifizierung der Haftung des Herstellers gegenüber dem Werkbesteller (vgl. auch die bissige Bemerkung von Viney, J.C.P. 1992, I, 3625, Nr. 15).

Klausel in einem „unmittelbaren" Vertragsverhältnis nicht gültig wäre. Zwar erfordert die Logik der „action directe" (Übertragung der Rechtsposition des Ersterwerbers auf den Nacherwerber), daß sich der Hersteller/Vorverkäufer auch gegenüber einem Konsumenten auf die Freizeichnungsklausel berufen kann, ein solches Ergebnis widerspricht jedoch klar der Zielsetzung, die von Rechtsprechung und Gesetzgebung mit dem Verbot derartiger Klauseln verfolgt wurde. In der Literatur wurden daher zunehmend Stimmen laut, die in einem solchen Fall auch im Verhältnis zwischen Schuldner und Gläubiger der „action directe" eine Ungültigkeit von Freizeichnungsklauseln forderten[544], d.h. also insofern die Rechtsposition des Gläubigers der „action directe" von derjenigen des Zwischenmannes (dem gegenüber die Klausel ja wirksam ist) unabhängig machen wollten. Dieser Position schloß sich schließlich auch die Cour d'appel de Paris in einer Entscheidung vom 6.1.1993 an und verwehrte es einem Hersteller, sich gegenüber dem Zweiterwerber, „non spécialiste en la matière", auf eine Haftungsfreizeichnungsklausel zu berufen[545]. Auch die Chambre commerciale der Cour de cassation hat sich im Bereich des Warentransportes, wo die Ersatzansprüche des Empfängers allerdings aus einem Vertrag zugunsten Dritter hergeleitet werden, gegen die „Entgegenhaltbarkeit" („opposabilité") einer Freizeichnungsklausel ausgesprochen, die der Empfänger nicht kannte und deshalb nicht akzeptieren konnte[546].

Das soeben erwähnte Urteil der Cour d'appel de Paris vom 6.1.1993, in dem einem Hersteller die Berufung auf eine Freizeichnungsklausel gegenüber einem Zweiterwerber „non spécialiste en la matière" verwehrt wurde, wurde jedoch von der ersten Zivilkammer der Cour de cassation in einem Urteil vom 7.6.1995 aufgehoben, wobei die erste Zivilkammer nun ähnlich „puristisch" wie zuvor die dritte Zivilkammer formulierte: „Le fabricant de la chose vendue est en droit d'opposer au sous-acquéreur exerçant une

---

544 So insbesondere Viney, Mélanges Holleaux, S. 399, 423 f.; Ghestin, D. 1991, Jur., S. 549, 554, Nr. 19; Ghestin/Desché, Nr. 1035, S. 1053 f. in Verbindung mit Nr. 1037, S. 1055; Jamin, aaO, Nr. 384, S. 338.

545 Cour d'appel de Paris v. 6.1.1993 (= Vorinstanz zu Cass. civ. 1re v. 7.6.1995), im Kern wiedergegeben in Cass. civ. 1re v. 7.6.1995, D. 1996, Jur., S. 395 f. und bei Viney, J.C.P. 1995, I, 3893, Nr. 29, die allerdings versehentlich das Urteil der Cour de cassation auf den 7. März 1995 datiert.

546 Cass. com. v. 26.5.1992, Bull. civ. 1992, IV, Nr. 211, S. 147. Dieser Gegensatz in den Positionen der dritten Zivilkammer und der Chambre commerciale folgt nach Ansicht von Viney nicht aus den rechtstechnischen Unterschieden der jeweiligen dogmatischen Konstruktion („théorie de l'accessoire" einerseits und Vertrag zugunsten Dritter andererseits), sondern ist Ausdruck von insofern grundsätzlich gegenteiligen Auffassungen (so Viney in J.C.P. 1992, I, 3625, Nr. 15 zu einer weiteren Entscheidung der Chambre commerciale vom 26.5.1992 bezüglich der „Entgegenhaltbarkeit" einer Gerichtsstandsklausel und in J.C.P. 1995, I, 3853, Nr. 1 f.).

action contractuelle tous les moyens de défense qu'il peut opposer à son propre cocontractant"[547]. Mit dieser Entscheidung schwenkte die erste Zivilkammer also auf die von der dritten Zivilkammer vertretene Linie einer möglichst konsequenten, Widersprüche vermeidenden, ja starren Anwendung der „théorie de l'accessoire" ein. Zwar entspricht diese Lösung der Logik der „théorie de l'accessoire", sie widerspricht im Ergebnis aber diametral sämtlichen Konsumentenschutzbestrebungen der letzten Jahre in Rechtsprechung und Gesetzgebung[548], denn Freizeichnungsklauseln, die im „unmittelbaren" Vertragsverhältnis zu einem Verbraucher unwirksam wären, können über die Zwischenschaltung eines weiteren Verkäufers auch gegenüber dem privaten Enderwerber Gültigkeit erlangen[549]. Im Ergebnis bleibt der Schaden so im Bereich der Sachmängelgewährleistung an dem letzten Verkäufer der Absatzkette hängen, dessen Freizeichnungsklausel ja gegenüber dem privaten Enderwerber unwirksam ist, der aber gegen seinen Vorverkäufer bzw. gegen den Hersteller wegen der insoweit wirksamen und entgegenhaltbaren Freizeichnungsklauseln nicht vorgehen kann. Der Letztverkäufer haftet damit für den eigentlich gar nicht aus seiner Sphäre stammenden Produktfehler und zwar selbst dann, wenn der Fehler für ihn unentdeckbar war[550].

Teilweise anders verhält sich die Problematik im Bereich der „action directe en responsabilité contractuelle de droit commun". Sofern es hier um die Haftung wegen Verletzung der *„obligation de sécurité"* geht, sind Haftungsfreizeichnungen generell, d.h. auch zwischen „professionnels de même spécialité" ungültig[551]. Die soeben erörterte Problematik kann sich daher insoweit nicht stellen. Im Bereich der *„non-conformité"* und der *„obligation de renseignement"* kommt es dagegen zu einer vergleichbaren Problematik, da hier Freizeichnungsklauseln in gewissem Umfang zwischen Gewerbetreibenden zulässig sind[552].

---

547 Cass. civ. 1re v. 7.6.1995, D. 1996, Somm., S. 14 m. Anm. Tournafond = D. 1996, Jur., S. 395 f. m. Anm. Denis Mazeaud = J.C.P. 1995, I, 3893, Nr. 29 (Bespr. Viney).

548 Vgl. bereits Ghestin/Desché, Nr. 1035, S. 1054 f.; Jamin, D. 1991, Chr., S. 257, 261, Nr. 6.

549 Vgl. jetzt auch Beaumart, S. 95.

550 Siehe zur Haftung des Verkäufers auch bei Unentdeckbarkeit des Mangels oben S. 42.

551 Siehe oben S. 76.

552 Siehe oben S. 74 f.

bb) Verlust der Forderung des Zwischenmannes gegen den Hersteller/Vorverkäufer durch Erfüllung, Aufrechnung oder Zession

Ist der Zwischenverkäufer aufgrund Erfüllung, Aufrechnung, Zession o. ä. nicht mehr Inhaber der Forderung gegen den „sous-débiteur" (Hersteller/Vorverkäufer), kann natürlich auch der (vermeintliche) Gläubiger der „action directe" diesem gegenüber keine „direkten" vertraglichen Ansprüche mehr geltend machen. Allerdings kann sich der „sous-débiteur" nur bis zur „*Ausübung*" der „action directe" (die auch in einer außergerichtlichen Geltendmachung liegen kann) auf Erfüllung, Aufrechnung oder Zession berufen[553].

cc) Zuständigkeit

aaa) Sachliche Zuständigkeit

Mäßgeblich ist insoweit, wie bei der „action directe en paiement", die sachliche Zuständigkeit, die im Verhältnis zwischen „sous-débiteur" (Hersteller/Vorverkäufer) und Zwischenmann gilt.

bbb) Örtliche Zuständigkeit

Gleiches gilt grundsätzlich auch für die örtliche Zuständigkeit.

Die Abstellung auf den ersten Vertrag der Kette ist jedoch hinsichtlich des Gerichtsstandes des Erfüllungsortes umstritten. Eine Ansicht hält insoweit konsequent den Erfüllungsort des *ersten* Vertrages der Absatzkette für maßgeblich und stellt somit (bezüglich Art. 46 erster Spiegelstrich NCPC) auf den Ort der „livraison effective" an den *Ersterwerber* ab[554]. Nach ande-

---

553 Vgl. Jamin, aaO, Nr. 386, S. 339 f. Dies ergibt sich im einzelnen daraus, daß die „action directe en garantie" (und wohl auch die „action directe en responsabilité contractuelle de droit commun") einer „action directe en paiement *imparfaite*" gleichzustellen ist (siehe dazu Jamin, aaO, Nr. 359 ff., S. 311 ff., Nr. 364, S. 320), bei der die „immobilisation" der Forderung des Zwischenmannes gegen den Schuldner der „action directe" (= deren „Blockierung" mittels Verfügungsverbots zugunsten des Gläubigers der „action directe") im Zeitpunkt der Ausübung der „action directe" eintritt.

554 So Jamin, aaO, Nr. 390, S. 344 (für die „action directe en paiement") und Nr. 392, S. 347 unten (für die „action directe en garantie"); Larroumet, Anm. zu EuGH vom 17.6.1992, J.C.P. 1992, II, 21927, Nr. 5; Gaudemet-Tallon, Anm. zu Cass. civ. 1re v. 28.10.1986, Rev. crit. de dr. int. pr. 1987, S. 612, 616, deren Ausführungen zwar im Zusammenhang mit einer Entscheidung zu Art. 5 Nr. 1 EuGVÜ erfolgen, die insoweit aber ausdrücklich feststellt, daß die von der Cour de cassation vorgenommene Abstellung auf den Erfüllungsort des zweiten Vertrages nicht mit der „analyse faite en droit interne" übereinstimmt.

rer Ansicht soll dagegen der Erfüllungsort der Lieferpflicht des *zweiten* Vertrages besser geeignet sein[555]. Wenn man der letztgenannten Ansicht folgt, so kommt man insoweit zur Gewährung eines „droit propre" im o.g. Sinne, d.h. also zu einer (teilweisen) Unabhängigkeit von der Rechtsposition des Zwischenmannes.

ccc) Zuständigkeitsklauseln

Dem Gläubiger der „action directe" können nach überkommener Rechtsprechung ohne weiteres die Gerichtsstandsklauseln aus dem ersten Vertrag der Absatzkette entgegengehalten werden[556], soweit diese nach Art. 48 NCPC überhaupt zulässig sind[557]. Sind die Parteien des ersten Vertrages Kaufleute, der Gäubiger der „action directe" dagegen nicht, so stellt sich hier wegen der erläuterten Regelung des Art. 48 NCPC ein ähnliches Problem wie bei den Freizeichnungsklauseln[558], so daß sinngemäß auf die diesbezüglichen Ausführungen verwiesen werden kann.

Die soeben (Fn. 556) zitierte Rechtsprechung steht allerdings in einem gewissen Widerspruch zu einer Entscheidung der *ersten Zivilkammer* der Cour de cassation bezüglich der Übertragbarkeit einer Schiedsklausel und zu mehreren Entscheidungen der *Chambre commerciale* im Bereich des

---

555 So de Vareilles-Sommières, Rev. trim. de dr. europ. 1992, S. 709, 719 f. mit Fn. 36 und Leclerc, J.D.I. 1995, S. 267, 287, Nr. 28, die nicht auf den Ort der Lieferung an den Ersterwerber, sondern auf den Ort der Lieferung des Ersterwerbers an den Zweiterwerber abstellen wollen; ebenso im Rahmen der Anwendung des Art. 5 Nr. 1 EuGVÜ, der bekanntlich die internationale und die örtliche Zuständigkeit regelt, Cass. civ. 1re v. 4.3.1986, Bull. civ. 1986, I, Nr. 57, S. 53 ff. und Cass. civ. 1re v. 28.10.1986, Rev. crit. de dr. int. pr. 1987, S. 612 f. m. Anm. Gaudemet-Tallon (beide Entscheidungen ergingen noch vor dem Urteil des EuGH vom 17.6.1992, der ja eine Anwendung des Art. 5 Nr. 1 EuGVÜ auf die „action directe en garantie" bzw. „en responsabilité contractuelle de droit commun" ablehnte, siehe unten S. 205 ff.).

556 Besonders deutlich Cour d'appel de Paris v. 20.6.1967, D. 1968, Somm., S. 60; Cass. civ. 3 ème v. 30.10.1991, Bull. civ. 1991, III, Nr. 251, S. 148 = RJDA 1992, Nr. 32, S. 25 = contr. conc. cons. 1992, Nr. 25 (zweiter Fall) m. Anm. Leveneur.

557 Art. 48 NCPC, wonach Gerichtsstandsvereinbarungen nur zwischen Kaufleuten zulässig sind, behandelt ausdrücklich nur Klauseln bzgl. der örtlichen Zuständigkeit. Klauseln bzgl. der sachlichen Zuständigkeit sind grundsätzlich untersagt, da dieser Bereich als dem „ordre public" zugehörig eingestuft wird (siehe hierzu Croze/Morel, Procedure civile, Nr. 39, S. 51). Sie werden von der Rechtsprechung aber in einseitigen Handelsgeschäften bzgl. der Zuständigkeit der französischen Handelsgerichte (nicht zu verwechseln mit den deutschen Kammern für Handelssachen) anerkannt, siehe z.B. Cass. civ. 2ème v. 3.10.1958, Bull. civ. 1958, II, Nr. 593, S. 394; Cass. com. v. 11.6.1968, D. 1969, Jur., S. 7.

558 Siehe dazu oben S. 131 ff.

Warentransportes. So hat die *erste Zivilkammer* der Cour de cassation in einer Entscheidung vom 6.11.1990 im Bereich der „action directe" eine Schiedsklausel mangels „transmission contractuelle" als nicht durch die Verträge in der Kette übertragen angesehen[559]. Die *Chambre commerciale* der Cour de cassation hat Entsprechendes im Bereich des Warentransportes für eine Gerichtsstandsklausel entschieden und hielt eine zwischen Absender und Frachtführer vereinbarte Gerichtsstandsklausel gegenüber dem Warenempfänger nicht „entgegenhaltbar" („opposable")[560] (allerdings werden die Ersatzansprüche des Empfängers, wie erwähnt[561], über einen Vertrag zugunsten Dritter und nicht über eine „action directe" konstruiert). Die *dritte Zivilkammer*, die ja auch hinsichtlich der Freizeichnungsklauseln konsequent eine „opposabilité" der Bestimmungen des Initialvertrages bejaht, hat dagegen in der bereits zitierten Entscheidung vom 30.10.1991 dem Hersteller die Möglichkeit eingeräumt, sich gegenüber dem Werkbesteller auf eine im ersten Vertrag der Absatzkette enthaltene Gerichtsstandsklausel zu berufen[562]. Die Versuchung ist groß, diese erneut zwischen den einzelnen Zivilkammern der Cour de cassation divergierenden Ergebnisse mit den Besonderheiten der Schiedsklausel einerseits und der Konstruktion des Vertrages zugunsten Dritter andererseits zu erklären. Indessen vermag eine solche Erklärung nur schwerlich zu überzeugen. Was die Schiedsklausel angeht, so hat diese genau wie die Gerichtsstandsklausel weniger das vertragliche Gleichgewicht bzw. den Inhalt des Vertrages zum Gegenstand, als vielmehr die Rechtsstreitigkeiten, die aus seiner Erfüllung oder Nichterfüllung resultieren. Eine unterschiedliche Behandlung beider Fälle läßt sich daher mit diesem Argument nicht rechtfertigen[563]. Ebenso wie die „action directe en garantie" richtet sich der Ersatzanspruch des Warenempfängers im Bereich des Warentransports grundsätzlich nach den Bestimmungen

---

[559] Cass. civ. 1re v. 6.11.1990, Bull. civ. 1990, I, Nr. 230, S. 165. Siehe zu diesem Urteil auch Jamin, aaO, Nr. 392, S. 347; Delebecque, Rev. arb. 1991, S. 19, 27 ff.; de Vareilles-Sommières, Rev. trim. de dr. europ. 1992, S. 709, 719 mit Fn. 35; Denis Mazeaud, Anm. zu Cass. civ. 1re v. 7.6.1995, D. 1996, Jur., S. 395, 397, Nr. 7.

Zwar lag dem Urteil eigentlich eine internationale Vertragskette zugrunde, es wird von den Kommentatoren jedoch fast durchweg in der Diskussion zum innerfranzösischen Recht in Bezug genommen.

[560] Cass. com. v. 26.5.1992, Bull. civ. 1992, IV, Nr. 210, S. 146 f. und hierzu Viney, J.C.P. 1992, I, 3625, Nr. 14 f. sowie Jourdain, Rev. trim. dr. civ. 1993, S. 131, 132 f.; Cass. com. v. 18.10.1994, Bull. civ. 1994, IV, Nr. 308, S. 249 f.; Cass. com. v. 10.1.1995, J.D.I. 1996, S. 141 ff.

[561] Siehe oben S. 132.

[562] Cass. civ. 3ème v. 30.10.1991 Bull. civ. 1991, III, Nr. 251, S. 148 = RJDA 1992, Nr. 32, S. 25 = contr. conc. cons. 1992, Nr. 25 (zweiter Fall) m. Anm. Leveneur.

[563] So Denis Mazeaud, Anm. zu Cass. civ. 1re v. 7.6.1995, D. 1996, Jur., S. 395, 397, Nr. 7.

eines von ihm nicht abgeschlossenen Vertrages, so daß auch insofern eine unterschiedliche Behandlung beider Fälle nur schwer einzusehen ist[564]. Wesentlich plausibler als eine Erklärung dieser unterschiedlichen Ergebnisse mit den Besonderheiten der jeweiligen Fallgruppe ist daher die Feststellung, daß auch hinsichtlich der „opposabilité" von Gerichtsstandsklauseln unterschiedliche Auffassungen innerhalb der Cour de cassation herrschen[565]. Folgt man dabei der von der Chambre commerciale und der ersten Zivilkammer vertretenen Linie, so kommt man zu einer weiteren Gewährung eines „droit propre" im o.g. Sinne.

dd) Verjährung

Für die Verjährung der „action directe" ist grundsätzlich die Verjährungsfrist des ersten Vertrages in der Kette maßgeblich.

Fraglich ist aber, ab welchem Zeitpunkt diese Verjährungsfrist für den Nacherwerber zu laufen beginnt. Für das *unmittelbare* Verhältnis zwischen Verkäufer und Käufer wurden im Bereich der „garantie des vices cachés" drei Zeitpunkte diskutiert, der Zeitpunkt des Kaufes, der Zeitpunkt der Lieferung und derjenige der Entdeckung des Mangels, wobei sich letzterer zur h.M. entwickelt hat[566]. Für die „action directe" ist allerdings fraglich, ob es auf den Zeitpunkt der Entdeckung durch den Zwischenmann oder der Entdeckung durch den Nacherwerber ankommt. Sofern hierzu überhaupt Stellung genommen wird, wird auf den Zeitpunkt der (potentiellen) Entdeckung durch den Zwischenmann abgestellt, da dies der Logik der „action directe" entspreche und zudem das Bedürfnis des Erstverkäufers nach Voraussehbarkeit seiner Haftung befriedige[567]. Entsprechendes (Abstellung auf den ersten Vertrag) dürfte im Bereich der allgemeinen vertraglichen Haftung gelten, wo die Verjährung grundsätzlich mit der Fälligkeit der nicht erfüllten Verpflichtung zu laufen beginnt[568].

ee) Einwand des nicht versteckten Mangels

Wie bereits an früherer Stelle erwähnt, stellt ein Teil der französischen Rechtsprechung hinsichtlich der Verstecktheit des Mangels nicht auf den Zwischenmann, sondern auf den Nacherwerber ab[569]. Folgt man dieser

---

564 Vgl. Viney, J.C.P. 1992, I, 3625, Nr. 13 ff., S. 503 und J.C.P. 1995, I, 3853, Nr. 1 f., S. 264 f.

565 So auch Viney, aaO und J.C.P. 1995, I, 3893, Nr. 29, S. 513; Denis Mazeaud, aaO, Nr. 7 f. Vgl. jetzt auch Beaumart, S. 90 ff.

566 Siehe hierzu oben S. 36.

567 Vgl. Jamin, aaO, Nr. 395, S. 350.

568 Siehe oben S. 81.

Rechtsprechungstendenz, so liegt hierin eine weitere Ausnahme von dem Prinzip eines reinen „droit dérivé“ hin zu einem „droit propre“[570].

ff) Zeitpunkt der Mangelhaftigkeit

Wie ebenfalls bereits an früherer Stelle erörtert, muß der Käufer grundsätzlich beweisen, daß der von ihm geltend gemachte Mangel bereits zum Zeitpunkt des von ihm abgeschlossenen Kaufvertrages vorlag[571]. Der mittels „action directe“ vorgehende *Nacherwerber* muß dagegen nach allgemeiner Ansicht nicht die Mangelexistenz zum Zeitpunkt seines Kaufvertrages mit dem Vormann, sondern die Mangelhaftigkeit zum Zeitpunkt des Abschlusses des *ersten* Kaufvertrages der Absatzkette beweisen, da der erste Verkäufer der Kette ansonsten für einen erst nach Kaufabschluß mit dem Erstabnehmer entstandenen Mangel verantwortlich gemacht werden würde[572]. Insofern besteht also keine Tendenz zur Gewährung eines „droit propre“.

b) Die Maßgeblichkeit des zweiten Vertrages in der Absatzkette und die Rechtsprechung zur „double limite“

Nach der klassischen Konzeption der „action directe en garantie“ und „en responsabilité contractuelle de droit commun“ kann der Hersteller/Vorverkäufer dem Nacherwerber, wie gezeigt, grundsätzlich nur die Einreden aus dem ersten Vertrag der Absatzkette entgegenhalten.

Dies war nach der von Rechtsprechung und Lehre zeitweise vertretenen Regel der *„double-limite“* anders zu beurteilen: hiernach sollte sich der Hersteller/Vorverkäufer sowohl auf die Einreden des ersten Vertrages als auch auf diejenigen des zweiten Vertrages der Absatzkette berufen können. Daß die Regel der „double-limite“ die Nachteile beider Verträge kumuliert und damit nicht nur im Gegensatz zur ursprünglichen Zielsetzung der „action directe en garantie“ und „en responsabilité contractuelle de droit commun“, sondern auch im Gegensatz zu der heutigen Tendenz eines verstärkten Konsumentenschutzes steht, wurde bereits dargelegt[573]. Wegen der genannten Schwierigkeiten stieß die Regel der „double-limite“ in der Literatur zu Recht alsbald auf Ablehnung[574] und wurde schließlich von der

---

[569] Siehe oben S. 106.

[570] Vgl. Jamin, aaO, Nr. 405, S. 358.

[571] Siehe oben S. 37.

[572] Vgl. Savatier, Anm. zu Cass. civ. 1re v. 4.2.1963, J.C.P. 1963, 13159 unter I. Als Beispiel siehe Cass. civ. 1re v. 5.1.1972, J.C.P. 1973, II, 17340 m. Anm. Malinvaud. Vgl. auch Muthig, S. 81.

[573] Siehe oben S. 120.

Rechtsprechung selbst, spätestens mit Ablehnung der Lehre von den „groupes de contrats“[575], wieder verworfen[576].

Eine *ausschließliche* Abstellung auf den zweiten Vertrag der Absatzkette wird in der Literatur nicht erörtert. Eine solche wäre natürlich äußerst günstig für den Gläubiger der „action directe“, sie verstieße aber zum einen gegen die klassische und auch heute (wieder) gültige Konzeption der Herleitung der „action directe en garantie“ und „en responsabilité contractuelle de droit commun“ aus dem ersten Vertrag der Absatzkette, zum anderen gegen den Grundsatz, daß niemand mehr Rechte übertragen kann, als er selber innehat („nemo plus iuris ...“). Schließlich würde auch die Vorhersehbarkeit der Haftung für den Hersteller/Vorverkäufer völlig zunichte gemacht, denn dieser würde dann unter Umständen in einem von ihm überhaupt nicht gewollten Maß verpflichtet, z. B. durch eine besonders weitreichende Haftung oder eine besonders lange Verjährungsfrist im zweiten Vertrag der Absatzkette. Eine alleinige Abstellung auf den zweiten Vertrag in der Kette wird daher zu Recht nicht befürwortet.

Fraglich ist aber, ob damit der zweite Vertrag in der Kette völlig irrelevant für das Bestehen einer „action directe en garantie“ oder „en responsabilité contractuelle de droit commun“ ist. Für die „action directe en paiement“ wird gefordert, daß der Anspruch des Gläubigers der „action directe“ gegen den *Zwischenmann* „sicher“, d.h. also unbedingt existiert (Fälligkeit und „liquidité“ dieser Forderung werden aber nicht verlangt[577]). Dies verhält sich für die „action directe en garantie“ insofern anders, als diese ja sogar auch bei einem Haftungsausschluß im zweiten Vertrag der Kette gewährt wird. Für die „action directe en garantie“ ist daher lediglich die *Existenz* des zweiten Vertrages, nicht aber das Bestehen einer Gewährleistungsforderung gegen den Zwischenmann erforderlich (Gleiches gilt auch für die „action directe en responsabilité contractuelle de droit commun“)[578]. Die einzige *mit Sicherheit* aus dem zweiten Vertrag der Kette herleitbare Einrede ist damit dessen Unwirksamkeit.

---

574 Siehe z. B. Ghestin/Desché, Nr. 1040 f., S. 1061 f.; Jamin, aaO, Nr. 176, S. 154 f., Nr. 295, S. 265, Nr. 409, S. 360 und Nr. 414, S. 363; Mourier, RJDA 1991, S. 583, 588 f.; Viney, Mélanges Holleaux, S. 399, 423 f.; Rémy, Rev. trim. dr. civ. 1989, S. 107, 110.

575 Die Regel der „double-limite“ läßt sich nur mit der Lehre von den „groupes de contrats“, nicht aber mit den klassischen Erklärungskonzepten der „action directe“, die auf eine Ableitung aus dem *ersten* Vertrag in der Kette zielen, vereinen. Zur Zurückweisung der Lehre von den „groupes de contrats“ durch die Rechtsprechung siehe oben S. 115 ff.

576 Siehe oben S. 120.

577 Siehe Jamin, aaO, Nr. 408, S. 359 f.

578 Jamin, aaO, Nr. 409, S. 360.

c) Das Verhältnis zwischen abgeleitetem und eigenem Recht

Von dieser nur sehr beschränkten Möglichkeit für den Schuldner der „action directe", sich einredeweise auf den zweiten Vertrag der Absatzkette zu berufen, ist die zugunsten des Gläubigers der „action directe" in Teilen von Rechtsprechung und Lehre vertretene teilweise Unabhängigkeit von den Bestimmungen des ersten Vertrages der Kette zu unterscheiden. Die „action directe en garantie" ist, wie die „action directe en responsabilité contractuelle de droit commun", in erster Linie ein in Existenz und Umfang aus dem ersten Vertrag der Absatzkette abgeleitetes Recht. Dennoch ist sie nach teilweise vertretener Auffassung zugunsten ihres Gläubigers in mancher Beziehung von diesem ersten Vertrag unabhängig und hat insofern den Charakter eines „eigenen Rechts" im o.g. Sinne[579]. Das heißt aber nicht zwingend, daß sich der von dem ersten Vertrag unabhängige Inhalt dieses Rechts aus dem Inhalt des zweiten Vertrages der Kette ergeben muß, wie sich anhand des Rechts auf vorzugsweise Befriedigung[580] verdeutlichen läßt: dieses ergibt sich aus der Natur der „action directe" und nicht etwa aus dem zweiten Vertrag der Kette.

Der Widerspruch zwischen dem Charakter der „action directe" als abgeleitetem Recht einerseits und als eigenem Recht andererseits wird von

---

[579] In den folgenden, größtenteils allerdings umstrittenen Fällen wird eine Unabhängigkeit von der Rechtsposition des Zwischenmannes angenommen:

1. Im Konkurs des Zwischenmannes und bei einer von dessen Gläubigern betriebenen Forderungspfändung steht dem Gläubiger der „action directe en garantie" und „en responsabilité contractuelle de droit commun" unstreitig ein Recht auf vorzugsweise Befriedigung („droit de préférence") zu (siehe hierzu oben S. 91 f.). Seine Rechte, obwohl aus dem ersten Vertrag der Kette abgeleitet, sind daher insofern von diesem unabhängig.

2. Nach einer in der Literatur vertretenen Meinung, die allerdings von der Cour de cassation nicht geteilt wird, ist eine zwischen zwei Gewerbetreibenden im ersten Vertrag der Absatzkette wirksam vereinbarte Haftungsfreizeichnungsklausel einem Konsumenten nicht „entgegenhaltbar" [siehe hierzu zuvor unter a) aa)].

3. Zur Bestimmung des Erfüllungsortes wird bzw. wurde in Rechtsprechung und Literatur zum Teil auf den zweiten Vertrag in der Kette abgestellt [siehe zuvor unter a) cc) bbb)].

4. Eine Schiedsklausel im ersten Vertrag der Absatzkette ist nach einem Urteil der ersten Zivilkammer der Cour de cassation einem Nacherwerber nicht „entgegenhaltbar"; ähnliches hat die Chambre commerciale hinsichtlich einer Gerichtsstandsklausel im Bereich des Warentransports entschieden; die dritte Zivilkammer hält dagegen hinsichtlich der „action directe" des Werkbestellers an der „Entgegenhaltbarkeit" einer im ersten Vertrag der Kette vereinbarten Gerichtsstandsklausel fest [siehe hierzu oben unter a) cc) ccc)].

5. Der Einwand, daß es sich bei dem geltendgemachten Mangel um einen dem Zwischenmann erkennbaren Mangel gehandelt habe, ist nach einem Teil der Rechtsprechung dem Zweiterwerber nicht „entgegenhaltbar" [siehe oben unter a) ee)].

[580] Siehe hierzu soeben in Fn. 579 und oben S. 91 f.

Jamin damit zu erklären versucht, daß die „action directe" dem Zweiterwerber im Zeitpunkt ihrer Ausübung[581] zunächst die Rechte des Zwischenmannes übertrage, ihm aber gleichzeitig ab diesem Moment ein hiervon unabhängiges, eigenes Recht gewähre, die „action directe en garantie" und „en responsabilité contractuelle de droit commun" sei somit gleichzeitig „translative" und „attributive"[582].

II. Die deliktische Produzentenhaftung

Die deliktische Produzentenhaftung hat in Frankreich einen wesentlich engeren Anwendungsbereich als in Deutschland. Das bereits erörterte „non-cumul"-Prinzip führt hier zu zweierlei Einschränkungen: zum einen kommt die deliktische Produzentenhaftung nicht im *unmittelbaren* Vertragsverhältnis zwischen Käufer und Verkäufer zur Anwendung, zum anderen kommt sie seit dem bereits erwähnten „Lamborghini-Urteil" der Cour de cassation vom 9.10.1979[583] auch nicht mehr im *„mittelbaren"* Verhältnis zwischen entfernteren Gliedern der Absatzkette (wie z.B. im Verhältnis zwischen dem Hersteller und dem Zweit- oder Nacherwerber) zur Anwendung.

Die deliktische Produzentenhaftung läßt sich in zwei Bereiche einteilen, zum einen die „Verschuldenshaftung" gem. Art. 1382, 1383 C. civ. (1.), zum anderen die Gefährdungshaftung (Sachhalterhaftung) gem. Art. 1384 Abs. 1 letzter HS C. civ. (2.).

1. Die deliktische „Verschuldenshaftung" gem. Art. 1382, 1383 C. civ.

Nach allgemeinen Grundsätzen des Deliktsrechts müßte der Geschädigte neben Schaden und Kausalität auch eine „faute"[584] des Schädigers nachweisen. Da ein solcher Beweis im Bereich der Produkthaftung häufig nur schwer zu erbringen ist, hat die französische Rechtsprechung, ähnlich wie bei der allgemeinen vertraglichen Haftung, die Position des Geschädigten teilweise erheblich verbessert.

---

581 So für die „action directe imparfaite", der Jamin die „action directe en garantie" und „en responsabilité contractuelle de droit commun" gleichstellt, siehe oben S. 134, Fn. 553.

582 Jamin, aaO, Nr. 335, S. 296.

583 Nachweise oben Fn. 319.

584 Zu dem nur schwer ins Deutsche übersetzbaren Begriff der „faute", der objektive (Rechtswidrigkeit) und subjektive (Schuldvorwurf) Elemente mischt, siehe z.B. Ferid/Sonnenberger, Bd. 2, 2 O 103 ff.; Brendl/Schweinberger, S. 25.

a) Fallgruppen

Die Rechtsprechung hat dabei die „faute délictuelle“ der „faute contractuelle“ so stark angenähert, daß nicht wenige Autoren die vertragliche und deliktische Verschuldenshaftung gemeinsam erörtern[585]. Da jedoch einige Besonderheiten bestehen, sind noch einmal kurz die einzelnen produkthaftungsrechtlichen Fallgruppen zu behandeln.

aa) Fabrikations- und Konstruktionsfehler

Weist der Geschädigte nach, daß sein Schaden auf einen Mangel des Produktes zurückzuführen ist, so reicht nach h.M. allein das Inverkehrbringen dieses mangelhaften Produktes aus, um eine „faute“ des Herstellers zu vermuten[586]. Mit dieser im Prinzip unwiderleglichen[587] Schuldvermutung hat die Rechtsprechung auch hier den Schritt von einer Verschuldenshaftung zu einer objektiven Erfolgshaftung getan[588] und damit im Ergebnis eine Parallele sowohl zur allgemeinen vertraglichen Haftung als auch zur „garantie des vices cachés“[589] geschaffen.

Die genannte Schuldvermutung galt nach überkommener Rechtsprechung nicht gegenüber einem einfachen Zwischenverkäufer, diesem mußte daher eine „faute“ nachgewiesen werden[590]. Einen Schritt in diese Richtung ist

---

585 So z.B. Viney, Colloque 1975, Nr. 9 ff., S. 75 ff.; Revel, Jcl. civil, Art. 1382 à 1386, Fasc. 366-2. Vgl. auch Lem, S. 105.

586 Siehe z.B. Cass. civ. v. 22.7.1931, D.H. 1931, S. 506; Cass. civ. 1re v. 5.5.1964, Bull. civ. 1964, I, Nr. 234, S. 181, 183; besonders deutlich Cass. civ. 1re v. 18.7.1972, Bull. civ. 1972, I, Nr. 189, S. 164 f.; Cass. civ. 1re v. 27.6.1978, D. 1978, IR, S. 409.

Aus der Literatur siehe Malinvaud, Gaz. Pal. 1973, Doctr., S. 463, 467, Nr. 20; Revel, Jcl. civil, Art. 1382 à 1386, Fasc. 366-2, Nr. 17; Viney, Colloque 1986, S. 80; Huet, Responsabilité du vendeur, Nr. 94, S. 88; Brendl/Schweinberger, S. 26; v. Westphalen/Rohs, § 123, Rz. 35; Winkelmann, S. 105; Lem, S. 106; Muthig, S. 112.

587 So ausdrücklich Winkelmann, S. 105; Lem, S. 106 (widerleglich nur bzgl. des Vertriebsunternehmers); Junke, S. 29 (im Ergebnis verschuldensunabhängige Haftung); Brendl/Schweinberger, S. 26 mit Fn. 119; Malinvaud, Gaz. Pal. 1973, Doctr. S. 463, 467, Nr. 20 („... et là encore le fabricant ne saurait se retrancher derrière l'impossibilité technique de dépister le vice ...“); Huet, Responsabilité du vendeur, Nr. 94, S. 88 („responsabilité objective“).

588 Brendl/Schweinberger, S. 26, Fn. 119; Junke, S. 29; Huet, Responsabilité du vendeur, Nr. 93 f., S. 87 f. („responsabilité objective“); Lambert-Faivre, Risques et assurances des entreprises, 3. Aufl., Nr. 1008, S. 643.

589 Vgl. Brendl/Schweinberger, S. 26; Malinvaud, Gaz. Pal. 1973, Doctr., S. 463, 467, Nr. 20.

590 Vgl. Cass. civ. 3 ème v. 26.4.1983, Bull. civ. 1983, Nr. 90, S. 71 f.; Cass. civ. 3 ème v. 14.5.1985, Bull. civ. 1985, III, Nr. 79, S. 62; Viney, Colloque 1986,

die Cour de cassation aber mittlerweile in dem bereits bei der vertraglichen Verschuldenshaftung erörterten Urteil vom 17.1.1995[591] gegangen. Die bereits in den vorhergehenden Urteilen vom 20.3.1989, 11.6.1991 und 27.1.1993 aufgestellte Verpflichtung des gewerblichen Verkäufers und Herstellers nur Produkte zu liefern, die frei von Mängeln sind, welche zu einer Gefahr für Personen und Güter führen können, soll nach dem Urteil vom 17.1.1995 nicht mehr nur gegenüber dem Erwerber, sondern *auch gegenüber unbeteiligten Dritten* gelten. In Anwendung dieses Prinzips bejahte die Cour de cassation in concreto die Haftung des gewerblichen Verkäufers eines Plastikreifens gegenüber dem hierdurch geschädigten Kind (bzw. seinen Eltern) aus Art. 1382 C. civ. Das geschädigte Kind war dabei weder Erwerber noch Nacherwerber des Produktes, sondern wurde beim Spielen von dem dem Nacherwerber (Privatschule) gehörenden Reifen geschädigt. Da die in den vorhergehenden Urteilen zur kaufrechtlichen „obligation de sécurité" herausgearbeitete und in dem genannten Urteil vom 17.1.1995 auf das Deliktsrecht übertragene „obligation de sécurité" unstreitig als „obligation de résultat" aufgefaßt wird[592], statuierte die Cour de cassation damit auch gegenüber einem „bloßen" Verkäufer im Ergebnis eine verschuldensunabhängige Deliktshaftung[593]. Im Gegensatz zu der sogleich noch zu erörternden „per se" verschuldensunabhängigen Haftung gem. Art. 1384 Abs. 1 C. civ. setzt die auf Art. 1382 C. civ. gestützte Deliktshaftung wegen Verletzung der „obligation de sécurité" jedoch die Darlegung eines „Mangels" des Produktes voraus[594].

bb) Instruktionsfehler und sonstige Pflichtverletzungen

Wie im Bereich der vertraglichen Verschuldenshaftung kann sich die Haftung des Herstellers oder Verkäufers auch im Bereich der deliktsrechtlichen Verschuldenshaftung aufgrund von Instruktionsfehlern oder sonstigen Pflichtverletzungen ergeben. Auch hier muß aber nicht nur dem Verkäufer, sondern auch dem Hersteller eine „faute" nachgewiesen werden[595].

S. 80; Huet, Responsabilité du vendeur, Nr. 95, S. 88; v. Westphalen/Rohs, § 123, Rz. 36; Winkelmann, S. 105; Muthig, S. 113.

591 Siehe oben S. 58 und S. 61.

592 Siehe hierzu oben S. 62.

593 So ausdrücklich auch Jourdain in der Urteilsanmerkung, D. 1995, Jur., S. 351, 353 unter 2. a.E.

594 Siehe hierzu, neben dem Wortlaut der zitieren Entscheidung vom 17.1.1995 („... exempts de tout vice ou de tout défaut de fabrication ..."), auch bereits oben zur vertraglichen Haftung, S. 62 f.

595 Vgl. Revel, Jcl. civil, Art. 1382 à 1386, Fasc. 366-2, Nr. 25.

aaa) Instruktionsfehler

Gegenüber außenstehenden Dritten, die weder Erwerber noch Nacherwerber des Produktes sind, wird eine deliktische Instruktionspflicht bejaht[596].

bbb) Sonstige Pflichtverletzungen

Eine deliktische „faute" kann sich aber, wie im vertraglichen Bereich, auch aus der Tatsache einer mangelhaften Verpackung oder sonstigen Aufbereitung[597], einer mangelhaften Lagerung[598] oder eines mangelhaften Transportes bzw. einer mangelhaften Auslieferung[599] ergeben. Auch eine nicht ausreichende (Vor-)Untersuchung[600] und das Inverkehrlassen eines fehlerhaften Produktes durch einen Verkäufer[601] wurden als haftungsauslösend angesehen.

b) Entlastung, Verjährung und Umfang des zu ersetzenden Schadens

Für die Entlastung durch den Nachweis einer „cause étrangère" und die Berufung auf Entwicklungsrisiken wird auf die obigen Ausführungen zur vertraglichen Verschuldenshaftung verwiesen, die, wie dort erwähnt, auch für die deliktische Verschuldenshaftung Bedeutung haben[602].

Die Verjährung deliktischer Ansprüche beträgt nach dem im Jahre 1985 eingeführten Art. 2270-1 C. civ. 10 Jahre ab dem Zeitpunkt des Auftretens bzw. der Verschlimmerung des Schadens.

---

596 So z.B. Cass. civ. 1re v. 11.10.1983, Bull. civ. 1983, I, Nr. 228, S. 204 f.; implizit bereits Cass. civ. 2 ème v. 21.6.1962, Bull. civ. 1962, II, Nr. 537, S. 384 ff.; Viney, Colloque 1986, S. 80 mit Fn. 49; Revel, Jcl. civil, Art. 1382 à 1386, Fasc. 366-2, Nr. 12 a.E.

597 Malinvaud, Gaz. Pal. 1973, Doctr., S. 463, 467, Nr. 21; Viney, Colloque 1975, S. 81, Nr. 13; dieselbe Colloque 1986, S. 80 mit Fn. 48; Lamy, droit économique, Nr. 5975; Weber/Rohs, PHI 1982, S. 36, 40; Muthig, S. 113.

598 Malinvaud, aaO; Viney, aaO; Lamy, aaO.

599 Overstake, Rev. trim. dr. civ. 1972, S. 485, 498 f., Nr. 32; Weber/Rohs, PHI 1982, S. 36, 41.

600 Viney, Colloque 1975, S. 81, Nr. 13; dieselbe Colloque 1986, S. 80; Lamy, droit économique, Nr. 5973 a.E.; Weber/Rohs, PHI 1982, S. 36, 40 f.; Cass. civ. 1re v. 20.2.1979, Bull. civ. 1979, I, Nr. 67, S. 54 f.

601 Cass. civ. 2 ème v. 7.2.1990, Resp. civ. et ass. 1990, Nr. 159, S. 9; Lamy, droit économique, Nr. 5976. Wie oben bereits erwähnt, spielten Produktbeobachtungs- und Rückrufpflichten bisher nur eine geringe Rolle in der französischen Rechtsprechung und Lehre (siehe aber zu einer in diese Richtung gehenden Rechtsprechung im Bereich von *Arzneimitteln* sowie zu gesetzlichen Regelungen im Bereich der Schadens*prävention*, Lamy, aaO).

602 Siehe oben S. 76 ff.

Der deliktische Schädiger schuldet wie im Bereich der vertraglichen Haftung eine „réparation intégrale". Eine Beschränkung nach Art. 1150 C. civ. auf den bei Vertragsschluß vorhersehbaren Schaden scheidet im Deliktsrecht natürlich von vornherein aus.

2. Die Sachhalterhaftung gem. Art. 1384 Abs. 1 letzter HS C. civ.

Für den durch ein Produkt geschädigten Dritten, der weder Erwerber noch Zweiterwerber des Produktes ist, besteht die Möglichkeit, sich neben der deliktischen Verschuldenshaftung gem. Art. 1382, 1383 C. civ. auf die Sachhalterhaftung gem. Art. 1384 Abs. 1 letzter HS C. civ. zu berufen. Da es sich hierbei um eine „per se" verschuldensunabhängige Gefährdungshaftung handelt[603], ist diese Möglichkeit für den Geschädigten natürlich von besonderem Interesse. Allerdings wird dieser Vorteil durch diverse Unsicherheiten in der Anwendung des Art. 1384 Abs. 1 letzter HS C. civ. geschmälert. Der letzte Halbsatz des Art. 1384 Abs. 1 C. civ. wurde sowohl von den Verfassern des Code civil als auch von der Rechtsprechung und Lehre des 19. Jahrhunderts, genau wie der zweite Halbsatz, als bloße Einleitungsformel angesehen[604]. Erst die mit der zunehmenden Industrialisierung und Technisierung stark steigende Zahl von Unfällen, die mangels nachweisbarem Verschulden häufig völlig entschädigungslos blieben, veranlaßten die Rechtsprechung (nach Anregungen in der Lehre[605]) gegen Ende des 19. Jahrhunderts zur Ableitung einer allgemeinen Sachhalterhaftung aus Art. 1384 Abs. 1 letzter HS C. civ[606].

Liegen die Voraussetzungen dieser Sachhalterhaftung vor [dazu sogleich unter a)] und ist der Anspruch nicht verjährt[607], kann sich der Inanspruchgenommene nur durch den Nachweis einer „cause étrangère" entlasten [dazu unter b)]. Gelingt ihm dies nicht, so kann der Geschädigte wie bei Art. 1382, 1383 C. civ. den Ersatz seines gesamten Schadens verlangen („réparation intégrale")[608].

---

603 Siehe z.B. Viney, Colloque 1986, S. 81; v. Westphalen/Rohs, § 123, Rz. 38; Lem, S. 112; Muthig, S. 114.

604 Ferid/Sonnenberger, Bd. 2, 2 O 301; Brendl/Schweinberger, S. 28.

605 Siehe hierzu Mazeaud/Chabas, Leçons, Bd. II/1, Nr. 514, S. 560; Ferid/Sonnenberger, Bd. 2, 2 O 302.

606 Den Anfang machte Cass. civ. v. 16.6.1896, S. 1897, 1, S. 17 ff. m. Anm. A. Esmein = D. 1897, 1, S. 433 ff. mit „conclusions" von Sarrut und Anmerkung von Saleilles. Näher zur „Entdeckung" des Art. 1384 Abs. 1 letzter HS C. civ. und seiner weiteren Entwicklung Mazeaud/Chabas, Leçons, Bd. II/1, Nr. 514, S. 559 ff.; Ferid/Sonnenberger, Bd. 2, 2 O 302 ff.

607 Die Verjährungsfrist beträgt auch hier gem. Art. 2270-1 C. civ. 10 Jahre.

a) Haftungsvoraussetzungen

Voraussetzung für ein Eingreifen der Sachhalterhaftung ist, daß durch die Einwirkung [bb] einer Sache [aa], die in der „Obhut" („garde") ihres Halters stand [cc], ein Schaden eingetreten ist.

aa) Sache

Unter einer „Sache" i.S. des Art. 1384 Abs. 1 letzter HS C. civ. wird jeder körperliche Gegenstand verstanden, egal, ob es sich hierbei um eine bewegliche oder eine unbewegliche Sache handelt, in welchem Aggregatzustand sie sich befindet und ob sie per se harmlos oder gefährlich ist[609]. Auch braucht die Sache grundsätzlich nicht fehlerhaft zu sein[610].

bb) Einwirkung

Der Schaden muß durch die „Einwirkung" einer Sache entstanden sein, wobei es hierbei um nichts anderes als die Kausalität zwischen schädigendem Ereignis und Schaden geht[611]. Ob diese Einwirkung durch einen körperlichen Kontakt oder aufgrund einer „Fernwirkung" erfolgte, ist ebenso unerheblich wie die Frage, ob sich die schädigende Sache in Bewegung befand oder nicht[612]. Ebenfalls ist es unerheblich, ob die Einwirkung ausschließlich von der Sache selbst ausging (z.B. ein explodierender Kessel)

---

608 Für den *an der schädigenden Sache* entstandenen Schaden haftet der Sachhalter aber nicht, siehe zum einen bereits den Wortlaut des Art. 1384 Abs. 1 C. civ. („... dommage ... qui est causé *par* le fait ... des choses que l'on a sous sa garde", Hervorhebung vom Verfasser) und zum anderen ausdrücklich Cass. civ. 2ème v. 25.11.1992, Bull. civ. 1992, II, Nr. 280, S. 139; Viney, J.C.P. 1993, I, 3664, Nr. 20, S. 147; Jourdain, Rev. trim. dr. civ. 1993, S. 368 ff., Nr. 4.

609 Le Tourneau, Responsabilité, Nr. 2228–2232, S. 711–713; Ferid/Sonnenberger, Bd. 2, 2 O 310 f.; Brendl/Schweinberger, S. 29.

Inwieweit es sich im Rahmen der „garde de la structure" um eine Sache mit einer „gefährlichen" Eigendynamik handeln muß, wird später zu untersuchen sein.

610 Grundlegend war hier das zweite „Jand'heur-Urteil", Cass. Chambres réunies v. 13.2.1930, S. 1930, 1, S. 121 ff. m. Anm. Paul Esmein.

Aus der Literatur siehe z.B. Revel, Jcl. civil, Art. 1382 à 1386, Fasc. 366-1, Nr. 39; Viney, Colloque 1986, S. 81; Mazeaud/Chabas, Leçons, Bd. II/1, Nr. 525, S. 581 u. Nr. 529, S. 584; Ferid/Sonnenberger, Bd. 2, 2 O 310.

611 Siehe z.B. Ferid/Sonnenberger, Bd. 2, 2 O 309, 2 0 315 f.; Brendl/Schweinberger, S. 29.

Zu der Frage, inwieweit es hierbei, angesichts der Möglichkeit einer kumulativen Geltendmachung von Art. 1382 f. und Art. 1384 Abs. 1 letzter HS C. civ. (siehe dazu Le Tourneau, Responsabilité, Nr. 2244, S. 717 m.w.N.; Viney, conditions, Nr. 708 ff., S. 809 ff.; Ferid/Sonnenberger, Bd. 2, 2 O 314), sinnvoll ist, auf den Begriff des „fait de la chose" zu rekurrieren, siehe Ferid/Sonnenberger, Bd. 2, 2 O 313 ff.

oder ob sich ihrer bei Schädigung ein Mensch bediente[613]. Da Art. 1382 und Art. 1384 Abs. 1 letzter HS nicht in einem Ausschließlichkeitsverhältnis zueinander stehen, somit also kumulativ nebeneinander geltend gemacht werden können[614], ist es weiterhin egal, ob gleichzeitig eine „faute" des Schädigers vorlag[615]. Ließe man die bisher dargestellten Anforderungen an die „Einwirkung" genügen, so ergäbe sich hieraus eine genauso uferlose Haftung wie bei ausschließlicher Anwendung der „Äquivalenztheorie". Es wird daher als Korrektiv verlangt, daß die betreffende Sache eine entscheidende, „aktive" Rolle bei der Entstehung des Schadens gespielt hat[616], daß sie dessen „cause génératrice" oder „instrument" war[617]. Ähnlichkeiten zur deutschen Adaequanztheorie sind dabei kaum zu leugnen[618].

cc) „Garde"

aaa) „Garde" im allgemeinen

Als „gardien" wird grundsätzlich derjenige aufgefaßt, der die Nutzung, Leitung und Kontrolle („usage", „direction", „contrôle") über die Sache hat[619]. Maßgeblich ist dabei, daß der „gardien" die Sache im eigenen Interesse benutzt und über diese Benutzung autonom entscheiden kann[620]. Ein bloßer Gehilfe scheidet daher grundsätzlich als „gardien" aus[621]. Die Obhut über die Sache wird als rein tatsächliche Herrschaftsmacht verstanden[622].

---

612 Siehe z.B. Ferid/Sonnenberger, Bd. 2, 2 0 317; Brendl/Schweinberger, S. 29; Mazeaud/Chabas, Leçons, Bd. II/1, Nr. 532 f., S. 586 f.

613 Le Tourneau, Responsabilité, Nr. 2240 ff., S. 715 ff.; Mazeaud/Chabas, Leçons, Bd. II/1, Nr. 529, S. 584; Ferid/Sonnenberger, Bd. 2, 2 O 317.

614 Siehe soeben S. 145.

615 Siehe z.B. Ferid/Sonnenberger, Bd. 2, 2 O 317.
Inwieweit dieses auch bei einem *vorsätzlich* handelnden Schädiger gilt, ist umstritten, spielt aber im Bereich der Produzentenhaftung regelmäßig keine Rolle.

616 Vgl. Mazeaud/Chabas, Leçons, Bd. II/1, Nr. 533, S. 587 f.; Le Tourneau, Responsabilité, Nr. 2251 ff., S. 720 f.; Ferid/Sonnenberger, Bd. 2, 2 O 318; Brendl/Schweinberger, S. 29.
Die Frage, ob die Sache eine aktive oder passive Rolle bei der Entstehung des Schadens gespielt hat, ist nicht mit der Frage zu verwechseln, ob sich die schädigende Sache in Bewegung befunden hat oder nicht (siehe dazu Ferid/Sonnenberger, Bd. 2, 2 O 317 mit Fn. 37 und 2 O 318; Mazeaud/Chabas, Leçons, Bd. II/1, Nr. 533, S. 587: „... le fait d'une chose inerte pouvant être actif").

617 Siehe z.B. Mazeaud/Chabas, aaO, S. 587 f.

618 Ferid/Sonnenberger, Bd. 2, 2 O 318; Brendl/Schweinberger, S. 29.

619 Ständige Rechtsprechung seit dem bekannten „Arrêt Franck", Ch. Réunies v. 2.12.1941, S. 1941, 1, S. 217 ff. mit Bericht Lagarde und Anm. Henri Mazeaud = J.C.P. 1942, II, 1766 m. Anm. Mihura.

620 Siehe z.B. Le Tourneau, Responsabilité, Nr. 2257, S. 722.

Gleichwohl ist die Auslegung der Begriffe „garde“ und „gardien“ eine Rechtsfrage, die der vollen Kontrolle der Cour de cassation unterliegt[623]. Grundsätzlich wird vermutet, daß der Eigentümer „gardien“ ist, diese Vermutung kann aber durch den Nachweis einer Übertragung der „garde“ widerlegt werden (z.B. Verkauf unter Eigentumsvorbehalt, Übergabe an eine Reparaturwerkstatt, Übergabe an einen Transportunternehmer usw.)[624]. Folge der rein tatsächlichen Auffassung der „garde“ ist, daß diese prinzipiell unteilbar ist[625]. Eine Ausnahme besteht jedoch dann, wenn mehrere Personen aufgrund *gleichen* Rechtsstitels Gebrauch und Kontrolle über die Sache haben (z.B. Miteigentümer, Mitmieter usw.), diese werden dann als „cogardiens“ angesehen[626].

bbb) „Garde de la structure“ und „garde du comportement“

Nur eine scheinbare Ausnahme vom Prinzip der Unteilbarkeit der „garde“ stellt dagegen eine weitere, für den Bereich der deliktsrechtlichen Produkthaftung besonders wichtige Konstruktion dar. Im Anschluß an Überlegungen in der Lehre[627] wird von einem Großteil der Rechtsprechung zwischen einer „garde de la structure“ und einer „garde du comportement“ unterschieden[628]. Der „gardien du comportement“ ist dabei verantwortlich

621 Le Tourneau, Responsabilité, Nr. 2264, S. 723 f.; Viney, conditions, Nr. 684, S. 792.

622 Ferid/Sonnenberger, Bd. 2, 2 O 328; Le Tourneau, Responsabilité, Nr. 2257, S. 722.

623 Le Tourneau, Responsabilité, Nr. 2258, S. 722.

624 Vgl. hierzu Le Tourneau, Responsabilité, Nr. 2260 ff., S. 722 ff.; Brendl/Schweinberger, S. 29 f.

625 Siehe z.B. Ferid/Sonnenberger, Bd. 2, 2 O 328.

626 Ferid/Sonnenberger, aaO; Le Tourneau, Responsabilité, Nr. 2275, S. 727.

627 Grundlegend war hier die Arbeit von Goldman, „La Détermination du gardien responsable du fait des choses inanimées“ aus dem Jahre 1946.

628 Die Cour de Cassation vermeidet dabei im Gegensatz zu einigen Cours d'appel eine ausdrückliche Verwendung der Begriffe „garde de la structure“ und „garde du comportement“, ihre Entscheidungen lassen sich aber ohne weiteres auf diese Unterscheidung zurückführen, siehe z.B. Cass. civ. 2 ème v. 5.1.1956 („affaire de l'Oxygène liquide“), J.C.P. 1956, II, 9095 m. Anm. Savatier = D. 1957, Jur., S. 261 m. Anm. Rodière; Cass. civ. 2 ème v. 10.6.1960 (zweites Urteil der Cour de cassation zur „affaire de l'Oxygène liquide“), D. 1960, Jur., S. 609 m. Anm. Rodière = J.C.P. 1960, II, 11824 m. Anm. Esmein; Cass. civ. 2 ème v. 13.2.1964, Bull. civ. 1964, II, Nr. 138, S. 104; Cass. civ. 2 ème v. 5.6.1971, Bull. civ. 1971, II, Nr. 204, S. 145 f.; Cass. civ. 1re v. 12.11.1975, J.C.P. 1976, II, 18479 (erstes Urteil) m. Anm. Viney; Cass. civ. 2 ème v. 20.7.1981, J.C.P. 1982, II, 19848 m. Anm. Chabas; Cass. civ. 2 ème v. 2.2.1982, Gaz. Pal. 1982, 1, Pan., S. 375 m. Anm. F. C. (Chabas); Cass. civ. 2 ème v. 24.2.1983, Gaz. Pal. 1983, 2, Pan.,

für Schäden, die aufgrund des äußeren „Verhaltens“ bzw. aus dem Gebrauch der Sache resultieren (z. B. eine Gasflasche fällt und zerstört dabei eine Fensterscheibe[629]), während der „gardien de la structure“ für Schäden haftet, die sich aus der inneren Struktur, insbesondere also aus Fehlern der Sache ergeben[630] (z. B. Explosion einer Gasflasche ohne äußeren Anlaß[631]). Diese letztgenannte Konstruktion ermöglicht nun eine direkte Inanspruchnahme des Herstellers auch noch nach Übertragung von Besitz und Eigentum an den von ihm hergestellten Produkten, während dies bei Zugrundelegung des klassischen „gardien“-Begriffes nicht möglich gewesen wäre. Die Inanspruchnahme des Herstellers als „gardien de la structure“ wird damit erklärt, daß dieser wegen seiner besonderen Kenntnisse hinsichtlich Eigenschaften und innerer Struktur seines Produktes am ehesten die Kontrollmöglichkeiten über das Produkt und seine Gefahren hat und damit am besten drohende Schäden verhindern kann[632]. Allerdings wird der Hersteller nicht für unbegrenzte Zeit als „gardien de la structure“ angesehen. Die Rechtsprechung hat hier in Fällen, in denen bereits mehrere Jahre seit der Veräußerung des Produktes vergangen waren, eine Haftung des Herstellers als „gardien de la structure“ abgelehnt[633].

Die Einteilung in „garde de la structure“ und „garde du comportement“ wird heute vielfach als unpraktikabel und gekünstelt kritisiert[634]. Problematisch erscheint dabei insbesondere die Frage, für welche Art von Produkten

---

S. 212 f. m. Anm. F. C. (Chabas); Cass. civ. 2 ème v. 4.6.1984, Gaz. Pal. 1984, 2, Jur., S. 634 m. Anm. Chabas; Cass. civ. 2 ème v. 5.10.1988, Resp. civ. et ass. 1988, Nr. 65, S. 7.

Zur ausdrücklichen Verwendung der genannten Begriffe durch einige Cours d'appel siehe z. B. Viney, conditions, Nr. 692, S. 801 mit Fn. 134, Denis, Jcl. civil, Art. 1382 à 1386, Fasc. 150-2, Nr. 21 und aus neuerer Zeit z. B. Cour d'appel de Toulouse v. 12.9.1995, J.C.P. 1996, IV, Nr. 278.

Zurückhaltender bis ablehnend urteilten dagegen z. B. Cass. civ. 2 ème v. 11.12.1968, Bull. civ. 1968, II, Nr. 304, S. 217 f.; Cass. civ. 2 ème v. 3.12.1969, Bull. civ. 1969, II, Nr. 329, S. 244 f.; Cour d'appel d'Amiens v. 10.3.1975, D. 1975, Somm., S. 108; besonders deutlich Cour d'appel de Rennes v. 25.6.1975, Gaz. Pal. 1976, 1, Jur., S. 80 f. m. Anm. Heno.

629 Beispiel von Brendl/Schweinberger, S. 30.

630 Ferid/Sonnenberger, Bd. 2, 2 O 329; Brendl/Schweinberger, S. 30; Mazeaud/Chabas, Leçons, Bd. II/1, Nr. 521, S. 571 ff.

631 Beispiel von Brendl/Schweinberger, S. 30.

632 Vgl. Revel, Jcl. civil, Art. 1382 à 1386, Fasc. 366-1, Nr. 35 a. E. und Nr. 39; Viney, Colloque 1986, S. 81; Lem, S. 113.

633 Siehe z. B. Cass. civ. 2 ème v. 5.6.1971, Bull. civ. 1971, II, Nr. 204, S. 145 f.; Cass. civ. 2 ème v. 15.6.1972, Bull. civ. 1972, II, Nr. 186, S. 150 f.; wohl auch Cass. civ. 2 ème v. 3.10.1979, D. 1980, Jur., S. 325, erste Entscheidung; Viney, conditions, Nr. 695, S. 802; Denis, Jcl. civil, Art. 1382 à 1386, Fasc. 150-2, Nr. 33 f.; Flour et Aubert, Obligations, Bd. 2, Nr. 252, S. 242 unten; Mazeaud/Chabas, Leçons, Bd. II/1, Nr. 521, S. 573.

eine „garde de la structure" angenommen werden kann, wer im Einzelfall als „gardien" anzusehen ist und was zu gelten hat, wenn die genaue Ursache des Schadens unbekannt ist.

α) Art der Produkte, für die eine „garde de la structure" in Betracht kommt

Was die Art der erfaßten Produkte angeht, so wurde eine „garde de la structure" häufig bei der Explosion von mit Gas oder Flüssigkeit gefüllten verschlossenen Behältnissen bejaht (z.B. Explosion einer Sauerstoffflasche[635], einer Bierflasche[636], einer Limonadenflasche[637], einer Batterie[638] usw.), dagegen z.B. verneint bei der Explosion einer Kapsel, die verflüssigtes Gas enthielt[639], bei einem Impfstoff[640] und bei der Explosion eines Reifens[641] (in einer weiteren in diesem Zusammenhang häufig zitierten Entscheidung, in der es um die Explosion einer Ampulle ging, die ein Medikament enthielt[642], lag der Hauptgrund für die Verneinung der Haftung des Herstellers in der langen Verweildauer der Ampulle bei dem Arzt und dessen fehlender Kontrolle bezüglich der Güte ihres Inhalts).

Als Kriterium für die Art der erfaßten Produkte wird von der Rechtsprechung seit einigen Jahren verlangt, daß es sich um Produkte mit einer „gefährlichen Eigendynamik" handeln muß[643]. Eine verläßliche und

---

634 Vgl. Flour et Aubert, Obligations, Bd. 2, Nr. 253, S. 243 f.; Starck/Roland/Boyer, Obligations, Bd. 1, Nr. 522 ff., S. 242; Le Tourneau, Responsabilité, Nr. 2277, S. 728 und Nr. 2280, S. 730; Viney, conditions, Nr. 701 f., S. 804 f.; Durry, Rev. trim. dr. civ. 1970, S. 361, 363 und öfter.

635 So in der bereits zitierten „affaire de l'Oxygène liquide", Cass. civ. 2 ème v. 5.1.1956, J.C.P. 1956, II, 9095 m. Anm. Savatier; Cass. civ. 2 ème v. 10.6.1960, J.C.P. 1960, II, 11824 m. Anm. Esmein.

636 Cass. civ. 2 ème v. 13.2.1964, Bull. civ. 1964, II, Nr. 138, S. 104.

637 Cass. civ. 2 ème v. 5.6.1971, Bull. civ. 1971, II, Nr. 204, S. 145 f. Siehe auch Cass. civ. 1re v. 12.11.1975, J.C.P. 1976, II, 18479 (erste Entscheidung) m. Anm. Viney, wo es um die Explosion einer Flasche „quart Ricqlès" (leicht kohlensäurehaltiges Gemisch aus Zucker und Mentholalkohol) ging.

638 Cour d'appel de Paris v. 5.12.1975, J.C.P. 1976, II, 18479 (zweite Entscheidung) m. Anm. Viney.

639 Cass. civ. 2 ème v. 3.12.1969, Bull. civ. 1969, II, Nr. 329, S. 244 f.

640 Cass. civ. 2 ème v. 7.12.1977, D. 1978, IR, S. 202 m. Anm. Larroumet = Rev. trim. dr. civ. 1978, S. 361 f. m. Anm. Durry.

641 Cour d'appel de Versailles v. 27.1.1983, J.C.P. 1983, II, 20094 m. Anm. Dupichot.

642 Cass. civ. 2 ème v. 15.6.1972, Bull. civ. 1972, II, Nr. 186, S. 150 f.

643 Siehe z.B. Cass. civ. 2 ème v. 5.6.1971, Bull. civ. 1971, II, Nr. 204, S. 145 f. und Cass. civ. 2 ème v. 20.7.1981, J.C.P. 1982, II, 19848 m. Anm. Chabas („dynamisme propre et dangereux"); Cass. civ. 1re v. 12.11.1975, J.C.P. 1976, II,

erschöpfende Aussage über die Produkte, an denen eine „garde de la structure“ möglich ist, läßt sich aber dennoch aus den bisherigen Entscheidungen nicht ableiten[644]. Dies dürfte auch darin seinen Grund finden, daß es sich bei dem Kriterium der „gefährlichen Eigendynamik“ um eine Tatsachenfrage handelt, die dem „pouvoir souverain“ der unteren Instanzgerichte unterliegt[645].

β) Bestimmung des „gardien de la structure“

Ähnlich große Schwierigkeiten können sich bei der Frage ergeben, wer im Einzelfall tatsächlich als „gardien de la structure“ anzusehen ist, der jeweilige Eigentümer, der Einzelhändler, der Grossist, der Hersteller eines explodierenden Behältnisses, der Hersteller bzw. Abfüller des *Inhalts* eines Behältnises usw.[646]? Maßgebliches Kriterium hierfür ist, wie erwähnt[647], wer die Kontrollmöglichkeiten über die Ursache des Schadens und damit die Möglichkeit seiner Verhinderung hatte. Dies wurde von der Rechtsprechung bisher z.B. bejaht für den Hersteller des explodierten Produktes[648], den Hersteller bzw. Abfüller des Inhalts eines explodierten Behältnisses[649] und den Eigentümer[650].

18479 m. Anm. Viney und Cass. civ. 2 ème v. 5.10.1988, Resp. civ. et ass. 1988, Nr. 65, S. 7 („dynamisme propre, capable de se manifester dangereusement“).

Aus der Lehre siehe z.B. Le Tourneau, Responsabilité, Nr. 2278, S. 728; Viney, conditions, Nr. 693, S. 801; Mazeaud/Chabas, Leçons, Bd. II/1, Nr. 521, S. 562; Lem, S. 112.

644 Vgl. Viney, Colloque 1986, S. 82; Revel, Jcl. civil, Art. 1382 à 1386, Fasc. 366-1, Nr. 40.

645 Cass. civ. 2 ème v. 12.11.1975, J.C.P. 1976, II, 18749 m. Anm. Viney; Revel, Jcl. civil, Art. 1382 à 1386, Fasc. 366-1, Nr. 38; Denis, Jcl. civil, Art. 1382 à 1386, Fasc. 150-2, Nr. 28; Lem, S. 112, Fn. 408.

646 Vgl. Malinvaud, Gaz. Pal. 1973, 2, Doctr., S. 463, 467, Nr. 23; Starck/Roland/Boyer, Obligations, Bd. 1, Nr. 522, S. 242; Lem, S. 113, Fn. 412; Muthig, S. 116.

647 Siehe soeben Seite 149.

648 Siehe z.B. Cass. civ. 2 ème v. 14.12.1981, Gaz. Pal. 1982, 1, Pan., S. 150 m. Anm. F. C. (Chabas); Cass. civ. 2 ème v. 2.2.1982, Gaz. Pal. 1982, 1, Pan., S. 375 m. Anm. F. C. (Chabas); Cass. civ. 2 ème v. 14.4.1988, Gaz. Pal. 1988, 2, Som., S. 321 m. Anm. Chabas.

649 Bei der Explosion von Flaschen, die mit kohlensäurehaltigen Getränken gefüllt waren, wurde i.d.R. der „Abfüller“ und nicht der Hersteller der Flasche als „gardien de la structure“ angesehen, siehe z.B. Cass. civ. 2ème v. 5.6.1971, Bull. civ. 1971, II, Nr. 204, S. 145 f.; Cass. civ. 1re v. 12.11.1975, J.C.P. 1976, II, 18479 (erste Entscheidung) m. Anm. Viney; Cass. civ. 2 ème v. 20.7.1981, J.C.P. 1982, II, 19848 m. Anm. Chabas; Cass. civ. 2 ème v. 24.2.1983, Gaz. Pal. 1983, 2, Pan., S. 212 f. m. Anm. F. C. (Chabas). Entsprechendes wurde z.B. auch bei der Explosion einer „bombe aérosol“ entschieden, siehe Cass. civ. 2 ème v. 29.4.1982, Gaz. Pal. 1982, 2, Pan., S. 331 f. m. Anm. F. C. (Chabas).

Fraglich ist, wie sich dies bei einem einfachen Verkäufer verhält. Nach Auffassung mancher Autoren wird auch dieser von der Rechtsprechung als „gardien de la structure“ angesehen[651]. Die hierfür zitierten Urteile vermögen diese Auffassung aber nicht zu stützen. So betraf das von Muthig und Malinvaud zitierte Urteil der ersten Zivilkammer vom 22.6.1971[652] allein die *vertragliche* Haftung des Verkäufers! Die weiteren von Malinvaud zitierten Urteile der 2. Zivilkammer vom 11.12.1968[653] und vom 3.12.1969[654] werden heute überwiegend als Entscheidungen aufgefaßt, in denen die Cour de cassation die Einteilung in „garde de la structure“ und „garde du comportement“ gerade ablehnte[655] und in concreto also den „ravitailleur“ (Entscheidung vom 11.12.1968) bzw. den Verkäufer (Entscheidung vom 3.12.1969) als *klassischen* „gardien“ haftbar machte. Das weitere, von Malinvaud als Vergleich zitierte Urteil der Cour d'appel de Paris vom 14.12.1961[656] betraf wiederum nur die vertragliche Haftung. Für die Haftung eines Verkäufers als „gardien de la structure“ wird schließlich von manchen noch Cass. civ. 2 ème vom 14.11.1979[657] zitiert[658]. In dem der Entscheidung zugrundeliegenden Fall verlangten die Geschädigten von dem Hersteller eines Fernsehapparates Ersatz für die Schäden, die durch die

---

650 Siehe z.B. Cass. civ. 2 ème v. 3.10.1979, D. 1980, Jur., S. 325 (erste Entscheidung) m. Anm. Larroumet, wo der Eigentümer und Vermieter eines implodierten Fernsehapparates statt des Herstellers als „gardien de la structure“ angesehen wurde (es handelte sich hierbei um einen gewerblichen Vermieter, dessen Techniker während der Mietzeit für Wartung und Instandhaltung zu sorgen hatten).

Auch in der bekannten „affaire de l'Oxygène liquide“ (Cass. civ. 2 ème v. 5.1.1956, J.C.P. 1956, II, 9095 m. Anm. Savatier; Cass. civ. 2 ème v. 10.6.1960, J.C.P. 1960, II, 11824 m. Anm. Esmein) wurde der Eigentümer der explodierten Sauerstoffflasche als „gardien de la structure“ angesehen, dieser war aber gleichzeitig auch derjenige, der die Flaschen mit Sauerstoff füllte, so daß auch eine Einordnung bei der zuvor genannten Fallgruppe möglich wäre.

651 So z.B. Muthig, S. 116 mit Fn. 398; früher auch Malinvaud, Gaz. Pal. 1973, 2, Doctr., S. 463, 467, Nr. 23.

652 J.C.P. 1971, II, 16881 (erste Entscheidung).

653 Bull. civ. 1968, II, Nr. 304, S. 217 f.

654 Bull. civ. 1969, II, Nr. 329, S. 244 f.

655 Siehe z.B. Le Tourneau, Responsabilité, Nr. 2280, S. 730; Denis, Jcl. civil, Art. 1382 à 1386, Fasc. 150-2, Nr. 26. Auch Malinvaud selbst hat diesbezüglich offenbar Zweifel, denn er hält nur die von ihm zitierten Urteile, die sich auf die Haftung des Fabrikanten beziehen, für eindeutig (Malinvaud, aaO, Nr. 23, S. 467 unten).

656 J.C.P. 1962, II, 12547 m. Anm. Savatier.

657 D. 1980, Jur., S. 325 f. (zweite Entscheidung) m. Anm. Larroumet.

658 So insbesondere Mazeaud/Chabas, Leçons, Bd. II/1, Nr. 521, S. 572, Fn. 16; wesentlich vorsichtiger dagegen Viney, conditions, Nr. 699, S. 804: „... on peut cependant déduire de certaines de ces décisions qu'elle sérait éventuellement plus favorable à l'attribution de cette charge au vendeur qui assure le service après-vente ...“.

Implosion des Fernsehers verursacht worden waren. Zuvor hatte allerdings der Verkäufer zweimal Reparaturen an dem Gerät vorgenommen. Die Cour de cassation lehnte eine Haftung des Herstellers als „gardien de la structure" ab und zwar mit der Begründung, daß die Ausführungen der Cour d'appel die Cour de cassation nicht in die Lage versetzten, ihre Kontrolle über die Zuerkennung der „gardien"-Eigenschaft auszuüben. Ob die Cour de cassation aber den Verkäufer statt des Herstellers als „gardien de la structure" angesehen hätte, blieb in der Entscheidung offen. Entsprechendes folgte dann aber aus späteren Urteilen, in denen die Cour de cassation nicht den bloßen Verkäufer, sondern nur den Hersteller als „gardien de la structure" ansah[659].

Dies bedeutet aber natürlich nicht, daß ein bloßer Verkäufer nicht als *klassischer* „gardien" angesehen werden kann.

γ) Vermutung eines „vice de la structure"

Schwierigkeiten entstehen schließlich auch, wenn die genaue Ursache des Schadens unbekannt ist, insbesondere wenn sich nicht klären läßt, ob dieser auf einen „vice de la structure" oder auf das „comportement" der Sache bzw. des Sachhalters zurückgeht. Da dem Geschädigten grundsätzlich die Beweislast für die Ursache des Schadens obliegt, kann die Aufteilung in „garde de la structure" und „garde du comportement" folglich dazu führen, daß der Geschädigte leer ausgeht[660]. Die Frage, ob der Geschädigte einen „vice de la structure" nachzuweisen hat, oder, ob bei Unklarheiten die Vermutung besteht, daß der Schaden auf einen (originären) „vice de la structure" zurückgeht, ist heftig umstritten und letztlich ungeklärt. Nach der heute wohl überwiegenden Auffassung in der Literatur ist eine solche Vermutung zu bejahen, d.h. der Nachweis eines „vice de la structure" ist hiernach nicht erforderlich[661]. Nach der Gegenauffassung hat der Geschädigte dagegen einen Mangel nachzuweisen[662]. Die Rechtsprechung der Cour de

---

[659] Siehe z.B. Cass. civ. 2 ème v. 2.2.1982, Gaz. Pal. 1982, 1, Pan., S. 375 m. Anm. F. C. (Chabas); Cass. civ. 2 ème v. 4.6.1982, Gaz. Pal. 1983, 1, Pan., S. 80 m. Anm. F. C. (Chabas); Cass. civ. 2 ème v. 24.2.1983, Gaz. Pal. 1983, 2, Pan., S. 212 f. m. Anm. F. C. (Chabas). So z.B. auch Denis, Jcl. civil, Art. 1382 à 1386, Fasc. 150-2, Nr. 38; Veaux, Jcl. civil, Art. 1382 à 1386, Fasc. 365-2, Nr. 96; Huet, Responsabilité du vendeur, Nr. 100, S. 90.

[660] So die Kritik von Durry, Rev. trim. dr. civ. 1980, S. 358, 360 f; Viney, conditions, Nr. 701, S. 804.

[661] So z.B. Revel, Jcl. civil, Art. 1382 à 1386, Fasc. 366-1, Nr. 39; Viney, conditions, Nr. 787, S. 865; dieselbe Colloque 1986, S. 81; Groutel, Anm. zu Cass. civ. 2 ème v. 30.11.1988, Resp. civ. et ass. 1989, S. 9, 10 a.E., Nr. 66; Marty et Raynaud, Obligations, Bd. 1, Nr. 501, S. 599 unter b); Dupichot, Anm. zu Cour d'appel de Versailles v. 27.1.1983, J.C.P. 1983, II, 20094, unter II; Durry, Rev. trim. dr. civ.

Cassation scheint überwiegend in die Richtung einer entsprechenden Vermutung zu gehen, somit also dem Geschädigten den Nachweis eines Mangels zu ersparen[663]. Nach Auffassung von Chabas läßt sich aus einem Urteil der zweiten Zivilkammer vom 14.4.1988[664] womöglich Gegenteiliges ableiten[665]. Dieses Urteil betraf allerdings insofern einen Sonderfall, als es hier um den Hersteller des explodierten *Behältnisses* und nicht wie sonst üblich um den Hersteller des *Inhaltes* des Behältnisses („Abfüller") ging, einen Umstand auf den auch Chabas in diesem Zusammenhang eigens hinweist[666].

b) Entlastung des „gardien"

Im folgenden ist zu untersuchen, ob und inwieweit sich der Hersteller durch den Nachweis einer „cause étrangère" [aa] oder durch die Berufung auf „Entwicklungsrisiken" [bb] entlasten kann.

aa) „Cause étrangère"

Zur Entlastung des „gardien" durch den Nachweis einer „cause étrangère" kann im wesentlichen auf die obigen Ausführungen zur vertraglichen und deliktischen Verschuldenshaftung verwiesen werden[667]. Es sind jedoch einige Besonderheiten zu erwähnen.

1982, S. 423 f.; einschränkend („le plus souvent") Huet, Responsabilité du vendeur, Nr. 97, S. 89.

662 Siehe z.B. Larroumet, Anm. zu Cass. civ. 2 ème vom 3.10.1979 und vom 14.11.1979, D. 1980, Jur., S. 326, 328 unter II. B. 1. und 2.; Denis, Jcl. civil, Art. 1382 à 1386, Fasc. 150-2, Nr. 31; Malaurie, Anm. zu Cass. civ. 1re v. 20.3.1989, D. 1989, Jur., S. 381, 383.

663 Vgl. Cass. civ. 2 ème v. 20.7.1981, J.C.P. 1982, II, 19848 m. Anm. Chabas; Cass. civ. 2 ème v. 2.2.1982, Gaz. Pal. 1982, 1, Pan., S. 375 m. Anm. F. C. (Chabas); Cass. civ. 2 ème v. 4.6.1984, Gaz. Pal. 1984, 2, Jur., S. 634 m. Anm. Chabas; Mazeaud/Chabas, Leçons, Bd. II/1, Nr. 521, S. 573; Revel, Jcl. civil, Art. 1382 à 1386, Fasc. 366-1, Nr. 39; Marty et Raynaud, Obligations, Bd. 1, Nr. 501, S. 599 unter b).

664 Cass. civ. 2 ème v. 14.4.1988, Gaz. Pal. 1988, 2, Somm., S. 321 m. Anm. Chabas.

665 Siehe die Urteilsanmerkung von Chabas, aaO (vorige Fußnote) und Mazeaud/Chabas, Leçons, Bd. II/1, Nr. 521, S. 573.

666 Mazeaud/Chabas, Leçons, Bd. II/1, Nr. 521, S. 573, Fn. 22.

667 Siehe oben S. 76 ff.

aaa) „Force majeure"

Beruft sich der Sachhalter auf „höhere Gewalt", so kommt eine Entlastung nur in Betracht, wenn die „höhere Gewalt" die alleinige Ursache („cause unique") des Schadens war, was nach französischer Auffassung nur dann der Fall ist, wenn es sich um ein äußeres, unvorhersehbares und unüberwindbares Ereignis handelt[668]. Ein Fehler oder Mangel der Sache kommt jedoch von vornherein nicht als „höhere Gewalt" in Betracht, da es sich hierbei nicht um ein *außerhalb* der Sphäre des Schädigers stattfindendes, d.h. also nicht um ein „äußeres" Ereignis handelt[669].

bbb) Schuldhaftes oder nicht schuldhaftes Verhalten des Geschädigten

α) Voraussetzungen der „force majeure" lagen vor

Sowohl das schuldhafte als auch das schuldlose Verhalten des Geschädigten führen zu einer vollständigen Entlastung des „gardien", wenn sie „cause unique" des Schadens waren, d.h. also wenn der Charakter einer „force majeure" vorlag[670].

β) Voraussetzungen der „force majeure" lagen nicht vor

Erfüllte das Verhalten des Geschädigten dagegen *nicht* die Voraussetzungen der „force majeure", so ist nach heutiger Rechtsprechung (wieder) zwischen dem Verschulden und dem bloß schuldlosen Verhalten des Geschädigten zu differenzieren.

αα) Schuldhaftes Verhalten des Geschädigten

Lag eine „faute" des Geschädigten vor, so konnte sich der Schädiger *vor* dem „Desmares"-Urteil vom 21.7.1982[671] *teilweise* entlasten[672]. Diese Möglichkeit wurde ihm dann durch das „Desmares"-Urteil genommen, in welchem die zweite Kammer der Cour de cassation das „Alles oder Nichts-

---

668 Siehe oben S. 77.

669 Siehe z.B. Le Tourneau, Responsabilité, Nr. 716, S. 242 m.w.N.; Denis, Jcl. civil, Art. 1382 à 1386, Fasc. 150-6, Nr. 19 m.w.N.; Viney, conditions, Nr. 391, S. 461 m.w.N.; Ferid/Sonnenberger, Bd. 2, 2 O 336.

670 Siehe z.B. Denis, aaO, Fasc. 150-6, Nr. 47 f.; Mazeaud/Chabas, Leçons, Bd. II/1, Nr. 597, S. 685.

671 Cass. civ. 2 ème v. 21.7.1982, J.C.P. 1982, II, 19861 m. Anm. Chabas = D. 1982, Jur., S. 449 ff. mit „conclusions" von Charbonnier und Anmerkung von Larroumet.

672 Siehe z.B. Denis, aaO, Nr. 84; Mazeaud/Chabas, aaO, Nr. 598, S. 685 f.

Prinzip" vertrat: entweder das Verschulden des Geschädigten erfüllte die Voraussetzungen einer „force majeure", dann vollständige Entlastung, oder es erfüllte diese Voraussetzungen nicht, dann gar keine Entlastung[673]. Angesichts vehementer Kritik in Literatur und (!) Rechtsprechung[674], vollzog die zweite Kammer dann in einem Urteil vom 6.4.1987 ein erneutes „revirement" und ließ wieder eine teilweise Entlastung zu[675]. Diese Lösung soll aber offenbar nur für ein *schuldhaftes* Verhalten des Geschädigten gelten[676].

ββ) Nicht schuldhaftes Verhalten des Geschädigten

Für den Fall eines *nicht* schuldhaften Verhaltens des Geschädigten ließ die Rechtsprechung zwischen 1963 und 1982 eine *teilweise* Entlastung des „gardien" zu, nahm ihm aber dann durch das „Desmares"-Urteil diese Möglichkeit[677]. Da sich das „revirement" durch das zitierte Urteil vom 6.4.1987, wie soeben erwähnt, offenbar nur auf das schuldhafte Verhalten des Geschädigten bezog, ist davon auszugehen, daß bei einem bloßen „fait de la victime" weiter das „Alles oder Nichts-Prinzip" der „Desmares"-Rechtsprechung gilt[678].

ccc) Schuldhaftes oder nicht schuldhaftes Verhalten eines Dritten

Für diesen Entlastungsgrund gelten die gleichen Grundsätze wie bei der deliktischen und vertraglichen Verschuldenshaftung: hatte die von dem Dritten gesetzte Ursache den Charakter einer „force majeure", so kommt es zu einer vollständigen Entlastung des Sachhalters[679] (egal, ob es sich um ein schuldhaftes oder ein nicht schuldhaftes Verhalten des Dritten handelte[680]);

---

673 Zu weiteren dieser Auffassung folgenden Urteilen siehe Chabas, Anm. zu Cass. civ. 2 ème v. 6.4.1987, J.C.P. 1987, II, 20828 unter II.; Denis, aaO, Nr. 88.

674 Mehrere Berufungsgerichte hatten der Rechtsprechung der zweiten Zivilkammer die Gefolgschaft verweigert, siehe hierzu Chabas, Anm. zu Cass. civ. 2 ème v. 6.4.1987, J.C.P. 1987, II, 20828 unter II.

675 Cass. civ. 2 ème v. 6.4.1987, J.C.P. 1987, II, 20828 m. Anm. Chabas = D. 1988, Jur., S. 32 m. Anm. Mouly = Rev. trim. dr. civ. 1987, S. 767 m. Anm. Huet; für einen Produkthaftungsfall siehe z.B. Cour d'appel de Paris v. 7.7.1989, D. 1989, IR, S. 239. Unzutreffend Muthig, S. 118, die weiterhin die „Desmares"-Rechtsprechung zugrundelegt.

676 Mazeaud/Chabas, Leçons, Bd. II/1, Nr. 598, S. 686 und „Lectures" II. 2° b), S. 693; Jourdain, Jcl. civil, Art. 1382 à 1386, Fasc. 162, Nr. 79 f.

677 Siehe hierzu z.B. Denis, aaO, Nr. 85; Jourdain, aaO, Nr. 77 ff. Zwar erging das Urteil zum „Verschulden des Geschädigten", aufgrund der Allgemeinheit seiner Formulierung hat(te) es jedoch auch Bedeutung für die anderen Entlastungsgründe, siehe z.B. Aubert, D. 1983, Chr., S. 1; Denis, aaO, Nr. 66.

678 Jourdain, aaO, Nr. 80; Mazeaud/Chabas, aaO.

lagen diese Voraussetzungen nicht vor, kommt gar keine Entlastung in Betracht[681], der Sachhalter haftet dann aber „in solidum“ mit dem Dritten, so daß er bei diesem entsprechenden Regreß nehmen kann[682].

bb) Entlastung für Entwicklungsrisiken

Im Gegensatz zur vertraglichen und deliktischen Verschuldenshaftung, wo eine Entlastung für Entwicklungsrisiken in dem *Teilbereich* von Arzneimitteln und pharmazeutischen Produkten zugelassen wurde, ist eine solche Entlastung im Bereich der „gardien“-Haftung gänzlich ausgeschlossen. Der Grund hierfür besteht darin, daß dem Sachhalter in ständiger Rechtsprechung die Berufung darauf versagt wird, bei einem unentdeckbaren Mangel handele es sich um „höhere Gewalt“ (ein unentdeckbarer Mangel wird zwar als „unvorhersehbar“ und „unüberwindbar“ angesehen, nicht jedoch als „äußeres“ Ereignis)[683]. Die Parallele zur ebenfalls verschuldensunabhängigen Sachmängelgewährleistung, wo für unentdeckbare Mängel ja auch voll gehaftet wird, drängt sich auf[684].

III. Das Verhältnis zwischen der „action directe“ und der deliktischen Produkthaftung

Nachdem nun Begriff und Funktionsweise der „klassischen“ vertraglichen und deliktischen Produkthaftung außerhalb unmittelbarer Vertragsbeziehungen im einzelnen erläutert wurden, erscheint es sinnvoll, abschließend noch einmal kurz das sich gegenseitig ausschließende Verhältnis beider Regelungsbereiche bzw. die Entwicklung ihres jeweiligen Anwendungsbereiches zu umreißen. Dabei wird dem Leser manches bereits bekannt vorkommen, was bereits in anderem Zusammenhang erörtert wurde: während dort allerdings das Augenmerk auf der Ausdehnung des Anwendungsbereiches der „action directe“ lag, steht nunmehr die Frage der *Ausschließlichkeit* der auf die nachfolgenden Glieder der Absatzkette erweiterten Vertragshaftung im Vordergrund.

---

679 Siehe z. B. Denis, Jcl. civil, aaO, Nr. 43; Mazeaud/Chabas, aaO, Nr. 588, S. 677 f.

680 Denis, Jcl. civil, aaO, Nr. 45 f.; Mazeaud/Chabas, aaO, S. 678.

681 Denis, Jcl. civil, aaO, Nr. 71; Mazeaud/Chabas, aaO, Nr. 589, S. 678 f.

682 Denis, aaO; Mazeaud/Chabas, aaO. Näher zu den Voraussetzungen eines solchen Regresses Jourdain, Jcl. civil, Art. 1382 à 1386, Fasc. 162, Nr. 35 ff.

683 Viney, conditions, Nr. 391, S. 461; Denis, Jcl. civil, Art. 1382 à 1386, Fasc. 150-6, Nr. 18; Flour et Aubert, Obligations, Bd. 2, Nr. 263, S. 252; Lambert-Faivre, Assurances des entreprises et des professions, Nr. 744, S. 469 m.N. zur Rechtsprechung.

684 Vgl. auch Lambert-Faivre, aaO.

1. Die Verdrängung des Deliktsrechts im Anwendungsbereich der „action directe en garantie“ und „en responsabilité contractuelle de droit commun“

Nachdem es zunächst im Bereich der „action directe en garantie“ zu einer Zurückdrängung des Deliktsrechts kam, vollzog sich später, allerdings mit geringerer Deutlichkeit, eine parallele Entwicklung im Bereich der „action directe en responsabilité contractuelle de droit commun“.

a) Die Ausdehnung des „non-cumul“-Prinzips im Bereich der „action directe en garantie“

Die Cour de cassation dehnte in dem berühmten „Lamborghini-Urteil“ vom 9.10.1979 das „non-cumul“-Prinzip auch auf die direkten Gewährleistungsansprüche des Nacherwerbers gegen den Hersteller bzw. Vorverkäufer aus: diese Ansprüche wurden dort, und werden seither, als *„nécessairement contractuelle“* beurteilt, d.h. eine wahlweise Berufung auf Deliktsrecht wird nicht mehr zugelassen[685]. In dem genannten Urteil ging es um die Ansprüche des Käufers eines Lamborghini 400 GT gegen den Verkäufer, den Importeur und den (italienischen) Hersteller[686] des Fahrzeugs wegen eines auf einen Konstruktionsfehler zurückgehenden Unfalles. Das Berufungsgericht (Cour d'appel de Paris) hatte hier in einer Entscheidung vom 20.12.1977 die Haftung des Herstellers und des Importeurs auf *Deliktsrecht* gestützt, während es eine Gewährleistungshaftung des Verkäufers ablehnte, da nicht dargelegt sei, daß dieser den versteckten Mangel kannte. Die Cour de cassation hob das Urteil insgesamt auf, und zwar hinsichtlich des Herstellers und des Importeurs deshalb, weil deren Haftung gegenüber dem Nacherwerber nach Ansicht der Cour de cassation *„notwendigerweise vertraglicher Natur“* sei und folglich hätte untersucht werden müssen, ob jeweils innerhalb des „bref délai“ geklagt worden war oder nicht (die Aufhebung hinsichtlich des Verkäufers erfolgte deshalb, weil dieser als „vendeur professionnel“ nach damals schon gefestigter Rechtsprechung so anzusehen war, als habe er den Mangel gekannt).

---

685 Cass. civ. 1re v. 9.10.1979, Bull. civ. 1979, I, Nr. 241, S. 192 f. = D. 1980, IR, S. 222 m. Anm. Larroumet = Gaz. Pal. 1980, 1, Jur., S. 249 f. m. Anm. Plancqueel = Rev. trim. dr. civ. 1980, S. 354 ff. (Bespr. Durry).

Dies gilt auch für das Verhältnis zur „gardien-Haftung“, siehe Cass. civ. 2 ème v. 30.11.1988, Resp. civ. et ass. 1989, Nr. 66 m. Anm. Groutel.

686 Eigentlich handelte es sich insoweit sogar um einen internationalen Sachverhalt, was aber weder in dem Verfahren eine Rolle spielte noch von den Kommentatoren des Urteiles überhaupt erwähnt wird (offenbar hat der Hersteller die Anwendung französischen Rechts nicht in Zweifel gezogen).

Die Lösung des „Lamborghini-Urteiles“ wurde anschließend auch auf die direkten Ansprüche aus Wandlung[687] und auf die direkten Gewährleistungsansprüche des Werkbestellers gegen den Hersteller (bei der Aufeinanderfolge eines Kauf- und eines Werkvertrages)[688] ausgedehnt.

b) Die parallele Entwicklung im Bereich der „action directe en responsabilité contractuelle de droit commun“

aa) „Non-conformité“

Wie an früherer Stelle bereits erwähnt[689], gewährte die erste Zivilkammer der Cour de cassation in einem Urteil vom 9.3.1983 erstmalig direkte vertragliche Ansprüche des Nacherwerbers gegen den Hersteller aus „non-conformité“[690]. Zwar folgte die Cour de cassation in diesem Verfahren dem Vorbringen des verurteilten Herstellers insoweit, als dieser sich gegen seine Verurteilung auf der Grundlage des Deliktsrechts (Art. 1382 C. civ.) wendete, dem weiteren Vorbringen des Herstellers, wegen der eigentlich anzuwendenden vertraglichen Haftungsgrundlage sei in concreto die Klage wegen Ablaufes des gewährleistungsrechtlichen „bref délai“ abzuweisen, schloß sich die Cour de cassation jedoch nicht an, sondern stützte die Haftung des Herstellers statt dessen auf die „non-conformité“-Haftung mit ihrer erheblich längeren Verjährungsfrist. Diese Lösung wurde bekanntlich durch die Urteile der Assemblée plénière vom 7.2.1986 auch auf die Ansprüche des Werkbestellers gegen den Hersteller (Aufeinanderfolge eines Kauf- und eines Werkvertrages) ausgedehnt[691]. Zwar war in diesen Urteilen nicht mehr ausdrücklich von einer „action directe *nécessairement* contractuelle“ die Rede, aus der jeweiligen Ablehnung der deliktischen Haftung und aus dem Zusammenhang mit den zuvor erwähnten Urteilen der ersten Zivilkammer vom 9.10.1979 und vom 29.5.1984 ergab sich jedoch auch hier deutlich die ausgedehnte Geltung des „non-cumul“-Prinzips im Verhältnis zwischen dem jeweiligen Gläubiger und dem jeweiligen Schuldner der „action directe“. Daß dies jedoch nicht für die Ansprüche des Werkbestellers gegen

---

687 Cass. com. v. 17.5.1982, Bull. civ. 1982, IV, Nr. 182, S. 162 = J.C.P. 1982, IV, 268 = D. 1983, IR, S. 479 m. Anm. Larroumet. Siehe hierzu auch oben S. 98.

688 Cass. civ. 1re v. 29.5.1984, Bull. civ. 1984, I, Nr. 175, S. 149 = D. 1985, Jur., S. 213 m. Anm. Bénabent = J.C.P. 1985, I, 20387 m. Anm. Malinvaud = Gaz. Pal. 1985, 2, S. 437 m. Anm. Souleau. Siehe hierzu auch oben S. 98 f.

689 Siehe oben S. 123 f.

690 Cass. civ. 1re v. 9.3.1983, Bull. civ. 1983, I, Nr. 92, S. 81 f. = J.C.P. 1984, II, 20295 m. Anm. Courbe = Rev. trim. dr. civ. 1983, S. 753 ff. m. Anm. Rémy.

691 Cass. ass. plén. v. 7.2.1986 (zwei Urteile), Bull. civ. 1986, Ass. plén., Nr. 2, S. 2 f. = D. 1986, Jur., S. 293 m. Anm. Bénabent = D. 1987, Somm., S. 185 m. Anm. Groutel = J.C.P. 1986, II, 20616 m. Anm. Malinvaud.

den „sous-traitant" gilt (Aufeinanderfolge von zwei Werkverträgen), daß vielmehr umgekehrt insoweit nur eine deliktische Haftung in Betracht kommt, wurde in dem ebenfalls bereits erläuterten Urteil der Assemblée plénière vom 12.7.1991 klargestellt[692].

bb) „Obligation de renseignement"

Obwohl teilweise auch im Verhältnis zwischen Hersteller/Vorverkäufer und Nacherwerber eine deliktische Instruktionspflicht befürwortet wird[693], geht doch die ganz überwiegende Rechtsprechung und Lehre von einer vertraglichen Natur der Instruktionspflicht im Verhältnis der Genannten aus[694].

Dieses Ergebnis läßt sich auch aus den Grundsatzurteilen der Assemblée plénière vom 7.2.1986 ableiten, wonach auf den Zweiterwerber oder den Werkbesteller „tous les droits et actions attachés à la chose" übergehen, denn aus dieser weiten Formulierung läßt sich folgern, daß nicht nur Ansprüche aus Sachmängelgewährleistung und wegen Nichterfüllung der Lieferpflicht, sondern auch solche wegen Nichterfüllung der mit der Lieferpflicht verbundenen Nebenpflichten (zu denen die „obligation de renseignement" gehört) auf die genannten Personen übergehen sollen[695]. Obwohl nur in dem grundlegenden Urteil der ersten Zivilkammer vom 31.1.1973[696] ausdrücklich davon die Rede war, daß die Richter der zweiten Instanz ihr Urteil *„notwendigerweise"* auf die „responsabilité contractuelle" gestützt

---

692 Cass. ass. plén. v. 12.7.1991, Bull. civ. 1991, Ass. plén., Nr. 5, S. 7 f. = D. 1991, Jur., S. 549 m. Anm. Ghestin = D. 1991, Somm., S. 321 m. Anm. Aubert = J.C.P. 1991, II, 21743 m. Anm. Viney = J.C.P. 1991, éd. E, II, Nr. 218, S. 279 m. Anm. Larroumet = D. 1992, Somm., S. 119 m. Anm. Bénabent.

693 Vgl. Brendl/Schweinberger, S. 24 und S. 34 f.; wohl auch v. Westphalen/Rohs, § 123, Nr. 37; für den z.T. spezialgesetzlich geregelten Bereich pharmazeutischer Produkte siehe Cour d'appel de Paris v. 4.7.1970, D. 1971, Jur., S. 73 f.; siehe auch Cour d'appel de Nîmes v. 19.5.1994, J.C.P. 1995, IV, Nr. 1080.

694 So z.B. Cass. civ. 1re v. 31.1.1973, Bull. civ. 1973, I, Nr. 40, S. 36 f. = J.C.P. 1975, I, 2679 (Annexe) mit Anm. von N'Guyen Thanh-Bourgeais und Revel; Cass. civ. 1re v. 9.12.1975, Bull. civ. 1975, I, Nr. 361, S. 300 f. = J.C.P. 1977, II, 18588 (erstes Urteil) m. Anm. Malinvaud; Cass. civ. 1re v. 23.4.1985, D. 1985, Jur., S. 558 f. m. Anm. Dion; Cass. civ. 1re v. 13.5.1986, Bull. civ. 1986, I, Nr. 128, S. 128 f.; Cass. civ. 1re v. 7.6.1989, Bull. civ. 1989, I, Nr. 232, S. 155 = D. 1991, Somm., S. 184 f. m. Anm. Penneau.

Aus der Literatur siehe z.B. Dion, Anm. zu Cass. civ. 1re v. 23.4.1985, D. 1985, Jur., S. 559; Revel, Jcl. civil, Art. 1382 à 1386, Fasc. 366-2, Nr. 8 f.; Fabre-Magnan, De l'obligation d'information dans les contrats, Nr. 429, S. 344; allgemein auch Viney, Colloque 1986, S. 79; Jamin, La notion d'action directe, Nr. 397, S. 351 f.

695 Vgl. Sonnenberger, FS Steindorff, S. 777, 788; Muthig, S. 77.

696 Cass. civ. 1re v. 31.1.1973, Bull. civ. 1973, I, Nr. 40, S. 36 f. = J.C.P. 1975, I, 2679 (Annexe) mit Anm. von N'Guyen Thanh-Bourgeais und Revel.

hatten, so ist doch aus dem Zusammenhang mit den Urteilen der ersten Zivilkammer vom 9.10.1979 und der Assemblée plénière vom 7.2.1986 klar, daß auch in diesem Bereich eine Ausweitung des „non-cumul"-Prinzips stattgefunden hat, d.h. also auch insoweit, jedenfalls nach h.M., von einer Ausschließlichkeit der vertraglichen Haftung auszugehen ist.

cc) „Obligation de sécurité"

Schließlich gewährte die Cour de cassation auch im Bereich der von ihr seit Beginn der 90'er Jahre entwickelten kaufrechtlichen „obligation de sécurité" eine „action directe"[697], welche ebenfalls stillschweigend als „notwendigerweise vertraglich" angesehen wurde[698].

2. Verbleibender Anwendungsbereich der deliktischen Haftung

Für die „klassische" deliktische Produkthaftung verbleibt somit nach allem der Bereich außerhalb von Vertragsketten, die aus Kaufverträgen bestehen und solchen, bei denen Werk- auf Kaufverträge folgen, d.h. das („klassische") deliktische Produkthaftungsrecht kommt zur Anwendung, wenn der Geschädigte weder Erwerber oder Nacherwerber noch Besteller (bei der Aufeinanderfolge eines Kauf- und eines Werkvertrages) ist.

Dies verhält sich im Rahmen der aus der Umsetzung der Produkthaftungsrichtlinie 85/374 resultierenden „neuen" Produkthaftungsvorschriften, die jedenfalls aus Sicht des deutschen Betrachters ohne weiteres dem außervertraglichen Haftungsrecht zuzuordnen sind, grundlegend anders.

---

697 Cass. civ. 1re v. 27.1.1993, (Albespy/Debregeas), Bull. civ. 1993, I, Nr. 44, S. 29 f. = D. 1994, Somm. S. 238 m. Anm. Tournafond.

698 In diesem Verfahren hatte der durch eine Explosion seines Jagdgewehres verletzte Kläger den Hersteller und den Vorverkäufer der Patrone, deren Überdruck die Explosion verursacht hatte, auf der Grundlage des *Art. 1384 Abs. 1 Code civil* in Anspruch genommen. Nachdem die Cour d'appel de Montpellier die Klage in zweiter Instanz wegen Ablaufes des gewährleistungsrechtlichen „bref délai" aus Art. 1648 C. civ. abgewiesen hatte, stellte die Cour de cassation ähnlich wie zuvor im Bereich der „non-conformité" klar, daß der „bref délai" mangels Anwendbarkeit der Sachmängelgewährleistung gar nicht anwendbar war, und daß der statt dessen anzunehmende Anspruch wegen Verletzung der kaufvertraglichen „obligation de sécurité" noch nicht verjährt war.

2. Abschnitt

Die Umsetzung der EG-Produkthaftungsrichtlinie 85/374 in Frankreich

Mit fast zehnjähriger Verspätung hat Frankreich schließlich die EG-Produkthaftungsrichtlinie 85/374 vom 25.7. 1985[699], deren Umsetzung bis zum 30.7.1988 hätte erfolgen müssen, durch das Gesetz Nr. 98-389 vom 19.5.1998[700] umgesetzt. Die Gründe für diese Verspätung sind vielgestaltig[701] und sollen hier nicht bewertet werden. Beschleunigt wurde die parlamentarische Arbeit am Ende durch die drohende zweite Verurteilung Frankreichs durch den EuGH[702], die diesesmal erhebliche Sanktionen finanzieller Art nach sich gezogen hätte[703].

A. Überblick über den Gang des Gesetzgebungsverfahrens

Das parlamentarische Verfahren zur Umsetzung der Produkthaftungsrichtlinie zog sich in Frankreich (ganz abgesehen von den Vorarbeiten) über fast acht Jahre hin und bedurfte zweier Anläufe.

Nach einem sehr weitgehenden und heftig kritisierten Vorentwurf vom 7.7.1987[704] wurde am 23.5.1990 ein *Regierungsentwurf* in der Assemblée nationale vorgestellt[705]. Dieser wurde nach erneuter Überarbeitung am

---

699 ABlEG L 210 v. 7.8.1985, S. 29.

700 LOI n° 98-389 du 19 mai 1998 relative à la responsabilité du fait des produits défectueux, Journal Officiel v. 21.5.1998, S. 7744 ff.

Durch dieses Gesetz wurde dem dritten Buch des Code civil nach Art. 1386 C. civ. ein neuer „titre IV bis" eingefügt, der die neuen Vorschriften der Art. 1386-1 bis 1386-18 C. civ. enthält.

701 Ein Hauptgrund war die von Anfang an sehr kontroverse Diskussion um die Entlastung für Entwicklungsrisiken. Weiterhin spielte auch eine Rolle, daß man das geltende Recht bereits als größtenteils der Richtlinie entsprechend ansah und daher eine Umsetzung als nicht sehr dringlich oder gar als gänzlich unnötig ansah (letzteres wurde sogar von der Gesetzgebungskommission der Assemblée nationale mehrheitlich vertreten, siehe hierzu den Bericht des Abgeordneten Beck vom 6.3.1997, Assemblée nationale, dixième législature, rapport n° 3411 v. 6.3.1997, S. 21 ff.).

702 Frankreich wurde bereits durch Urteil des EuGH vom 13.1.1993 (D. 1993, Jur., S. 566 m. Anm. Clergerie) wegen Nichtumsetzung der Richtlinie verurteilt.

703 Der EU-Kommission schwebten insoweit Beträge zwischen 10.350 und 631.771 ECU pro weiterem Tag der Nichtumsetzung vor, siehe den genannten Bericht des Abgeordneten Beck vom 6.3.1997, aaO, S. 6.

704 Siehe hierzu z. B. Lorenz, FS Ferid II, S. 289 ff. Dieser Entwurf wurde später noch einmal überarbeitet, siehe hierzu die bei Junke, Internationale Aspekte, als Anhang III abgedruckte Fassung vom 31.3.1988.

11.6.1992 in erster Lesung von der Assemblée nationale[706] und am 25.6. 1992 in erster Lesung vom Sénat angenommen[707]. Die zweite Lesung in der Assemblée nationale erfolgte am 19.10.1992, diejenige im Sénat am 9.12.1992, wobei jeweils wieder verschiedene Änderungen vorgenommen wurden[708]. Nur wenige Tage später wurde die „commission mixte paritaire" mit der Klärung der noch zwischen Assemblée nationale und Sénat strittigen Fragen beauftragt, was zur Ausarbeitung eines Kompromißtextes vom 15.12.1992 führte[709]. Dieser Text wurde jedoch von der Regierung, aus vorwiegend politischen Gründen, keiner der beiden Kammern des Parlaments mehr vorgelegt!

Erst nach Beginn der neuen Legislaturperiode („dixième législature") wurde von der Abgeordneten Nicole Catala ein neuer Anlauf unternommen und am 13.7.1993 ein Gesetzentwurf präsentiert, der für sich in Anspruch nahm, die vorhergehenden Diskussionen einschließlich der im Vermittlungsausschuß erarbeiteten Kompromisse zu verwerten (da es sich jetzt um einen *Parlamentsentwurf* handelte, ging es fortan auch nicht mehr um ein

---

705 Assemblée nationale, neuvième législature, seconde session ordinaire de 1989–1990, projet de loi n° 1395 vom 23.5.1990, abgedruckt auch in Gaz. Pal. 1990, Textes, S. 432 ff.

Siehe zu diesem Regierungsentwurf z.B. Level, Gaz. Pal. 1990, 2, Doctr., S. 492 ff.; Karila, Gaz. Pal. 1991, 1, Doctr., S. 208 ff.; v. Westphalen/Rohs, § 123, Rn. 51 ff.; Junke, S. 27, 38 ff.; Lem, S. 115 ff.

706 Siehe zum Wortlaut dieser Fassung: Sénat, seconde session ordinaire de 1991–1992, projet de loi (adopté par l'Assemblée nationale) n° 408 v. 15.6.1992.

Zur Vermeidung von Mißverständnissen sei darauf hingewiesen, daß es sich um den den Senatoren zur Entscheidung vorgelegten Text der Assemblée nationale handelt, weshalb das entsprechende Dokument als *Senats*dokument ausgestaltet ist. Entsprechendes gilt in den folgenden Ausführungen auch *umgekehrt* für die vom Senat verabschiedeten Fassungen (anderes gilt nur, wenn die jeweils von der Nationalversammlung oder dem Senat verabschiedeten Fassungen als „T.A." („texte adopté")-Dokument zitiert werden).

707 Siehe zu dieser Fassung: Assemblée nationale, neuvième législature, seconde session ordinaire de 1991–1992, projet de loi n° 2840 v. 26.6.1992.

708 Siehe zu dem von der Assemblée nationale in zweiter Lesung gebilligten Text Assemblée nationale, neuvième législature, première session ordinaire de 1992–1993, T.A. (texte adopté) n° 725 v. 19.10.1992. Zu den vorhergehenden Änderungsvorschlägen siehe Assemblée nationale, neuvième législature, première session ordinaire de 1992–1993, rapport n° 2952 vom 14.10.1992, S. 9 ff.

Siehe zu dem vom Sénat in zweiter Lesung verabschiedeteten Text Sénat, première session ordinaire de 1992–1993, projet de loi adopté (T.A.) n° 28 v. 9.12.1992 sowie zu den vorhergehenden Änderungsvorschlägen Sénat, première session ordinaire de 1992–1993, rapport n° 51 v. 18.11.1992, S. 13 ff.

709 Texte élaboré par la commission mixte paritaire, Assemblée nationale, neuvième législature, première session ordinaire de 1992–1993, rapport n° 3142 v. 15.12.1992, Sénat, première session ordinaire de 1992–1993, rapport n° 124 v. 15.12.1992, S. 15 ff.

„projet de loi“, sondern um eine „proposition de loi“)[710]. Diesen Entwurf ereilte jedoch über mehrere Jahre ein ähnliches Schicksal wie zuvor den Text des Vermittlungsausschusses, d.h. er wurde nicht mehr auf die Tagesordnung der Kammern des Parlaments gesetzt. Erst am 13.3.1997 wurde der Entwurf Catala in leicht geänderter Fassung von der Assemblée nationale in erster Lesung angenommen[711]. Fast ein Jahr später erfolgte am 5.2. 1998 die erste Lesung im Sénat, allerdings mit verschiedenen Änderungen[712]. Die Assemblée nationale stimmte dem Entwurf nach erneuten Modifikationen in zweiter Lesung am 25.3.1998 zu[713], die zweite Lesung im Sénat fand nach weiteren Änderungen am 21.4.1998 statt[714]. In der daraufhin erforderlich gewordenen Sitzung der „commission mixte paritaire“ einigte man sich rasch auf einen Kompromiß hinsichtlich der drei noch in Diskussion befindlichen Artikel[715]. Dieser Kompromiß wurde bereits am 30.4.1998 von der Assemblée nationale und am 5.5.1998 vom Sénat endgültig angenommen.

B. Die Regelungen des Gesetzes Nr. 98-389 vom 19.5.1998 und der Art. 1386-1 ff. C. civ.

Das Gesetz vom 19.5.1998 sieht in seinen Art. 2 bis 20 die Einfügung von 18 neuen Artikeln in den Code civil vor (Art. 1386-1 bis 1386-18). Diese werden in einen neuen „titre IV bis“[716] integriert, der seinen Platz im Anschluß an Art. 1386 C. civ. erhält[717].

---

[710] Assemblée nationale, dixième législature, proposition de loi n° 469 v. 13.7.1993.

[711] Sénat, session ordinaire de 1996–1997, proposition de loi (adoptée par l'Assemblée nationale) n° 260 vom 13.3.1997.

Siehe hierzu auch den vorhergehenden Bericht des Abgeordneten Beck, Assemblée nationale, dixième législature, rapport n° 3411 v. 6.3.1997.

[712] Assemblée nationale, onzième législature, proposition de loi (modifiée par le Sénat) n° 688 v. 6.2.1998.

Siehe hierzu auch den vorhergehenden umfangreichen Bericht des Senators Fauchon, Sénat, session ordinaire de 1997–1998, rapport n° 226 v. 21.1.1998.

[713] Assemblée nationale, onzième législature, session ordinaire de 1997–1998, T.A. n° 113 v. 25.3.1998.

[714] Sénat, session ordinaire de 1997–1998, T.A. n° 115 v. 21.4.1998.

[715] Siehe S. 11 des gemeinsamen Berichts der „commission mixte paritaire“ vom 28.4.1998 (Assemblée nationale, onzième législature, rapport n° 860 (Forni) und zugleich Sénat, session ordinaire de 1997–1998, rapport n° 407 (Fauchon)).

[716] „De la responsabilité du fait des produits défectueux“.

[717] Nicht in den Code civil eingefügt wurden die Art. 14, 21 und 22 des Gesetzes vom 19.5.1998: Während Art. 14 der Regierung die Erstellung eines Berichts über die haftungs- und entschädigungsrechtliche Behandlung von „therapeutischen Risiken“ bis zum 31.12.1998 aufgibt (ein solcher Bericht ist bis Anfang Juli 1999 dem

Nicht mehr enthalten in dem Gesetz vom 19.5.1998 sind die vom Sénat kurz vor Vollendung des Gesetzgebungsverfahrens gestrichenen Änderungen der kaufrechtlichen Sachmängelgewährleistung (Änderung der Art. 1648 und 1649 C. civ.; Einfügung der Art. 1641-1 und 1644-1 C. civ.). Auf die Einfügung dieser seit dem Regierungsentwurf vom 23.5.1990 in den nachfolgenden Entwürfen nicht mehr in ihrem Wortlaut veränderten Bestimmungen wurde schließlich mit Rücksicht auf den seinerzeitigen „Richtlinienvorschlag über den Verbrauchsgüterkauf und -garantien“ vom 23.8.1996[718] verzichtet.

I. Haftungsvoraussetzungen

Nach Art. 1386-1 C. civ. haftet der Hersteller verschuldensunabhängig für den durch einen Fehler seines Produktes verursachten Schaden, egal, ob er mit dem Geschädigten durch einen Vertrag verbunden ist oder nicht.

Auch wenn die Rechtsnatur des aus der Umsetzung der Richtlinie resultierenden Haftungsregimes nicht ganz einheitlich beurteilt wird (außervertragliche oder deliktische Haftung nach Ansicht der deutschen Autoren[719] und einiger französischer Autoren[720], Mischung aus deliktischer und vertraglicher Haftung bzw. weder deliktische noch vertragliche Haftung nach Auffassung einiger anderer französischer Autoren[721]), so ergibt sich doch aus der Möglichkeit, das neue (jedenfalls vertragsunabhängige) Haftungsre-

---

französischen Parlament noch nicht vorgelegt worden), betrifft Art. 21 den zeitlichen Anwendungsbereich (= die neuen Bestimmungen sind auf alle Produkte anzuwenden, die nach dem Inkrafttreten des Gesetzes in den Verkehr gebracht worden sind, auch wenn sie Gegenstand eines vorher abgeschlossenen Vertrages waren) und Art. 22 den räumlichen Anwendungsbereich.

Art. 1 des genannten Gesetzes fügt lediglich die Überschrift des neuen „titre IV bis“ in den Code civil ein.

[718] Amtsblatt der EG 1996 C 307, S. 8 ff. Mittlerweile: Richtlinie 1999/44 zu bestimmten Aspekten des Verbrauchsgüterkaufs und der Garantien für Verbrauchsgüter vom 25.5.1999 (Amtsblatt der EG 1999 L 171 vom 7.7.1999, S. 12).

[719] Siehe z.B. Lorenz, FS Ferid II, S. 289, 291, 301 unter IV.; Junke, S. 42 (für das IPR); Ferid/Sonnenberger, Bd. 4/1, 2 O 383 j („wie das sonst im Deliktsrecht der Fall ist“) und 2 O 388a („... daß der Ersatzanspruch sich nach den allgemeinen Regeln beurteilt, die im Fall außervertraglicher Haftung eingreifen“). Vgl. auch Taschner, NJW 1986, S. 611, 612 rechte Spalte: „Sie [die Richtlinie] erlaubt auch für die Rechte, die auf Umwegen (unwiderleglich vermutetes Verschulden im Rahmen des Kaufrechts) zur richtigen Lösung gekommen sind, Vereinfachung und sachgerechte Qualifikation, nämlich die Einordnung in das Deliktsrecht.“

[720] Testu/Moitry, Dalloz Affaires 1998, supplément au n° 125, S. 3 (Einl.) und S. 4, Nr. 3. Auch Jourdain kommt zu dem Ergebnis, daß es sich um eine außervertragliche Haftung handelt, betont aber gleichzeitig, daß diese sich der Einteilung in vertragliche und deliktische Haftung entzieht (Jourdain, D. 1995, Jur., S. 351, 353 unter 3.; ders. J.C.P. 1998, éd. E, Actualité, S. 821, 822).

gime auch bei Bestehen vertraglicher Beziehungen geltend zu machen, eine wichtige Abweichung von dem grundlegenden „non-cumul"-Prinzip[722]. Da nach Art. 1386-18 C. civ. neben dem neuen Haftungsregime auch die bisherige vertragliche Haftung geltend gemacht werden kann[723], besteht auch kein „umgekehrtes non-cumul-Prinzip" (Ausschließlichkeit des neuen Haftungsregimes[724]) mehr. Vertragliche und außervertragliche Haftung können somit *in diesem Bereich* ohne weiteres nebeneinander geltend gemacht werden, eine schon als sensationell zu bezeichnende Durchbrechung des „non-cumul"-Prinzips!

Zu den Voraussetzungen der Haftung im einzelnen.

1. Haftpflichtige und deren Verhältnis zueinander

a) Hersteller und gleichgestellte Personen

Art. 1386-6 Abs. 1 C. civ. definiert den Hersteller wie folgt: „Hersteller ist, sofern er gewerbsmäßig[725] handelt, der Hersteller eines Endprodukts, eines Grundstoffes oder eines Teilproduktes".

Gemäß Art. 1386-6 Abs. 2 C. civ. werden einem Hersteller der Quasihersteller und der EG-Importeur gleichgestellt, wobei die verwendeten Formulierungen im wesentlichen denen des § 4 Abs. 1 S. 2 und Abs. 2 S. 1 ProdHaftG entsprechen. Im Gegensatz zum ProdHaftG wird jedoch nicht nur für den EG-Importeur, sondern auch für den Quasihersteller ein *gewerbsmäßiges* Handeln verlangt.

Nicht als Hersteller i. S. des neuen Haftungsregimes anzusehen sind nach Art. 1386-6 Abs. 3 C. civ. die Personen, für die eine Haftung nach den Art. 1792 bis 1792-6 C. civ.[726] und 1646-1 C. civ.[727] in Betracht kommt. Zu bemerken ist, daß mit dem Ausschluß der von den Art. 1792 bis 1792-6

---

[721] Siehe z. B. Huglo J.C.P. 1990, éd. E., II, 15687, S. 69, 70; Huet, Dalloz Affaires 1998, S. 1160; siehe auch Jourdain, vorige Fn.

[722] Lorenz, FS Ferid II, S. 289, 291; Junke, S. 41; Muthig, S. 212 f.; Ghestin, FS Lorenz, S. 621, 632; Testu/Moitry, aaO, S. 4, Nr. 3; Beaumart, S. 109 f.

[723] Siehe hierzu im einzelnen unten unter VIII.

[724] Eine solche Ausschließlichkeit war in den ursprünglichen Entwürfen vorgesehen, wurde aber bereits im Laufe des „ersten" Gesetzgebungsverfahrens mit der zweiten Lesung in der Assemblée nationale am 19.10.1992 aufgegeben.

[725] Diese Einschränkung findet sich weder in der EG-Richtlinie noch im deutschen ProdHaftG.

[726] Werkvertragliche Haftung der Bauunternehmer, Architekten usw. (siehe die Legaldefinition in Art. 1792-1 C. civ.) und der in Art. 1792-4 C. civ. genannten Personen (dazu sogleich).

[727] Haftung des Verkäufers eines „immeuble à construire".

C. civ. erfaßten Personen auch die in Art. 1792-4 C. civ. genannten Hersteller, Importeure und Quasihersteller von „composants“ bzw. „EPERS“, d.h. also von bestimmten vorgefertigten „Bauelementen“ erfaßt werden. Dieser Ausschluß wird zu Abgrenzungsproblemen führen, da, wie sich aus Art. 1386-3 C. civ. ergibt, an sich auch die Hersteller von beweglichen Sachen, die durch Einbau Teil einer unbeweglichen Sache werden, grundsätzlich von dem neuen Haftungsregime erfaßt werden. Im übrigen ist es äußerst fraglich, ob der französische Gesetzgeber mit dem Ausschluß der in Art. 1792-4 C. civ. genannten Hersteller (nebst gleichgestellten Importeuren und Quasiherstellern) nicht seine Pflicht zu einer ordnungsgemäßen Umsetzung der Richtlinie verletzt hat[728].

Nicht eindeutig geklärt ist auch die Frage, inwieweit die an sich nicht unter die Art. 1792 ff. C. civ. fallenden *„sous-traitants“* (Subunternehmer) von dem neuen Haftungsregime erfaßt werden. Der Sénat sprach sich in der ersten Lesung des Entwurfes Catala dafür aus, neben den nach Art. 1792 ff. C. civ. Haftpflichtigen ausdrücklich auch die „sous-traitants“ von dem neuen Haftungsregime auszuschließen[729]. Die Assemblée nationale hielt jedoch in zweiter Lesung an ihrer Auffassung fest, die Subunternehmer generell in die Haftung nach den neuen Vorschriften einzubeziehen, übersah dabei offenbar aber, daß ein „fabricant sous-traitant“, jedenfalls nach wohl h.M., unter Art. 1792-4 C. civ. fallen kann[730] und dann doch vom Anwendungsbereich der neuen Vorschriften ausgeschlossen wird[731]. Da der Sénat, der, wie erwähnt, in erster Lesung einen ausdrücklichen Ausschluß auch der „sous-traitants“ vorgesehen hatte, somit teilweise sein Ziel erreicht

728 Siehe hierzu Huet, Dalloz Affaires 1998, S. 1160, 1163 mit Fn. 41.

729 Art. 1386-6 Abs. 3 C. civ. lautete daher in der vom Sénat am 5.2.1998 verabschiedeten Fassung: „Ne sont pas considérés comme producteurs, au sens du présent titre, les professionnels, *ainsi que leurs sous-traitants*, exposés au régime de responsabilité organisé par les articles 1792 à 1792-6 et 1646-1“ (Hervorhebung vom Verfasser).

730 Siehe zu der Problematik unter anderem die Ausführungen des Senators Fauchon in dem Rapport n° 377 vom 7. April 1998: „Si les garanties légales dues par les constructeurs en matière immobilière ne s'appliquent pas en principe aux sous-traitants, *l'article 1792-4* met néanmoins une responsabilité solidaire envers le maître de l'ouvrage à la charge du *‚fabricant d'un ouvrage, d'une partie d'ouvrage ou d'un élément d'équipement conçu et produit pour satisfaire, en état de service, à des exigences précises et déterminées à l'avance‘*. Certains sous-traitants entrent dans cette définition. Leur responsabilité envers le maître de l'ouvrage „peut“ donc être mise en œuvre au titre de la garantie biennale ou décennale sans qu'il soit possible de définir exactement les conditions de cette responsabilité en l'état de la jurisprudence et de la doctrine“ (Sénat, session ordinaire de 1997–1998, Rapport n° 377, S. 11). Siehe hierzu auch oben S. 128 ff.

731 Auf dieses (wahrscheinliche) Versehen wird auch in dem Bericht n° 377 des Senators Fauchon vom 7. April 1998 mehrfach hingewiesen (siehe S. 3, 8 und 11 f. des Berichtes).

hatte und man insgesamt wegen der drohenden weiteren Verurteilung durch den EuGH unter enormen Zeitdruck stand, billigte der Sénat in zweiter Lesung die Formulierung der Assemblée Nationale. Ein „fabricant sous-traitant“, der in den Anwendungsbereich des Art. 1792-4 C. civ. fällt, haftet somit nicht nach den „neuen“ Produkthaftungsvorschriften des Code civil, d.h. entgegen der bereits in einigen Kommentaren zu den neuen Produkthaftungsvorschriften geäußerten Ansicht[732], fallen nicht *sämtliche* „sous-traitants“ in den Anwendungsbereich des neuen Gesetzes.

b) Verkäufer, Vermieter oder sonstige gewerbliche Lieferanten und deren Rückgriff gegen den Hersteller

Erheblich weitergehend als § 4 Abs. 3 ProdHaftG und Art. 3 Abs. 3 der Richtlinie läßt Art. 1386-7 Abs. 1 C. civ. auch den Verkäufer, den Vermieter oder jeden anderen gewerblichen Lieferanten generell in gleicher Weise wie den Hersteller haften, *unabhängig davon, ob der Hersteller rechtzeitig feststellbar ist oder nicht*! Eine Ausnahme soll lediglich für den Leasinggeber und den einem Leasinggeber gleichzustellenden Vermieter gelten. Beweggrund für diese gegenüber der Richtlinie erhebliche Erweiterung ist zum einen die Bestrebung, dem Geschädigten, der meistens nur seinen unmittelbaren Verkäufer kennt, die Rechtsverfolgung zu erleichtern, zum anderen soll hiermit dem geltenden französischen Produkthaftungsrecht Rechnung getragen werden, das die einzelnen Glieder der Absatzkette im wesentlichen der gleichen Haftung unterwirft[733]. Damit haftet ein „einfacher“ Lieferant in Frankreich nicht nur nach dem bisherigem Produkthaftungsrecht, sondern auch nach den neuen Produkthaftungsvorschriften erheblich strenger als z.B. in Deutschland.

Nach Art. 1386-7 Abs. 2 C. civ. unterliegt der Rückgriff des Lieferanten gegen den Hersteller den gleichen Regeln wie die Klage des direkt Geschädigten gegen den Lieferanten. Allerdings muß der Rückgriffsanspruch innerhalb eines Jahres nach Verklagung des Lieferanten gerichtlich geltend gemacht werden.

---

[732] Siehe Jourdain, J.C.P. 1998, éd. E, Actualité, S. 821, 822; Ghestin, J.C.P. 1998, I, 148, S. 1201, 1204, Nr. 17 a.E.

[733] Siehe zu diesen Beweggründen bereits den Bericht des Abgeordneten Briand vom 14.10.1992, Assemblée nationale, première session ordinaire de 1992–1993, rapport n° 2952 vom 14.10.1992, S. 12 f. (zu dem damaligen Art. 1386-6-1 C. civ).

c) Gesamtschuldnerische Haftung des Teilprodukteherstellers und desjenigen, der die Einarbeitung des Teilprodukts in sein Produkt vorgenommen hat

Wird der Schaden durch den Fehler eines Produktes verursacht, das in ein anderes Produkt eingearbeitet wurde, so sollen nach Art. 1386-8 C. civ. der Hersteller des eingearbeiteten Produktes und derjenige, der die Einarbeitung vorgenommen hat, gesamtschuldnerisch haften[734].

Der Teilproduktehersteller kann sich jedoch nach Art. 1386-11 Abs. 2 C. civ. entlasten, wenn er nachweist, daß der Fehler durch die Konstruktion des Produktes, in das das Teilprodukt eingearbeitet wurde oder durch die Anleitungen des Herstellers dieses Produktes verursacht worden ist[735]. Ebenso wie in den vorhergehenden Entwürfen findet sich in dem Gesetz vom 19.5.1998 keine Regelung darüber, in welcher Weise bei mehreren Ersatzpflichtigen außerhalb des in Art. 1386-8 C. civ. geregelten Falles zu verfahren ist. Zwar fehlt damit eine dem Art. 5 der Richtlinie entsprechende allgemeine und ausdrückliche Anordnung einer gesamtschuldnerischen Haftung der nach dem neuen Gesetz nebeneinander Haftenden. Es kann aber kein Zweifel daran bestehen, daß auch die nicht in Art. 1386-8 C. civ. genannten Personen „gesamtschuldnerisch" i.S. des Art. 5 der Richtlinie haften, denn Ziel des Art. 1386-8 C. civ. ist nicht etwa die Einschränkung des in Art. 5 der Richtlinie geregelten Prinzipes, sondern im Gegenteil dessen Erweiterung auf den dort nicht geregelten Fall des „incorporateur"[736]. Es stellt sich jedoch die Frage, ob diese Personen in

---

[734] Sonnenberger vertrat zu dem dem heutigen Art. 1386-8 C. civ. entsprechenden Art. 1386-7 Abs. 1 des von ihm besprochenen Entwurfs die Auffassung, daß die Haftung des Herstellers eines „produit incorporé" sowohl den Teil- wie den Grundstoffhersteller i.S. deutscher Terminologie erfaßt (Ferid/Sonnenberger, aaO, 2 O 383 i, Fn. 195).

Dagegen spricht, daß sowohl der damalige Art. 1386-7 Abs. 1, als auch der heutige Art. 1386-8 C. civ. die gesamtschuldnerische Haftung für das „produit incorporé" neben dem „incorporateur" ausdrücklich dem Hersteller der *„partie composante"* zuweist. Unter einer „partie composante" versteht aber Art. 1386-6 Abs. 1 C. civ. (der dem damaligen Art. 1386-6 Abs. 1 wörtlich entspricht) in Übereinstimmung mit der französischen Fassung des Art. 3 Abs. 1 der Richtlinie nur ein Teilprodukt, nicht jedoch einen Grundstoff.

Sonnenberger ist aber darin beizupflichten, daß der Begriff des „produit incorporé" sowohl ein *Teilprodukt,* als auch einen Grundstoff umfassen kann. Art. 1386-8 C. civ. ist daher nicht wünschenswert klar.

[735] Diese Bestimmung fand sich ursprünglich im zweiten Absatz des dem heutigen Art. 1386-8 C. civ. entsprechenden Art. 1386-7 C. civ. (siehe hierzu z.B. den Regierungsentwurf vom 23.5.1990, Assemblée nationale, neuvième législature, seconde session ordinaire de 1989–1990, projet de loi n° 1395 vom 23.5.1990), wurde dann aber alsbald entsprechend der Richtlinie im Zusammenhang mit den sonstigen Entlastungsmöglichkeiten geregelt.

Übereinstimmung mit Art. 1386-8 C. civ. und der französischen Fassung des Art. 5 der EG-Richtlinie „solidairement“ oder wie es ansonsten im Deliktsrecht üblich ist „in solidum“ haften[737]. Dies wird nicht zuletzt auch von der rechtlichen Einordnung des neuen Haftungsregimes abhängen. Eine unterschiedliche Behandlung der in Art. 1386-8 C. civ. genannten und der sonstigen nach dem neuen Gesetz haftenden Personen wäre aber nicht sinnvoll, da ja der in Art. 1386-8 C. civ. genannte Teilprodukthersteller z. B. auch neben dem Verkäufer, Vermieter usw. haften kann. Der Teilprodukthersteller würde dann einmal „solidairement“ haften (gemeinsam mit dem „incorporateur“), ansonsten aber „in solidum“. Gegen die Annahme einer generellen „solidarité“ spricht allerdings, daß Art. 1202 C. civ. hierfür mangels Vereinbarung eigentlich eine ausdrückliche gesetzliche Anordnung verlangt, eine solche liegt aber nur für die in Art. 1386-8 C. civ. genannten Personen vor. Es wird abzuwarten sein, wie die Rechtsprechung die aufgeworfenen Fragen löst.

2. Produkt

Unter einem „Produkt“ wird gem. Art. 1386-3 S. 1 C. civ. jede bewegliche Sache[738] verstanden, auch wenn sie Teil einer unbeweglichen Sache ist, inklusive Boden-, Tierzucht-, Jagd- und Fischereierzeugnisse[739]. In Übereinstimmung mit den vorhergehenden Entwürfen und im Gegensatz zu § 2 S. 2 ProdHaftG, der wie Art. 2 der Richtlinie 85/374 die letztgenannten „Produkte“ nur erfaßt, wenn sie einer *ersten Verarbeitung* unterzogen worden sind, wird in Art. 1386-3 S. 1 C. civ. also von der Option des Art. 15 Abs. 1 Buchst. a) der Richtlinie Gebrauch gemacht[740].

Auch Elektrizität wird wie in Art. 2 S. 3 der Richtlinie und § 2 Abs. 1 S. 1 ProdHaftG als Produkt angesehen (Art. 1386-3 S. 2 C. civ.).

Entsprechendes dürfte auch für Software gelten[741].

---

736 Siehe hierzu bereits Assemblée nationale, seconde session ordinaire de 1990–1991, rapport n° 2136 v. 20.6.1991, S. 22: „Cette disposition du projet de loi est plus favorable aux victimes que la directive: en effet, si plusieurs personnes sont responsables du même dommage, la directive prévoit que leur responsabilité est solidaire mais elle ne vise pas, à proprement parler, les incorporateurs.“

737 Siehe hierzu bereits Ferid/Sonnenberger, aaO, 2 O 383 j.

738 Hiermit dürften nur „meubles par nature“ gemeint sein, Ferid/Sonnenberger, aaO, 2 O 383.

739 Die begriffliche Zusammenfassung von Boden-, Tierzucht- und Fischereierzeugnissen zu „landwirtschaftlichen Naturprodukten“ (siehe Art. 2 S. 2 der Richtlinie) wird in Art. 1386-3 C. civ. nicht vorgenommmen.

740 In Frankreich ist daher eine Umsetzung der Richtlinie 1999/34 vom 10.5.1999 (ABlEG 1999 L 141) nicht erforderlich.

Im Unterschied zum Wortlaut der Richtlinie und des ProdHaftG ist in Art. 1386-3 S. 1 C. civ. nicht ausdrücklich von beweglichen Sachen die Rede, die Teil einer anderen *beweglichen* Sache sind. Daß aber auch diese als „Produkt“ anzusehen sind, ergibt sich ohne weiteres aus dem bereits erörterten Art. 1386-8 C. civ., der auch ein in ein anderes Produkt eingefügtes Teilprodukt als „Produkt“ ansieht[742].

Mangels einer dem § 15 Abs. 1 ProdHaftG entsprechenden Bestimmung fallen auch Arzneimittel in den Anwendungsbereich des neuen Gesetzes.

Gleiches gilt für Bestandteile des menschlichen Körpers und hieraus gewonnene Produkte (z. B. Blutplasma). Die Assemblée nationale wollte diesen sensiblen Bereich[743] in der ersten Lesung des Entwurfes Catala zunächst ganz aus dem Anwendungsbereich der neuen Vorschriften ausschließen[744], da es bei dieser Art von „Produkten“ nicht um den Bereich industrieller Produktion nebst entsprechendem Handel gehe und da das neue Haftungsregime nicht nur auf diesen Bereich nicht passe, sondern überdies auch weniger Schutz gewähre als die bisherige Rechtsprechung in diesem Bereich und der im Jahre 1991 geschaffene Entschädigungsfonds zugunsten HIV-infizierter Transfusionspatienten und Bluter[745]. Der auf Seiten des Senats federführende Senator Fauchon hielt dem u. a. entgegen, daß die Richtlinie einen derartigen Ausschluß nicht gestatte, und daß im übrigen das neue Haftungsregime die Anwendung der bisherigen Haftungsregime unberührt lasse, so daß der Geschädigte die für ihn günstigste Regelung wählen könne. Im übrigen sei es paradox, von der neuen Haftung Produkte auszuschließen, die u. a. aus Bestandteilen des menschlichen Körpers zusammengesetzt seien, bei denen aber Fehler zu besonders gravierenden Folgen führen könnten[746]. Der Senat strich daraufhin in erster Lesung des Entwurfes Catala den von der Assemblée nationale vorgesehenen Art. 1386-

---

741 So die ministerielle Antwort Nr. 15677 vom 24.8.1998 auf eine entsprechende Anfrage (J.C.P. éd. E. 1998, S. 1430). Im gleichen Sinne Endrös, PHi 1998, S. 122, 127; differenzierend zwischen gewerblich vertriebener Massensoftware und individuell hergestellter oder modifizierter Software Leonhard, ZVglRWiss 98 (1999), S. 101, 115.

742 Vgl. bereits Ferid/Sonnenberger, aaO, S. 2 O 383 mit Fn. 183.

743 Man denke nur an die Affäre um die mit dem AIDS-Virus verseuchten Blutkonserven („l'affaire du sang contaminé“).

744 Siehe Art. 1386-3 Abs. 2 C. civ. in der von der Assemblée nationale in erster Lesung des Entwurfes Catala verabschiedeten Fassung, Sénat, session ordinaire de 1996–1997, proposition de loi (adoptée par l'Assemblée nationale) n° 260 vom 13.3.1997.

745 Siehe hierzu den Bericht des Abgeordneten Beck, Assemblée nationale, dixième législature, rapport n° 3411 v. 6.3.1997, S. 11 f.

746 Siehe den Bericht des Senators Fauchon vom 21.1.1998, Sénat, session ordinaire de 1997–1998, rapport n° 226 v. 21.1.1998, S. 27 f.

3 Abs. 2 C. civ., was von der Assemblée nationale in zweiter Lesung akzeptiert und schließlich Gesetz wurde. Es sei an dieser Stelle bereits erwähnt, daß das neue Haftungsregime, das die genannten „Produkte" somit erfaßt, in diesem Bereich dem Hersteller, entsprechend der bisherigen Rechtsprechung[747], eine Entlastung für Entwicklungsrisiken versagt (Art. 1386-12 Abs. 1 i.V.m. Art. 1386-11 Nr. 4 C. civ.).

3. Fehlerhaftigkeit

In fast wörtlicher Übereinstimmung mit Art. 6 Abs. 1 der Richtlinie und § 3 Abs. 1 ProdHaftG ist ein Produkt nach Art. 1386-4 Abs. 1 und 2 C. civ. dann als fehlerhaft zu beurteilen, wenn es nicht die Sicherheit bietet, die man berechtigterweise erwarten kann. Bei der hierfür erforderlichen Bewertung sind alle Umstände, insbesondere die Darbietung des Produktes, der Gebrauch, mit dem vernünftigerweise gerechnet werden kann und der Zeitpunkt des Inverkehrbringens zu berücksichtigen.

Maßgebender Ansatzpunkt für die Fehlerhaftigkeit ist also nicht, wie etwa im Bereich der Sachmängelgewährleistung, die Beeinträchtigung der Gebrauchstauglichkeit des Produktes, sondern die Beeinträchtigung der Sicherheit des Geschädigten vor Schädigungen seiner Person oder seines Eigentums[748]. Welches Maß an Sicherheit von einem Produkt „berechtigterweise" erwartet werden kann, ist anhand eines *objektiven* Maßstabes zu bestimmen[749]. Nach Art. 1386-4 Abs. 3 C. civ., der ebenfalls fast wörtlich der französischen Fassung des Art. 6 Abs. 2 der Richtlinie entspricht, kann ein Produkt nicht allein deshalb als fehlerhaft angesehen werden, weil später ein verbessertes Produkt in den Verkehr gebracht wurde.

Aus Art. 1386-10 C. civ. ergibt sich schließlich, daß, wie nach bisheriger Rechtsprechung[750], ein Produkt auch dann als fehlerhaft zu beurteilen sein kann, wenn der Hersteller die „Regeln der Kunst", technische Normen[751] oder eine behördliche Erlaubnis respektiert hat[752].

---

[747] Siehe insbesondere Cass. civ. 1re v. 9.7.1996 (drei Urteile), D. 1996, Jur., S. 610 ff. m. Anm. Lambert-Faivre.

[748] Taschner, NJW 1986, S. 611, 614 (zu Art. 6 Abs. 1 der Richtlinie); Viney, D. 1998, Chr., S. 291, 294, Nr. 12.

[749] Taschner, aaO; Viney, aaO; Ghestin, J.C.P. 1998, I, 148, S. 1201, 1207, Nr. 33.

[750] Siehe hierzu z.B. oben S. 31.

[751] Gemeint sind z.B. „DIN-Normen" wie „N.F." o.ä.

[752] Siehe hierzu und zu Art. 1386-11 Nr. 5 C. civ., wonach sich der Hersteller jedoch auf die Einhaltung zwingender *Gesetzes- oder Verordnungsbestimmungen* berufen kann, auch unten, S. 178.

4. Inverkehrbringen

Im Gegensatz zur Richtlinie wird der Zeitpunkt des Inverkehrbringens in dem neuen Abschnitt über die Produkthaftung definiert. Art. 1386-5 Abs. 1 bestimmt insoweit: „Ein Produkt ist in den Verkehr gebracht, wenn der Hersteller sich seiner willentlich entledigt hat.“ Ein solches willentliches Entledigen liegt selbstverständlich nicht vor, wenn das Produkt gestohlen, unterschlagen oder beschlagnahmt wird[753]. Andererseits kommt es selbstverständlich auch nicht auf den Zeitpunkt der *Eigentums*übertragung an[754]. Entscheidend ist der Zeitpunkt der freiwilligen Besitz- bzw. Gewahrsamsaufgabe, der im Prinzip dem Zeitpunkt des Verlustes der („klassischen“[755]) Sachhaltereigenschaft („garde“) entspricht[756]. Dies ist z. B. der Fall bei der Übergabe an einen Transportunternehmer oder einen Lagerhalter, nicht aber schon bei der Aushändigung an einen Gehilfen, denn nach ständiger Rechtsprechung führt die Übergabe an einen „préposé“ noch nicht zur Beendigung der Sachhaltereigenschaft[757].

Bis zum Zeitpunkt der freiwilligen Besitz- bzw. Gewahrsamsaufgabe ist der Hersteller „Sachhalter im klassischen Sinne“ und als solcher, mangels Anwendbarkeit der neuen Vorschriften, ohnehin weiterhin nach bisherigem Recht haftbar. Die erst *nach* diesem Zeitpunkt einsetzende produkthaftungsspezifische Haftung als „gardien de la structure“ sollte jedoch nach der ursprünglichen Version des Entwurfs Catala, einigen vorhergehenden Entwürfen entsprechend, neben dem neuen Haftungsregime ausgeschlossen sein[758]. Zwar wurde dieser Ausschluß mit Rücksicht auf Art. 13 der Richtlinie wieder rückgängig gemacht, d.h. nach der schließlich als Gesetz verabschiedeten Fassung des Art. 1386-18 C. civ. konkurrieren *alle* bisherigen Haftungsregime mit den neuen Produkthaftungsvorschriften. Es bleibt dennoch abzuwarten, ob diese vielfach kritisierte Haftungsfigur auch künftig noch eine große Rolle spielen wird[759].

Art. 1386-5 Abs. 2 C. civ. stellt schließlich klar, daß im Sinne der neuen Vorschriften ein Produkt nur *einmal* in den Verkehr gebracht werden kann. Dieser Absatz war bis zum Schluß umstritten. Der Sénat plädierte für seine

---

753 Viney, aaO, S. 293, Nr. 9.

754 Viney, aaO.

755 Siehe dagegen zur „garde de la structure“ sogleich im Anschluß.

756 Viney, aaO; Ghestin, aaO, S. 1203, Nr. 9.

757 Lorenz, FS Ferid II, S. 289, 302; vgl. auch Ghestin, aaO.

758 Siehe Art. 1386-18 Abs. 3 C. civ. des Entwurfs Catala vom 13.7.1993 (Assemblée nationale, dixième législature, proposition de loi n° 469 v. 13.7.1993). Ebenso noch die Fassung der ersten Lesung dieses Entwurfs in der Assemblée nationale (Sénat, session ordinaire de 1996–1997, proposition de loi (adoptée par l'Assemblée nationale) n° 260 vom 13.3.1997).

759 Ghestin, aaO, Nr. 10.

Streichung, da sich aus Art. 1386-7 C. civ., wonach der Verkäufer, der Vermieter und jeder andere gewerbliche Lieferant nach den gleichen Bedingungen wie der Hersteller haften soll, ergebe, daß es *mehr* als ein Inverkehrbringen geben müsse und da andernfalls die genannten Personen u.U. einer erheblich kürzeren Haftungsdauer ausgesetzt seien als der Hersteller[760] (da die in Art. 1386-16 C. civ. geregelte zehnjährige Frist für das Erlöschen der Haftung mit dem Inverkehrbringen beginnt, ist es klar, daß bei einem alleinigen Abstellen auf das Inverkehrbringen des Produkts durch den *Hersteller* die Haftungsdauer für den Endverkäufer deutlich kürzer sein kann, z.B. bei längerer Lagerhaltung durch die verschiedenen Zwischenhändler). Da sich die Auffassung des Sénat jedoch nicht durchsetzen konnte, blieb es bei der erwähnten Regelung des Art. 1386-5 Abs. 2 C. civ., die für sich den Vorteil größerer Klarheit und Übersichtlichkeit reklamieren kann.

5. Kausalität

Hinsichtlich der Kausalität als solcher trifft das neue Gesetz keine besondere Regelung, so daß insofern auf die allgemeinen Prinzipien zurückzugreifen ist[761].

6. Schaden

Nach Art. 1386-1 C. civ. haftet der Hersteller grundsätzlich für sämtlichen durch einen Fehler seines Produktes verursachten Schaden. Art. 1386-2 C. civ. präzisiert insoweit jedoch, daß die neuen Bestimmungen anzuwenden sind auf Schäden, die aus der „Beeinträchtigung der Person"[762] oder aus der Schädigung einer anderen Sache als des fehlerhaften Produktes selbst resultieren (letzteres wieder in Übereinstimmung mit Art. 9 S. 1 Buchst. b) der Richtlinie und § 1 Abs. 1 S. 2 ProdHaftG). Damit fällt natürlich die Beeinträchtigung der Gebrauchsfähigkeit des Produkts selber nicht in den Anwendungsbereich der neuen Vorschriften, sondern verbleibt im Bereich der Sachmängelgewährleistung.

Hinsichtlich des Sachschadens sieht das Gesetz, im Gegensatz zu den zitierten Vorschriften der Richtlinie und des ProdHaftG, *keine Beschrän-*

---

760 Siehe z.B. den Bericht des Senators Fauchon vom 7.4.1998, Sénat, session ordinaire de 1997–1998, rapport n° 377 v. 7.4.1998, S. 9 f.

761 Zu der Frage, inwieweit eine Mitverursachung des Schadens durch den Geschädigten oder einen Dritten zu einer Haftungsreduzierung führen kann, siehe unten unter IV.

762 Die gewählte Formulierung ist weiter als diejenige in Art. 9 S. 1 Buchst. a) der Richtlinie, wo nur von dem „durch Tod und Körperverletzungen verursachten Schaden" die Rede ist (ähnlich § 1 Abs. 1 S. 1 ProdHaftG, der jedoch neben den Körperverletzungen noch die Gesundheitsverletzungen herausstellt).

kung auf privat genutzte Sachen vor, d.h. grundsätzlich sind sämtliche an anderen Sachen als dem fehlerhaften Produkt entstandenen Sachschäden zu ersetzen, egal, ob die geschädigten Sachen für private oder für berufliche bzw. gewerbliche Zwecke verwendet wurden.

Die Unterscheidung zwischen privat und beruflich oder gewerblich genutzten Sachen spielt aber insofern eine Rolle, als Art. 1386-15 Abs. 2 C. civ. zwischen „professionnels" *Freizeichnungsklauseln* hinsichtlich von Schäden an Sachen zuläßt, die von dem Geschädigten *nicht* hauptsächlich zum privaten Gebrauch oder Verbrauch verwendet werden.

Bis auf die genannten Ausnahmen bei den Sachschäden kann insgesamt sämtlicher Sach- und Personenschaden ersetzt verlangt werden, und zwar nach ganz überwiegender Auffassung unter Einschluß des „immateriellen Schadens"[763]. Mangels Sonderregelung sind in Anwendung der allgemeinen französischen Schadensersatzprinzipien auch materielle und immaterielle Schäden von *mittelbar* Geschädigten zu ersetzen[764].

II. Regelung der Beweislast

Nach Art. 1386-9 C. civ. muß der Kläger, in Übereinstimmung mit Art. 4 der Richtlinie und § 1 Abs. 4 S. 1 ProdHaftG, den Schaden, den Fehler und die Kausalität zwischen Fehler und Schaden beweisen. Wegen der Verschuldensunabhängigkeit der Haftung braucht er einen Verschuldensnachweis selbstverständlich nicht zu führen.

---

763 So z.B. Viney, aaO, S. 297, Nr. 20; Jourdain, J.C.P. 1998, éd. E, Actualité, S. 821, 822, Nr. 6; Testu/Moitry, aaO, S. 4, Nr. 6; Witz/Wolter, RIW 1998, S. 832, 834; Endrös, aaO, S. 128; Leonhard, ZVglRWiss 98 (1999), S. 101, 127; wohl auch Ghestin, aaO, S. 1207, Nr. 31; ebenso zu insoweit identischen früheren Fassungen Lem, S. 119 und Ferid/Sonnenberger, aaO, 2 O 388a.

A.A. der Senator Fauchon in Sénat, session ordinaire de 1997–1998, rapport n° 226 v. 21.1.1998, S. 25 und der Abgeordnete Beck in Assemblée nationale, dixième législature, rapport n° 3411 v. 6.3.1997, S. 11, die den neunten „Erwägungsgrund" zur Richtlinie und Art. 9 S. 2 der Richtlinie offenbar weitergehender interpretieren als die o.g. Autoren.

764 Siehe hierzu bereits Ferid/Sonnenberger, aaO, 2 O 388b; Lem, S. 119. Siehe auch Testu/Moitry, aaO. Zum Übergang der Ersatzansprüche des unmittelbar Geschädigten auf seine Erben, Ferid/Sonnenberger, aaO, 2 O 388c. Zu weiteren Einzelheiten hinsichtlich der allgemeinen französischen Schadensersatzprinzipien siehe Leonhard, ZVglRWiss 98 (1999), S. 101, 127 f.

III. Entlastungsgründe und deren Versagung

1. Entlastungsgründe des Art. 1386-11 C. civ.

Der Hersteller hat nach Art. 1386-11 C. civ. verschiedene Entlastungsmöglichkeiten, für die ihn die Beweislast trifft.

Er kann sich zunächst einmal durch den Nachweis entlasten, daß er das Produkt nicht in den Verkehr gebracht hat (Art. 1386-11 Abs. 1 Nr. 1 C. civ). Dieser Entlastungsgrund entspricht Art. 7 Buchst. a) der Richtlinie und § 1 Abs. 2 Nr. 1 ProdHaftG.

Der Hersteller kann sich des weiteren durch den Nachweis entlasten, daß unter Berücksichtigung der Umstände davon auszugehen ist, daß der Fehler, der den Schaden verursacht hat, nicht vorlag, als das Produkt von ihm in den Verkehr gebracht wurde, oder daß dieser Fehler später entstanden ist (Art. 1386-11 Abs. 1 Nr. 2 C. civ.). Dieser Entlastungsgrund entspricht Art. 7 Buchst. b) der Richtlinie und größtenteils dem, insoweit allerdings kürzeren, § 1 Abs. 2 Nr. 2 ProdHaftG. Hervorzuheben ist, daß in dieser Regelung verglichen mit der Sachmängelgewährleistung eine *Umkehr der Beweislast* bezüglich der „antériorité du vice“ liegt, da bei der Sachmängelgewährleistung grundsätzlich der *Käufer* den Beweis für das Vorliegen des Fehlers „zur Zeit des Kaufes“ erbringen muß[765] (lediglich der zeitliche Ansatzpunkt ist dort etwas anders). Hierdurch wird natürlich die Lage des Geschädigten, über die bei der Sachmängelgewährleistung z.T. gewährten Beweiserleichterungen hinaus, deutlich verbessert.

Eine weitere Entlastungsmöglichkeit besteht in dem Nachweis, daß das Produkt nicht für den Verkauf oder eine andere Form des Vertriebes bestimmt war (Art. 1386-11 Abs. 1 Nr. 3 C. civ.). Die Fassung dieses Entlastungsgrundes ist im Vergleich zu Art. 7 Buchst. c) der Richtlinie und § 1 Abs. 2 Nr. 3 des ProdHaftG erheblich kürzer. Zum einen wird hier nicht auf die *Herstellung* zum Zweck des Verkaufes usw. abgestellt. Dies findet seinen Grund in der Erstreckung der Haftung auf landwirtschaftliche Naturprodukte und Jagderzeugnisse, für die der Begriff der „Herstellung“ nicht passend gewesen wäre[766]. Zum anderen wurde der Passus „mit wirtschaftlichen Zweck“ gestrichen, um dem Geschädigten unabhängig von den jeweiligen Umständen einen Ersatzanspruch zu gewähren[767]. Schließlich wurde auch der zweite Halbsatz des Art. 7 Buchst. c) der Richtlinie bzw. des § 1 Abs. 2 Nr. 3 ProdHaftG („... noch im Rahmen seiner beruflichen Tätigkeit hergestellt oder vertrieben hat“) nicht übernommen, wohl deshalb,

---

[765] Siehe oben S. 37 f.

[766] Siehe hierzu bereits Assemblée nationale, première session ordinaire de 1992–1993, rapport n° 2952 v. 14.10.1992, S. 15, amendement n° 7.

[767] Assemblée nationale, aaO, amendement n° 8.

weil von vornherein nur auf ein gewerbsmäßiges Handeln des Herstellers und der ihm gleichgestellten Personen abgestellt wird (siehe die Formulierungen in Art. 1386-6 und 1386-7 C. civ.).

Der Entlastungsgrund Nr. 4 (Entlastung für Entwicklungsrisiken) war im Laufe des Gesetzgebungsverfahrens sehr umstritten und der Hauptgrund für die späte Umsetzung der Richtlinie. Die jetzige Formulierung entspricht fast wörtlich Art. 7 Buchst. e) der Richtlinie bzw. § 1 Abs. 2 Nr. 5 ProdHaftG und war bereits im Regierungsentwurf vom 23.5.1990 vorgesehen. Sie wurde im Rahmen des „ersten“ Gesetzgebungsverfahrens zunächst von Assemblée nationale und Sénat gebilligt, dann aber vom Sénat in zweiter Lesung gestrichen, der dies auch im Vermittlungsausschuß durchsetzte. Einer der tragenden Gründe für die damalige Streichung war, daß auch im bisherigen französischen Produkthaftungsrecht, bis auf den Bereich von Arzneimitteln, eine Entlastung für Entwicklungsrisiken grundsätzlich nicht zugelassen wurde[768]. Dies habe aber, so wurde argumentiert, die Forschung und Innovation nicht behindert und sei im übrigen auch versicherungsmäßig abdeckbar gewesen[769]. Schließlich wurden auch erhebliche praktische Schwierigkeiten bei der Anwendung dieses Entlastungsgrundes befürchtet, z.B. die Frage, welches Maß an *Sicherheit* der wissenschaftlichen Erkenntnis für die Zulassung oder Nichtzulassung einer Entlastung zu verlangen ist[770]. Im Entwurf Catala war die Entlastung für Entwicklungsrisiken dagegen von Anfang an wieder vorgesehen und wurde im Rahmen des „zweiten“ Gesetzgebungsverfahrens im Grundsatz nicht mehr in Zweifel gezogen. Umstritten war nunmehr jedoch, ob, und wenn ja, welche *Ausnahmen* von diesem Prinzip zu machen seien. Hier hat sich schließlich die sogleich noch näher zu erörternde Lösung durchgesetzt, daß sich der Hersteller nicht auf eine Entlastung für Entwicklungsrisiken berufen kann, wenn der Schaden durch einen „Bestandteil des menschlichen Körpers“ oder durch ein hieraus gewonnenes Produkt verursacht wurde (Art. 1386-12 Abs. 1 C. civ.)[771]. Da das bisherige französische Produkthaftungsrecht, auf welches

---

768 Siehe hierzu den Bericht des bereits damals auf Seiten des Sénat federführenden Senators Fauchon, Sénat, première session ordinaire de 1992–1993, rapport n° 51 v. 18.11.1992, S. 9. Siehe hierzu auch bereits oben S. 42 f. Fn. 110, S. 79 f. und S. 157.

769 Sénat, aaO, S. 9.

770 Sénat, aaO, S. 10. Bei dieser Diskussion spielte auch die Affäre der mit dem AIDS-Virus verseuchten Blutkonserven („l'affaire du sang contaminé“) eine große Rolle. Zu weiteren Gründen für die seinerzeitige Streichung des Entlastungsgrundes Sénat, aaO, S. 9 ff. und S. 19 f.

771 Dem Hersteller wird des weiteren die Entlastung für Entwicklungsrisiken (wie auch die Berufung auf die Einhaltung verbindlicher Gesetzes- oder Verordnungsbestimmungen) versagt, wenn er seine Produktbeobachtungspflicht verletzt hat (Art. 1386-12 Abs. 2 C. civ.).

sich der Geschädigte nach Art. 1386-18 C. civ. weiterhin vollständig berufen kann, eine Entlastung für Entwicklungsrisiken grundsätzlich nicht zuläßt, bleibt abzuwarten, wie groß die praktischen Auswirkungen der durch das Gesetz vom 19.5.1998 neu eingeführten grundsätzlichen Entlastbarkeit für Entwicklungsrisiken tatsächlich sein werden, denn natürlich werden sich die Geschädigten insoweit weiterhin auf das bisherige Recht stützen.

Der Entlastungsgrund Nr. 5 (Einhaltung verbindlicher Gesetzes- oder Verordnungsbestimmungen) entspricht Art. 7 Buchst. d) der Richtlinie und § 1 Abs. 2 Nr. 4 ProdHaftG. Er wird in Art. 1386-10 C. civ. dahingehend präzisiert, daß sich der Hersteller, wie nach bisherigem Recht[772], dagegen nicht auf die Einhaltung der „Regeln der Kunst", technischer Normen oder einer behördlichen Genehmigung berufen kann.

Nach Art. 1386-11 Abs. 2 C. civ. kann sich der Hersteller eines Teilproduktes schließlich durch den Nachweis entlasten, daß der Fehler durch die Konstruktion des Produktes, in das das Teilprodukt eingearbeitet wurde, oder durch die Anleitungen des Herstellers dieses Produktes verursacht worden ist. Diese Regelung stimmt mit Art. 7 Buchst. f) der Richtlinie und § 1 Abs. 3 S. 1 ProdHaftG überein. Eine ausdrückliche Erstreckung dieser Entlastungsmöglichkeit auf den Hersteller eines Grundstoffes, wie dies ja in § 1 Abs. 3 S. 2 ProdHaftG im Gegensatz zu Art. 7 Buchst. f) der Richtlinie vorgesehen ist, findet sich in Art. 1386-11 Abs. 2 C. civ. nicht. Hier stellt sich dann erneut das bereits an früherer Stelle aufgeworfene Auslegungsproblem[773].

2. Art. 1386-12 C. civ.: Versagung der Entlastung nach Art. 1386-11 Abs. 1 Nr. 4 (Entlastung für Entwicklungsrisiken) und Nr. 5 (Einhaltung verbindlicher Gesetzes- oder Verordnungsbestimmungen) C. civ.

Art. 1386-12 C. civ. verwehrt dem Hersteller unter bestimmten Voraussetzungen eine Berufung auf die in Art. 1386-11 Abs. 1 Nr. 4 (Entlastung für Entwicklungsrisiken) und Nr. 5 (Einhaltung verbindlicher Gesetzes- oder Verordnungsbestimmungen) C. civ. genannten Entlastungsgründe:

---

[772] Siehe Assemblée nationale, seconde session ordinaire de 1990–1991, rapport n° 2136 vom 20.6.1991, S. 24.

[773] Siehe oben S. 169, Fn. 734.

a) Verursachung des Schadens durch einen Bestandteil des menschlichen Körpers oder durch ein hieraus gewonnenes Produkt

Nach Art. 1386-12 Abs. 1 C. civ. kommt eine Entlastung für Entwicklungsrisiken nicht in Betracht, wenn der Schaden durch einen Bestandteil des menschlichen Körpers oder durch ein hieraus gewonnenes Produkt verursacht wurde. Diese Regelung geht unmittelbar auf die „affaire du sang contaminé“ und die hierzu ergangene, eine Entlastung für Entwicklungsrisiken verweigernde, Rechtsprechung[774] zurück. Es war zwischenzeitlich beabsichtigt, diesen Ausschluß der Entlastung für Entwicklungsrisiken auch auf alle sonstigen zur präventiven, diagnostischen oder therapeutischen Anwendung beim Menschen bestimmten „produits de santé“ auszudehnen (siehe hierzu Art. 1386-11-1 Abs. 1 in der von der Assemblée nationale in zweiter Lesung verabschiedeten Fassung[775]). Über einen derartigen generellen Ausschluß der Entlastung für Entwicklungsrisiken im Bereich von „Gesundheitsprodukten“, der noch etwas über die lediglich für Arzneimittel geltende Regelung im deutschen AMG hinausgegangen wäre, konnte jedoch noch keine abschließende Einigung erzielt werden. Da man ohnehin den ganzen Bereich nebst seiner versicherungsmäßigen Behandlung für dringend sonderregelungsbedürftig hielt, verständigte man sich zunächst darauf, hierzu bis zum 31.12.1998 den in Art. 14 des neuen Gesetzes vorgesehenen Bericht über die haftungs- und entschädigungsrechtliche Behandlung des „aléa thérapeutique“ von der Regierung erstellen zu lassen und dann über weitere Schritte zu beraten[776]. Aus der in Art. 1386-12 Abs. 1 C. civ. getroffenen Regelung folgt, daß, jedenfalls für eine Übergangszeit, ein krasser Unterschied in der Haftung für Arzneimittel oder pharmazeutische Produkte, die in irgendeiner Weise aus Bestandteilen des menschlichen Körpers gewonnen werden, und sonstigen Arzneimitteln oder pharmazeutischen Produkten bestehen wird: während für erstere eine Entlastung für Entwicklungsrisiken ausscheidet, kommt sie für letztere nicht nur nach neuem Recht, sondern an sich auch nach altem Recht in Betracht, da die bisherige Rechtsprechung gerade in diesem Bereich bisher eine Ausnahme von der grundsätzlichen Versagung der Entlastung für Entwicklungsrisiken zuließ[777].

---

[774] Siehe Cass. civ. 1re v. 9.7.1996 (drei Urteile), D. 1996, Jur., S. 610 ff. m. Anm. Lambert-Faivre.

[775] Assemblée nationale, onzième législature, session ordinaire de 1997–1998, T.A. n° 113 v. 25.3.1998.

[776] Wie oben bereits erwähnt, ist ein solcher Bericht bis Anfang Juli 1999 dem französischen Parlament noch nicht vorgelegt worden.

[777] Siehe oben S. 79. Ob es nunmehr allerdings zu einer Fortsetzung dieser Rechtsprechung kommen wird, bleibt abzuwarten.

b) Verletzung der Produktbeobachtungspflicht

Nach Art. 1386-12 Abs. 2 C. civ. kann der Hersteller sich nicht auf die in Art. 1386-11 (Abs. 1) Nr. 4 und 5 C. civ. geregelten Entlastungsgründe berufen, wenn sich innerhalb von 10 Jahren nach Inverkehrbringen des Produktes ein Fehler herausgestellt hat und er nicht die geeigneten Maßnahmen getroffen hat, um hieraus resultierende Schäden zu verhüten. Mit dieser Vorschrift wird, nunmehr allerdings nur noch indirekt, die *Produktbeobachtungspflicht* des Herstellers gesetzlich normiert. In dem Entwurf Catala vom 13.7.1993 war die Produktbeobachtungspflicht noch als eigener Haftungstatbestand ausgestaltet (siehe den Art. 1386-14 des Entwurfs Catala). Dort fand sich auch nach dem Passus „um hieraus resultierende Schäden zu verhüten" noch der aufschlußreiche Halbsatz „insbesondere durch Information der Öffentlichkeit, den Rückruf des Produktes zwecks Überprüfung/Überholung oder die Zurückziehung des Produktes (vom Markt)". Mit der Streichung dieses Halbsatzes war keine sachliche Änderung beabsichtigt, man wollte offenbar nur den Begriff der „geeigneten Maßnahmen" möglichst offenhalten[778]. Die genannte Vorschrift wird als Gegenstück zu der dem Hersteller grundsätzlich ermöglichten Entlastung für Entwicklungsrisiken verstanden[779] und hat keine Entsprechung in der EG-Richtlinie. Als Vorbild diente u. a. die deutsche Rechtsprechung zur Produktbeobachtungspflicht[780]. Auch zwei Vorschriften aus dem Bereich des *präventiven* (*staatlichen*) Konsumentenschutzes standen Pate[781].

IV. Mitverursachung des Schadens durch den Geschädigten oder einen Dritten

1. Schuldhafte Mitverursachung durch den Geschädigten („faute de la victime")

Nach Art. 1386-13 C. civ., der wörtlich mit Art. 8 Abs. 2 der Richtlinie übereinstimmt, kann die Haftung des Herstellers unter Berücksichtigung

---

[778] So werden in den Gesetzesmaterialien auch nach Streichung des genannten Halbsatzes weiterhin genau die zuvor explizit erwähnten Maßnahmen als Beispiele genannt (siehe z. B. den Bericht des Senators Fauchon vom 21.1.1998, Sénat, session ordinaire de 1997–1998, rapport n° 226 v. 21.1.1998, S. 38).

[779] Siehe z. B. den Bericht des Abgeordneten Beck vom 6.3.1997, Assemblée nationale, dixième législature, rapport n° 3411 v. 6.3.1997, S. 17.

[780] Siehe bereits Assemblée nationale, seconde session ordinaire de 1990–1991, rapport n° 2136 vom 20.6.1991, S. 30; Sénat, seconde session ordinaire de 1991–1992, rapport n° 425 vom 18.6.1992, S. 54.

[781] So zum einen Art. 3 des Gesetzes Nr. 83-660 vom 21.7.1983 bezüglich der Sicherheit der Konsumenten und Art. 7 des Gesetzes Nr. 77-771 vom 12.7.1977 über die Kontrolle chemischer Produkte.

aller Umstände gemindert werden oder entfallen, wenn der Schaden durch einen Fehler des Produkts und zugleich durch ein Verschulden des Geschädigten oder einer Person, für die der Geschädigte haftet, verursacht worden ist. Die noch im Entwurf Catala vorgesehene Definition dessen, was unter einem „Verschulden des Geschädigten" zu verstehen ist (siehe Art. 1386-12 Abs. 2 des Entwurfs Catala[782]), ist schließlich im Zuge der ersten Lesung dieses Entwurfs im Sénat gestrichen worden, da diese Präzisierung einerseits nicht in der Richtlinie vorgesehen ist und man es andererseits als vorzugswürdig ansah, den genannten Begriff durch die Rechtsprechung definieren zu lassen[783].

2. Mitverursachung durch einen Dritten

In Übereinstimmung mit Art. 8 Abs. 1 der Richtlinie und § 6 Abs. 2 ProdHaftG wird die Haftung des Herstellers *nicht* gemindert, wenn ein Dritter den Schaden mitverursacht hat (Art. 1386-14 C. civ.). Auch nach bisherigem Produkthaftungsrecht konnte sich der Hersteller bei einer *Mit*verursachung des Schadens durch einen Dritten nicht entlasten. Beide hafteten aber „in solidum", so daß ein Innenregreß möglich war. Nichts anderes dürfte auch im Anwendungsbereich des neuen Haftungsregimes gelten.

V. Freizeichnungsklauseln

Nach Art. 1386-15 Abs. 1 C. civ. sind Klauseln, die eine Beschränkung oder einen Ausschluß der Haftung für fehlerhafte Produkte zum Gegenstand haben, grundsätzlich unwirksam. Zwischen „professionnels" sind derartige Klauseln jedoch nach Art. 1386-15 Abs. 2 C. civ. insoweit wirksam, als es um Schäden an Sachen geht, die von dem Geschädigten nicht hauptsächlich für seinen privaten Ge- oder Verbrauch verwendet werden.

Art. 1386-15 Abs. 2 C. civ. steht nicht in Widerspruch zu Art. 12 der Richtlinie, da die Richtlinie ja, im Gegensatz zur französischen Umsetzung, überhaupt nur Schäden an hauptsächlich privat genutzten Sachen erfassen will[784].

---

782 Nach dieser Vorschrift sollte ein Verschulden des Geschädigten (nur) dann vorliegen, wenn dieser das Produkt in einer ungewöhnlichen, für den Hersteller vernünftigerweise nicht vorhersehbaren Weise verwendet. Bei einer ungewöhnlichen, für den Hersteller aber noch vorhersehbaren Produktverwendung wäre danach keine Haftungsminderung eingetreten.

783 Siehe den Bericht Fauchon vom 21.1.1998, Sénat, session ordinaire de 1997–1998, rapport n° 226 v. 21.1.1998, S. 41.

784 Vgl. bereits Ferid/Sonnenberger, aaO, 2 O 386.

VI. Umfang des Schadensersatzes

Da die Art. 1386-1 bis 1386-18 C. civ. keine den §§ 7–9 ProdHaftG entsprechenden Regelungen enthalten, und da dort im Gegensatz zu den §§ 10 und 11 ProdHaftG auch weder ein Haftungshöchstbetrag für Personenschäden noch eine Selbstbeteiligung bei Sachschäden vorgesehen ist, ist, getreu den allgemeinen Grundsätzen des französischen Schadensersatzrechts (Prinzip der „réparation intégrale“), grundsätzlich *sämtlicher* Schaden zu ersetzen[785], natürlich mit Ausnahme der Schäden an dem fehlerhaften Produkt selbst.

VII. Verjähren und Erlöschen der Haftung

In Übereinstimmung mit Art. 10 Abs. 1 der Richtlinie und § 12 Abs. 1 ProdHaftG sieht Art. 1386-17 C. civ. vor, daß der auf die neuen Produkthaftungsvorschriften gestützte Ersatzanspruch nach Ablauf einer Frist von drei Jahren ab dem Tage verjährt, an dem der Kläger von dem Schaden, dem Fehler und der Identität des Herstellers Kenntnis erlangt hat oder hätte erlangen müssen. Hemmung und Unterbrechung der Verjährung richten sich gem. Art. 10 Abs. 2 der Richtlinie nach nationalem Recht. Da das Gesetz vom 19.5.1998 diesbezüglich keine Regelung trifft, sind die bisherigen Regeln anzuwenden.

Ähnlich wie Art. 11 der Richtlinie und § 13 Abs. 1 ProdHaftG sieht Art. 1386-16 C. civ. vor, daß die auf die neuen Bestimmungen gegründete Haftung des Herstellers, außer bei dessen Verschulden, 10 Jahre nach Inverkehrbringen des schadensverursachenden Produktes erlischt, wenn nicht der Geschädigte zuvor Klage erhoben hat.

Es ist fraglich, welche Bedeutung der in der Richtlinie nicht vorgesehene Zusatz „*sauf faute du producteur*“ („außer bei Verschulden des Herstellers“) in Art. 1386-16 C. civ. hat. Dieser könnte entweder dahingehend interpretiert werden, daß bei Verschulden des Herstellers auch nach Ablauf der 10-Jahres-Frist eine Haftung *nach den Art. 1386-1 ff. C. civ.*, d.h. also eine verschuldens*unabhängige* Haftung möglich bleibt[786] oder aber es handelt sich um einen überflüssigen Hinweis darauf, daß auch nach Ablauf der 10-Jahres-Frist noch eine Verschuldenshaftung möglich ist[787]. Die Gesetzesmaterialien sind bezüglich dieser Frage leider nicht eindeutig[788]. M.E. spricht

---

[785] Vgl. z.B. Jourdain, J.C.P. éd. E. 1998, S. 1204, 1213, Nr. 43; Viney, aaO, S. 297, Nr. 20; Witz/Wolter, aaO, S. 836.

[786] So Jourdain, J.C.P. éd. E. 1998, Actualité, S. 821, 824, Nr. 24; Testu/Moitry, aaO, S. 17, Nr. 51; Witz/Wolter, aaO, S. 837.

[787] So Ghestin, aaO, S. 1211, Nr. 49 a.E.; Viney, aaO, S. 1164; Huet, aaO, S. 1164. Offenlassend Lem, S. 119 (zum Regierungsentwurf vom 23.5.1990) und Endrös, aaO, S. 129.

zwar der Wortlaut des Art. 1386-16 C. civ. in der Tat für die erstgenannte Auffassung, es wäre jedoch nicht nur möglicherweise richtlinienwidrig, den Hersteller quasi zeitlich unbegrenzt nach den umgesetzten Richtlinienbestimmungen haften zu lassen[789], wenn bei ihm ein Verschulden vorlag, sondern vor allem auch logisch und dogmatisch äußerst fragwürdig, die Anwendung eines verschuldens*unabhängigen* Haftungsregimes von dem Nachweis eines Verschuldens abhängig zu machen[790] (ein solcher Nachweis wäre ja für eine Anwendbarkeit der neuen Produkthaftungsvorschriften nach Ablauf der 10-Jahres-Frist in jedem Falle erforderlich, wobei wiederum unklar wäre, wer insoweit die Beweislast trüge usw.). Sinn und Zweck der Regelung sprechen m. E. daher recht deutlich dafür, daß es sich hier um ein Redaktionsversehen des Gesetzgebers handelt, der lediglich (überflüssigerweise) klarstellen wollte, daß der Ablauf der 10-Jahres-Frist nur die Haftung nach den neuen Produkthaftungsvorschriften zum Erlöschen bringt, nicht aber eine etwaige Verschuldenshaftung des Herstellers.

VIII. Verhältnis zur bisherigen Produkthaftung

Nach Art. 1386-18 Abs. 1 C. civ., der fast wörtlich der französischen Fassung des Art. 13 der EG-Richtlinie entspricht, sollen „die Ansprüche, die ein Geschädigter aufgrund der Vorschriften über die vertragliche oder außervertragliche Haftung oder aufgrund einer besonderen Haftungsregelung geltend machen kann, durch die Bestimmungen des gegenwärtigen Titels nicht berührt werden".

Art. 1386-18 Abs. 2 C. civ. betont in Übereinstimmung mit den vorhergehenden Entwürfen noch einmal, daß der Hersteller für die Folgen seines Verschuldens und desjenigen der Personen, für die er einzustehen hat, haftbar „bleibt"[791].

---

788 Siehe einerseits den Bericht des Abgeordneten Beck vom 6.3.1997, Assemblée nationale, dixième législature, rapport n° 3411 v. 6.3.1997, S. 18, wo der erwähnte Zusatz als Hinweis auf die auch nach Ablauf der 10-Jahres-Frist grundsätzlich mögliche vertragliche oder außervertragliche Verschuldenshaftung verstanden wird und andererseits den Bericht des Senators Fauchon vom 21.1.1998, Sénat, session ordinaire de 1997–1998, rapport n° 226 v. 21.1.1998, S. 43, der den Zusatz offenbar genau entgegengesetzt dahingehend auffaßt, daß nach Ablauf der 10-Jahres-Frist eine Haftung nach den neuen Produkthaftungsvorschriften möglich bleibt, sofern dem Hersteller ein Verschulden nachgewiesen wird.

789 Welche Frist soll in diesem Falle gelten? Jedenfalls nicht diejenige der vertraglichen oder deliktischen Verschuldenshaftung, da es um diese ja gerade nicht geht.

790 So auch Lem, S. 119 (zum Regierungsentwurf vom 23.5.1990).

791 Diese Vorschrift ist neben dem heutigen Art. 1386-18 Abs. 1 C. civ. überflüssig. Sie stand bereits wörtlich in Art. 1386-17 Abs. 3 des Regierungsentwurfes vom 23.5.1990 und hatte dort auch ihre Berechtigung, da seinerzeit in Art. 1386-17

Der noch im Entwurf Catala als Art. 1386-18 Abs. 3 vorgesehene Ausschluß der „gardien-Haftung" nach Inverkehrbringen des fehlerhaften Produktes wurde schließlich in der ersten Lesung des Entwurfs Catala im Sénat gestrichen, um dem in Art. 13 der Richtlinie vorgesehenen Prinzip vollständig Geltung zu verschaffen[792].

Insgesamt bleibt natürlich aufgrund der Regelung des Art. 1386-18 C. civ. der Angleichungseffekt recht beschränkt, da das bisherige Produkthaftungsrecht in vollem Umfange fortgilt und in diversen Fällen sogar weiter ausschließlich zur Anwendung kommt (dazu sogleich im Anschluß). Aber auch für den Bereich, in dem das bisherige und das „neue" Produkthaftungsrecht konkurrieren, gehen namhafte französische Autoren davon aus, daß den neuen Vorschriften keine allzu große praktische Relevanz zukommen wird und sich viele Geschädigte weiterhin auf das bisherige Produkthaftungsrecht berufen werden[793]. Zu Recht stellen Witz/Wolter daher fest, daß die Umsetzung der Richtlinie z.B. das deutsche und das französische Produkthaftungsrecht kaum einander angenähert haben, da die Basisstrukturen fundamental verschieden bleiben[794].

Aufgrund der dem neuen Haftungsregime immanenten Grenzen, kommt das bisherige Produkthaftungsrecht insbesondere in den folgenden Fällen weiterhin *ausschließlich* zur Anwendung:

- im Bereich der Entwicklungsrisiken,
- bezüglich der Schäden an dem fehlerhaften Produkt selber (Art. 1386-2 C. civ.)[795],
- bei einer Haftungsfreizeichnung gemäß Art. 1386-15 Abs. 2 C. civ. zwischen „professionnels" bezüglich Schäden an Sachen, die von dem Geschädigten nicht hauptsächlich für seinen privaten Ge- oder Verbrauch verwendet werden[796],

---

Abs. 1 vorgesehen war, daß die neuen Produkthaftungsvorschriften während eines Zeitraumes von 10 Jahren nach Inverkehrbringen des Produktes die Anwendbarkeit aller anderen Bestimmungen des Code civil ausschließen, die den Schutz des Geschädigten gegen Sicherheitsmängel bezwecken, insbesondere die Art. 1641 bis 1649 C. civ. (diese Ausschließlichkeit des neuen Haftungsregimes wurde jedoch bereits in der zweiten Lesung des Regierungsentwurfes in der Assemblée nationale vollständig aufgegeben, siehe Assemblée nationale, neuvième législature, première session ordinaire de 1992–1993, T.A. (texte adopté) n° 725 v. 19.10.1992).

[792] Siehe hierzu den Bericht des Senators Fauchon vom 21.1.1998, Sénat, session ordinaire de 1997–1998, rapport n° 226 v. 21.1.1998, S. 45.

[793] So z.B. Jourdain, J.C.P. éd. E. 1998, S. 1204, 1214, Nr. 47; vgl. auch Revel, Anm. zu TGI de Nanterre v. 5.6.1998, D. 1999, Somm., S. 246, 247.

[794] Witz/Wolter, aaO, S. 838.

[795] Dieser insbesondere von der Sachmängelgewährleistung erfaßte Bereich zählt nach französischer Auffassung ohne weiteres zum Produkthaftungsrecht.

- wenn das schädigende Produkt vor dem Inkrafttreten des Gesetzes Nr. 98-389 in den Verkehr gebracht worden ist (siehe Art. 21 des Gesetzes)[797],
- nach Ablauf der 10-Jahres-Frist für das Erlöschen der Haftung (Art. 1386-16 C. civ.) oder der dreijährigen Verjährungsfrist[798] (Art. 1386-17 C. civ.)[799].

Eine für die Praxis recht bedeutsame Frage ist, ob es aufgrund der Umsetzung der Richtlinie nunmehr zu einer Aufgabe der seit Ende der 80'er/Beginn der 90'er Jahre entwickelten Rechtsprechung zur Haftung des Herstellers und Verkäufers wegen Verletzung der „obligation de sécurité"[800] kommen wird. Da es sich hierbei um eine zunächst noch verdeckte, dann aber immer offenere Anwendung der Produkthaftungsrichtlinie 85/374 durch die Rechtsprechung handelt(e)[801], die auf diese Weise die Untätigkeit des Gesetzgebers zu kompensieren suchte, hätte sich der „Anlaß" für diese Rechtsprechung an sich erledigt. Die Prognosen darüber, ob es tatsächlich zu einer solchen Aufgabe kommen wird, gehen jedoch auseinander[802].

---

796 Nur zwischen „professionnels *de même spécialité*" könnte eine derartige Freizeichnung *auch* von der Sachmängelgewährleistung befreien (siehe oben S. 46 f.). Handelt es sich dagegen um „professionnels", die nicht der gleichen „spécialité" angehören, so würde die Freizeichnung für die genannten Schäden nur von den neuen Produkthaftungsvorschriften befreien, nicht jedoch von der Sachmängelgewährleistung. Entsprechendes würde sogar für *sämtliche* „professionnels" im Bereich der Haftung wegen Verletzung der „obligation de sécurité" gelten, da hier Freizeichnungsklauseln generell unwirksam sind. Voraussetzung hierfür wäre natürlich eine Fortsetzung dieser Rechtsprechung, die aber derzeit noch nicht abzusehen ist (siehe oben S. 67 f. und sogleich im Anschluß).

797 Das Gesetz ist in Paris einen Tag nach der am 21. Mai 1998 erfolgten Veröffentlichung im Journal Officiel in Kraft getreten, in der Provinz dagegen erst einen Tag nach der Ankunft des Journal Officiel beim maßgeblichen „chef-lieu" des jeweiligen Départements (vgl. allgemein zum Inkrafttreten von förmlichen Gesetzen in Frankreich Ferid/Sonnenberger, Bd. 1/1, 1 B 18 und Art. 2 des Dekrets vom 5.11.1870).

798 Natürlich nur, sofern sich der Hersteller auf die Verjährung beruft.

799 Zwar kommt in beiden Fällen die Sachmängelgewährleistung nicht mehr in Betracht, wohl aber die allgemeine vertragliche Haftung und die deliktische Haftung (siehe zu Beginn und Dauer der Verjährung der allgemeinen vertraglichen Haftung oben S. 81 und zur deliktischen Haftung oben S. 144).

800 Siehe zu dieser Rechtsprechung ausführlich oben S. 58 ff.

801 Diese Entwicklung gipfelte in dem Urteil der ersten Zivilkammer der Cour de cassation vom 28.4.1998, in dem die Cour de cassation sich nunmehr ausdrücklich, im Urteilstext selbst, auf die Richtlinie 85/374 bezog (Entsprechendes war z.B. bei dem unmittelbar vorhergehenden Urteil vom 3.3.1998 nur aus dem Bericht des Berichterstatters Sargos zu entnehmen, siehe zu beiden Urteilen oben S. 61).

802 Siehe z.B. einerseits Ghestin, aaO, S. 1206, Nr. 27, der von einer „Fusion" beider Haftungsregime ausgeht, und andererseits Jourdain, aaO, S. 1214, Nr. 47, der eine Aufgabe der genannten Rechtsprechung bezweifelt. Auch Revel geht von einer Fortsetzung der bisherigen Rechtsprechung aus (Revel, Anm. zu TGI de Nanterre v.

Eine weitere, zumindest denkbare Auswirkung der neuen Produkthaftungsvorschriften könnte im Hinblick auf die (bisherige) Rechtsprechung zur Versagung der Entlastung für Entwicklungsrisiken entstehen: da das neue *gesetzliche* Produkthaftungsregime grundsätzlich eine Entlastung für Entwicklungsrisiken zuläßt, könnte dies, rein theoretisch, seinen Niederschlag in der Rechtsprechung zum bisherigen Produkthaftungsrecht finden[803]. Es ist jedoch nicht zu verkennen, daß die Nichtentlastbarkeit für unentdeckbare Mängel fest in der französischen Rechtstradition verwurzelt ist und es daher nicht allzu wahrscheinlich ist, daß es insoweit zu einer Änderung der Rechtsprechung zum bisherigen Produkthaftungsrecht kommen wird[804].

Zusammenfassung der Ergebnisse des 1. Teiles

1. Das materielle französische Produkthaftungsrecht ist geprägt von einem Nebeneinander verschiedener vertraglicher und deliktischer Haftungsgrundlagen. Hieran hat sich durch die mit fast zehnjähriger Verspätung erfolgte Umsetzung der EG-Produkthaftungsrichtlinie 85/374 durch das Gesetz Nr. 98-389 vom 19.5.1998 nichts geändert, denn entgegen ursprünglicher Gesetzesentwürfe haben die neuen Produkthaftungsvorschriften, wie in Deutschland, das bisherige Produkthaftungsrecht unberührt gelassen. Dieses ist daher teils konkurrierend, teils aber auch ausschließlich weiterhin anzuwenden und wird nach wie vor eine erhebliche Rolle spielen. Da nicht nur das vom deutschen Recht stark abweichende bisherige französische Produkthaftungsrecht weiterhin eine große Bedeutung haben wird, sondern die in Umsetzung der Produkthaftungsrichtlinie erlassenen neuen Produkthaftungsvorschriften zum Teil auch erheblich von denen des deutschen Produkthaftungsgesetzes abweichen, bleibt der durch die Umsetzung der Produkthaftungsrichtlinie erstrebte Harmonisierungseffekt im Verhältnis zu Deutschland vergleichsweise gering. Wegen der fortbestehenden großen Unterschiede zum deutschen Recht sind daher nicht nur Fragen des anwendbaren Rechts von erheblicher Bedeutung (dazu ausführlich im 2. Teil der Arbeit), sondern auch Einzelheiten zum (bisherigen und neuen) *materiellen* französischen Produkthaftungsrecht.

5.6.1998, D. 1999, Somm., S. 246, 247). Pignarre und Brun halten die Frage für offen, wünschen sich jedoch eine Fortsetzung der bisherigen Rechtsprechung (Pignarre und Brun, Anm. zu Cass. civ. 1re v. 3.3.1998, D. 1999, Jur., S. 37, 39).

803 *Für* eine solche Änderung der Rechtsprechung zum bisherigen Produkthaftungsrecht (mit Ausnahme der Sachmängelgewährleistung) Testu/Moitry, aaO, S. 13, Nr. 35.

804 Vgl. Jourdain, aaO, S. 1214 f., Nr. 47.

2. „Das“ *bisherige* französische Produkthaftungsrecht besteht aus mehreren vertraglichen und deliktischen Haftungsregimen. Prinzipiell kommen dabei die vertraglichen Haftungsregime nur *innerhalb* der Absatzkette (d.h. also im Verhältnis zwischen dem Hersteller und den späteren Erwerbern des Produkts), die deliktischen Haftungsregime nur *außerhalb* der Absatzkette zur Anwendung. Maßgebend für die Abgrenzung zwischen den sich grundsätzlich ausschließenden Anwendungsbereichen vertraglicher und deliktischer Haftung ist also die Person des Geschädigten: handelt es sich um einen Produkterwerber, hat dieser nur vertragliche Produkthaftungsanprüche gegen den Hersteller (gleiches gilt für einen Werkbesteller bei der Aufeinanderfolge eines Kauf- und eines Werkvertrages), handelt es sich um eine sonstige Person, stehen dieser nur deliktische Produkthaftungsansprüche zur Verfügung.

3. Bei der vertraglichen Produkthaftung nach bisherigem (fortgeltenden) Recht handelt es sich um eine ausgedehnte vertragliche Haftung bei der die Rechtsprechung dem Nacherwerber (bzw. dem Besteller bei der Aufeinanderfolge eines Kauf- und eines Werkvertrages) die Möglichkeit einräumt, im Wege einer „action directe“ unmittelbar vertragliche Ansprüche gegen den Hersteller geltend zu machen, obwohl dieser mit dem Nacherwerber (bzw. dem Besteller) gar nicht durch einen Vertrag verbunden ist. Nach der klassischen und seit einigen Jahren in der Rechtsprechung wieder herrschenden Auffassung haftet der Hersteller dem Nacherwerber (bzw. dem Besteller) nach Maßgabe des *ersten* Vertrages in der Absatzkette, d.h. also prinzipiell so, wie er dem Ersterwerber haftet. Daher ist es für *Inhalt und Umfang* der Produkthaftungsansprüche des Nacherwerbers (bzw. des Bestellers) zunächst einmal von entscheidender Bedeutung, wie der Hersteller *als Verkäufer* gegenüber dem *Ersterwerber* haftet (dazu im Anschluß unter 4.). Die Einzelheiten zur dogmatischen Begründung und Funktionsweise der „action directe“ werden dann unter 5. zusammengefaßt.

4. Der Hersteller haftet dem *Ersterwerber* wegen des bekannten „non-cumul“-Prinzips[805] ausschließlich vertraglich. Dabei kommen zum einen Ansprüche aus kaufrechtlicher Sachmängelgewährleistung, zum anderen Ansprüche aus allgemeiner vertraglicher Verschuldenshaftung in Betracht.

---

805 Dieses nimmt dem geschädigten Vertragspartner die Möglichkeit, sich gegenüber seinem Vertragspartner wahlweise auch auf deliktische Ansprüche zu berufen. Dabei ging es selbst bei der anfänglichen Diskussion um das „non-cumul“-Prinzip nie um eine „echte“ Anspruchskonkurrenz i.S. eines Nebeneinander von vertraglichen und deliktischen Ansprüchen mit womöglich gegenseitiger Beeinflussung, sondern lediglich um die Frage, ob sich der Geschädigte im Anwendungsbereich vertraglicher Haftung *wahlweise* auf tatbestandlich ebenfalls einschlägige Deliktsansprüche berufen kann (Näheres oben S. 83 ff.).

a) Für das Eingreifen der *Sachmängelgewährleistung* ist zunächst einmal das Vorliegen eines „verborgenen Mangels“ erforderlich. Hier herrschte jahrelang große Rechtsunsicherheit wegen der äußerst umstrittenen Abgrenzung zum Vorliegen einer „nicht konformen“ Lieferung, die über die allgemeine vertragliche Verschuldenshaftung sanktioniert wird und einer erheblich längeren Verjährungsfrist unterliegt. Seit einigen Jahren hat sich diesbezüglich eine einheitliche Linie in der Rechtsprechung eingependelt, die seither wieder von einer mehr oder weniger klaren Unterscheidung beider Rechtsbehelfe ausgeht[806].

Der Mangel muß spätestens „zur Zeit des Kaufes“ vorgelegen haben und innerhalb des sog. „bref délai“ (Art. 1648 C. civ.) geltend gemacht werden. Die Länge des „bref délai“ ist hinsichtlich beweglicher Sachen nicht gesetzlich festgelegt, was zwar einerseits zu einer gewissen Flexibilität, andererseits aber auch zu einer großen Rechtsunsicherheit geführt hat. Sie wird von der Rechtsprechung in der Mehrzahl der Fälle zwischen sechs Monaten und einem Jahr angesiedelt. Als Fristbeginn, der ebenfalls nicht gesetzlich geregelt ist, hat sich der Zeitpunkt der Entdeckung des Mangels zur h.M. entwickelt, worin ein wesentlicher Unterschied zur Regelung des § 477 Abs. 1 S. 1 BGB liegt, der bekanntlich auf die Ablieferung abstellt.

Die Beweislast hinsichtlich der anspruchsbegründenden Voraussetzungen trägt zwar grundsätzlich der Käufer. Diesem werden jedoch bezüglich Existenz und Zeitpunkt des Mangels zum Teil Beweiserleichterungen eingeräumt, die bis zur Beweislastumkehr gehen können.

Kann der Käufer die anspruchsbegründenden Voraussetzungen dartun, stehen ihm zunächst einmal Wandlung oder Minderung zu. Daneben kann er kumulativ auch *Schadensersatz* verlangen, wobei er hierfür nach der gesetzlichen Systematik eigentlich nachweisen müßte, daß der Verkäufer den Mangel der Kaufsache bei Kaufabschluß kannte. Da diese Bösgläubigkeit für den Käufer praktisch kaum nachweisbar ist, hat die Cour de cassation insofern korrigierend eingegriffen und nimmt in ständiger Rechtsprechung an, daß gewerbliche Hersteller und Verkäufer generell wie ein bösgläubiger Verkäufer haften und zwar unabhängig davon, ob sie tatsächlich Kenntnis vom Mangel hatten oder ob dieser nach dem Stand von Wissenschaft und Technik überhaupt erkennbar war (damit können sich gewerbliche Hersteller und Verkäufer im Bereich der Sachmängelgewährleistung nicht für Entwicklungsrisiken entlasten). Da hinsichtlich der Bösgläubigkeit kein Entlastungsbeweis (mehr) zugelassen wird, handelt es sich insoweit um eine objektive verschuldensunabhängige Haftung der gewerblichen Hersteller und Verkäufer.

---

806 Einzelheiten hierzu oben S. 26–31.

Die Art. 1641 ff. C. civ. (kaufrechtliche Sachmängelgewährleistung) sind grundsätzlich dispositiver Natur. Während haftungserweiternde Vereinbarungen grundsätzlich zulässig sind, ist dies bei haftungsbeschänkenden Vereinbarungen nur in sehr engen Grenzen der Fall. Nach der Rechtsprechung sind Haftungsfreizeichnungsklauseln im Bereich der Sachmängelgewährleistung zwischen gewerblichen Herstellern/Verkäufern und Verbrauchern unwirksam. Nur zwischen „professionnels de même spécialité" sind diese zulässig, d.h. insbesondere im Verhältnis zwischen dem gewerblichen Hersteller/Verkäufer und einem gewerblichen Wiederverkäufer der gleichen Branche (im übrigen ist der von der Rechtsprechung eng interpretierte Begriff der „professionnels de même spécialité" noch recht ungeklärt und umstritten). Auch nach Art. L. 132-1 i.V. mit Art. R. 132-1 Code de la consommation sind Freizeichnungsklauseln in Kaufverträgen zwischen Gewerbetreibenden und Nicht-Gewerbetreibenden oder Konsumenten als mißbräuchlich verboten[807].

b) Die Haftung des Herstellers gegenüber dem Ersterwerber kann sich auch aus der *allgemeinen vertraglichen Verschuldenshaftung* ergeben. Diese läßt sich wiederum unterteilen in die „non-conformité"-Haftung und die Haftung wegen Verletzung einer „obligation de sécurité" einerseits (für den Bereich der Fabrikations- und Konstruktionsfehler) und die Haftung wegen Instruktionsfehlern und sonstigen Pflichtverletzungen andererseits.

Wie bereits unter a) angedeutet, wurde die *„non-conformité"-Haftung* einige Zeit lang von der Rechtsprechung auch bei rein objektiven (versteckten) Mängeln angewendet, die eigentlich in den Anwendungsbereich der Sachmängelgewährleistung fielen. Seit einigen Jahren geht die Rechtsprechung jedoch (wieder) von einer klaren Trennung beider Rechtsbehelfe aus und wendet die „non-conformité"-Haftung im wesentlichen nur noch bei dem Fehlen sonstiger vertraglich vereinbarter Eigenschaften (z.B. hinsichtlich der Qualität des Produktes) und bei offenbaren Mängeln an. Insoweit haftet der Hersteller wie bei der Sachmängelgewährleistung ebenfalls verschuldensunabhängig, während für den „bloßen" Verkäufer nur eine einfache, d.h. also widerlegliche Schuldvermutung gilt.

Nahezu zeitgleich zur Zurückstutzung der „non-conformité"-Haftung auf ihr früheres Maß wurde von der Rechtsprechung seit den frühen 90'er Jahren ein auf die *„obligation de sécurité"* gestütztes „neues" Haftungsregime entwickelt, das sich mehr und mehr als ein Vorgriff der Rechtsprechung auf die vom französischen Gesetzgeber unterlassene Umsetzung der Produkthaftungsrichtlinie 85/374 entpuppte. Ob dieses Haftungsregime, das zwar deutlich an die genannte Richtlinie angelehnt ist, sich von dieser und

807 Zu den teilweise komplizierten Einzelheiten oben S. 47 ff. Unter bestimmten Umständen kann auch ein Gewerbetreibender, der aus Anlaß seines Gewerbes handelt, in den Schutzbereich der genannten Vorschriften fallen, siehe oben S. 50 ff.

den französischen Umsetzungsvorschriften aber in verschiedener Hinsicht auch unterscheidet, mit der Umsetzung der Produkthaftungsrichtlinie obsolet geworden ist, ist umstritten und bisher nicht geklärt.

Die genannte Haftung wegen Verletzung der „obligation de sécurité“ ist verschuldensunabhängig. Unklar war zunächst, ob der Geschädigte auch einen „Mangel“ nachzuweisen hat und welcher Art dieser sein muß. Nach einigem hin und her hat die Cour de cassation klargestellt, daß insoweit der Nachweis eines „Sicherheitsmangels“ i.S. der Produkthaftungsrichtlinie erforderlich ist. Reine Äquivalenzstörungen werden also von dem genannten Haftungsregime nicht erfaßt, was auch auf der Schadensebene dadurch zum Ausdruck kommt, daß, jedenfalls nach h.M., Schäden an der Kaufsache selbst nicht unter dieses Haftungsregime fallen. Insofern verbleibt es dann bei der Sachmängelgewährleistung, die im übrigen, d.h. also hinsichtlich der Verletzung des Integritätsinteresses, durch die Haftung wegen Verletzung der „obligation de sécurité“ verdrängt wird. Da die Verjährungsfrist der allgemeinen vertraglichen Verschuldenshaftung, und damit der Haftung wegen Verletzung der „obligation de sécurité“, allgemein 30 Jahre und 10 Jahre bei Beteiligung eines Kaufmannes beträgt, hat die Rechtsprechung durch die Entwicklung des genannten Haftungsregimes u.a. das Ziel erreicht, welches zuvor mit der Ausweitung der „non-conformité“-Haftung verfolgt wurde: die Ausschaltung des als zu kurz empfundenen „bref délai“ der Sachmängelgewährleistung (jedenfalls im Bereich der Verletzung des Integritätsinteresses).

Somit gilt für das Verhältnis der Sachmängelgewährleistung zur Haftung wegen Verletzung der „obligation de sécurité folgendes: im Überschneidungsbereich beider Rechtsbehelfe ist die Sachmängelgewährleistung weiter hinsichtlich Wandelung, Minderung und Ersatz der am Produkt selbst entstandenen Schäden (einschließlich direkt hieraus resultierender Vermögensschäden, wie z.B. entgangener Gewinn) anzuwenden, die Haftung wegen Verletzung der „obligation de sécurité“ dagegen für den Ersatz von Personenschäden und Schäden an sonstigen Gütern des Käufers.

Wie bereits erwähnt, ist noch offen, ob es zu einer Fortsetzung der genannten Rechtsprechung zur Haftung wegen Verletzung der „obligation de sécurité“ kommen wird. Dafür spräche aus Sicht des Geschädigten u.a. die erheblich über die Produkthaftungsrichtlinie und die neuen französischen Produkthaftungsvorschriften hinausgehende Verjährungsfrist. Kommt es dagegen zu einer Aufgabe der genannten Rechtsprechung, so käme die Sachmängelgewährleistung auch wieder bei der Verletzung des Integritätsinteresses zur Anwendung (selbstverständlich neben den „neuen“ Produkthaftungsvorschriften).

Die allgemeine vertragliche Verschuldenshaftung kann sich auch aufgrund von *Instruktionsfehlern* ergeben. Schuldner der sog. „obligation de renseignement", die Auskunfts-, Aufklärungs- und Warnpflichten beinhaltet, ist nicht nur der Hersteller, sondern grundsätzlich auch der „bloße" Wiederverkäufer. Dessen Instruktionspflichten werden teilweise von der Rechtsprechung als weniger streng beurteilt. Die „obligation de renseignement" wird grundsätzlich als „obligation de moyens" eingestuft, so daß der Geschädigte im Gegensatz zur „non-conformité"-Haftung und zur Haftung wegen Verletzung der „obligation de sécurité" eine *„faute"* des Herstellers bzw. Verkäufers nachzuweisen hat. Diese für den Geschädigten an sich negative Situation wird dadurch abgemildert, daß auf der einen Seite, insbesondere gegenüber einem nicht gewerblichen Käufer, sehr hohe inhaltliche Anforderungen an die „obligation de renseignement" gestellt werden, denen auf der anderen Seite recht niedrige Beweisanforderungen hinsichtlich der Verletzung dieser Verpflichtung gegenüberstehen.

Die Haftung des Herstellers und des Verkäufers kann sich schließlich auch aus *„sonstigen Pflichtverletzungen"* ergeben, wenn z.B. die Ware nicht ordnungsgemäß verpackt, gelagert oder transportiert wurde oder aber der Schuldner diese nicht ausreichend untersucht bzw. getestet hat. Auch insoweit muß der Geschädigte jedoch eine „faute" des Herstellers oder Verkäufers darlegen.

Was die Zulässigkeit einer *Haftungsfreizeichnung* angeht, so ist die Situation bei den genannten Haftungsregimen der allgemeinen vertraglichen Verschuldenshaftung nicht einheitlich zu beurteilen. Klar ist jedoch, daß bei allen genannten Haftungsregimen Freizeichnungsklauseln zwischen einem gewerblichen Hersteller/Verkäufer und einem „non-professionnel" oder Konsumenten in Anwendung von Art. L. 132-1 i.V. mit Art. R. 132-1 Code de la consommation unwirksam sind. Bei Freizeichnungsklauseln zwischen Gewerbetreibenden ist dagegen zu unterscheiden: im Bereich der „obligation de sécurité" sind diese generell unwirksam; im Bereich der „non-conformité" sind sie dagegen grundsätzlich zulässig, ohne daß es, wie im Bereich der Sachmängelgewährleistung, darauf ankommt, ob es sich bei den Parteien um „professionnels de même spécialité" handelt; im Bereich der „obligation de renseignement" und der „sonstigen Pflichtverletzungen" ist die Rechtslage dagegen insoweit umstritten und ungeklärt.

Im Hinblick auf die *Entlastung* des Herstellers/Verkäufers gilt folgendes: Nur soweit dem Hersteller/Verkäufer eine „obligation de moyens" obliegt (so bei Instruktionsfehlern und sonstigen Pflichtverletzungen) oder eine widerlegliche Schuldvermutung besteht (so bei der „non-conformité"-Haftung des „bloßen" Wiederverkäufers) können sich die Genannten theoretisch durch den Nachweis fehlenden Verschuldens entlasten[808]. Diese Mög-

---

[808] Selbstverständlich liegt bei der „obligation de moyens" die Darlegungs- und Beweislast hinsichtlich der „faute" beim Geschädigten, der Hersteller/Verkäufer kann sich jedoch durch den Gegenbeweis entlasten.

lichkeit ist den Genannten jedoch gänzlich genommen, soweit ihnen von der Rechtsprechung eine „obligation de résultat“ auferlegt wird (so bei der „obligation de sécurité“ für Hersteller und Verkäufer und bei der „non-conformité“-Haftung für den Hersteller). Insoweit ist dann nur die Entlastung durch den Nachweis einer „cause étrangère“ (höhere Gewalt i.e.S. ; schuldloses oder schuldhaftes Verhalten des Geschädigten; schuldloses oder schuldhaftes Verhalten eines Dritten) möglich. Eine Entlastung für *Entwicklungsrisiken* wird von der Rechtsprechung bei Fabrikations- und Konstruktionsmängeln nur im Bereich von Arzneimitteln bzw. pharmazeutischen Produkten zugelassen, d.h. außerhalb dieses Bereiches ist eine solche Entlastung, wie im Bereich der Sachmängelgewährleistung, nicht möglich. Anderes gilt bei den Instruktionsfehlern und „sonstigen Pflichtverletzungen“, da dem Hersteller/Verkäufer insoweit nur eine „obligation de moyens“ auferlegt wird.

Die *Verjährungsfrist* der allgemeinen vertraglichen Verschuldenshaftung beträgt grundsätzlich 30 Jahre, bei Beteiligung eines Kaufmannes 10 Jahre. Verjährungsbeginn ist nach h.M. der Zeitpunkt der Fälligkeit der nicht erfüllten Verpflichtung.

Was den *Umfang des zu ersetzenden Schadens* angeht, so gilt wie bei der Sachmängelgewährleistung auch hier das Prinzip der Totalreparation. Ob und inwieweit auch eine Anwendung des Art. 1150 C. civ. (Beschränkung auf den bei Vertragsschluß vorhersehbaren Schaden) in Betracht kommt, ist differenzierend zu beurteilen und zum Teil nicht geklärt.

5. Wie oben unter 3. bereits erwähnt, stehen dem Nacherwerber im „klassischen“ französischen Produkthaftungsrecht (nur) vertragliche Ansprüche gegen den Hersteller oder einen Vorverkäufer zu, die er im Wege einer *„action directe“* geltend machen kann. Es handelt sich hierbei um eine ausgedehnte vertragliche Haftung, die es dem Nacherwerber erlaubt, sich unter Überspringung der einzelnen Glieder der Absatzkette direkt an den Hersteller zu wenden und sich auf den von diesem mit dem Ersterwerber abgeschlossenen Vertrag zu berufen. Deliktische Ansprüche, die bei einer Produktschädigung des Nacherwerbers tatbestandlich an sich auch gegeben wären, werden dem Nacherwerber seit dem „Lamborghini-Urteil“ aus dem Jahre 1979 in Ausdehnung des „non-cumul“-Prinzips nicht mehr zugestanden. Die direkten vertraglichen Ansprüche werden dem Nacherwerber nicht nur gegenüber dem Hersteller, sondern auch gegenüber sämtlichen Vorverkäufern der Absatzkette eingeräumt, mit denen er nicht vertraglich verbunden ist. Anerkannt wurde die „action directe“ des Nacherwerbers zunächst im Bereich der *Sachmängelgewährleistung* („action directe en garantie“) und zwar im Jahre 1884[809]. Sie wurde dann später auch im Bereich der

[809] In diesem Bereich wird dem Nacherwerber seit 1982 auch die Möglichkeit einer „direkten Wandlung“ eingeräumt.

„obligation de renseignement“ (seit 1973), der *„non-conformité“* (seit 1983) und der *„obligation de sécurité“* (seit 1993) anerkannt, die hier unter Anknüpfung an den gemeinsamen Oberbegriff der allgemeinen vertraglichen Verschuldenshaftung als „action directe en responsabilité contractuelle de droit commun“ bezeichnet werden. Schließlich wurde auch dem *Werkbesteller* bei der Aufeinanderfolge eines Kauf- und eines Werkvertrages eine „action directe“ gegen den Hersteller von Baumaterialien eingeräumt (seit 1984, bestätigt und ausgedehnt auf die „non-conformité“-Haftung durch die Assemblée plénière der Cour de cassation im Jahre 1986).

Die „action directe en garantie“ und „en responsabilité contractuelle de droit commun“, die keinesfalls mit der „action directe en paiement“ verwechselt werden dürfen (bei dieser geht es nicht um Sekundäransprüche, sondern um Primäransprüche auf Erfüllung) sind nicht in erster Linie als prozessuales Institut zu verstehen, sondern gewähren dem Geschädigten einen *materiellrechtlichen Durchgriffsanspruch*, der natürlich gegebenenfalls im Klagewege geltend gemacht werden kann.

Die „action directe“ des Nacherwerbers bzw. Bestellers stellt eine Durchbrechung des in Art. 1165 C. civ. normierten Prinzips der Relativität der vertraglichen Schuldverhältnisse dar. Ihre *dogmatische Begründung* ist von jeher äußerst umstritten. Keine der bisher vorgeschlagenen Lösungen (dies sind im wesentlichen die „théorie de l'accessoire“, der stillschweigende Vertrag zugunsten Dritter, die stillschweigende Zession und die Lehre von den „groupes de contrats“) hat sich endgültig durchsetzen können und bietet eine dogmatisch befriedigende Erklärung der „action directe“. Die Rechtsprechung, die ebenso wie ein großer Teil der Lehre zeitweise dem Konzept der „groupes de contrats“ folgte, steht seit dessen Zurückweisung durch die Assemblée plénière der Cour de cassation (wieder) fest auf dem Boden der „théorie de l'accessoire“. Nach dieser sind die Gewährleistungsrechte des Käufers als „Zubehör“ der Kaufsache anzusehen und gehen mit dem Eigentum an der Kaufsache auf den Zweit- oder Nacherwerber über. Entprechendes gilt auch für die sonstigen Produkthaftungsansprüche des Käufers.

Dies bedeutet für die *Funktionsweise* der „action directe“, daß diese sich im wesentlichen aus dem ersten Vertrag der Absatzkette ableitet: dieser ist grundsätzlich maßgebend für den Haftungsumfang und die Einreden des Herstellers/Vorverkäufers. Daraus folgt, daß eine im ersten Vertrag der Absatzkette (zwischen zwei Gewerbetreibenden) wirksam vereinbarte *Freizeichnungsklausel* grundsätzlich auch gegenüber dem Nacherwerber bzw. dem Besteller gilt, auch wenn es sich hierbei um einen Verbraucher handelt, dem gegenüber eine derartige Klausel bei einem unmittelbaren Vertragsabschluß nicht wirksam wäre. Obwohl in der Lehre und teilweise auch in der Rechtsprechung umstritten, wurde dieses Prinzip 1995 von der Cour de cassation bestätigt, wodurch die französischen Verbraucherschutzbestrebungen natürlich in gewissem Umfang ad absurdum geführt werden. Zu betonen ist, daß die vorgenannte Problematik sich nicht im Bereich der *„obligation de sécurité“* stellt, wo Freizeichnungsklauseln zwischen *sämtlichen* Gewerbetreibenden (d.h. auch im ersten Vertrag der Absatzkette) unwirksam sind. Eine ähnliche Problematik wie bei den Freizeichnungsklauseln stellt sich bei den *Gerichtsstandsvereinbarungen*, die grundsätzlich nur zwischen Kaufleuten zulässig sind. Hier scheint allerdings zwischen den verschiedenen Kammern der Cour de cassation keine völlige Einigkeit darüber zu bestehen, inwieweit eine zulässige Gerichtsstandsklausel im ersten Vertrag der Absatzkette auch den nicht gewerblichen Nacherwerber bzw. Besteller bindet, wovon jedoch nach der Logik der „action directe“ im Regelfall auszugehen ist. Hinsichtlich der *Verjährung* ist ebenfalls grundsätzlich die Verjährungsfrist des ersten Vertrages der Absatzkette maßgeblich, wobei Entsprechendes für den Verjährungsbeginn vertreten wird[810].

Der zweite oder nachfolgende Vertrag der Absatzkette ist grundsätzlich für den Inhalt der „action directe“ irrelevant (anders war dies nach der zeitweise von der Rechtsprechung im Zusammenhang mit der Lehre von den „groupes de contrats“ vertretenen Regel der „double limite“).

6. Hinsichtlich der herkömmlichen *deliktischen Produkthaftung*, die, wie erwähnt, nur die Haftung des Herstellers gegenüber Geschädigten betrifft, die weder Erwerber, Nacherwerber noch Besteller (bei der Aufeinanderfolge eines Kauf- und eines Werkvertrages) sind, ist zwischen der (allgemeinen) deliktischen „Verschuldenshaftung“ gem. Art. 1382, 1383 C. civ. und der Sachhalterhaftung gem. Art. 1384 Abs. 1 (letzter HS) C. civ. zu unterscheiden.

a) Die deliktische „Verschuldenshaftung“ gem. Art. 1382, 1383 C. civ. erfaßt sämtliche Fallgruppen der Produkthaftung. Bei den Fabrikations- und Konstruktionsfehlern erspart die Rechtsprechung dem Geschädigten aber den eigentlich erforderlichen Nachweis einer „faute“: hat der Hersteller ein mangelhaftes Produkt in den Verkehr gebracht, das bei dem Geschädigten zu einem Schaden geführt hat, so wird das Vorliegen einer „faute“ des Herstellers unwiderleglich vermutet. Die Rechtsprechung hat daher auch in diesem Bereich den Schritt von einer Verschuldenshaftung zu einer objektiven Erfolgshaftung getan. Diese verschuldensunabhängige Haftung, die nach überkommener Rechtsprechung nur für den Hersteller galt, wurde im Jahre 1995 auch auf den „bloßen“ (gewerblichen) Wiederverkäufer ausgedehnt, zu dessen Lasten eine *deliktische* (!) „obligation de sécurité“ („de résultat“) angenommen wurde. Keine verschuldensunabhängige Haftung besteht dagegen im Bereich der Instruktionsfehler und „sonstigen Pflicht-

---

[810] Zu weiteren Punkten siehe oben 1. Abschnitt B. I. 4. a).

verletzungen". Hier muß daher sowohl dem Hersteller als auch dem „bloßen" Verkäufer eine „faute" nachgewiesen werden.

Hinsichtlich der *Entlastung* des Herstellers/Verkäufers wird auf die obigen Ausführungen zur allgemeinen vertraglichen Verschuldenshaftung verwiesen, die insoweit entsprechend gelten. Die *Verjährung* der deliktischen Ansprüche beträgt 10 Jahre ab dem Zeitpunkt des Auftretens bzw. der Verschlimmerung des Schadens. Im Hinblick auf den *Umfang des zu ersetzenden Schadens* gilt wie im Bereich der vertraglichen Haftung der Grundsatz der Totalreparation, wobei hier jedoch eine Beschränkung auf den bei Vertragsschluß vorhersehbaren Schaden (Art. 1150 C. civ.) von vornherein ausscheidet.

b) Die Sachhalterhaftung gem. Art. 1384 Abs. 1 (letzter HS) C. civ., auf die sich der Geschädigte neben der deliktischen „Verschuldenshaftung" berufen kann, ist eine verschuldensunabhängige Gefährdungshaftung. Als Sachhalter wird grundsätzlich derjenige aufgefaßt, der die Nutzung, Leitung und Kontrolle über die Sache hat. Hiernach käme eine Haftung des Herstellers nach Übertragung von Besitz und Eigentum an dem Produkt eigentlich gar nicht in Betracht. Um diese aber dennoch zu ermöglichen, wurde ca. in der Mitte des 20. Jahrhunderts die Differenzierung in „garde de la structure" und „garde du comportement" entwickelt. Der „gardien du comportement" ist dabei verantwortlich für Schäden, die aufgrund des äußeren „Verhaltens" bzw. aus dem Gebrauch der Sache resultieren (z.B. eine Gasflasche fällt und zerstört dabei eine Fensterscheibe), während der „gardien de la structure" für Schäden haftet, die sich aus der inneren Struktur, insbesondere also aus Fehlern der Sache ergeben (z.B. Explosion einer Gasflasche ohne äußeren Anlaß). Diese Konstruktion ermöglicht es nun, den Hersteller auch nach der Übertragung von Besitz und Eigentum als „gardien de la structure" haftbar zu machen.

Nicht sämtliche Produkte werden von dieser besonderen Haftungskonstruktion erfaßt. Von der Rechtsprechung wird insoweit verlangt, daß es sich um Produkte mit einer „gefährlichen Eigendynamik" handelt, was in der Praxis meist bei der Explosion von mit Gas oder Flüssigkeit gefüllten verschlossenen Behältnissen angenommen wurde. Eine verläßliche und erschöpfende Aussage über die erfaßten Produkte läßt sich aber aufgrund der Unbestimmtheit des genannten Kriteriums aus der Rechtsprechung nicht ableiten, was in der Lehre vielfach kritisiert wurde.

Ähnliche Probleme ergeben sich häufig bei der Frage, wer im Einzelfall als „gardien de la structure" anzusehen ist, der Hersteller des explodierten Behältnisses, der Hersteller bzw. Abfüller des *Inhalts* des Behältnisses, der Eigentümer, der Großhändler etc.? Maßgebliches Kriterium hierfür ist, wer die Kontrollmöglichkeiten über die Ursache des Schadens und damit die

Möglichkeit seiner Verhinderung hatte. Umstritten ist, ob dies grundsätzlich auch bei einem „bloßen" Verkäufer der Fall sein kann.

Umstritten ist auch, ob bei Unklarheiten über die Ursache des Schadens die Vermutung besteht, daß dieser auf einen originären „vice de la structure" zurückgeht oder ob ein solcher von dem Geschädigten vollumfänglich bewiesen werden muß.

Wegen der genannten Schwierigkeiten der produkthaftungsrechtlichen Sachhalterhaftung, deren Differenzierung in „garde de la structure" und „garde du comportement" heute vielfach als insgesamt unpraktikabel und gekünstelt kritisiert wird, sollte diese eigentlich durch die in Umsetzung der Produkthaftungsrichtlinie erlassenen Vorschriften verdrängt werden, wovon jedoch bei der endgültigen Umsetzung der Richtlinie Abstand genommen wurde.

Hinsichtlich der *Entlastung* des Sachhalters durch den Nachweis einer „cause étrangère" kann im Grundsatz auf die Ausführungen zur vertraglichen und deliktischen Verschuldenshaftung verwiesen werden, wobei jedoch in den Einzelheiten einige Unterschiede bestehen. Eine Entlastung für *Entwicklungsrisiken* wird bei der Sachhalterhaftung nicht einmal in dem Teilbereich von Arzneimitteln und pharmazeutischen Produkten zugelassen (so bei der vertraglichen und deliktischen Verschuldenshaftung), sondern ist gänzlich ausgeschlossen.

7. Mit fast zehnjähriger Verspätung hat Frankreich schließlich die EG-Produkthaftungsrichtlinie 85/374 durch das Gesetz Nr. 98-389 vom 19.5.1998 umgesetzt und in den Code civil die Artikel 1386-1 bis 1386-18 eingefügt. Einer der Hauptgründe für die erheblich verspätete Umsetzung war die von Anfang an sehr kontroverse Diskussion um die Entlastung für Entwicklungsrisiken.

Im Gegensatz zu früheren Entwürfen hat sich der französische Gesetzgeber schließlich insgesamt für eine mehr oder weniger richtliniengetreue Umsetzung entschieden, wobei jedoch im Einzelnen auch erhebliche Unterschiede zur Richtlinie und zum deutschen ProdHaftG bestehen.

Besonders hervorzuheben ist hier die deutlich über die Richtlinie und das deutsche ProdHaftG hinausgehende Erweiterung der Haftung auf den Verkäufer, den Vermieter[811] oder den sonstigen gewerblichen Lieferanten und zwar *völlig unabhängig davon, ob der Hersteller rechtzeitig feststellbar ist oder nicht.* Die Genannten haften generell zu den gleichen Bedingungen wie der Hersteller[812]. Dieses erweiterte Verständnis einer strikten Produktverantwortlichkeit entspricht, jedenfalls hinsichtlich der generellen Einbe-

---

[811] Eine Ausnahme soll lediglich für den Leasinggeber und den einem Leasinggeber gleichzustellenden Vermieter gelten.

ziehung des „bloßen" Verkäufers, dem herkömmlichen französischen Produkthaftungsrecht, das die einzelnen Glieder der Absatzkette im wesentlichen der gleichen Haftung unterwirft.

Unter einem „*Produkt*" i.S. der neuen Vorschriften wurden in Frankreich von Anfang an auch landwirtschaftliche Naturprodukte und Jagderzeugnisse verstanden, die nicht einer ersten Verarbeitung unterzogen wurden. Auch Arzneimittel fallen im Gegensatz zu Deutschland generell in den Anwendungsbereich der Art. 1386-1 ff. C. civ. Dies gilt ebenfalls für „Bestandteile des menschlichen Körpers" und hieraus gewonnene Produkte (z.B. Blutplasma). Diesbezüglich wird aber ausdrücklich eine Entlastung für Entwicklungsrisiken ausgeschlossen (siehe hierzu auch unten).

Mit Ausnahme des Schadens an dem fehlerhaften Produkt selbst haftet der Hersteller grundsätzlich für sämtlichen durch das fehlerhafte Produkt verursachten *Schaden*. Im Gegensatz zur Produkthaftungsrichtlinie und zum deutschen ProdHaftG wird bei den Sachschäden nicht zwischen privat und gewerblich genutzten Sachen differenziert, d.h. der Hersteller haftet generell auch für Sachschäden im gewerblichen Bereich. Diesbezüglich wird ihm jedoch die Möglichkeit eingeräumt, sich gegenüber gewerblichen Abnehmern von der Haftung freizuzeichnen. Nach ganz h.M. sind auch immaterielle Schäden nach den neuen Vorschriften zu ersetzen. Schließlich ist weder ein Haftungshöchstbetrag für Personenschäden noch eine Selbstbeteiligung bei Sachschäden vorgesehen.

Nach jahrelanger Diskussion hat sich der französische Gesetzgeber schließlich dazu entschieden, grundsätzlich wie in Deutschland eine *Entlastung für Entwicklungsrisiken* zuzulassen. Aufgrund der Erfahrungen mit der „affaire du sang contaminé" wird hiervon jedoch eine wichtige Ausnahme gemacht: der Hersteller kann sich auf den genannten Entlastungsgrund nicht berufen, wenn der Schaden durch einen „Bestandteil des menschlichen Körpers" oder ein hieraus gewonnenes Produkt verursacht wurde. Hieraus folgt, jedenfalls für eine Übergangszeit[813], ein erheblicher Unterschied in der Haftung für Arzneimittel oder pharmazeutische Produkte, die in irgendeiner Weise aus Bestandteilen des menschlichen Körpers gewonnen werden, und sonstigen Arzneimitteln oder pharmazeutischen Produkten: während für erstere eine Entlastung für Entwicklungsrisiken ausscheidet, ist sie bei letzteren grundsätzlich möglich. Hinsichtlich der Entwicklungsrisiken ist auch in Erinnerung zu rufen, daß sich der Hersteller/Verkäufer im

[812] Wenn im folgenden der Einfachheit halber von dem „Hersteller" die Rede ist, sind daher immer auch die genannten Personen gemeint.

[813] D.h. bis für den gesamten Bereich des „aléa thérapeutique" eventuell eine Sonderregelung geschaffen wird, wozu vorbereitend der in Art. 14 des Gesetzes Nr. 98–389 erwähnte Bericht dienen sollte.

Rahmen des (fortgeltenden) „klassischen" französischen Produkthaftungsrechts diesbezüglich grundsätzlich *nicht* entlasten kann, außer bei Arzneimitteln bzw. pharmazeutischen Produkten (wodurch die soeben genannte Differenzierung besonders brisant wird).

Erwähnenswert ist noch, daß sich in den neuen französischen Produkthaftungsvorschriften, über die Richtlinie hinaus, eine indirekte Normierung der *Produktbeobachtungspflicht* findet. Diese ist allerdings nicht als eigener Haftungstatbestand konstruiert, sondern führt bei einem diesbezüglichen Verstoß zu einer Versagung der Entlastung durch die Berufung auf Entwicklungsrisiken oder die Einhaltung verbindlicher Gesetzes- bzw. Verordnungsbestimmungen.

Im Hinblick auf das *Verhältnis zum „klassischen" französischen Produkthaftungsrecht* ist noch einmal zu betonen, daß dieses neben den neuen Vorschriften weiterhin vollumfänglich anwendbar bleibt und in einigen Bereichen sogar weiterhin *ausschließlich* anzuwenden ist (Bereich der Entwicklungsrisiken; Schäden an dem fehlerhaften Produkt selbst; Haftungsfreizeichnung nach Art. 1386-15 Abs. 2 C. civ. gegenüber einem „professionnel"[814]; Schädigung durch ein Produkt, das vor dem Inkrafttreten der neuen Vorschriften in den Verkehr gebracht worden ist; Haftung nach Ablauf der Verjährungs- oder Erlöschensfrist).

Da das aus der Umsetzung der Produkthaftungsrichtlinie resultierende Haftungsregime außervertraglicher Natur ist (was allerdings in Frankreich teilweise umstritten ist) und neben der vertraglichen Haftung zwischen (unmittelbar oder „mittelbar") vertraglich verbundenen Parteien zur Anwendung kommen kann, ist hier eine schon als bemerkenswert zu bezeichnende *Durchbrechung des „non-cumul"-Prinzips* erfolgt, die allerdings nicht für das Verhältnis der „klassischen" vertraglichen und deliktischen Produkthaftungsregime untereinander gilt.

---

[814] Eine solche Freizeichnung würde nur dann auch von der Sachmängelgewährleistung befreien, wenn sie zwischen zwei „professionnels de même spécialité" erfolgt.

Kommt es zu einer Fortsetzung der Rechtsprechung hinsichtlich der Haftung wegen Verletzung der „obligation de sécurité", so bliebe es in diesem Bereich trotz Freizeichnung von den neuen Produkthaftungsvorschriften sogar zwischen zwei „professionnels de même spécialité" bei einer Haftung nach dem bisherigen Recht.

2. Teil

Das französische „internationale" Produkthaftungsrecht und die Probleme im grenzüberschreitenden Rechtsverkehr mit Deutschland

Nachdem im ersten Teil das nationale französische Produkthaftungsrecht dargestellt wurde, soll im folgenden die Behandlung der Produkthaftung im französischen internationalen Privat- und Zuständigkeitsrecht untersucht werden, wobei dabei die Problematik deutsch-französischer Produkthaftungsfälle im Vordergrund stehen soll[815]. Erörtert wird zunächst die internationalprivat- und -zuständigkeitsrechtliche Behandlung der vertraglichen Produkthaftung (1. Abschnitt), anschließend diejenige der deliktischen Produkthaftung (2. Abschnitt). In einem 3. Abschnitt sollen dann die Probleme untersucht werden, die sich aus der im französischen und deutschen IPR unterschiedlichen Qualifikation von Produkthaftungsansprüchen innerhalb einer Vertragskette ergeben.

1. Abschnitt

Die „action directe en garantie" und „en responsabilité contractuelle de droit commun" im EuGVÜ und im französischen IPR

Das erste, was bei der Untersuchung der internationalprivatrechtlichen und -zivilprozessualen Behandlung der „action directe en garantie" und „en responsabilité contractuelle de droit commun" auffällt, ist die vergleichsweise geringe Zahl einschlägiger Gerichtsentscheidungen[816]. Die Gründe für diese „Zurückhaltung" sind mannigfaltig.

---

815 Dementsprechend beschränken sich die Ausführungen zum internationalen Zuständigkeitsrecht auf die Behandlung des EuGVÜ.

816 Auch in der französischen Lehre wurde zwar ausgiebig die „action directe" des Nacherwerbers bei inländischen Vertragsketten diskutiert, welche Konsequenzen sich aber bei Übertragung der im internen Recht verwendeten Konstruktion auf internationale Vertragsketten ergeben, wurde erst in jüngster Zeit ansatzweise erörtert.

Neben der allgemeinen Scheu der Gerichte, sich mit kollisionsrechtlichen Fragen im Produkthaftungsrecht auseinanderzusetzen[817], dürften vor allem zwei Gründe für die geringe Zahl von Gerichtsentscheidungen maßgeblich sein: zum einen hält das aufgrund teilweise ungeklärter Rechtslage recht hohe Prozeßrisiko die Unternehmen von der Beschreitung des Rechtsweges ab[818], zum anderen haben die Hersteller ein großes wirtschaftliches Interesse an geringstmöglicher Publizität der auftretenden Schadensfälle[819]. Beides führt dazu, daß Schadensfälle meist im Wege außergerichtlichen Vergleiches als „normaler Versicherungsfall"[820] oder über Schiedsverfahren abgewickelt werden[821]. Kommt es doch zu einem Verfahren vor den staatlichen Gerichten, so haben die verurteilten Hersteller natürlich ein Interesse an der Nichtveröffentlichung der Entscheidung (ob, und in welchem Maße die Hersteller aber diesbezüglich versuchen, Einfluß auszuüben[822], kann nicht allgemein festgestellt werden). Trotz allem sind doch in den letzten Jahren einige wenige, aber wichtige Entscheidungen in diesem Bereich ergangen, so hinsichtlich der internationalen (und örtlichen) Zuständigkeit nach dem EuGVÜ insbesondere die Entscheidung des EuGH vom 17.6.1992 und die sich daran anschließenden Entscheidungen der Cour de cassation (A.). Was die internationalprivatrechtliche Behandlung der genannten „actions directes" angeht (B.), so erschließt sich diese nicht ohne weiteres, da es hierzu nach wie vor weitgehend an ausdrücklichen und vor allen Dingen veröffentlichten Entscheidungen fehlt. Der zusätzliche Rekurs auf unveröffentlichte Urteile ist daher hier unumgänglich.

A. Die internationale (und örtliche[823]) Zuständigkeit nach den Art. 5 Nr. 1, 5 Nr. 3 und 17 EuGVÜ

Es sollen hier keine näheren Ausführungen dazu gemacht werden, daß zur Bestimmung der internationalen (und örtlichen) Zuständigkeit in einem deutsch-französischen Produkthaftungsrechtsstreit zwischen einem geschä-

---

817 Winkelmann, S. 154.

818 Vgl. Eujen/Müller-Freienfels, AWD 1972, S. 503; Siehr, AWD 1972, S. 373, 388; Winkelmann, aaO.

819 Vgl. das von Winkelmann auf S. 154 angegebene Beispiel der schweren Absatzeinbußen von Audi in den USA, nachdem die Klagen mehrerer Unfallopfer bekannt wurden. Auch Drobnig, Vorschläge und Gutachten, S. 301 berichtet von der Scheu der Unternehmen ihre Schadensfälle offenzulegen.

820 Vgl. Winkelmann, S. 154; Steinebach, S. 35.

821 Vgl. Brendl/Schweinberger, § 9 III, S. 40 f., der noch weitere mögliche Gründe für die geringe Zahl einschlägiger Entscheidungen anführt.

822 So Steinebach, S. 36, zweifelnd insoweit Winkelmann, S. 154.

823 Bekanntlich regeln die Art. 5 Nr. 1 und 5 Nr. 3 EuGVÜ bereits nach ihrem Wortlaut nicht nur die internationale, sondern auch die örtliche Zuständigkeit. Auch

digten Produktkäufer mit (Wohn-)Sitz in dem einen Staat und dem Hersteller bzw. Vorverkäufer mit Sitz in dem jeweils anderen Staat auf die Regeln des EuGVÜ in der jeweils geltenden Fassung zurückzugreifen ist. Auch möchte ich mich hier darauf beschränken, die in den zuvor erwähnten Entscheidungen hauptsächlich problematisierte Anwendung der Art. 5 Nr. 1, 5 Nr. 3 und 17 EuGVÜ zu erörtern.

I. Die Anwendbarkeit der Art. 5 Nr. 1 und 5 Nr. 3 EuGVÜ auf die „action directe en garantie“ und „en responsabilité contractuelle de droit commun“

Bevor auf die erwähnte Entscheidung des EuGH vom 17.6.1992 eingegangen werden kann, ist zunächst ihre „Vorgeschichte“ im weiteren Sinne, d.h. also die französische Rechtsprechung zur Anwendung des Art. 5 Nr. 1 EuGVÜ auf die „action directe“ zu erläutern. Nach der deutschen Fassung des Art. 5 Nr. 1 EuGVÜ (Gerichtsstand des Erfüllungsortes) kann eine Person außerhalb ihres Wohnsitzstaates in einem anderen Vertragsstaat verklagt werden, „wenn ein Vertrag oder Ansprüche aus einem Vertrag den Gegenstand des Verfahrens bilden, vor dem Gericht des Ortes, an dem die Verpflichtung erfüllt worden ist oder zu erfüllen wäre ...“[824]. Da die „action directe“ des Nacherwerbers aus französischer Sicht „notwendigerweise vertraglicher Natur“ ist, stellte sich zwangsläufig die Frage, ob auf eine derartige „action directe“ bei einer internationalen Vertragskette Art. 5 Nr. 1 EuGVÜ anwendbar ist, oder ob hierfür, wie z.B. aus deutscher Sicht, nur Art. 5 Nr. 3 EuGVÜ in Betracht kommt. Maßgeblich für die Beantwortung dieser Frage ist eine Interpretation des Passus „Vertrag oder Ansprüche aus einem Vertrag“, der in der französischen Fassung etwas kürzer „matière contractuelle“ lautet.

Gerichtsstandsvereinbarungen nach Art. 17 EuGVÜ können die örtliche Zuständigkeit mitumfassen („ein Gericht“).

[824] Der Wortlaut des Art. 5 Nr. 1 EuGVÜ hat bzgl. der hier interessierenden Formulierung („Vertrag oder Ansprüche aus einem Vertrag“) seit der Ursprungsfassung keine Änderung erfahren, so daß die untersuchte Frage sich heute genauso wie in den sogleich erörterten Urteilen stellt, für die die Ursprungsfassung bzw. diejenige des 1. Beitrittsübereinkommens galt.

1. Die Rechtsprechung der Cour de cassation vor dem Urteil des EuGH vom 17.6.1992

a) Die Urteile der ersten Zivilkammer vom 4.3.1986 und vom 28.10.1986

Die Cour de cassation bezog zur Frage der Anwendbarkeit des Art. 5 Nr. 1 EuGVÜ zunächst in zwei Urteilen aus dem Jahre 1986 indirekt Stellung.

Bereits in dem ersten Urteil vom *4.3.1986*[825] sprach sich die Cour de cassation für eine Anwendung des Art. 5 Nr. 1 EuGVÜ aus[826]. Da die Entscheidung auch in materiellrechtlicher Hinsicht interessant ist, soll sie kurz dargestellt werden. Im Jahre 1971 hatte die französische Gesellschaft „SIRENA" von der ebenfalls französischen Gesellschaft „Comavi" zur Herstellung eines für die Geflügelzucht bestimmten Futtermittels ein Basiselement erworben, das Vitamin D3 enthielt. Dieses hatte die „Comavi" von der belgischen Gesellschaft „Impextraco" bezogen, die ihrerseits von der italienischen Gesellschaft „Peter Hand Europa" beliefert wurde. Letztere hatte das Vitamin von dem amerikanischen Hersteller, der „Thompson Hayward Chemical Company" mit Sitz im Bundesstaat Kansas erworben. Als sich bei Verwendung des Futtermittels Verluste in der Geflügelzucht einstellten, verklagte die „SIRENA" ihren unmittelbaren Lieferanten, die Gesellschaft „Comavi", welche ihrerseits mittels „appel en garantie" die „Impextraco" in den Rechtsstreit einbezog. Diese tat Gleiches mit der Gesellschaft „Peter Hand Europa", die schließlich ebenfalls über einen „appel en garantie" gegen den Hersteller „Thompson" vorging. Nachdem sich die Zahlungsunfähigkeit der „Comavi" herausstellte, ging die „SIRENA" nunmehr mittels *„action oblique*" (Art. 1166 C. civ) gegen die anderen Gesellschaften vor, was natürlich wirtschaftlich sinnlos war[827], so daß die „SIRENA" ihr Begehren anschließend auf der Grundlage des *Art. 1382 C. civ.* weiterverfolgte. Das „Tribunal de commerce" von Saint Brieuc gab den Klagen in einer Entscheidung vom 14.1.1980 tatsächlich auf der Grundlage des Art. 1382 C. civ. statt[828] und verwarf die von den Beklagten geltend gemachte Einrede der Unzuständigkeit. Nach Bestätigung in der zweiten Instanz bestätigte auch die Cour de cassation im Ergebnis die Klagen, stellte aber klar, daß es sich bei diesen nach internem fran-

---

825 Cass. civ. 1re v. 4.3.1986, Bull. civ. 1986, I, Nr. 57, S. 53 ff.

826 AaO, S. 55.

827 Bei der „action oblique" kann der Gläubiger von den Schuldnern seines Schuldners keine direkte Zahlung an sich, sondern nur Zahlung an seinen Schuldner verlangen.

828 Das grundlegende „Lamborghini-Urteil" der Cour de cassation vom 9.10.1979 (siehe hierzu oben S. 158) war zu diesem Zeitpunkt erst wenige Wochen alt und sicherlich noch nicht allgemein bekannt.

zösischen Recht (dessen Anwendung von keiner der Parteien gerügt worden war[829]) jeweils um eine „notwendigerweise vertragliche" „action directe en garantie" handele. Dabei ging die Cour de cassation für die Klagen der „SIRENA" gegen „Impextraco" (Belgien) und „Peter Hand Europa" (Italien) ohne nähere Auseinandersetzung mit dem Begriff der „matière contractuelle" ohne weiteres von der Geltung des Art. 5 Nr. 1 EuGVÜ aus und bejahte den Gerichtsstand des Erfüllungsortes am Sitz der Klägerin.

Auch in dem zweiten Urteil vom *28.10.1986*[830] bejahte die Cour de cassation den „notwendigerweise vertraglichen" Charakter der „action directe" in einer internationalen Vertragskette. Wie in dem Urteil vom 4.3.1986 wendete die Cour de cassation auch hier Art. 5 Nr. 1 EuGVÜ ohne nähere Auseinandersetzung mit dem Begriff der „matière contractuelle" an und bestätigte, offenbar in Anwendung französischen Rechts[831], den von der Cour d'appel am Sitz des Klägers angenommenen Erfüllungsort.

---

829 Da hier nach Auffassung der Cour de cassation zwischen Hersteller und Nacherwerber auch kein kollisionsrechtliches Übereinkommen anzuwenden war, verneinte die Cour de cassation insoweit eine Pflicht zur Ermittlung der anzuwendenden Rechtsordnung von Amts wegen (aaO, S. 55 rechte Spalte a. E.).

Die Frage, ob die französischen Kollisionsregeln von Amts wegen anzuwenden sind, hat in den letzten Jahren zu mehreren Entscheidungen der Cour de cassation und einer Flut von Stellungnahmen in der Lehre geführt. Nachdem die frühere „Bisbal-Rechtsprechung" (Cass. civ. 1re sect. v. 12.5.1959, Rev. crit. de dr. int. pr. 1960, S. 62 m. Anm. Batiffol) zunächst durch zwei Urteile vom 11. und 18.10. 1988 *vollständig* aufgegeben schien (Cass. civ. 1re v. 11. und 18.10.1988, J.D.I. 1989, S. 349 ff. m. Anm. Alexandre; siehe hierzu auch Lequette, Rev. crit. de dr. int. pr. 1989, S. 277 ff.; Hantel, RabelsZ 55 (1991), S. 143, 145 ff.), hat sich seit dem „Coveco-Urteil" vom 4.12.1990 folgende „mittlere" Linie eingependelt: eine Verpflichtung zur Anwendung von Kollisionsnormen von Amts wegen besteht zum einen, wenn es sich um eine staatsvertragliche Kollisionsnorm handelt, zum anderen, wenn es sich um eine Rechtsmaterie handelt, in der die Parteien nicht frei über ihre Rechte verfügen können (Cass. civ. 1re v. 4.12.1990, J.D.I. 1991, S. 371 ff. m. Anm. Bureau; im gleichen Sinne Cass. civ. 1re v. 10.12.1991, Rev. crit. de dr. int. pr. 1992, S. 314, 316 f. m. Anm. Muir Watt; Cass. civ. 1re v. 10.5.1995, Rev. crit. de dr. int. pr. 1996, S. 330 ff. m. Anm. Ancel; Cass. civ. 1re v. 10.10.1995, Rev. crit. de dr. int. pr. 1996, S. 332 ff. m. Anm. Heuzé). Zu weiterhin ungeklärten Fragen, insbesondere im Zusammenhang mit der Haager Konvention vom 15.6.1955, siehe die soeben zitierten Anmerkungen von Heuzé, aaO, S. 336 und Ancel, aaO, S. 332 sowie Audit, D. 1996, Somm. S. 171, 172, Nr. 1.

Zur Frage der Ermittlung des Inhalts des anzuwendenden ausländischen Rechts von Amts wegen siehe Cass. civ. 1re v. 1.7.1997 (Rev. crit. de dr. int. pr. 1998, S. 60 f., erste Entscheidung, mit Anm. Mayer), Cass. civ. 1re v. 27.1.1998 (J.C.P. 1998, II, 10098 mit Anm. Muir Watt) und, am weitestgehendsten, Cass. civ. 1re v. 24.11.1998 (D. 1999, Jur., S. 337 mit Anm. Menjucq).

830 Cass. civ. 1re v. 28.10.1986, Rev. crit. de dr. int. pr. 1987, S. 612 f. m. Anm. Gaudemet-Tallon.

831 Eine Ermittlung der anzuwendenden Rechtsordnung unterblieb hier völlig, ohne daß hierfür, wie in dem Urteil vom 4.3.1986, eine Begründung gegeben wurde.

b) Die Vorlageentscheidung der ersten Zivilkammer vom 8.1.1991[832]

Nachdem die Cour de cassation in den beiden zuvor genannten Verfahren ohne weiteres von der Anwendbarkeit des Art. 5 Nr. 1 EuGVÜ auf die „action directe“ des Nacherwerbers ausgegangen war, waren ihr mittlerweile offenbar Zweifel gekommen, denn sie legte dem EuGH in einer Entscheidung vom 8.1.1991 die Frage zur Entscheidung vor, ob Art. 5 Nr. 1 EuGVÜ auf den Rechtsstreit zwischen einem Hersteller und einem Nacherwerber wegen der Fehlerhaftigkeit von Produkten anwendbar ist. Dieser Entscheidung lag folgender Sachverhalt zugrunde: Die französische Gesellschaft „TMCS“ hatte in den Jahren 1984 und 1985 von einem Schweizer Unternehmen zwei Metallpoliermaschinen gekauft, denen sie ein Absaugsystem hinzufügen ließ. Das Absaugsystem hatte „TMCS“ von der französischen Tochtergesellschaft („Handte France“) des deutschen Herstellers („Jakob Handte“) erworben und auch installieren lassen. Nach Auffassung von „TMCS“ entsprach das Absaugsystem nicht den französischen Arbeitssicherheits- und -hygienebestimmungen und war daher nicht zum bestimmungsgemäßen Gebrauch geeignet. Im Jahre 1987 klagte die „TMCS“ deshalb vor dem Tribunal de grande instance de Bonneville (Frankreich), wo sich ihr Sitz befand, gegen den Schweizer Verkäufer der Poliermaschinen und gegen „Handte France“ und „Jakob Handte“ (Deutschland) auf Schadensersatz. Das TGI Bonneville erklärte sich in einer Entscheidung vom 4.5.1988 hinsichtlich des Rechtstreits gegen das Schweizer Unternehmen für international unzuständig, sah aber seine Zuständigkeit hinsichtlich des Rechtsstreits gegen „Handte France“ und, auf der Grundlage des Art. 5 Nr. 1 EuGVÜ, auch gegen „Jakob Handte“ (Deutschland) als gegeben an. Mit Urteil vom 20.3.1989 verwarf die Cour d'appel de Chambéry den von „Jakob Handte“ (Deutschland) erhobenen Einwand der Unzuständigkeit. Die Cour d'appel begründete ihre Entscheidung damit, daß es sich bei der Klage von „TMCS“ gegen „Jakob Handte“ um eine „action directe“ handele, die sowohl für das französische Recht als auch für das EuGVÜ als vertraglich anzusehen sei. Die erste Instanz habe sich daher zu Recht gem. Art. 5 Nr. 1 EuGVÜ für zuständig gehalten. Gegen diese Entscheidung legte „Jakob Handte“ „Revision“ ein, die damit begründet wurde, daß Art. 5 Nr. 1 EuGVÜ im Rahmen einer Vertragskette nicht anwendbar sei. Die daraufhin mit dem Rechtsstreit befaßte Cour de cassation sah in der genannten Frage schließlich ein Problem der Auslegung des EuGVÜ und legte die Frage dem EuGH vor.

---

[832] Cass. civ. 1re v. 8.1.1991, Rev. crit. de dr. int. pr. 1991, S. 411 ff. m. Anm. Lequette. Siehe hierzu auch die Besprechungen von Klima, RIW 1991, S. 415 f. und Arning, PHI 1991, S. 135 f.

2. Das Urteil des EuGH vom 17.6.1992

a) Die Entscheidung

Der EuGH beantwortete die ihm vorgelegte Frage in seinem „Handte-Urteil" vom 17.6.1992[833]. Er kommt in dieser Entscheidung zu dem Ergebnis, daß Art. 5 Nr. 1 EuGVÜ nicht auf den Rechtsstreit zwischen dem Hersteller und dem Nacherwerber wegen der Fehlerhaftigkeit eines Produktes anwendbar ist. Zur Begründung seiner Entscheidung beruft sich der EuGH zunächst einmal darauf, daß der Begriff der „matière contractuelle" (= „Vertrag oder Ansprüche aus einem Vertrag") nach ständiger Rechtsprechung des EuGH autonom auszulegen ist und nicht etwa nach dem in der Sache anzuwendenden Recht. Als Richtschnur dieser autonomen Auslegung, die eine einheitliche Anwendung des EuGVÜ in den Vertragsstaaten garantieren soll, diene vor allem das System und die Ziele des EuGVÜ. Art. 5 Nr. 1 EuGVÜ sei dabei, als Abweichung von der dem Beklagten günstigen allgemeinen Zuständigkeit der Gerichte seines Wohnsitzstaates (Art. 2 Abs. 1 EuGVÜ), eng auszulegen. Dementsprechend könne eine Situation, in der keine der Parteien gegenüber der anderen freiwillig eine Verpflichtung eingegangen sei, nicht mehr als „matière contractuelle" angesehen werden. Schließlich sei in der dem Verfahren zugrundeliegenden Konstellation eine Zuständigkeit nach Art. 5 Nr. 1 EuGVÜ für den beklagten Hersteller nicht mehr vorhersehbar, denn zum einen seien ihm Existenz und Wohnsitz des Nacherwerbers häufig nicht bekannt, da er mit diesem ja in keinerlei vertraglicher Verbindung stehe, zum anderen werde in der großen Mehrheit der Vertragsstaaten die Haftung des Herstellers für die Mangelhaftigkeit seiner Produkte gegenüber dem Nacherwerber nicht als vertragliche angesehen.

b) Analyse und kritische Würdigung

Die Entscheidung des EuGH wurde in der französischen Lehre unterschiedlich aufgenommen[834]. Dabei wurde, neben dem Ergebnis, vor allem

---

[833] EuGH v. 17.6.1992, J.C.P. 1992, II, 21927, m. Anm. Larroumet = J.C.P. 1992, éd. E., II, 363 m. Anm. Jourdain = Rev. crit. de dr. int. pr. 1992, S. 726 ff. m. Anm. Gaudemet-Tallon = Rev. trim. de dr. europ. 1992, S. 709 ff. m. Anm. de Vareilles-Sommières = D. 1993, Somm. S. 214 f. m. Anm. Kullmann = RJDA 1992, Nr. 879, S. 712 ff.

Siehe zu dieser Entscheidung auch Viney, J.C.P 1993, I, 3664, Nr. 3, S. 144; Boutard-Labarde, J.C.P. 1993, I, 3666, Nr. 3; Jourdain, Rev. trim. dr. civ. 1993, S. 131, 133; Bischoff, J.D.I. 1993, S. 469 ff.

[834] Zustimmend im Ergebnis z.B. Bischoff, J.D.I. 1993, S. 469, 473; de Vareilles-Sommières, Rev. trim. de dr. europ. 1992, S. 712, 721, Nr. 14; Gaudemet-Tallon, Rev. crit. de dr. int. pr. 1992, S. 730, 735 unten.

Ablehnend Larroumet, J.C.P. 1992, II, 21927, Nr. 5 ff.

die Begründung der Entscheidung für nicht überzeugend gehalten. Waren die meisten Autoren auch noch mit der mittlerweile in ständiger Rechtsprechung praktizierten autonomen Auslegung des Begriffes der „matière contractuelle" einverstanden[835], so wurde doch bezweifelt, ob der vom EuGH vorgenommene Rückgriff auf das System und die Ziele der Konvention das Ergebnis der Entscheidung rechtfertigen können.

Der EuGH argumentiert im Hinblick auf das *System des Übereinkommens* damit, daß die von dem dem Beklagten günstigen Prinzip des Art. 2 Abs. 1 EuGVÜ abweichenden Zuständigkeitsregeln nicht über die von dem Übereinkommen vorgesehenen Fälle hinaus interpretiert werden können[836]. In der Tat ist diese Formulierung etwas unglücklich, bringt sie doch nur das zu lösende Problem noch einmal zum Ausdruck (es ist ja gerade fraglich, ob die „action directe" unter Art. 5 Nr. 1 EuGVÜ zu subsumieren ist[837]). Gemeint war hier wohl, daß die von dem Prinzip des Art. 2 Abs. 1 abweichenden Regeln eng zu interpretieren seien[838], was allerdings vom EuGH gerade für den Begriff der „matière contractuelle" (= „Vertrag oder Ansprüche aus einem Vertrag") zuvor entgegengesetzt beurteilt wurde[839]. Die enge Interpretation von Ausnahmevorschriften, d.h. hier diejenige des Art. 5 Nr. 1 EuGVÜ, ist im Grundsatz sicher nicht zu beanstanden[840], weshalb die Bezugnahme des EuGH auf das System des Übereinkommens durchaus seine Berechtigung hat.

Der EuGH argumentiert des weiteren mit den *Zielsetzungen des Übereinkommens* und beruft sich dabei u.a. auf die Verstärkung des Rechtsschutzes der in der Gemeinschaft ansässigen Personen (vgl. bereits die Präambel). Zur Erfüllung dieses Zieles ist nach Auffassung des EuGH eine Interpretation des Übereinkommens erforderlich, die es einem „défendeur normalement averti" erlaubt, vernünftigerweise *vorherzusehen*, vor welcher Gerichtsbarkeit außerhalb seines Wohnsitzstaates er sich verantworten muß[841]. Diese Vorhersehbarkeit sei aber bei Anwendung des Art. 5 Nr. 1

---

835 So de Vareilles-Sommières, aaO, Nr. 4; Bischoff, aaO, S. 471; wohl auch Gaudemet-Tallon, aaO, S. 734, 736 und Jourdain, J.C.P. 1992, éd. E., II, 363, S. 260, 261. A.A. Larroumet, aaO, Nr. 6 f., der sich für eine Qualifikation nach der „lex fori" ausspricht.

836 „Attendu" 14 der Entscheidung.

837 Vgl. de Vareilles-Sommières, aaO, Nr. 7, S. 721.

838 So Larroumet, aaO, Nr. 4 f., S. 342; Gaudemet-Tallon, aaO, S. 737; Jourdain, aaO, S. 261.

839 Siehe dazu de Vareilles-Sommières, aaO, Nr. 7, S. 721. Zur Vereinbarkeit der generell engen Interpretation der besonderen und ausschließlichen Gerichtsstände des EuGVÜ mit der bisherigen weiten Interpretation des Begriffes der „matière contractuelle" siehe Gaudemet-Tallon, aaO, S. 737.

840 So auch Larroumet, aaO, Nr. 5, obwohl er das Urteil im Ergebnis ablehnt.

841 „Attendu" 13.

EuGVÜ für den Hersteller nicht gegeben, denn zum einen kenne er häufig weder Identität noch Wohnsitz des Nacherwerbers, zum anderen werde die Haftung des Herstellers gegenüber dem Nacherwerber in der großen Mehrheit der Vertragsstaaten nicht als vertraglich angesehen[842]. Der Aspekt der „Vorhersehbarkeit", der in der französischen Lehre gerade entgegengesetzt zur Begründung der vertraglichen Haftung des Herstellers verwendet wurde[843], wird von den Kommentatoren des Urteiles ganz überwiegend insgesamt als verfehlt angesehen[844].

Insbesondere das Argument, die Vorhersehbarkeit der gerichtlichen Zuständigkeit sei deshalb nicht gegeben, weil die Haftung des Herstellers gegenüber dem Nacherwerber in den meisten Vertragsstaaten nicht vertraglicher Natur sei, hat zu heftigen Reaktionen geführt. In zum Teil polemischer Weise wird hiergegen eingewendet, das Gesetz der Mehrheit könne nicht über die Mechanismen und Konzepte eines Vertragsstaates (= Frankreich) entscheiden[845]. In der Entscheidung des EuGH ging es jedoch ersichtlich nicht um materielles französisches Recht, die genannte Kritik liegt daher neben der Sache. Treffender ist dagegen schon das Argument, daß bei der autonomen Auslegung eines Rechtsbegriffes die Zahl der Vertragsstaaten, die bei Anwendung ihres nationalen Rechts zum gleichen Auslegungsergebnis kämen, eigentlich keine entscheidende Rolle spielen dürfte (wenn auch die praktische Relevanz dieses Arguments nicht ganz von der Hand zu weisen ist)[846]. Entscheidend ist jedoch im vorliegenden Zusammenhang, daß eine Anwendung des Art. 5 Nr. 1 EuGVÜ auf Vertragsketten nur beim *ersten* dahingehenden Urteil des EuGH die Vorhersehbarkeit des zuständigen Gerichts für Hersteller aus Staaten mit rein deliktischer Produkthaftung geschmälert hätte, danach jedoch wegen der vorauszusetzenden Kenntnis der EuGH-Rechtsprechung nicht mehr[847].

Hauptargument für den EuGH gegen die Anwendbarkeit des Art. 5 Nr. 1 EuGVÜ ist schließlich das Fehlen (unmittelbarer) vertraglicher Beziehungen zwischen Hersteller und Nacherwerber. Der EuGH weist darauf hin, daß keine der Parteien gegenüber der anderen eine irgendwie geartete vertragliche Verpflichtung eingegangen sei[848]. In diesem Argument liegt nach

---

842 „Attendu" 19 und 20.

843 Siehe die Hinweise von de Vareilles-Sommières, aaO, Nr. 11; Boutard-Labarde, J.C.P. 1993, I, 3666, Nr. 3, S. 156; Viney, J.C.P. 1993, I, 3664, Nr. 4; Kullmann, aaO, S. 214.

844 Siehe z.B. de Vareilles-Sommières, aaO, Nr. 12, S. 720; Bischoff, aaO, S. 472; Kullmann, aaO, S. 214.

845 Larroumet, aaO, Nr. 6, S. 343.

846 Vgl. Kullmann, aaO, S. 214.

847 Bischoff, aaO, S. 472; vgl. auch de Vareilles-Sommières, aaO, Nr. 13, S. 720.

848 „Attendu" 15 und 16.

Ansicht mancher Autoren nicht weniger als eine abstrakte Definition des Vertragsbegriffes durch den EuGH[849]. Eine solche abstrakte Definition wird aber angesichts der bestehenden Unterschiede in den Vertragstaaten für bedenklich und wenig hilfreich gehalten[850]. Festzustellen ist, daß das Argument des EuGH für einen vom deutschen Rechtsdenken herkommenden Betrachter sicherlich überzeugend ist. Es ist auch überzogen, dem EuGH zu unterstellen, er wolle mit seiner engen Interpretation der „matière contractuelle" auch Zessionen aus diesem Bereich ausscheiden[851]. Es bleibt aber fraglich, ob der EuGH wirklich anläßlich der Interpretation eines die gerichtliche Zuständigkeit betreffenden Abkommens zu der materiellrechtlichen Frage des Vertragsbegriffes Stellung nehmen mußte und hierzu auch die Kompetenz hatte[852]. Befürwortet man die autonome Interpretation des Begriffes der „matière contractuelle", so ist jedoch kaum vorstellbar, wie der EuGH ohne eine Stellungnahme zu dieser materiellrechtlichen Frage die prozessuale Norm des Art. 5 Nr. 1 EuGVÜ auslegen sollte. Man kann dieses Dilemma wohl nur i. S. einer Minimalinterpretation des Urteiles lösen: es ist dem EuGH nicht zu unterstellen, daß er in der genannten Entscheidung eine allgemeine, gemeinschaftsrechtliche Definition des Vertragsbegriffes aufstellen wollte, beabsichtigt war vielmehr nur, über die Anwendbarkeit des Art. 5 Nr. 1 EuGVÜ zu entscheiden[853]. In dieser Hinsicht ist dem EuGH aber im Ergebnis zuzustimmen, denn der Mechanismus des Art. 5 Nr. 1 EuGVÜ erscheint in der Tat angesichts der Unsicherheiten bei der Bestimmung des Erfüllungsortes nicht zur Erfassung der „action directe" des Nacherwerbers geeignet[854].

Wenn somit Art. 5 Nr. 1 EuGVÜ nicht anwendbar ist, ist es dann Art. 5 Nr. 3 EuGVÜ? Zu dieser Frage schwieg das Urteil des EuGH und naturgemäß waren sich hier die Kommentatoren nicht einig. Für die einen schien sich diese Frage gar nicht zu stellen, denn sie gingen wie selbstverständlich von der gewollten Anwendung des Art. 5 Nr. 3 EuGVÜ aus[855]. Andere

---

[849] So Bischoff, aaO, S. 473.

[850] Vgl. Bischoff, aaO.

[851] So aber Larroumet, aaO, Nr. 8; Bischoff, aaO, S. 473. Larroumet nimmt offenbar zunächst sogar eine Gleichstellung des Mechanismus der „action directe" mit einer „cession de créance" vor, was aber heute nach nahezu einhelliger Ansicht abgelehnt wird. Für eine nuancierte Interpretation des Urteiles dagegen Kullmann, aaO, S. 215.

[852] Nach Auffassung von Larroumet ist es Sache der nationalen Rechte darüber zu entscheiden, was ein Vertrag ist. Er weist dabei auch auf das EG-Schuldvertragsabkommen v. 19.6.1980 hin, das sich einer Definition des Vertragsbegriffes enthält und die Qualifikation der jeweiligen „lex fori" überläßt (Larroumet, aaO, Nr. 8).

[853] So im Ergebnis auch Gaudemet-Tallon, Rev. crit. de dr. int. pr. 1992, S. 730, 738 unten; Jourdain, aaO, S. 261. Hierfür war der EuGH dann auch kompetent, siehe Kullmann, aaO, S. 214 unten.

[854] So auch Bischoff, aaO, S. 473; de Vareilles-Sommières, aaO, Nr. 14, S. 721.

dagegen thematisierten das Schweigen des EuGH und redeten einer Anwendbarkeit des Art. 2 Abs. 1 EuGVÜ das Wort, ohne aber mit Sicherheit voraussagen zu wollen, was der EuGH wirklich beabsichtigt[856]. Zwar hat der EuGH diese Frage nie ausdrücklich klargestellt, da jedoch die französische Cour de cassation, auch ohne erneute Stellungnahme des EuGH, für den *ihrer Juridiktionsgewalt unterworfenen Bereich* in einem Urteil vom 18.10.1994 ausdrücklich auf eine Anwendbarkeit des Art. 5 Nr. 3 EuGVÜ erkannt hat[857], ist die Frage zumindest für die französische Praxis als geklärt anzusehen.

c) Auswirkungen des EuGH-Urteils auf das materielle französische Recht und auf das französische IPR?

Nach dem EuGH-Urteil bestand in der französischen Lehre weitgehend Einigkeit darüber, daß die Entscheidung keinen unmittelbaren Einfluß auf die Rechtsnatur der „action directe en garantie“ und „en responsabilité contractuelle de droit commun“ im materiellen französischen Recht hat[858].

---

855 So z. B. Larroumet, aaO, Nr. 3 ff.; de Vareilles-Sommières, aaO, Nr. 1, S. 713 und Nr. 14, S. 721; Viney, J.C.P. 1993, I, 3664, Nr. 3 ff.

856 So Gaudemet-Tallon, aaO, S. 737 f.; auch Bischoff (aaO, S. 474) hielt die Frage für offen, neigte aber deutlich einer Anwendbarkeit des Art. 5 Nr. 3 EuGVÜ zu.

Für eine vom EuGH möglicherweise gewollte Anwendung des Art. 2 Abs. 1 EuGVÜ sprach, daß der EuGH die vom Generalanwalt im Anschluß an die deutsche Regierung und die EG-Kommission vorgeschlagene ausdrückliche Anwendung des Art. 5 Nr. 3 EuGVÜ nicht übernommen hatte (so Gaudemet-Tallon, aaO, S. 737; der Vorschlag des Generalanwalts ist wiedergegeben bei Gaudemet-Tallon, aaO, S. 736). Dies konnte jedoch einfach seine Erklärung darin finden, daß dem EuGH auch nur die Frage der Anwendbarkeit des Art. 5 Nr. 1 EuGVÜ zur Beantwortung vorgelegt worden war.

Zugunsten einer Anwendbarkeit des Art. 2 Abs 1 wurde weiter spekuliert, der EuGH habe möglicherweise die Haftung des Herstellers gegenüber dem Nacherwerber einer „dritten Haftungskategorie“, die weder vertraglicher noch deliktischer Natur sei, zuordnen wollen (so Gaudemet-Tallon, aaO, S. 738). Indessen fand sich hierfür, wie Gaudemet-Tallon selber zugab (Gaudemet-Tallon, aaO, S. 738), keinerlei Hinweis in dem Urteil des EuGH.

Wollte der EuGH tatsächlich den im „Kalfelis-Urteil“ (EuGH v. 27.9.1988, IPRax 1989, S. 288, 290) ausgesprochenen Grundsatz, daß sich der Begriff „unerlaubte Handlung“ in Art. 5 Nr. 3 EuGVÜ auf alle Klagen bezieht, mit denen eine Schadenshaftung des Beklagten geltend gemacht wird und die nicht an einen „Vertrag“ i. S. von Art. 5 Nr. 1 EuGVÜ anknüpfen, aufgeben, so hätte es hierzu erheblich deutlicherer Worte, zumindest aber irgendeines Hinweises bedurft.

857 Cass. com. v. 18.10.1994, Bull. civ. 1994, IV, Nr. 292, S. 233 ff. = J.D.I. 1995, S. 143 m. Anm. A. Huet = Rev. crit. de dr. int. pr. 1995, S. 721 ff. m. Anm. Sinay-Cytermann. Ausführlich zu diesem Urteil sogleich unter 3. b).

858 Siehe z. B. Jourdain, Rev. trim. dr. civ. 1993, S. 131, 133; derselbe in J.C.P. 1992, éd. E., II, 363, S. 261; Boutard-Labarde, J.C.P. 1993, I, 3666, Nr. 3; Gaude-

Einige Autoren befürchteten diesbezüglich aber einen mittelbaren Einfluß und meinten, die Entscheidung des EuGH müsse logischerweise zu einer Aufgabe der traditionellen Rechtsprechung bezüglich der „action directe" des Nacherwerbers führen[859]. Diese Befürchtung hat sich jedoch nicht realisiert, denn die Cour de cassation hielt auch nach dem Urteil des EuGH weiter an der traditionellen Rechtsprechung zur vertraglichen „action directe" fest[860].

Als Reaktion auf das „Handte-Urteil" des EuGH wurde von einzelnen Autoren für die Zukunft eine deliktische Qualifikation der „action directe" des Nacherwerbers im französischen IPR angeregt[861]. Die Cour de cassation ist jedoch auch diesen Überlegungen bisher nicht gefolgt, auch wenn dies nach der sogleich noch zu besprechenden Entscheidung vom 18.10.1994 von manchen kurzzeitig angenommen wurde.

3. Die Rechtsprechung der Cour de cassation nach dem Urteil des EuGH vom 17.6.1992

Die Cour de cassation setzte die Vorgaben des EuGH in zwei Entscheidungen vom 27.1.1993 und vom 18.10.1994 um, wobei sie sich im ersten Verfahren – der abschließenden Entscheidung im „Handte-Fall" – strikt an den Wortlaut der EuGH-Entscheidung hielt (d.h. also sich auf eine bloße Verneinung des Art. 5 Nr. 1 EuGVÜ beschränkte), sodann aber im zweiten Verfahren über das EuGH-Urteil hinaus ausdrücklich die Anwendbarkeit des Art. 5 Nr. 3 EuGVÜ bejahte.

a) Das Urteil der ersten Zivilkammer vom 27.1.1993

Die Cour de cassation beugte sich im „Handte-Fall" der Interpretation des EuGH und kassierte am 27.1.1993 das Urteil der Cour d'appel de Chambéry wegen fehlerhafter Anwendung des Art. 5 Nr. 1 EuGVÜ[862]. Spekulationen darüber, ob mit dieser Entscheidung die „action directe en

---

met-Tallon, Rev. crit. de dr. int. pr. 1992, S. 730, 738 a.E.; de Vareilles-Sommières, Rev. trim. de dr. europ. 1992, S. 712, S. 722, Nr. 15.

859 So Viney, J.C.P. 1993, I, 3664, Nr. 3.

860 Siehe z.B. Cass. civ. 1re v. 27.1.1993 (Sté Métrologie/Marin), Bull. civ. 1993, I, Nr. 45, S. 30 (diese Entscheidung ist nicht zu verwechseln mit der abschließenden Entscheidung im „Handte-Fall" vom selben Tage; zu beiden Entscheidungen sogleich unter 3. a)); Cass. civ. 1re v. 7.6.1995, D. 1996, Jur., S. 395 f. m. Anm. Denis Mazeaud.

861 So de Vareilles-Sommières, aaO, Nr. 22-26, S. 724 ff.

862 Cass. civ. 1re v. 27.1.1993, Bull. civ. 1993, I, Nr. 34, S. 22 = Rev. crit. de dr. int. pr. 1993, S. 485 ff. m. Anm. Gaudemet-Tallon = D. 1993, Somm., S. 214 f. m. Anm. Kullmann.

garantie" und „en responsabilité contractuelle de droit commun" vielleicht insgesamt ihre Existenzberechtigung verloren hatten, konnten allerdings gar nicht erst aufkommen, denn zum einen entschied die Cour de cassation ganz strikt nur über die Interpretation des Art. 5 Nr. 1 EuGVÜ, zum anderen ließ sich aus einer anderen Entscheidung derselben Kammer vom gleichen Tage zweifelsfrei entnehmen, daß die Cour de cassation für das interne Recht weiter an der vertraglichen „action directe en garantie" festhält[863].

b) Das Urteil der „chambre commerciale" vom 18.10.1994

In einem weiteren Urteil vom 18.10.1994[864] präzisierte die Cour de cassation ihre Position und sprach sich, über die negative Fassung des EuGH-Urteiles hinaus, ausdrücklich *für* eine Anwendung des Art. 5 Nr. 3 EuGVÜ aus.

In der Entscheidung ging es um folgendes: Ein bretonisches Schiffbauunternehmen („SBCN") hatte bei der französischen Gesellschaft „Nanni Diesel" Ende 1987 fünf Schiffstriebwerke bestellt. „Nanni Diesel" erwarb drei dieser Triebwerke bei der italienischen Gesellschaft „Marine Drive Units", die diese wiederum bei dem italienischen Hersteller „Breda Marine" („MB Marine") erwarb, während die zwei anderen Triebwerke von „Nanni Diesel" direkt bei dem italienischen Hersteller „MB Marine" bezogen wurden. Da sich die Triebwerke als mangelhaft erwiesen, verklagte die „SBCN" im Januar 1991 vor dem „Tribunal de commerce" von Quimper (Bretagne) sowohl die französische Verkäuferin „Nanni Diesel" und deren Versicherer als auch den italienischen Hersteller „MB Marine" und dessen Versicherer[865]. Das Berufungsgericht (Cour d'appel de Rennes) erklärte sich hinsichtlich der Klage der „SBCN" gegen den italienischen Hersteller für unzuständig, da es die in dem Vertrag zwischen dem Hersteller und „Nanni Diesel" enthaltene Gerichtsstandsklausel zugunsten der Mailänder Gerichte auch gegenüber der „SBCN" als wirksam ansah. Diese „Entgegenhaltbarkeit" („opposabilité") der im ersten Vertrag der Absatzkette enthaltenen Gerichtsstandsklausel gegenüber dem Zweiterwerber entsprach

---

[863] Cass. civ. 1re v. 27.1.1993 (Sté Métrologie/Marin), Bull. civ. 1993, I, Nr. 45, S. 30 = J.C.P. 1993, IV, Nr. 805, S. 91. Siehe hierzu auch die Anmerkungen von Kullmann (vorige Fußnote) und Ghestin (J.C.P. 1993, I, 3684, S. 274 f.).

[864] Cass. com. v. 18.10.1994, Bull. civ. 1994, IV, Nr. 292, S. 233 ff. = J.D.I. 1995, S. 143 m. Anm. A. Huet = Rev. crit. de dr. int. pr. 1995, S. 721 ff. m. Anm. Sinay-Cytermann.

[865] Weitere, hier nicht näher zu behandelnde Klagen wurden von „Nanni Diesel" gegen „MB Marine" und dessen Versicherer, sowie vom Versicherer der „Nanni Diesel" gegen „Nanni Diesel", „MB Marine" und dessen Versicherer erhoben.

dabei der vertragsrechtlichen Systematik der „action directe en garantie“ im nationalen Recht. Die Cour de cassation sah hierin nun eine Verletzung der Art. 5 Nr. 1 und 5 Nr. 3 EuGVÜ, so wie sie vom EuGH im „Kalfelis-Urteil“[866] und im soeben besprochenen „Handte-Urteil“ interpretiert worden waren (im „Kalfelis-Urteil“ hatte der EuGH entschieden, daß sich der Begriff „unerlaubte Handlung“ in Art. 5 Nr. 3 EuGVÜ auf alle Klagen bezieht, die nicht an einen „Vertrag“ i. S. des Art. 5 Nr. 1 EuGVÜ anknüpfen, im „Handte-Urteil“ hatte der EuGH die Ansprüche des Zweit- bzw. Nacherwerbers gegen den Hersteller als „nicht vertraglich“ i. S. des Art. 5 Nr. 1 EuGVÜ eingestuft). Wie eingangs bereits erwähnt, hat sich die Cour de cassation mit diesem Urteil über die nicht ganz eindeutige Formulierung des „Handte-Urteiles“ hinweggesetzt und sich recht klar für eine Anwendung des Art. 5 Nr. 3 EuGVÜ ausgesprochen.

II. Die Anwendbarkeit des Art. 17 EuGVÜ auf die „action directe en garantie“ und „en responsabilité contractuelle de droit commun“

In der soeben erläuterten Entscheidung vom 18.10.1994 hat die Cour de cassation ebenfalls zu der Frage Stellung genommen, ob eine im Vertrag zwischen Hersteller und Ersterwerber enthaltene Gerichtsstandsvereinbarung i. S. des Art. 17 EuGVÜ auch dem klagenden Zweiterwerber „entgegengehalten“ werden kann. Die Cour de cassation verneint diese Frage konsequenterweise. Dabei unterscheidet sie zwischen der Wirksamkeit der Vereinbarung als solcher, die sie bejaht, und der „Entgegenhaltbarkeit“ („opposabilité“) gegenüber dem Zweiterwerber, die sie verneint[867].

Die Entscheidung erklärt sich zunächst einmal aus dem Bestreben einer einheitlichen Interpretation der zuständigkeitsbegründenden Normen des EuGVÜ, wie sich an dem unmittelbaren Zusammenhang der Urteilsausführungen zu Art. 5 Nr. 3 und zu Art. 17 EuGVÜ zeigt. Es wäre in der Tat sinnlos, die „action directe“ des Nacherwerbers für die Anwendung des Art. 5 EuGVÜ als deliktisch zu qualifizieren, nicht aber für die Anwendung des Art. 17 EuGVÜ. Soll die über eine Erfüllungsortvereinbarung im Verhältnis Hersteller/Ersterwerber begründete Zuständigkeit *nicht* dem Zweiterwerber „entgegenhaltbar“ sein (so das „Handte-Urteil“ des EuGH), so muß dies logischerweise (erst recht) für eine durch Gerichtsstandsvereinbarung begründete Zuständigkeit gelten.

---

866 EuGH v. 27.9.1988, IPRax 1989, S. 288, 290.

867 Zu dieser Unterscheidung siehe auch die Urteilsanmerkung von Sinay-Citermann, Rev. crit. de dr. int. pr. 1995, S. 725, 726 ff.

Die Entscheidung erklärt sich des weiteren sehr wahrscheinlich auch aus der von der gleichen Chambre commerciale vertretenen „Nicht-Entgegenhaltbarkeit" einer Gerichtsstandsklausel gegenüber dem Warenempfänger beim Warentransport und der von der ersten Zivilkammer der Cour de cassation vertretenen „Nicht-Entgegenhaltbarkeit" einer im Vertrag zwischen Hersteller und Ersterwerber enthaltenen Schiedsklausel gegenüber dem Nacherwerber. So hat die erste Zivilkammer in einer Entscheidung vom 6.11.1990, der eine internationale Vertragskette zugrundelag, eine im Vertrag zwischen Hersteller und Ersterwerber enthaltene Schiedsklausel als dem Zweiterwerber nicht „entgegenhaltbar" angesehen, da insoweit keine „transmission contractuelle" stattgefunden habe[868]. Gleiches hat die Chambre commerciale in einer Entscheidung vom 26.5.1992 für die in einem Konnossement (bzw. Ladeschein nach deutscher Terminologie[869]) enthaltene Gerichtsstandsklausel entschieden und es dem Frachtführer verwehrt, sich gegenüber dem Empfänger auf die Klausel zu berufen[870]. Zumindest aus der Entscheidung der ersten Zivilkammer läßt sich dabei insoweit die Tendenz ableiten, Vereinbarungen mit prozessualem Charakter von der automatischen Übertragung auf den Nacherwerber im Rahmen der „théorie de l'accessoire" auszunehmen, ohne dabei im übrigen die vertragsrechtliche Konstruktion der „action directe en garantie" aufzugeben.

Genau in diese Linie fügt sich das Urteil vom 18.10.1994 ein. Mit dieser Entscheidung bestätigt die Cour de cassation zwar die deliktsrechtliche Qualifikation der Direktansprüche des Nacherwerbers hinsichtlich der *internationalen Zuständigkeit nach dem EuGVÜ*, gibt aber, wie wir auch sogleich noch sehen werden, keineswegs die vertragsrechtliche Konstruktion und Qualifikation der „action directe" des Nacherwerbers im *interna-*

---

[868] Cass. civ. 1re v. 6.11.1990, Bull. civ. 1990, I, Nr. 230, S. 165. Dazu Jamin, La notion d'action directe Nr. 392, S. 347; Delebecque, Rev. arb. 1991, S. 19, 27 ff.; de Vareilles-Sommières, Rev. trim. de dr. europ. 1992, S. 712, 719 mit Fn. 35; Denis Mazeaud, Anm. zu Cass. civ. 1re v. 7.6.1995, D. 1996, Jur., S. 396, 397, Nr. 7. Siehe zu dieser Entscheidung auch oben S. 135 f.

[869] Es handelte sich in casu nicht um einen Seetransport, sondern um einen Transport auf dem Rhein.

[870] Cass. com. v. 26.5.1992, Bull. civ. 1992, IV, Nr. 210, S. 146 f. und hierzu Viney, J.C.P. 1992, I, 3625, Nr. 14 f., Jourdain, Rev. trim. dr. civ. 1993, S. 131, 132 f., Sinay-Cytermann, Rev. crit. de dr. int. pr. 1995, S. 725, 729 (siehe zu dieser Entscheidung ebenfalls oben S. 136).

Von der Konstruktion her liegt hier allerdings zwischen Absender und Frachtführer ein Vertrag zugunsten Dritter vor.

Dazu, daß das Urteil der Chambre commerciale vom 26.5.1992 wie möglicherweise auch das Urteil vom 18.10.1994 eigentlich im Widerspruch zu dem „Tilly Russ-Urteil" des EuGH vom 19.6.1984 (Rev. crit. de dr. int. pr. 1985, S. 385 m. Anm. Gaudemet-Tallon) stehen, siehe A. Huet, J.D.I. 1995, S. 143, 145 f. und Leclerc, J.D.I. 1995, S. 267, 290 ff.

tionalen Privatrecht auf, m. a. W., die Entscheidung gegen eine „Übertragung" der vom Hersteller mit dem Ersterwerber getroffenen Gerichtsstandsvereinbarung bedeutet, im Rahmen der vertragsrechtlichen Konstruktion der „action directe", lediglich einen weiteren Anwendungsfall der Gewährung eines „droit propre" (wie bereits an anderer Stelle ausgeführt, hat die „action directe en garantie" und „en responsabilité contractuelle de droit commun" nicht nur „translativen", sondern auch „attributiven" Charakter, d.h. sie gewährt dem Nacherwerber nicht nur abgeleitete, sondern in verschiedener Hinsicht auch eigene, von der Rechtsposition des Vormannes unabhängige Rechte[871]).

B. Das auf die „action directe en garantie" und „en responsabilité contractuelle de droit commun" anwendbare Recht

Die Ermittlung des auf die „action directe en garantie" und die „action directe en responsabilité contractuelle de droit commun" anwendbaren Rechts ist eine recht schwierige Angelegenheit, denn zum einen fehlt es an einschlägigen Rechtsnormen, zum anderen fehlt es zu vielen Fragen an ausdrücklichen Stellungnahmen der französischen Rechtsprechung.

I. Qualifikation

1. Rechtsprechung

Die französische Rechtsprechung hat die internationalprivatrechtliche Qualifikation der „action directe en garantie" und „en responsabilité contractuelle de droit commun" bisher nicht ausdrücklich problematisiert. Sie überträgt aber ohne nähere Begründung die für rein nationale Vertragsketten vorgenommene Klassifizierung als „notwendigerweise vertraglich" auch auf internationale Vertragsketten und qualifiziert die genannten „actions directes" damit, getreu dem auch in Frankreich herrschenden Grundsatz der Qualifikation nach der „lex fori"[872], stillschweigend als vertraglich[873].

---

[871] Siehe oben S. 140 f.

[872] Aus der Lehre siehe z. B. Bourel, Les conflits de lois en matière d'obligations extracontractuelles, S. 146 f.; derselbe in Dalloz, Rép. de dr. int., Bd. II (1969), „Responsabilité civile", Nr. 2 und Nr. 55; Loussouarn, Colloque 1975, S. 229, 235; Batiffol/Lagarde, Bd. I, Nr. 292 ff., S. 477 ff.; Mayer, Rn. 156, S. 108 f.

Auch die Rechtsprechung folgt seit langem diesem Grundsatz, hat aber erst im „arrêt Caraslanis" vom 22.6.1955 (siehe z. B. Rev. crit. de dr. int. pr. 1955, S. 723 m. Anm. Batiffol) hierzu deutlicher Stellung genommen.

[873] Cass. civ. 1re v. 28.10.1986, Rev. crit. de dr. int. pr. 1987, S. 612 f. m. Anm. Gaudemet-Tallon (siehe insb. S. 614); Cour d'appel de Paris v. 14.6.1989, Rev. crit.

Weder das „Handte-Urteil“ des EuGH vom 17.6.1992[874] noch das ebenfalls bereits erwähnte Urteil der Chambre commerciale vom 18.10.1994[875] haben zu einer Aufgabe dieser Rechtsprechung geführt. Während es in dem „Handte-Urteil“ ausschließlich um die internationale (und örtliche) Zuständigkeit ging, finden sich in der Entscheidung vom 18.10.1994 zwar Ausführungen, die von einer deliktischen Qualifikation *„der“* „action directe“ hinsichtlich der Ermittlung des anwendbaren Rechts ausgehen[876]. Es ging in diesem Zusammenhang aber ausschließlich um die „action directe“ eines Geschädigten gegen den *Versicherer*, die schon immer für den Regelfall als deliktisch qualifiziert wurde[877] und kollisionsrechtlich völlig anderen Regeln folgt[878]. Dagegen ging es diesbezüglich nicht um die „action directe en garantie“ oder „en responsabilité contractuelle de droit commun“ eines Nacherwerbers gegen den *Hersteller*. Insoweit wurde in dem Urteil vom 18.10.1994, wie in dem „Handte-Urteil“ des EuGH, ausschließlich nur über die internationale (und örtliche) Zuständigkeit entschieden[879]. Auch die von

---

de dr. int. pr. 1990, Som. S. 785 f.; Cass. civ. 1re v. 18.12.1990, J.C.P. 1992, II, 21824, S. 102 f.; recht deutlich auch Cass. civ. 1re v. 10.10.1995, Bull. civ. 1995, I, Nr. 348, S. 244 = Rev. crit. de dr. int. pr. 1996, S. 332 f. m. Anm. Heuzé.

Auch mehrere unveröffentlichte, dem Verfasser jedoch vorliegende Urteile gehen ohne weiteres von einer vertraglichen Qualifikation der genannten „actions directes“ aus, so Cour d'appel de Montpellier v. 30.10.1990, Cour d'appel de Paris v. 27.11.1991 (ebenso die Vorinstanz Trib. de commerce de Paris v. 6.5.1988) und Trib. de commerce de Nanterre v. 6.12.1991. Diese Urteile, die dem Verfasser freundlicherweise von Herrn Rechtsanwalt Wolfer, Paris, zur Verfügung gestellt wurden, sollen später im Zusammenhang mit der Anknüpfung der genannten „actions directes“ noch näher dargestellt werden (siehe unten S. 226 ff.).

874 Dazu oben S. 205 ff.

875 Dazu oben S. 211 f.

876 So die in dem genannten Urteil wiedergegebenen Ausführungen zum „pourvoi n° 92-19.927“, Rev. crit. de dr. int. pr. 1995, S. 722 f.

877 Siehe z.B. Batiffol/Lagarde, Bd. 2, Nr. 605, S. 331 f.; Loussouarn/Bourel, Nr. 409, S. 461 m.N. zur st. Rspr.

Dies hat seinen Grund darin, daß auf den Direktanspruch gegen den Versicherer allgemein das auf den gesicherten Anspruch des Geschädigten gegen den Schädiger anzuwendende Recht anzuwenden ist und es sich hierbei i.d.R. um einen Deliktsanspruch handelt (grundlegend Batiffol, Les conflits de lois en matière de contrats, Nr. 469, S. 392; Flour, L'effet des contrats, Nr. 83 a. E., S. 117 mit Fn. 3). Lediglich hinsichtlich des Umfanges der Ersatzleistung ist auf das Recht des Versicherungsvertrages abzustellen (siehe z.B. Muir-Watt, Anm. zu Cass. civ. 1re v. 15.1. 1991, Rev. crit. de dr. int. pr. 1993, S. 47, 51, Nr. 12–14; Batiffol/Lagarde, aaO, S. 332, Fn. 605 (5)).

Siehe jedoch zur Haftung für Straßenverkehrsunfälle die spezielle Regelung des Art. 9 des Haager Übereinkommens über das auf Straßenverkehrsunfälle anzuwendende Recht vom 4.5.1971.

878 Siehe die vorige Fußnote.

879 Siehe den letzten Abschnitt des Urteiles, Rev. crit. de dr. int. pr. 1995, S. 724 f. Es ist daher nicht richtig, wenn Sinay-Cytermann aufgrund mangelnder

der Cour de cassation in der genannten Entscheidung vom 18.10.1994 abgelehnte „Entgegenhaltbarkeit“ der im ersten Vertrag der Absatzkette vereinbarten Gerichtsstandsklausel bedeutet, wie an anderer Stelle bereits dargelegt[880], keine Aufgabe der vertragsrechtlichen Konstruktion der Direktansprüche des Nacherwerbers, sondern erklärt sich zum einen aus dem Bedürfnis einer einheitlichen und widerspruchsfreien Interpretation des EuGVÜ, zum anderen wahrscheinlich auch aus einer seit einigen Jahren bestehenden Tendenz, Gerichtsstandsvereinbarungen wegen ihres prozessualen Charakters von der „Übertragung“ im Rahmen der „théorie de l'accessoire“ auszunehmen.

Letzte Zweifel darüber, ob die Cour de cassation nicht doch bei konkretem Anlaß zu einer deliktischen Qualifikation der Direktansprüche gegen den Hersteller im internationalen Privatrecht neigen würde, wurden knapp ein Jahr später durch die Entscheidung vom 10.10.1995[881] beseitigt, in der die Cour de cassation deutlich, wie vorher auch, von einer vertraglichen Qualifikation im internationalen Privatrecht ausging. In der Entscheidung vom 10.10.1995 ging es, wie in der Entscheidung vom 18.10.1994, u.a. um die Gewährleistungsansprüche eines französischen Enderwerbers gegen einen italienischen Hersteller. Die Cour de cassation hob das Berufungsurteil hier deshalb auf, weil es weder im Verhältnis zwischen dem französischen Lieferanten und dem italienischen Hersteller noch im direkten Verhältnis zwischen dem französischen Enderwerber und dem italienischen Hersteller die *vertragsrechtliche* Haager Konvention vom 15.6.1955 über das auf internationale Käufe beweglicher Sachen anwendbare Recht angewendet hatte[882].

Teilweise anders wird die Qualifikation der Ansprüche des Nacherwerbers gegen den Hersteller in einer unveröffentlichten und nicht rechtskräftigen Entscheidung der Cour d'appel de Colmar vom 8.7.1997 gesehen[883]. *Teilweise* anders deshalb, weil sich die Cour d'appel weder für eine vertrag-

---

Differenzierung zwischen der „action directe“ gegen den Hersteller und der „action directe“ gegen den Versicherer behauptet, die Cour de cassation habe für die Bestimmung des anwendbaren Rechts hinsichtlich *beider* „actions directes“ auf die „lex loci delicti commissi“ abgestellt und damit auch die „action directe“ gegen den Hersteller für das IPR als deliktisch qualifiziert (so Sinay-Cytermann, Rev. crit. de dr. int. pr. 1995, S. 725 f. unter I.).

880 Siehe oben S. 212 ff.

881 Cass. civ. 1re v. 10.10.1995, Bull. civ. 1995, I, Nr. 348, S. 244 = Rev. crit. de dr. int. pr. 1996, S. 332 f. m. Anm. Heuzé.

882 Näheres zu dieser Entscheidung unten S. 229. Dazu, daß es insoweit um eine „mittelbare“ Anwendung der Konvention über den Mechanismus der „action directe“ geht, siehe S. 221 f. einerseits und S. 226 ff. andererseits.

883 Diese Entscheidung wird von Endrös in PHi 1998, S. 122, 131 zitiert und wurde dem Verfasser von diesem freundlicherweise zur Verfügung gestellt.

liche noch für eine deliktische Qualifikation der genannten Ansprüche entscheidet, sondern diese Frage ausdrücklich offen läßt. Da die Cour d'appel de Colmar nämlich einer von Teilen des Schrifttums vertretenen Auffassung folgt, wonach die Haager Konvention vom 2.10.1973 über das auf die Produktenhaftpflicht anwendbare Recht hinsichtlich der Rechtsnatur der in Frage stehenden Haftung keine Festlegung trifft und deren Art. 1 Abs. 2 so zu interpretieren ist, daß, unabhängig von der Rechtsnatur, sämtliche Ansprüche zwischen nicht unmittelbar aufeinanderfolgenden Gliedern der Absatzkette von dem Abkommen erfaßt werden[884], hält die Cour d'appel eine Qualifikation der Ansprüche des Nacherwerbers gegen den Hersteller für überflüssig[885] und wendet in concreto die genannte Haager Konvention vom 2.10.1973 an. Die Kassation dieser Entscheidung der Cour d'appel de Colmar, die bisher vereinzelt geblieben ist, ist jedoch m.E. vorgezeichnet, da die Cour de cassation *wenige Monate später*, in ihrem ersten Urteil zur Haager Konvention vom 2.10.1973 überhaupt[886], ausdrücklich entschieden hat, daß das Abkommen, entgegen der genannten Auffassung, keineswegs neutral hinsichtlich der Rechtsnatur der erfaßten Haftung ist, sondern ausschließlich die *außervertragliche Haftung* betrifft[887]. Die Cour d'appel de Colmar hatte es jedoch in der zitierten Entscheidung ausdrücklich unterlassen, die in Frage stehenden Ansprüche des Nacherwerbers gegen den Hersteller als vertraglich oder deliktisch zu qualifizieren[888].

---

884 Siehe zu dieser Auffassung unten S. 219.

885 Hierzu heißt es auf Seite 32 des genannten Urteiles: „Attendu que par ces termes très généraux la convention du 2 octobre 1973 dispense de rechercher la qualification de l'action de la victime, de sorte qu'il importe finalement peu que M. Jean-Paul J ... exerce contre la G.m.b.H. T ... une action directe de nature contractuelle ou une action délictuelle (...)" (Abkürzung der Namen der Parteien durch den Verfasser).

886 Cass. civ. 1re v. 16.12.1997, D. 1998, IR, S. 44 f. = J.C.P. 1998, IV, 1331 = Rev. crit. de dr. int. pr. 1998, S. 300 f. m. Anm. Lagarde.

887 Die Cour de cassation schließt sich damit der entsprechenden Auffassung im Schrifttum an (siehe hierzu Fn. 896). Diese Klarstellung ist umso bemerkenswerter, als die Cour de cassation die Rechtsnatur der erfaßten Haftung in concreto ohne weiteres hätte offen lassen und das Urteil der Vorinstanz allein wegen schlichter Nichtanwendung des Art. 1 Abs. 2 der Konvention hätte kassieren können.

888 Die Cour de cassation dürfte dieser Entscheidung der Cour d'appel de Colmar aber auch deshalb die Gefolgschaft verweigern, weil die von der Cour d'appel ausdrücklich erklärte Ablehnung der Anwendung der „Haager Konvention vom 15.6.1955 über das auf internationale Kaufverträge über bewegliche Sachen anwendbare Recht" auf das Verhältnis zwischen Hersteller und Nacherwerber im klaren Widerspruch zu der bisherigen Rechtsprechung der Cour de cassation steht, die noch in dem soeben erwähnten Urteil vom 10.10.1995 die genannte Konvention auf die Rechtsbeziehungen zwischen Hersteller und Nacherwerber angewendet hatte.

2. Lehre

Die französische Lehre geht, wie die ganz herrschende Rechtsprechung, meist ohne ausdrückliche Stellungnahme recht selbstverständlich von einer vertraglichen Qualifikation der „action directe en garantie“ und „en responsabilité contractuelle de droit commun“ im internationalen Privatrecht aus[889].

Von einer vertraglichen Qualifikation der „action directe“ aus Sicht des französischen IPR wird auch im deutschen Schrifttum ausgegangen[890].

II. Anknüpfung

Ist somit aus Sicht des französischen IPR, jedenfalls nach ganz herrschender Rechtsprechung und Lehre, von einer vertraglichen Qualifikation der „action directe“ des Nacherwerbers auszugehen, so ist nun zu erörtern, wie diese anzuknüpfen ist. Dabei ist zunächst zu untersuchen, ob aus französischer Sicht Kollisionsnormen existieren, aus denen sich das auf den vertraglichen „Direktanspruch“ anzuwendende Recht „unmittelbar“ ergibt, d.h. die also die Rechtsbeziehungen zwischen dem sich auf eine „action directe“ berufenden Nacherwerber und dem Hersteller unmittelbar erfassen.

1. „Unmittelbare“ Erfassung der „action directe en garantie“ und „en responsabilité contractuelle de droit commun“ durch geschriebene Kollisionsnormen autonomer oder staatsvertraglicher Art?

a) Autonome Kollisionsregeln

Im autonomen französischen IPR, das nur äußerst fragmentarisch kodifiziert ist, existieren keine Kollisionsnormen, die die genannten „actions directes“ unmittelbar erfassen.

---

[889] Siehe z.B. Heuzé, Dictionnaire Joly, Bd. III, Buch XI, Nr. 29, S. 20; Ammar, Anm. zu Cass. civ. 1re v. 18.12.1990, J.C.P. 1992, II, 21824, S. 103, 105; Gaudemet-Tallon, Anm. zu Cass. civ. 1re v. 27.1.1993, Rev. crit. de dr. int. pr. 1993, S. 486, 487 unter a); Audit, Anm. zu Cass. civ. 1re v. 10.10.1995, D. 1996, Somm., S. 171, 172 unter 2.; Mayer, Rn. 752-1, S. 484; für das belgische Recht auch Fallon, Accidents de la consommation, S. 445 mit Fn. 173 und insb. Fn. 174.

[890] So z.B. Eujen/Müller-Freienfels, AWD 1972, S. 503, 505 (die Tatsache, daß die Autoren daneben noch deliktische Ansprüche des Endabnehmers gegen den Hersteller erörtern, erklärt sich daraus, daß das „non-cumul“-Prinzip erst im Jahre 1979 auch auf die „action directe en garantie“ übertragen wurde); Siehr, AWD 1972, S. 373, 379; Klima, RIW 1987, S. 307, 311 (implizit); Sonnenberger, FS Steindorff, S. 777, 779 f.; Winkelmann, S. 162.

b) Staatsvertragliche Kollisionsnormen

Zu untersuchen ist daher, ob sich entsprechende Kollisionsnormen in den für Frankreich in Kraft befindlichen kollisionsrechtlichen Übereinkommen finden.

aa) Haager Konvention vom 2.10.1973 über das auf die Produktenhaftpflicht anwendbare Recht[891]

Es fragt sich zunächst, ob die genannten „actions directes" aus französischer Sicht unter die von Deutschland nicht gezeichnete Haager Konvention über das auf die Produkthaftpflicht anwendbare Recht fallen. Nach ihrem Art. 1 Abs. 2 ist die Konvention im Verhältnis zwischen dem Geschädigten und der Person, die diesem das Eigentum oder Gebrauchsrecht übertragen hat, nicht anzuwenden. Geht man allein vom Wortlaut der Vorschrift aus, so kann man deren Schweigen[892] bezüglich der Rechtsnatur der von ihr ausgeschlossenen Haftung dahin interpretieren, daß einfach alle Ansprüche zwischen unmittelbar aufeinanderfolgenden Gliedern der Absatzkette, unabhängig von ihrer Rechtsnatur, ausgeschlossen sein sollen, während umgekehrt alle anderen Ansprüche erfaßt sein sollen. Dann fielen auch die „notwendigerweise vertraglichen" Direktansprüche unter die Konvention.

Diese Auffassung wird von einem Teil der Lehre vertreten[893].

Von einer Nichterfassung der „action directe" des Nacherwerbers durch das genannte Übereinkommen geht dagegen ein anderer Teil der Lehre aus[894].

---

891 Text z.B. in J.D.I. 1978, S. 153 ff. Das von Deutschland nicht gezeichnete Abkommen ist für Frankreich seit dem 1.10.1977 in Kraft und gilt nach seinem Art. 11 auch gegenüber Nichtvertragsstaaten.

892 Wegen der unterschiedlichen Bedeutung des Begriffes „Vertrag" in den verschiedenen Rechtsordnungen wurde davon abgesehen, explizit „vertragliche" Ansprüche auszuschließen, obwohl man sich darüber einig war, „daß es vorzuziehen sei, die Frage der vertraglichen Haftung aus einer Konvention, die im wesentlichen der deliktischen Haftung gewidmet ist, auszuschließen" (siehe den „Rapport" von Reese, Conférence de la Haye de droit international privé, Actes et documents de la Douzième session, Bd. III, S. 252, 257).

893 So Fallon, Accidents de la consommation, S. 445 mit Fn. 173 f; Sonnenberger, FS Steindorff, S. 777, 779; Kullmann/Pfister, Bd. 2, Nr. 4700, S. 31; Gaudemet-Tallon, Anm. zu Cass. civ. 1re v. 28.10.1986, Rev. crit. de dr. int. pr. 1987, S. 613, 616; Heuzé, Dictionnaire Joly, Bd. 3, Buch XI, Nr. 60; Lequette, Rev. crit. de dr. int. pr. 1991, S. 411, 413; Muir-Watt, Anm. zu Cass. civ. 1re v. 15.1.1991, Rev. crit. de dr. int. pr. 1993, S. 47, 53, Nr. 19 allerdings mit dem zutreffenden Hinweis, daß die Rechtsprechung dieser Auffassung nicht folgt; Beraudo, J.C.P. 1999, I, 140, Nr. 6.

Die *Cour de cassation* hat das Abkommen seit seinem Inkrafttreten für Frankreich (1.10.1977) nicht ein einziges Mal auf die „action directe en garantie“ und „en responsabilité contractuelle de droit commun“ angewendet. Der Grund hierfür liegt m. E. auf der Hand: Da die Cour de cassation im Einklang mit der ganz überwiegenden Auffassung die Direktansprüche des Nacherwerbers gegen den Hersteller als vertraglich qualifiziert[895] und da sie andererseits mit der herrschenden Meinung in Frankreich die Konvention wohl schon immer stillschweigend dem *außervertraglichen* Kollisionsrecht zugeordnet hat[896] (jedoch keine Gelegenheit hatte, dies auch ausdrücklich zu statuieren), kam für sie eine Anwendung der Konvention nicht in Betracht[897].

---

[894] De Vareilles-Sommières, Anm. zu EuGH v. 17.6.1992, Rev. trim. de dr. europ. 1992, S. 712, 724 f. mit Fn. 51; Lorenz (der an der Ausarbeitung des Abkommens maßgeblich beteiligt war), RabelsZ 57 (1993), S. 175, 199; Brendl/Schweinberger, § 9 III, S. 39; Leclerc (für die Fälle, in denen er eine vertragliche „action directe“ zuläßt), J.D.I. 1995, S. 267, 316, Nr. 63; für das geltende Recht auch Beaumart, S. 157, 166 und 169, der allerdings persönlich die Argumente der Gegenmeinung für besser hält (S. 157 oben).

[895] Siehe hierzu soeben S. 214 ff.

[896] So z. B. auch Audit, DIP, Nr. 188, S. 168; Mayer, Rn. 682, S. 442; Batiffol/Lagarde, Bd. 2, Nr. 559, S. 244; Légier, Jcl. de dr. int., Fasc. 553-3, Nr. 8, 112 ff.

Trotz der Neutralität seiner Formulierungen, ist eine solche Einordnung angesichts der *Entstehungsgeschichte* des Abkommens sicherlich *zutreffend:*

Auf der 10. Haager Konferenz wurde beschlossen, zu untersuchen, ob es zweckmäßig sei, auf die Tagesordnung der 11. Haager Konferenz eine Konvention über die Zuständigkeit und das anwendbare Recht im Bereich des Deliktsrechts zu setzen. Schon bald wurde erkannt, daß es angesichts der extremen Vielgestaltigkeit deliktsrechtlicher Fallgestaltungen nicht sinnvoll wäre, eine allgemeine Konvention für das deliktische Kollisionsrecht zu erarbeiten. Man entschied sich folglich dafür, einzelne, für besonders dringlich empfundene deliktische Spezialmaterien zu regeln. So wurde bekanntlich zunächst die Haager Konvention vom 4.5.1971 über das auf Straßenverkehrsunfälle anwendbare Recht verfaßt, anschließend stand dann die Produkthaftung auf dem Programm. Die Mission der hiermit beauftragten Delegierten der Ersten Kommission der 12. Haager Konferenz lautete also klar auf Regelung der *außervertraglichen* Produkthaftung (Loussouarn, Conférence de la Haye, Actes et Documents de la douzième session, Bd. III, Procès-verbal Nr. 3, S. 149; Schultsz, aaO, Procès-verbal, Nr. 4, S. 154; Lorenz, RabelsZ 37 (1973), S. 317).

Es herrschte denn auch weitgehend Einigkeit darüber, die vertragliche Haftung vom Anwendungsbereich der Konvention auszuschließen (vgl. z. B. die Stellungnahmen von Lorenz, Procès-verbal, aaO, Nr. 4, S. 152, Cavin, S. 153, sowie von Anton, Schultsz und Loussouarn (jeweils S. 154)). Ein dennoch auf Einbeziehung der vertraglichen Haftung lautender Vorschlag (Vorschlag der israelischen Delegation, aaO, Doc. de travail, Nr. 2, S. 137) wurde mit breiter Mehrheit abgelehnt (Procès-verbal, aaO, Nr. 4, S. 156).

[897] Zum Rückgriff französischer Gerichte auf die Konzepte der „lex fori“ *auch bei der Interpretation von Staatsverträgen* Batiffol/Lagarde, Bd. I, Nr. 40, S. 66 mit weiteren Nachweisen.

Die Cour de cassation hat mittlerweile – in ihrer ersten Entscheidung zur genannten Haager Konvention vom 2.10.1973 überhaupt – ausdrücklich bestätigt, daß das Abkommen ihrer Meinung nach ausschließlich die *außervertragliche* Haftung betrifft[898], obwohl hierzu in concreto gar kein Anlaß bestand[899], was dem Urteil den Charakter einer grundsätzlichen Klarstellung verleiht. Die Kassation der bereits an früherer Stelle erwähnten unveröffentlichten und nicht rechtskräftigen Entscheidung der Cour d'appel de Colmar vom 8.7.1997, die sich wenige Monate *vor* der Entscheidung der Cour de cassation der soeben genannten Gegenauffassung angeschlossen hat, wonach das Abkommen hinsichtlich der Rechtsnatur der erfaßten Haftung neutral ist und, unabhängig von der Rechtsnatur, sämtliche Ansprüche zwischen nicht unmittelbar aufeinanderfolgenden Gliedern der Absatzkette erfassen möchte, ist daher m. E. vorgezeichnet.

Jedenfalls in der bisher ganz herrschenden gerichtlichen Praxis findet somit die Haager Konvention vom 2.10.1973 keine Anwendung auf die „action directe en garantie“ und „en responsabilité contractuelle de droit commun“.

bb) Haager Konvention vom 15.6.1955 über das auf internationale Kaufverträge über bewegliche Sachen anwendbare Recht[900]

Trotz Art. 5 Nr. 4 der Konvention, wonach diese nicht auf die Wirkungen des Kaufes gegenüber anderen als den Vertragsparteien anzuwenden ist[901], scheint die Cour d'appel de Paris in einem Urteil vom 14.6.1989[902] die Konvention „unmittelbar“ auf eine „action directe en garantie“ angewendet zu haben[903]. Auch Heuzé hat in einer früheren Stellungnahme,

---

898 Cass. civ. 1re v. 16.12.1997, D. 1998, IR, S. 44 f. = J.C.P. 1998, IV, 1331 = Rev. crit. de dr. int. pr. 1998, S. 300 f. m. Anm. Lagarde.

899 Die Cour de cassation hätte das Urteil der Vorinstanz wegen schlichter Nichtanwendung des Art. 1 Abs. 2 der Konvention kassieren können.

900 Text des Abkommens z. B. in Rev. crit. de dr. int. pr. 1964, S. 786 ff. Das ebenfalls von Deutschland nicht gezeichnete Abkommen trat für Frankreich am 1.9.1964 in Kraft und gilt nach seinem Art. 7 als „loi uniforme“ auch gegenüber Nichtvertragstaaten, wie z. B. Deutschland.

901 Siehe hierzu Fallon, Accidents de la consommation, S. 445 mit Fn. 174; de Vareilles-Sommières, Anm. zu EuGH v. 17.6.1992, Rev. trim. de dr. europ. 1992, S. 712, 725, Fn. 51.

902 Cour d'appel de Paris v. 14.6.1989, Rev. crit. de dr. int. pr. 1990, Somm., S. 785 f. = D. 1989, IR, S. 201.

903 So jedenfalls die Interpretation von Heuzé, Dictionnaire Joly, Bd. III, Buch XI, Nr. 29, S. 20 und de Vareilles-Sommières, aaO, der dieser Lösung jedoch ausdrücklich widerspricht.

offenbar auf der Grundlage der Lehre von den „groupes de contrats", Entsprechendes vertreten[904]. Indessen ist es aufgrund der Kürze beider Stellungnahmen nicht sicher, ob hier tatsächlich eine „unmittelbare" Anwendung der Konvention im Verhältnis zwischen Hersteller und Nacherwerber gewollt war. Selbst wenn dies aber der Fall war[905], so sind beide Stellungnahmen mittlerweile als überholt anzusehen: diejenige der Cour d'appel de Paris deshalb, weil sich seit der Zurückweisung der Lehre von den „groupes de contrats" durch Cass. ass. plén. vom 12.7.1991[906] in der gerichtlichen Praxis nicht mehr ernsthaft vertreten ließe, einen nicht am Vertragsschluß beteiligten Dritten als „Partei" zu qualifizieren (die Lösung der Cour d'appel de Paris hat daher auch keine Wiederholung erfahren), diejenige Heuzés, weil er später klargestellt hat, daß die Konvention seiner Meinung nach wegen ihres Art. 5 Nr. 4 nicht im Verhältnis zwischen Nacherwerber und Hersteller anzuwenden ist, daß sie insoweit aber „mittelbar" zur Anwendung kommen kann[907].

Eine „unmittelbare" Anwendung der Haager Konvention vom 15.6.1955 auf das Verhältnis zwischen Hersteller und Nacherwerber wird daher (zu Recht) heute nicht mehr vertreten[908].

---

904 Heuzé, Dictionnaire Joly, Bd. III, Buch XI, Nr. 29, S. 20: Art. 5 Nr. 4 hindere die Gerichte der Zeichnerstaaten nicht, die Konvention bei Zugrundelegung ihrer „lex fori" trotzdem auf derartige Fälle anzuwenden, es bestehe lediglich insoweit keine Pflicht zur Anwendung der Konvention. Wegen der „ausschließlich vertraglichen" Natur der Haftung zwischen „Parteien" (!) einer „groupe de contrats" könne insoweit die Konvention Anwendung finden.

905 Dafür könnte im Hinblick auf das Urteil der Cour d'appel de Paris sprechen, daß seinerzeit auch Teile der Rechtsprechung der Lehre von den „groupes de contrats" folgten, wonach als „Partei" auch ein Nacherwerber angesehen werden kann (siehe zur Lehre von den „groupes de contrats" oben S. 112 ff.).

906 Siehe oben S. 115 f.

907 Heuzé, Anmerkung zu Cass. civ. 1re v. 10.10.1995, Rev. crit. de dr. int. pr. 1996, S. 333, 336.

908 Zu erwähnen sei am Rande, daß sich hinsichtlich der noch nicht in Kraft befindlichen Haager Konvention vom 22.12.1986 über das auf Verträge über den internationalen Warenkauf anzuwendende Recht, die die Haager Konvention vom 15.6.1955 eines Tages ersetzen soll (es bestehen allerdings Zweifel, ob dies jemals der Fall sein wird, siehe hierzu z.B. Lando, RabelsZ 57 (1993), S. 155, 157 f.) nichts anderes ergäbe: zum einen ist der Wortlaut des Art. 5d der Konvention quasi identisch mit demjenigen des Art. 5 Nr. 4 der Konvention vom 15.6.1955, zum anderen geht aus dem Bericht von Pélichet recht deutlich hervor, daß Art. 5d, dessen Inhalt während der Beratungen nicht umstritten war, genau wie Art. 5 Nr. 4 nicht nur die eigentumsrechtlichen, sondern auch die vertraglichen Wirkungen des Kaufvertrages gegenüber Dritten ausschließen soll (Pélichet, RdC 1987, I, S. 9, 103).

cc) Römisches EWG-Übereinkommen über das auf vertragliche Schuldverhältnisse anzuwendende Recht vom 19.6.1980[909]

Es fragt sich schließlich, ob vielleicht das EG-Schuldvertragsübereinkommen „unmittelbar" auf die „action directe" des Nacherwerbers anzuwenden ist. Zwar hat nach ganz überwiegender Auffassung im Hinblick auf *Kaufverträge* das von Frankreich noch nicht gekündigte Haager Abkommen vom 15.6.1955 Vorrang vor dem EG-Schuldvertragsübereinkommen (vgl. dessen Art. 21)[910], da aber das Haager Abkommen von 1955 die genannten „actions directes" wie gezeigt nicht *unmittelbar* erfaßt, bestünde bei einer „unmittelbaren" Anwendbarkeit des EG-Schuldvertragsübereinkommens insofern keine Konkurrenz. Zu der untersuchten Frage, die in dem Abkommen nicht geregelt ist[911], fehlt es leider noch weitgehend an Stellungnahmen in Rechtsprechung und Literatur. Der EuGH hat bisher noch keine Auslegungsbefugnis bezüglich des EG-Schuldvertragsübereinkommens, da die beiden Auslegungsprotokolle vom 19.12.1988[912] noch nicht in Kraft getreten sind. Aber auch diesbezügliche Entscheidungen der französischen Gerichte sind bisher nicht bekannt. Immerhin gibt es mittlerweile einige Stellungnahmen in der Literatur. So schlug Lagarde, dessen Stimme als Mitglied der für die Ausarbeitung des Übereinkommens verantwortlichen Expertengruppe und als Mitverfasser des offiziellen Reports[913] besonderes Gewicht zukommt, vor, über die Frage, ob zu den vertraglichen Schuldverhältnissen i.S. des Übereinkommens auch die „action directe" des Nacher-

---

909 Amtsblatt der EG 1980 L 266 = BGBl. 1986, II, S. 810. Das Abkommen ist zwischen Frankreich und Deutschland seit dem 1.4.1991 in Kraft. In Deutschland wurde das Abkommen bekanntlich bereits vor seinem Inkraftreten im Zuge der IPR-Reform 1986 in das EGBGB „inkorporiert". Zu dieser umstrittenen Vorgehensweise und zu sachlichen Divergenzen mit dem Abkommen siehe z.B. Junker, RabelsZ 55 (1991), S. 674, 690 m.N. in Fn. 84, 691 ff.

910 Siehe z.B. Ammar, J.C.P. 1992, II, 21824, S. 103, 104; Lagarde, Rev. crit. de dr. int. pr. 1991, S. 287, 337; Heuzé, Dictionnaire Joly, Bd. III, Buch 11, Nr. 11, Fn. 21; Audit, DIP, Nr. 792, S. 654, Fn. 3; Wolfer, PHI 1992, S. 30, 38; Müko-Martiny, vor Art. 27 EGBGB, Rn. 19–22 und Art. 28 EGBGB, Rn. 109; Lando, RabelsZ 57 (1993), S. 155, 158. A.A. offenbar Kahn, J.D.I. 1990, S. 421; Clever, Gaz. Pal. 1991, 2, Doctr., S. 410, 414.

911 Keine Lösung des Problemes findet sich in Art. 12 Abs. 2 des EG-Schuldvertragsübereinkommens (vgl. Art. 33 Abs. 2 EGBGB), da die „action directe en garantie" und „en responsabilité contractuelle de droit commun" wie gezeigt nicht als stillschweigende Zession aufzufassen ist.

912 Protokoll Nr. 89/128 und 89/129, Amtsblatt der EG 1989 L 48, S. 1 und 17. Siehe hierzu auch den Bericht von Tizzano, Amtsblatt der EG 1990 C 219 und die Anmerkung von Jayme/Kohler, IPRax 1989, S. 337, 343.

913 Giuliano/Lagarde, Bericht über das Übereinkommen über das auf vertragliche Schuldverhältnisse anzuwendende Recht, Amtsblatt der EG 1980 C 282.

werbers zählt, die Interpretation des EuGH zum Begriff der „matière contractuelle" (= „Vertrag oder Ansprüche aus einem Vertrag") in Art. 5 Nr. 1 EuGVÜ entscheiden zu lassen[914] (das Vorlageverfahren an den EuGH war zum Zeitpunkt der Stellungnahme Lagardes schon anhängig). Nachdem der EuGH kurze Zeit später in seinem „Handte"-Urteil vom 17.6.1992 aufgrund vertragsautonomer Interpretation des genannten Begriffes entschieden hat, daß die „action directe" des Nacherwerbers nicht als „matière contractuelle" i.S. des Art. 5 Nr. 1 EuGVÜ anzusehen ist, fiele die „action directe" des Nacherwerbers nach Auffassung Lagardes nicht unter das EG-Schuldvertragsübereinkommen. Auch de Vareilles-Sommières spricht sich in seiner Anmerkung zu dem EuGH-Urteil vom 17.6.1992 für eine insofern einheitliche Interpretation des EuGVÜ und des EG-Schuldvertragsübereinkommens, d.h. also für eine Nichterfassung der „action directe" des Nacherwerbers aus[915]. Dagegen hat sich Larroumet für eine strikte „lex fori"-Interpretation des Begriffes der „vertraglichen Schuldverhältnisse" in Art. 1 des EG-Schuldvertragsübereinkommens stark gemacht[916] (entgegen der ganz h.M. vertritt Larroumet dies auch für den Begriff der „matière contractuelle" in Art. 5 Nr. 1 EuGVÜ[917]). Nach dieser letztgenannten Auffassung würde die „action directe" des Nacherwerbers bei französischem Forum unter das EG-Schuldvertragsübereinkommen fallen.

Ob die Begriffe des EG-Schuldvertragsübereinkommens nach der *„lex fori"*, oder *„vertragsautonom"* zu bestimmen sind, ist offen. Foyer interpretiert das Schweigen des Übereinkommens bezüglich der Frage, nach welchem Recht die Begriffe des Übereinkommens zu „qualifizieren" sind, als implizite Bestätigung des Prinzips der Qualifikation nach der „lex fori"[918]. Wegen der hiermit verbundenen Gefahr divergierender Interpretationen unterstützt er aber die im offiziellen Report enthaltene Anregung an die nationalen Gerichte[919], nicht zu rigide nach der „lex fori" zu qualifizieren und darauf zu achten, möglichst nicht andersartigen Interpretationen diametral entgegenzulaufen. Als einzig wirksame Lösung sieht er das Inkrafttreten der beiden Auslegungsprotokolle vom 19.12.1988 an. Eine Reihe von Autoren hat sich dagegen für eine „vertragsautonome" Interpretation der Begriffe des Abkommens auch schon vor Inkrafttreten der Auslegungsprotokolle ausgesprochen[920].

---

914 Lagarde, Rev. crit. de dr. int. pr. 1991, S. 287, 293.

915 De Vareilles-Sommières, Anm. zu EuGH v. 17.6.1992, Rev. trim. de dr. europ. 1992, S. 712, 724 ff., Nr. 22 ff., insb. Nr. 26.

916 Larroumet, Anm. zu EuGH v. 17.6.1992, J.C.P. 1992, II, 21927, Nr. 8.

917 Larroumet, aaO Nr. 6 f.

918 Foyer, J.D.I. 1991, S. 601, 626 f. Im Ansatz damit wie Larroumet, aaO.

919 Bericht Giuliano/Lagarde, aaO, S. 38.

Gegen eine strikte Auslegung der Begriffe des Übereinkommens nach der „lex fori" spricht bereits dessen Art. 18, wonach bei der Auslegung und Anwendung der Vorschriften des Übereinkommens dessen internationalem Charakter und dem Wunsch Rechnung zu tragen ist, eine einheitliche Auslegung und Anwendung der Vorschriften zu erreichen[921]. Würde man gerade bei einem derartigen Zentralbegriff wie demjenigen der „vertraglichen Schuldverhältnisse" eine Auslegung nach der „lex fori" befürworten, so wäre die erstrebte Einheitlichkeit unerreichbar. Das Beispiel der divergierenden Auffassungen des deutschen und des französischen Rechts zu diesem Begriff führt dies deutlich vor Augen, denn bei französischem Forum fiele hierunter auch der vertragliche Direktanspruch des Nacherwerbers, bei deutschem Forum dagegen nicht. Eine derart von dem jeweils gewählten Gerichtsort abhängende uneinheitliche Anwendung des Abkommens verstieße nicht nur gegen Art. 18 des Abkommens, sondern würde auch der Zielsetzung des Übereinkommens zuwiderlaufen, eine Vereinheitlichung des Kollisionsrechts der vertraglichen Schuldverhältnisse zu erreichen. Eine „lex fori"-Qualifikation des Zentralbegriffes der „vertraglichen Schuldverhältnisse" ist daher abzulehnen. Eine Parallele zu der vom EuGH bereits vorgenommenen vertragsautonomen Interpretation des Begriffes der „matière contractuelle" in Art. 5 Nr. 1 EuGVÜ drängt sich dabei geradezu auf. Hierfür spricht neben der weitgehend gleichen Bedeutung beider Begriffe auch der enge Zusammenhang zwischen dem EG-Schuldvertragsübereinkommen und dem EuGVÜ. Das EG-Schuldvertragsübereinkommen ist bereits nach seiner Präambel als Fortsetzung der im Bereich der gerichtlichen Zuständigkeit und der Vollstreckung von Entscheidungen begonnenen Vereinheitlichung anzusehen. Das EuGVÜ war auch deshalb Ausgangspunkt für das EG-Schuldvertragsübereinkommen, weil ohne eine Vereinheitlichung auch der internationalprivatrechtlichen Kollisionsnormen die Gefahr bestand, daß der Kläger durch „forum shopping" den Zweck des EuGVÜ unterläuft[922]. Angesichts des engen Zusammenhangs beider Abkommen ist damit auch schon vor Inkrafttreten der beiden Auslegungsprotokolle im Wege vertragsautonomer Auslegung davon auszugehen, daß die Fälle der „action directe en garantie" und „en responsabilité contractuelle de droit commun" nicht „unmittelbar" von dem EG-Schuldvertragsübereinkommen erfaßt werden.

Zwischenergebnis: Nach der Rechtsprechung der Cour de cassation und der ihr folgenden ganz überwiegenden Zahl der Instanzgerichte findet

---

920 So z.B. Junker, RabelsZ 55 (1991), S. 674 ff., Müko-Martiny, Art. 36 EGBGB Rn. 6 sowie implizit Lagarde und de Vareilles-Sommières, aaO.

921 Vgl. Gaudemet-Tallon, Rev. trim. de dr. europ. 1981, S. 215, 221, Nr. 7.

922 Junker, RabelsZ 55 (1991), S. 674 und 682; Bericht Giuliano/Lagarde, aaO, S. 4 f.; Müko-Martiny, vor Art. 27 EGBGB Rn. 8.

keines der untersuchten Übereinkommen „unmittelbar“ Anwendung auf die „action directe“ des Nacherwerbers.

2. Ungeschriebene Kollisionsnorm der „mittelbaren“ Anknüpfung an das Vertragsstatut des ersten Vertrages in der Absatzkette

a) Die französische Rechtsprechung

Getreu der aus der „théorie de l'accessoire“ resultierenden Herleitung der „action directe en garantie“ und „en responsabilité contractuelle de droit commun“ aus dem Initialvertrag wendet die ganz herrschende französische Rechtsprechung auf die „action directe“ des Nacherwerbers das auf den ersten Vertrag in der Absatzkette anzuwendende Recht an[923]. Es handelt sich hierbei, mangels gesetzlicher Regelung, um eine rein *richterrechtliche* Anknüpfungsregel, die nichts mit der kollisionsrechtlichen Behandlung von Zessionen oder von Verträgen zugunsten Dritter zu tun hat[924].

Zur besseren Veranschaulichung dieser Rechtsprechung soll nachfolgend der Inhalt insbesondere der unveröffentlichten Urteile kurz wiedergegeben werden.

In den zitierten Urteilen des Tribunal de commerce de Paris vom 6.5.1988 (erste Instanz) und der Cour d'appel de Paris vom 27.11.1991

---

[923] So ausdrücklich die folgenden unveröffentlichten Urteile: Trib. de commerce de Paris v. 6.5.1988 (es dürfte sich hierbei um das auch von Sonnenberger, FS Steindorff, S. 777, 781, Fn. 15 zitierte Urteil handeln); Cour d'appel de Paris v. 27.11.1991 (Bestätigung der zitierten Entscheidung des Trib. de commerce de Paris); Cour d'appel de Montpellier v. 30.10.1990; Trib. de commerce de Nanterre v. 6.12.1991 (diese nicht veröffentlichten Urteile wurden dem Verfasser freundlicherweise von Herrn Rechtsanwalt Wolfer, Paris zur Verfügung gestellt).

Ebenso, wenn auch aufgrund der Kürze der veröffentlichten Urteilstexte weniger explizit, Cass. civ. 1re v. 18.12. 1990, J.C.P. 1992, II, 21824, S. 102 f. (siehe verdeutlichend hierzu die Urteilsanmerkung von Ammar, aaO S. 105) und Cass. civ. 1re v. 10.10.1995, Bull. civ. 1995, I, Nr. 348, S. 244 = Rev. crit. de dr. int. pr. 1996, S. 332 f. m. Anm. Heuzé.

Im gleichen Sinne offenbar auch zwei weitere unveröffentlichte, dem Verfasser jedoch nicht vorliegende Entscheidungen der Cour d'appel de Rennes vom 9.12.1992 und des TGI de St. Brieue vom 11.7.1995 (zitiert nach Endrös, PHi 1998, S. 122, 130, Fn. 55).

A.A.: Cour d'appel de Colmar vom 8.7.1995 (unveröffentlicht und nicht rechtskräftig; näher zu dieser Entscheidung und deren wahrscheinlicher Kassation oben S. 216 f.).

[924] Dazu, daß die Direktansprüche des Nacherwerbers nach heute ganz herrschender Auffassung nicht auf einer stillschweigenden Zession oder einem stillschweigenden Vertrag zugunsten Dritter beruhen, oben S. 109 ff. und 107 ff. Dementsprechend wird auch eine Übertragung der für diese Rechtsinstitute geltenden Anknüpfungsgrundsätze auf die „action directe“ des Nacherwerbers nicht vertreten.

(zweite Instanz), die wegen ihres Umfanges hier nicht in allen Einzelheiten wiedergegeben werden können, ging es u. a. um die „action directe en garantie“ eines französischen Bauunternehmens gegen einen deutschen Stahlhersteller. Das Bauunternehmen war von der französischen Bahngesellschaft SNCF mit dem Bau eines Viadukts beauftragt worden. Für die Ausführung der Arbeiten bediente sich das Bauunternehmen einer Spezialmaschine, eines sog. „lanceur de pont“. Während einer Belastungsprobe brach plötzlich ein Stahlteil, was zu einem Zusammenbruch des ganzen „lanceur de pont“ führte. Der Spezialstahl, aus dem das gebrochene Teil hergestellt war, war von dem französischen Bauunternehmen bei einem französischen Stahlhandelsunternehmen bezogen worden, welches seinerseits den Stahl bei dem deutschen Stahlhersteller erworben hatte. Nachdem der durch „ordonnance de référé“ gerichtlich bestellte Sachverständige sein Gutachten über die Ursachen des Zusammenbruchs vorgelegt hatte und hierüber keine Einigung zwischen den Parteien erzielt werden konnte, verklagte das französische Bauunternehmen den französischen Stahlhändler, dessen Versicherer und den deutschen Hersteller auf gesamtschuldnerisch zu leistenden Schadensersatz in Höhe von ca. 6 Millionen FF zuzüglich Zinsen und Kosten. Das französische Stahlhandelsunternehmen und sein Versicherer wandten sich daraufhin mittels „appel en garantie“ ebenfalls gegen den deutschen Hersteller. Im erstinstanzlichen Urteil, das im wesentlichen in zweiter Instanz bestätigt wurde, wurde das französische Stahlhandelsunternehmen und dessen Versicherer zur Leistung von Schadensersatz in Höhe von ca. 4 Millionen FF verurteilt, dagegen wurde sowohl die „action directe“ als auch der „appel en garantie“ gegen den deutschen Hersteller abgewiesen!

Die Begründung der Urteile enthält mehrere interessante Aspekte, von denen hier zwei herausgegriffen werden sollen: zum einen die Art der Ermittlung des anwendbaren Rechts, zum anderen die unterschiedliche Beurteilung der nicht vertragsgemäßen Beschaffenheit des Stahls als Mangel im ersten und als aliud im zweiten Vertrag. Was die Frage des anwendbaren Rechts angeht, so wenden beide Urteile im rein französischen Verhältnis zwischen Erst- und Zweiterwerber französisches Recht an, kommen aber im Verhältnis zwischen Hersteller und Zweiterwerber zur Anwendung deutschen Rechts. Dabei wird hinsichtlich der Bestimmung des auf die „action directe“ anwendbaren Rechts so vorgegangen, daß zunächst der „appel en garantie“ des Ersterwerbers gegen den Hersteller behandelt und dessen Ergebnis dann spiegelbildlich auf die „action directe“ des Zweiterwerbers übertragen wird. So gelangen die Richter in concreto zunächst zu dem Ergebnis, daß im Verhältnis zwischen dem französischen Ersterwerber und dem deutschen Hersteller die Haager Konvention vom 15.6.1955 anzuwenden ist, und daß der von diesen abgeschlossene Kaufvertrag in Anwendung von Art. 3 Abs. 1 S. 1 der Konvention dem deutschen Recht unterliegt. Dieses für das Verhältnis zwischen Hersteller und Ersterwerber gefundene Ergebnis wird dann anschließend auf die „action directe“ des Zweiterwerbers gegen den Hersteller übertragen. Hinsichtlich der Frage, *welche* Rechtsnormen des deutschen Rechts im Rahmen des ersten Vertrages anzuwenden sind, gehen beide Gerichte von einer Anwendbarkeit der Vorschriften über die Sachmängelgewährleistung aus und sehen die Rückgriffsansprüche des Ersterwerbers, und damit auch die „action directe“ des Zweiterwerbers, in Anwendung von § *477 BGB* als verjährt an. Diese Entscheidung für die Vorschriften der Sachmängelgewährleistung im Verhältnis zwischen Hersteller und Ersterwerber war hier deshalb besonders pikant, und damit zu einem kleinen Exkurs bezüglich des oben erwähnten zweiten Aspektes, weil der gelieferte Stahl im Verhältnis zwischen Erst- und Zweiterwerber ausdrücklich als „aliud“ qualifiziert wurde und dementsprechend unter Ausschluß des Art. 1648 C. civ. („bref délai“) die erheblich längeren Verjährungsfristen der „non-conformité“-Haftung zur Anwendung kamen! Diese unterschiedliche Qualifizierung als „Mangel“ einerseits und als „aliud“ andererseits wurde denn auch von dem unterlegenen Stahlhändler und seinem Versicherer in zweiter Instanz kritisiert. Beide machten insoweit geltend, daß die erstinstanzliche Entscheidung in dieser Hinsicht widersprüchlich sei und meinten, daß der gelieferte Stahl auch im Verhältnis zwischen Hersteller und Ersterwerber als „aliud“ einzuordnen sei. Dementsprechend sei in diesem Verhältnis auf die Regeln der PVV mit der Verjährungsfrist des § 195 BGB und nicht auf § 477 BGB zurückzugreifen. Die Cour d'appel blieb jedoch in ihrem Urteil bei der unterschiedlichen Qualifizierung, da in casu folgende Besonderheit bestand: Der französische Zweiterwerber (das Bauunternehmen) hatte bei dem französischen Ersterwerber Stahl der französischen Qualitätsbezeichnung „E 36-3“ bestellt, woraufhin der französische Ersterwerber bei dem deutschen Hersteller aufgrund einer Konkordanztabelle Stahl der deutschen Qualität „ST 52-3“ bestellte. Der deutsche Hersteller lieferte dann auch Stahl der Bezeichnung „ST 52-3“ an den Ersterwerber, der Stahl entsprach jedoch nach den Feststellungen des Sachverständigen hinsichtlich der Bruchfestigkeit nicht den Anforderungen der zu diesem Zeitpunkt gültigen DIN 17.100 und war nach Auffassung der Cour d'appel daher mangelhaft. Für das Verhältnis zwischen Erst- und Zweiterwerber bestätigte die Cour d'appel dagegen die Einordnung als „non-conformité“, da nicht der bestellte Stahl „E 36-3“, sondern *anderer* Stahl geliefert worden sei, der selbst bei Übereinstimmung mit den deutschen Normen nicht der Qualität „E 36-3“ entsprochen hätte (der Ersterwerber hätte insoweit Stahl der Qualität „ST 52-3-N“ bestellen müssen).

Das in internationalprivatrechtlicher Hinsicht Interessante an beiden Urteilen ist, daß weder der Weg einer „mittelbaren Anknüpfung“ zur Ermittlung des auf die „action directe“ anwendbaren Rechts noch die Anwendbarkeit der Haager Konvention vom 15.6.1955 noch die Anwendung vertragsrechtlicher Rechtsnormen im Verhältnis zwischen Hersteller und Zweiterwerber zwischen den Parteien umstritten war.

Auch in den anderen dem Verfasser vorliegenden unveröffentlichten Urteilen ging es jeweils um die „action directe“ eines französischen Nacherwerbers gegen einen deutschen Hersteller bzw. Vorverkäufer. Dabei gingen die Gerichte hinsichtlich der Ermittlung des auf die „action directe“ anzuwendenden Rechts genau so vor wie in den soeben erörterten Urteilen und kamen über eine „mittelbare“ Anwendung der Haager Konvention vom 15.6.1955 jeweils zur Anwendung deutschen Rechts und zur Klageabweisung wegen § 477 BGB!

Auch die Cour de cassation verfuhr in einem Urteil vom 18.12.1990[925] und in einem Urteil vom 10.10.1995[926] in gleicher Weise, wenn auch die erörterten Prinzipien aufgrund der erheblich kürzeren Urteilstexte weniger deutlich hervortreten. Bis auf die Tatsache, daß es sich in beiden Fällen um einen italienischen Hersteller handelte, ging es in beiden Urteilen um die gleiche Grundkonstellation wie in den soeben erörterten Fällen: ein französischer Käufer erwirbt von einem französischen Lieferanten ein fehlerhaftes Produkt, welches dieser zuvor bei einem italienischen Hersteller bezogen hatte. Die Cour de cassation kommt in beiden Fällen zur Aufhebung des Berufungsurteiles wegen Nichtanwendung des Art. 3 der Haager Konvention vom 15.6.1955 und zwar nicht nur im Verhältnis zwischen französischem *Erst*erweber und italienischem Hersteller, sondern auch im Verhältnis zwischen französischem *Zweit*erwerber und italienischem Hersteller.

b) Die Rechtslehre

In der französischen Lehre finden sich zur Anknüpfung der „action directe en garantie“ und „en responsabilité contractuelle de droit commun“ nur wenige ausdrückliche Stellungnahmen, so z. B. von Gaudemet-Tallon: „Quelle est la loi qui régit la responsabilité contractuelle du premier vendeur à l'égard du sous-acquéreur? Dans la mesure où l'action du sous-acquéreur est justifiée par l'idée qu'il bénéficie du contrat initial [...], il paraît logique de la soumettre à la loi de ce contrat initial.“[927] Auch Ammar überträgt den für das interne Recht aufgestellten Grundsatz der Maßgeblichkeit des Initialvertrages auf die Bestimmung des anwendbaren Rechts[928]. Audit kommt ebenfalls zu einer entsprechenden Feststellung[929].

---

925 Cass. civ. 1re v. 18.12.1990, J.C.P. 1992, II, 21824, S. 102 f. mit Anm. Ammar.

926 Cass. civ. 1re v. 10.10.1995, Bull. civ. 1995, I, Nr. 348, S. 244 = Rev. crit. de dr. int. pr. 1996, S. 332 f. m. Anm. Heuzé.

927 Gaudemet-Tallon, Anm. zu Cass. civ. 1re v. 28.10. 1986, Rev. crit. de dr. int. pr. 1987, S. 613, 616.

Schließlich gehen auch Wolfer[930] und Larroumet[931] implizit von diesem Prinzip aus. Im Gegensatz zu einigen älteren Stellungnahmen[932] befürwortet auch das neuere deutsche Schrifttum (aus Sicht des französischen IPR) eine Anknüpfung an das erste Vertragsstatut in der Kette[933].

Einen mehr oder weniger neuen Vorschlag zur kollisionsrechtlichen Behandlung der Direktansprüche des Nacherwerbers hat in jüngster Zeit Leclerc unterbreitet. Er geht zwar grundsätzlich auch von einer Maßgeblichkeit des ersten Vertrages in der Absatzkette für die Bestimmung des anwendbaren Rechts aus, möchte aber, ganz ähnlich der in den 60er Jahren von Beemelmans vertretenen Auffassung[934], eine vertragliche „action directe" gegen den Hersteller nur gewähren, wenn alle beteiligten Rechtsordnungen eine solche anerkennen. Leclerc kommt also m. a. W. nur zur

---

928 Ammar, Anm. zu Cass. civ. 1re v. 18.12.1990, J.C.P. 1992, II, 21824, S. 103, 105 rechte Spalte: „... la responsabilité du fabricant (débiteur extrême) envers le créancier extrême doit être soumise au même régime que la responsabilité du débiteur extrême envers le débiteur immédiat (son cocontractant, en l'espèce la société Crater). C'est pourquoi, il est permis de penser que, de même qu'entre le fabricant italien et la société Crater, la Convention de la Haye devait être appliquée entre le fabricant et le demandeur."

929 Audit, Anm. zu Cass. civ. 1re v.10.10.1995, D. 1996, Somm., S. 172 unter 2.: „Transposée dans le domaine des conflits de lois, cette préoccupation conduit à faire jouer la loi du contrat d'origine, et partant la Convention de la Haye ..."

930 Wolfer, PHI, 1992, S. 30, 38 f.

931 Larroumet, Anm. zu EuGH v. 17.6.1992, J.C.P. 1992, II, 21927, S. 341, 342, Nr. 5.

932 So wollte z. B. Beemelmans eine „bürgerlichrechtliche action directe" nur gewähren, wenn sowohl das Recht des ersten, als auch dasjenige des zweiten Vertrages eine solche kennt, was, wie Beemelmans selber zugibt, nur selten der Fall sein dürfte (RabelsZ 29 (1965), S. 511, 537). Bröcker wollte die vertragliche bzw. „kryptovertragliche" Herstellerhaftung, zu der auch die „action directe en garantie" zählen dürfte (so jedenfalls Eujen/Müller-Freienfels, AWD 1972, S. 503, 505), an das Recht des Kauforts anknüpfen (Bröcker, Möglichkeiten der differenzierten Regelbildung, S. 161).

Bei beiden Stellungnahmen, die noch vor der Festlegung des BGH auf eine deliktische Produkthaftung (BGHZ 51, 91) erfolgten, wird nicht deutlich, ob ihnen die Sichtweise des deutschen oder des französischen IPR zugrundegelegt wurde.

933 So z. B. Siehr, AWD 1972, S. 373, 379; Eujen/Müller-Freienfels, AWD 1972, S. 503, 505, die dies offenbar auch aus deutscher Sicht so sahen; Winkelmann, S. 162 und 163 f. (für den Fall, daß man die „action directe" als vertraglich qualifiziert, was er allerdings später, aus Sicht des *deutschen* IPR ablehnt); Klima, Anm. zu Cass. ass. plén. v. 7.2.1986, RIW 1987, S. 307, 311 (implizit); auch Sonnenberger meint, daß eine derartige Anknüpfung der Systematik der „action directe" entspräche, wegen der von ihm im Gegensatz zur ganz herrschenden französischen Rechtsprechung befürworteten Anwendung der Haager Konvention vom 2.10.1973, sah er diese Frage jedoch als nicht geklärt an (Sonnenberger, FS Steindorff, S. 777, 782, Fn. 15); jetzt auch Beaumart, S. 164, 170.

934 Siehe hierzu soeben in Fn. 932.

Bestimmung des auf die „action directe“ des Nacherwerbers anwendbaren Rechts, wenn in einem vorherigen Schritt die „Existenz“ einer „chaîne de contrats“ festgestellt wurde, was nach Leclerc eben voraussetzt, daß nicht nur die Rechtsordnung, der der erste Vertrag in der Kette unterliegt, sondern auch sämtliche Rechtsordnungen, denen die weiteren Verträge der Kette unterliegen, das Konzept einer vertraglichen „chaîne de contrats“ bejahen. Erkennt auch nur eine der beteiligten Rechtsordnungen ein solches Konzept nicht an, so kommt eine internationale „chaîne de contrats“ erst gar nicht zur Entstehung. Die Ansprüche des Nacherwerbers gegen den Hersteller sind dann nach Auffassung Leclercs deliktsrechtlicher Natur und den entsprechenden deliktsrechtlichen Kollisionsnormen, d.h. im Regelfall der Haager Konvention vom 2.10.1973, zu unterwerfen[935]. Die Auffassung Leclercs hat gute Argumente für sich, sie ist jedoch wegen der aus ihr folgenden Konsequenzen abzulehnen. Dabei ist der bisher gegen diese Auffassung vorgebrachte Einwand, sie würde zu einer ganz erheblichen Reduzierung der Anwendungsfälle der vertraglichen Direktansprüche führen[936], nicht einmal der gewichtigste. Noch viel bedenklicher erscheint es, daß die Produkthaftungsansprüche eines Nacherwerbers gegen den Hersteller mal als vertraglich, mal als deliktisch qualifiziert würden, je nachdem, welche Rechtsordnungen zufällig beteiligt sind. Von der Interessenkonstellation her völlig identische Sachverhalte würden also kollisionsrechtlich völlig unterschiedlich behandelt, wobei ausschlaggebend für die jeweilige Weichenstellung das Zufallsprinzip wäre. Außerdem läuft die Auffassung Leclercs, was später noch näher darzulegen ist[937], letztlich auf eine Qualifikation nach der „lex causae“ hinaus, gegen die aber die allgemeinen Bedenken sprechen.

Eine weitere ausführliche Untersuchung in Bezug auf die kollisionsrechtliche Behandlung von „actions directes“ hat jüngst Heuzé unternommen. Er kommt zu dem Ergebnis, daß sowohl die „action directe en paiement“, als auch die „action directe en garantie“ (bzw. „en responsabilité contractuelle de droit commun“) dem Recht zu unterwerfen sind, dem der vom Schuldner der „action directe“ abgeschlossene Vertrag unterliegt[938]. Heuzé exemplifiziert dieses von ihm vertretene einheitliche Anknüpfungsprinzip anhand der „action directe en paiement“ des „sous-traitant“ gegen den Besteller

---

[935] Leclerc, J.D.I. 1995, S. 267, 308 ff. (insb. Nr. 56), 312 ff. (insb. Nr. 61–63).

[936] So Heuzé, Rev. crit. de dr. int. pr. 1996, S. 243, 254 Nr. 12; Audit, Anm. zu Cass. civ. 1re v. 10.10.1995, D. 1996, Somm., S. 172 a.E.

[937] Siehe hierzu unten S. 269 f.

[938] Heuzé, Rev. crit. de dr. int. pr. 1996, S. 243 f. und S. 255 ff., Nr. 15 ff. Im Rahmen der „actions directes en paiement“ möchte Heuzé hier jedoch eine Ausnahme für die „action directe“ gegen den Versicherer machen (aaO, S. 258 mit Fn. 6), da diese hinsichtlich ihrer Zulassung grundsätzlich dem Recht der gesicherten Forderung unterliegt.

und anhand der genau entgegengesetzten „action directe en garantie" des Bestellers gegen den „sous-traitant", die Heuzé trotz des Urteils der „Assemblée plénière" vom 12.7.1991 für den Sonderfall eines „fabricant sous-traitant", der aufgrund eines „Werklieferungsvertrages" tätig wird, zulassen will[939]. Das von Heuzé entwickelte Prinzip, das aufgrund seiner allgemeingültigen Formulierung ganz offenbar auch die „action directe en garantie" des *Zweiterwerbers* erfassen soll (Heuzé bezieht diese an verschiedenen Stellen in seine Überlegungen ein), führt diesbezüglich zur Maßgeblichkeit des vom Hersteller abgeschlossenen Vertrages. Damit kommt Heuzé hinsichtlich der Anknüpfung der „action directe en garantie" genau zu dem gleichen Ergebnis wie die Rechtsprechung, auch wenn er die „théorie de l'accessoire" als dogmatische Grundlage der „action directe" des Nacherwerbers ablehnt und statt dessen der Lehre von den „groupes de contrats" den Vorzug geben möchte[940].

Nur scheinbar eine andere Anknüpfung nahmen Batiffol, Flour und Cozian vor. Batiffol stellte im Jahre 1938 für die „action directe" des Unfallopfers gegen den Versicherer des Schädigers[941] fest, daß diese dem Recht unterliegt, das auf den gesicherten (i.d.R. deliktsrechtlichen) Anspruch des Geschädigten anzuwenden ist[942]. Übertragen auf die „action directe en garantie" und „en responsabilité contractuelle de droit commun" würde dies die Anknüpfung an das Vertragsstatut des „zweiten" Vertrages (d.h. also des vom Gläubiger der „action directe" abgeschlossenen Vertrages) bedeuten, denn dieser enthält ja den zu sichernden Anspruch des Klägers. Batiffol übertrug das von ihm für die „action directe" gegen den Versicherer festgestellte Prinzip auch auf die im Code civil normierten klassischen „actions directes en paiement"[943], nicht aber auf die völlig anderen Grundsätzen folgende gesetzlich nicht normierte „action directe en garan-

---

[939] Heuzé meint, daß der Fall eines Herstellers, der sich verpflichtet, Produkte aus von ihm zu beschaffenden Stoffen nach den Anweisungen des Hauptunternehmers herzustellen, nicht vom „arrêt Besse" (Cass. ass. plén. v. 12.7.1991) erfaßt werde, und daß dieser Fall daher den von Cass. ass. plén. v. 7.2.1986 für die Aufeinanderfolge eines Kauf- und eines Werkvertrages entwickelten Grundsätzen zu unterstellen sei (Heuzé, aaO, S. 246; zu Cass. ass. plén. v. 12.7.1991 siehe z.B. oben S. 115 f., zu Cass. ass. plén. v. 7.2.1986 siehe oben S. 125; zur umstrittenen Anwendbarkeit des Art. 1792-4 C. civ. in dieser Konstellation siehe oben S. 128 ff.).

[940] Zu der von Heuzé ebenfalls kurz behandelten Frage, was zu gelten hat, wenn die auf den ersten Vertrag in der Kette anzuwendende Rechtsordnung keine vertraglichen Direktansprüche kennt (aaO, S. 265, Nr. 26), wird später noch ausführlich Stellung genommen (siehe unten S. 259 ff.).

[941] Vormals Art. 53 des Gesetzes vom 13.7.1930, jetzt Art. L 124-3 Code des assurances.

[942] Batiffol, Les conflits de lois en matière de contrats, Nr. 469, S. 392. Siehe hierzu auch bereits oben Fn. 877.

[943] Art. 1753 C. civ., 1798 C. civ. und 1994 C. civ.

tie" (die „action directe en responsabilité contractuelle de droit commun" in dem oben definierten Sinne war damals noch gar nicht bekannt). Flour, die der Auffassung Batiffols folgt[944], schließt denn auch ausdrücklich die „action directe" des Nacherwerbers von ihren Erörterungen aus[945]. Auch Cozian, der eine eigene Anknüpfung für die „action directe" entwickelt[946], bezieht seine Ausführungen nicht auf die „action directe en garantie", denn er scheidet diese ja, wie gezeigt, als bloße „pseudo-action directe" aus dem von ihm definierten Begriff der „action directe" aus. Die genannten Autoren schlagen daher keine andere Anknüpfung für die „action directe en garantie" und „en responsabilité contractuelle de droit commun" vor.

Ergebnis: Nach ganz herrschender Rechtsprechung und Lehre ist auf die „action directe" des Nacherwerbers grundsätzlich das Recht anzuwenden, daß auf den ersten Vertrag in der Kette anzuwenden ist.

2. Abschnitt

Deliktische Produkthaftung

Entsprechend der Einordnung im französischen Sachrecht wird die „bisherige" deliktische Produkthaftung auch im französischen IZPR und IPR als deliktisch qualifiziert. Gleiches wird mit an Sicherheit grenzender Wahrscheinlichkeit auch für das neue, durch das Gesetz Nr. 98-389 vom 19.5.1998 geschaffene, vertragsunabhängige Produkthaftungsregime entschieden werden. Hinsichtlich der internationalen (und örtlichen) Zuständigkeit kommt folglich im Verhältnis zu Deutschland im Rahmen des Art. 5 EuGVÜ von vornherein nur Art. 5 Nr. 3 EuGVÜ in Betracht. Im internationalen Privatrecht wird die auch in Frankreich grundsätzlich einschlägige „lex loci"-Regel[947] im Bereich der Produzentenhaftung weitgehend durch die Normen der Haager Konvention vom 2.10.1973 über das auf die Produktenhaftpflicht anwendbare Recht[948] verdrängt, sofern es nicht ausschließlich um die Schäden am Produkt selbst, einschließlich der hieraus resultierenden Vermögensschäden geht (Art. 2b) der Konvention)[949]. Das Abkommen gilt auch im Verhältnis zu Nichtvertragsstaaten, wie z.B.

---

[944] Flour, L'effet des contrats, Nr, 83 a.E., S. 117 mit Fn. 3.

[945] Flour, aaO, Nr. 76, S. 109, Fn. 1.

[946] Cozian, L'action directe, Nr. 546, S. 331.

[947] Siehe z.B. Loussouarn/Bourel, Nr. 179, S. 187. Bei Distanzdelikten wurde hier von der h.M. bisher vorwiegend auf den Erfolgsort abgestellt, siehe z.B. Batiffol/Lagarde, Bd. II, Nr. 561, S. 246 f. m.w.N.; Loussouarn/Bourel, Nr. 401, S. 453 m.w.N.; Nanz, VersR 1981, S. 212, 215; v. Bar/Gotthardt, Deliktsrecht in Europa, Frankreich, S. 12 f.

[948] Siehe zu diesem Abkommen die Nachweise oben S. 219, Fn. 891.

Deutschland[950]. Die Verweisungen des Abkommens sind Sachnormverweisungen, denn es wird jeweils auf das innerstaatliche Recht der berufenen Rechtsordnung verwiesen.

3. Abschnitt

Qualifikationsprobleme bei grenzüberschreitenden Vertragsketten im deutsch-französischen Verhältnis

Nachdem nun festgestellt wurde, daß sich die „Zweigleisigkeit" des französischen Produkthaftungsrechts auch im französischen IPR niederschlägt und welche kollisionsrechtliche Behandlung insbesondere der vertraglichen Produkthaftung nach der Rechtsprechung und h.M. zuteil wird, soll im folgenden untersucht werden, welche Probleme sich speziell im grenzüberschreitenden Rechtsverkehr mit Deutschland ergeben, einem der zahlreichen Länder, die die Produkthaftung zwischen nicht unmittelbar vertraglich verbundenen Gliedern der Absatzkette grundsätzlich deliktisch ausgestaltet haben (die gesonderte Problematik der Herstellergarantien soll hier nicht näher behandelt werden[951]). Zu diesem Zweck sei zunächst ein kurzer *Überblick* über die Behandlung der Produkthaftung im deutschen internationalen Privat- und Zuständigkeitsrecht gegeben (A.), bevor anschließend näher auf die Probleme der unterschiedlichen Qualifikation und systematischen Einordnung von Produkthaftungsansprüchen eines Nacherwerbers aus Sicht des französischen und des deutschen IPR eingegangen wird (B.).

A. Überblick über die Behandlung von Produkthaftungsansprüchen im internationalen Privat- und Zuständigkeitsrecht Deutschlands

I. Internationales Privatrecht

Das am 1.6.1999 in Kraft getretene „Gesetz zum Internationalen Privatrecht für außervertragliche Schuldverhältnisse und für Sachen" vom

---

949 Kommen die Schäden am Produkt selbst bzw. die daraus resultierenden Vermögensschäden dagegen zu anderen Schäden hinzu, so soll die Konvention wiederum anzuwenden sein (siehe Art. 2b) letzter Halbsatz).

950 Siehe oben S. 219, Fn. 891.

951 Dazu, daß Herstellergarantien, bei denen es sich ja um freiwillige Zusatzleistungen des Herstellers handelt, auch keinen Einfluß auf die Anknüpfung konkurrierender „gewöhnlicher" vertraglicher oder außervertraglicher Produkthaftungsansprüche des Geschädigten haben, siehe z.B. Wandt, Internationale Produkthaftung, Rz. 1210 m.w.N.

21.5.1999[952] bringt es mit sich, daß im Rahmen der *Anknüpfung* der Produkthaftung zwischen der Rechtslage vor dem 1.6.1999 und derjenigen ab dem 1.6.1999 unterschieden werden muß, wobei die bisherige Rechtslage in entsprechender Anwendung des Art. 220 Abs. 1 EGBGB[953] noch auf alle vor dem 1.6.1999 „abgeschlossenen Vorgänge"[954] anwendbar bleibt.

Im Rahmen der *Qualifikation* ist eine solche Unterscheidung dagegen nicht erforderlich, da sich insoweit durch die Neuregelung nichts geändert hat.

1. Qualifikation

a) „Verschuldenshaftung"

Nach dem auch im deutschen Recht herrschenden Grundsatz der Qualifikation nach der „lex fori" werden die auf der „Verschuldenshaftung" basierenden Produkthaftungsansprüche (§ 823 BGB)[955] von der Rechtsprechung als deliktisch qualifiziert[956], wobei nicht zwischen Produkthaftungsansprü-

---

[952] BGBl. I 1026. Zur Entstehungsgeschichte des Gesetzes siehe z.B. Wagner, IPRax 1998, S. 429, 430. Zu den parallelen Aktivitäten im Hinblick auf die Erarbeitung eines künftigen EU-Übereinkommens über das auf außervertragliche Schuldverhältnisse anzuwendende Recht („Rom II") siehe den (privaten) Entwurf der „groupe européen de droit international privé", der auf der Tagung vom 25.–27. September 1998 beschlossen wurde (abgedruckt z.B. in Rev. crit. de dr. int. pr. 1998, S. 802 ff.) und der in die Beratungen auf EU-Ebene einfließen soll.

[953] Siehe dazu die Begründung des Regierungsentwurfes BR-Drucks. 759/98, S. 13.

[954] Ohne insoweit auf die Streitfrage eingehen zu wollen, inwieweit der Begriff der „abgeschlossenen Vorgänge" kollisionsrechtlich oder materiellrechtlich zu verstehen ist, dürfte es hinsichtlich des internationalen Deliktsrechts jedenfalls auf die vollständige Begehung des Delikts (einschließlich der Rechtsgutsverletzung, jedoch unter Außerachtlassung des Schadenseintritts) ankommen. Die Kommentierungen zu Art. 220 Abs. 1 EGBGB schweigen zu dieser Frage, wohl weil Art. 38 EGBGB in der ab dem 1.9.1986 geltenden Fassung wörtlich dem vorherigen Art. 12 EGBGB entsprach.

[955] Der BGH hat sich in der berühmten Hühnerpestentscheidung (BGHZ 51, 91) unter Ausschließung anderer Anspruchsgrundlagen klar für eine deliktsrechtliche Einordnung von Produkthaftungsansprüchen im materiellen deutschen Recht ausgesprochen (seither st. Rspr.).

[956] Siehe z.B. OLG Frankfurt v. 24.6.1975, abgedruckt bei Schmidt-Salzer, Entscheidungssammlung Produkthaftung, Bd. II, II 72; OLG Karlsruhe v. 26.5.1977, abgedruckt bei Schmidt-Salzer, aaO, Bd. II, II 57; OLG Düsseldorf v. 28.4.1978, NJW 1980, S. 533 f. mit Anm. Kropholler; OLG Celle v. 13.7.1978 und v. 26.10.1978, abgedruckt bei Schmidt-Salzer, aaO, Bd. II, II 67 und 68 (A); BGH v. 17.3.1981 (VI ZR 286/78 – „Apfelschorf" II), NJW 1981, S. 1606 ff. = IPRax 1982, S. 13 f. m. Anm. Kreuzer, S. 1 ff. Besonders deutlich auch OLG Köln v. 11.12.1991, RIW 1993, S. 326.

chen innerhalb und außerhalb einer Vertragskette unterschieden wird. Auch das Schrifttum geht ganz überwiegend stillschweigend von einer deliktischen Qualifikation aus[957], es finden sich jedoch einige Stellungnahmen, die im Bereich von grenzüberschreitenden Vertragsketten für eine (auch) vertragliche Qualifikation plädieren, wobei die Rechtsprechung jedoch auf diese Vorschläge bisher nicht eingegangen ist[958].

b) „Gefährdungshaftung"

Die aus der Umsetzung der EG-Produkthaftungsrichtlinie 85/374 resultierende Haftung wird von der h. M. als besondere Form der Gefährdungshaftung angesehen[959] und, da die Gefährdungshaftung kollisionsrechtlich grundsätzlich der Verschuldenshaftung gleichgestellt wird[960], ebenfalls als deliktisch qualifiziert[961].

2. Anknüpfung

Aufgrund der o.g. Gesetzesänderung durch das „Gesetz zum Internationalen Privatrecht für außervertragliche Schuldverhältnisse und für Sachen" vom 21.5.1999[962] ist im folgenden der Übersichtlichkeit halber die Rechts-

---

957 So auch die zutreffende Feststellung von Drobnig, Vorschläge und Gutachten, S. 319: „Die deutsche Literatur qualifiziert wie die Rechtsprechung die Produzentenhaftung fast durchwegs stillschweigend als deliktische ...". Angesichts der Vielzahl der Darstellungen zum deutschen internationalen Produkthaftungsrecht, die im Rahmen der Behandlung des internationalen Deliktsrechts erfolgen, sei hier von einer erschöpfenden Aufzählung Abstand genommen.

958 Näher hierzu unten S. 281 ff.

959 Amtl. Begründung, BT-Drs. 11/2447, S. 11 („Dieses Haftungssystem ist weitgehend identisch mit der Gefährdungshaftung, die im deutschen Recht z.B. bereits in § 833 Satz 1 BGB, [...] gilt."); Palandt-Thomas, § 1 ProdHaftG, Rn. 1; Hohloch, FS Keller, S. 433, 437; Winkelmann, aaO, S. 195; Ficker, FS v. Caemmerer, S. 343 ff., der zwar zwischen den einzelnen Fehlerkategorien differenziert (S. 348 ff.), das Ergebnis aber insgesamt nicht in Frage stellt; ders. (Taschner), NJW 1986, S. 611 f.; Taschner/Frietsch, § 1 ProdHaftG, Rn. 17 ff.

Zu anderen Bezeichnungen der Haftung, aus denen allerdings keine praktischen Konsequenzen hinsichtlich der internationalprivatrechtlichen Qualifikation folgen, Taschner/Frietsch, aaO, Rn. 17.

960 BGHZ 23, 65, 67; BGHZ 87, 95, 97; Stoll, FS Ferid I, S. 397 unten m. w. N. in Fn. 2; Mansel, VersR 1984, S. 97 m. w. N. in Fn. 8; Palandt-Heldrich, Art. 38 EGBGB, Rn. 2 a. E.; Winkelmann, aaO, S. 195.

961 Siehe Winkelmann, aaO, S. 195 (der allerdings selber für eine autonome Qualifikation als „Produkthaftung" plädiert, aaO, S. 195 und öfter); Wandt, Internationale Produkthaftung, Rz. 385 ff., insb. 387; implizit auch Wienberg, Die Produktenhaftung, S. 12 ff. und Junke, Internationale Aspekte, S. 177 ff.

962 Siehe dazu oben S. 234 f.

lage für vor dem 1.6.1999 begangene unerlaubte Handlungen und diejenige für ab dem 1.6.1999 begangene unerlaubte Handlungen[963] getrennt darzustellen. Da jedoch die sogleich zu erörternde „Tatortregel" auch nach der Gesetzesänderung weiterhin (jedenfalls als Grundregel) Bestand hat, haben die Ausführungen zur bisherigen Rechtslage zu großen Teilen weiter Gültigkeit.

a) Rechtslage für unerlaubte Handlungen, die vor dem 1.6.1999 begangen wurden

Im Rahmen des folgenden Überblicks liegt der Schwerpunkt auf der kollisionsrechtlichen Ausgestaltung der Produkthaftung durch die *Rechtsprechung und h.M.* in Deutschland. Im Schrifttum vorgeschlagene alternative Anknüpfungsgrundsätze, die sich im Einzelnen mitunter stark unterscheiden, von denen sich aber keiner hat durchsetzen können, können hier nur gestreift werden[964].

Wie im Rahmen der Qualifikation (siehe oben unter 1.) ist auch hier für die Zwecke der Darstellung zwischen der „Verschuldenshaftung" und der „Gefährdungshaftung" zu unterscheiden.

aa) „Verschuldenshaftung"

Für Vorgänge, die vor dem 1.6.1999 abgeschlossen waren, d.h. also unerlaubte Handlungen, die vor dem 1.6.1999 begangen wurden[965], ist weiterhin die bisherige Rechtsprechung aktuell (und wird dieses auch noch einige Jahre sein). Diese steht klar auf der Grundlage der „Tatortregel" [aaa]. Im Schrifttum findet sich dagegen ein „bunter Strauß" von anderen Anknüpfungsvorschlägen, von denen sich bisher allerdings keiner hat durchsetzen können [bbb].

aaa) Die Tatortregel

Nach ständiger Rechtsprechung (eine generelle gesetzliche Regelung fehlte bisher)[966] werden Delikte nach dem Recht des Tatorts beurteilt[967].

---

963 Zu den intertemporalen Fragen der Gesetzesänderung oben S. 235 mit Fn. 954.

964 Für eine diesbezüglich ausführlichere Darstellung siehe z.B. die Werke von Wienberg, Die Produktenhaftung im deutschen und US-amerikanischen Kollisionsrecht, S. 20 ff. und Wandt, Internationale Produkthaftung, § 7 III. 3.

965 Siehe hierzu oben Fn. 954.

966 Art. 38 EGBGB (a.F.) beschränkte lediglich die Haftung eines Deutschen für eine im Ausland begangene unerlaubte Handlung auf das nach deutschem Recht

Als Tatort wird dabei sowohl der Handlungs- als auch der Erfolgsort angesehen (sog. Ubiquitätsregel)[968]. Liegen Handlungs- und Erfolgsort in verschiedenen Staaten (sog. Distanzdelikt), hat der Geschädigte nach h.M. die Wahl zwischen dem Recht des Handlungsortes und demjenigen des Erfolgsortes[969]. Fehlt es an einer solchen Wahl, hat der Richter grundsätzlich von Amts wegen das dem Geschädigten günstigere Recht zu ermitteln[970]. Diese Rechtsprechung, einschließlich der Wahlbefugnis, wurde vom BGH schließlich auch ausdrücklich auf die *Produkthaftung* übertragen[971]. In der Lehre ist die Anwendung der Ubiquitätsregel auf die Produkthaftung dagegen umstritten[972].

Wo in Produkthaftungsfällen der Handlungs- und der Erfolgsort genau anzusiedeln sind, ist von der Rechtsprechung noch nicht abschließend geklärt worden. Im Schrifttum wird diese Frage sehr uneinheitlich beantwortet. Als Handlungsort wurden z.B. vorgeschlagen der Herstellungsort, der Geschäftssitz des Herstellers (dieser Ansicht neigte offenbar auch der

---

vorgesehene Höchstmaß und setzte damit die Tatortregel bereits voraus. Auch § 1 der „Verordnung über die Rechtsanwendung bei Schädigungen deutscher Staatsangehöriger außerhalb des Reichsgebiets" v. 7.12.1942, die durch Art. 4 des o.g. Gesetzes vom 21.5.1999 aufgehoben worden ist, statuierte nur eine Ausnahme vom Tatortprinzip für den Fall, daß Schädiger und Geschädigter deutsche Staatsangehörige sind.

967 Siehe z.B. RGZ 96, 96, 98; BGHZ 57, 265, 267; BGHZ 87, 95, 97; BGH, WM 1990, S. 462, 463; Palandt-Heldrich, Art. 38 EGBGB, Rn. 2; Lüderitz, IPR, Rn. 299.

968 Stellvertretend für alle Palandt-Heldrich, Art. 38 EGBGB, Rn. 3; Lüderitz, IPR, Rn. 300; Wienberg, aaO, S. 4.

969 BGH v. 6.11.1973, NJW 1974, S. 410 m.w.N.; BGH v. 9.10.1986, NJW 1987, S. 1323, 1325; OLG Saarbrücken v. 22.10.1957, NJW 1958, S. 752, 753; OLG Düsseldorf v. 28.4.1978, NJW 1980, S. 533, 534; OLG München v. 31.10.1984, WM 1985, S. 189, 191; Palandt-Heldrich, aaO, Rn. 3; Müko-Kreuzer, Art. 38 Rn. 51 m.w.N.; derselbe, IPRax 1982, S. 3 f.; Erman-Hohloch, Art. 38 Rn. 20; Hillgenberg, NJW 1963, S. 2198; Kropholler, IPR, S. 459; Wienberg, aaO, S. 4. Gegen eine Wahlbefugnis offenbar RG v. 12.11.1932, RGZ 138, 243, 246; OLG München IPRspr. 1975, Nr. 23; OLG Karlsruhe, MDR 1978, S. 61, 62; Kegel, IPR, S. 537.

970 BGH v. 23.6.1964, NJW 1964, 2012; BGH v. 6.11.1973, NJW 1974, S. 410; Palandt-Heldrich, aaO, Rn. 3; Müko-Kreuzer, aaO, Rn. 51; derselbe, IPRax 1982, S. 1, 3; Erman-Hohloch, aaO, Rn. 20; Wienberg, aaO, S. 4 m.w.N.; Kropholler, aaO, S. 459. Diese Verpflichtung besteht für die „Neufälle" nicht mehr, siehe hierzu unten S. 303.

971 BGH v. 17.3.1981 („Apfelschorf") NJW 1981, 1606 f. = IPRax 1982, S. 13 f. Ebenso seither z.B. OLG Köln v. 11.12.1991, RIW 1993, S. 326; OLG München v. 9.8.1995, RIW 1996, S. 955 ff. Zur Rechtsprechung vor der BGH-Entscheidung v. 17.3.1981 ausführlich Winkelmann, aaO, S. 156 ff. und Wienberg, aaO, S. 4 f.

972 Siehe zur bejahenden Auffassung die Nachweise bei Wienberg, aaO, S. 7 f. Zur verneinenden Auffassung siehe unten bbb).

BGH in der zitierten „Apfelschorf II“-Entscheidung zu) und der Ort des Inverkehrbringens, wobei die genauere Lokalisierung des letztgenannten Ortes wieder umstritten ist (die Vorschläge reichen hier von dem Ort, an dem der Hersteller das Produkt aus seinem Herrschaftsbereich entläßt, über den ersten Vertriebsort und den Kaufort bis hin zu dem Ort, an dem das gekaufte Produkt abgeliefert wurde)[973]. Auch die genaue Lokalisierung des Erfolgsortes ist umstritten. Weitgehende Einigkeit besteht noch darüber, daß hierunter der Ort der Rechtsgutsverletzung, nicht aber derjenige des letztendlichen Schadenseintrittes bzw. des Eintritts weiterer Schäden zu verstehen ist (Beispiel: Körperverletzung in Frankreich, Entstehung der ärztlichen Behandlungskosten in Deutschland)[974]. Fraglich und umstritten ist aber, inwieweit bei zeitlich gestreckten Verletzungen eine Vorverlagerung des Erfolgsortes auf den Ort der ersten Rechtsgutsverletzung oder gar den Ort der erstmaligen Gefährdung des geschützten Rechtsguts (z.B. Erwerb der Sache) anzuerkennen ist[975]. Eine Abstellung auf den Erwerbsort würde jedoch praktisch zu einer Aufgabe des Erfolgsortes als Anknüpfungspunkt führen, denn zum einen liegt an diesem Ort noch keine Rechtsguts*verletzung* vor, zum anderen kommt der Erwerbsort nach Auffassung vieler Autoren gerade als Handlungsort in Betracht. Die Abstellung auf den Ort der ersten Rechtsgutsverletzung hätte bei zeitlich gestreckten Verletzungen zwar Beweisvorteile (der Ort des Verzehrs verdorbener Lebensmittel läßt sich i.d.R. leichter feststellen, als derjenige des Eintritts der Beschwerden), sie versagt aber auch in dem Schulfall der längerdauernden Einnahme eines Medikamentes, das erst im Fall der wiederholten Einnahme nach einer Reise durch mehrere Länder zu einer spürbaren Gesundheitsbeeinträchtigung führt[976]. Eine verbindliche Klärung dieser Fragen durch die Rechtsprechung ist noch nicht erfolgt.

bbb) Andere im Schrifttum vorgeschlagene Anknüpfungspunkte

Eine Anwendung der Tatortregel auf Produkthaftungsfälle wird u.a. aufgrund der genannten Schwierigkeiten schon seit längerer Zeit von einer Reihe von Autoren abgelehnt. Vorgeschlagen wird statt dessen, teilweise unter Differenzierung zwischen Benutzern und Nichtbenutzern, eine aus-

---

[973] Siehe im einzelnen z.B. Drobnig, Vorschläge und Gutachten, S. 298, 314 f. m.w.N.; Winkelmann, aaO, S. 171 ff. m.w.N. (Winkelmann diskutiert zusätzlich noch den Ort der jeweiligen Sorgfaltspflichtverletzung, lehnt diesen aber als unpraktikabel ab); Wienberg, aaO, S. 8 ff. m.w.N.

[974] Vgl. Palandt-Heldrich, aaO, Rn. 5; Müko-Kreuzer, aaO, Rn. 48; Erman-Hohloch, aaO, Rn. 19; Wienberg, aaO, S. 11 m.w.N.

[975] Vgl. Wienberg, aaO, S. 10 f.; Winkelmann, aaO, S. 170.

[976] Vgl. zur geschilderten Problematik Winkelmann, aaO, S. 170 und Wienberg, S. 10 f.

schließliche Abstellung auf den Marktort, den Verletzungsort, den Geschäftssitz des Herstellers, den Wohnsitz des Geschädigten, das gemeinsame Personalstatut von Schädiger und Geschädigtem oder den Herstellungsort[977]. Auch eine akzessorische Anknüpfung, d.h. die Beurteilung der deliktischen Ansprüche nach dem Statut der zwischen Schädiger und Geschädigtem bestehenden vertraglichen Sonderverbindung, wird von vielen Autoren befürwortet[978]. Die Rechtsprechung hat sich diesen Überlegungen für das bisherige internationale Deliktsrecht allerdings nicht angeschlossen, so daß insoweit weiterhin von der Ubiquitätsregel auszugehen ist[979].

bb) „Gefährdungshaftung"

Wie oben bereits angedeutet[980], wird die Gefährdungshaftung grundsätzlich ebenfalls der Tatortregel unterworfen[981].

Es wird aber darüber diskutiert, ob auch hier bei *Distanzdelikten* die Ubiquitätsregel gilt.

Nach einer bereits von Rabel vertretenen Auffassung sind Verschuldens- und Gefährdungshaftung innerhalb der Tatortregel[982] in dem Sinne „zweispurig" anzuknüpfen, daß die Verschuldenshaftung (zumindest als Grundregel) dem Recht des Handlungsortes und die Gefährdungshaftung dem Recht des Erfolgsortes unterliegt[983]. In ähnlicher Weise unterschied Ehrenzweig zwischen der echten, admonitorischen Verschuldenshaftung einerseits, die er dem Recht des Handlungsortes unterwarf, und der moralisch indifferenten Fahrlässigkeit und der Gefährdungshaftung andererseits, die er dem Recht des Erfolgsortes unterstellte[984].

---

977 Ausführlich zu den einzelnen Anknüpfungspunkten und der diesbezüglichen Diskussion z.B. Drobnig, aaO, S. 329 ff.; Wienberg, aaO, S. 20 ff.; Müko-Kreuzer, Art. 38 Rn. 201. Siehe auch bereits Eujen/Müller-Freienfels, aaO, S. 505 unter II.

978 So z.B., um nur einige zu nennen, Lorenz, RabelsZ 37 (1973), S. 317, 332 ff.; ders. RabelsZ 57 (1993), S. 175, 200; Drobnig, Vorschläge und Gutachten, S. 322 f.; Kreuzer, IPRax 1982, S. 1, 5; Schmidt-Salzer, Produkthaftung, Rn. 347, S. 283; Koch, ZHR 1988, S. 537, 547; Palandt-Heldrich, aaO, Rn. 17.

979 Die akzessorische Anknüpfung an eine rechtliche oder tatsächliche Sonderverbindung ist für die „Neufälle" aber in Art. 41 Abs. 2 Nr. 1 EGBGB geregelt worden.

980 Siehe oben S. 236.

981 So z.B. BGHZ 23, 65, 67; BGHZ 87, 95, 97; Stoll, FS Ferid I, S. 397 unten m.w.N. in Fn. 2; Mansel, VersR 1984, S. 97 m.w.N. in Fn. 8; Kegel, IPR, S. 536 und 539 f.; Winkelmann, aaO, S. 196.

982 Eine gänzlich andere Anknüpfung der Gefährdungshaftung an das Personalstatut der in Anspruch genommenen Person wird heute nicht mehr vertreten, vgl. Stoll, FS Ferid I, S. 397 f.

983 Rabel, The conflict of laws, Bd. II, S. 334.

Die heute wohl überwiegende Auffassung lehnt eine in dieser Hinsicht „zweispurige Anknüpfung" von Verschuldens- und Gefährdungshaftung ab[985], wobei jedoch wiederum umstritten ist, wo der Handlungsort bei der Gefährdungshaftung genau zu lokalisieren ist. Während manche hier auf den Ort der abstrakten Gefährdung, wie z. B. den Ort, an dem die gefährliche Sache gehalten oder der gefährliche Betrieb geführt wird, abstellen[986], sieht eine heute zunehmend vertretene Auffassung den Ort als Handlungsort an, an dem die Sache, für die gehaftet wird, „außer Kontrolle" gerät[987]. Nur terminologisch, nicht aber im Ergebnis, unterscheidet sich von der letztgenannten Auffassung eine weitere Auffassung, die zwar auch alternativ an den Ort der Rechtsgutsverletzung und den Ort anknüpft, an dem die gefährliche Sache „außer Kontrolle" gerät, die aber diesen Ort nicht als Handlungs-, sondern als Erfolgsort bezeichnen möchte[988]. Speziell im Bereich der Produkthaftung verliert die genannte Streitfrage jedoch an Schärfe[989], da hier, im Gegensatz zu anderen Bereichen der Gefährdungshaftung, mit dem Ort des Inverkehrbringens nach Auffassung vieler Autoren ein „echter" Handlungsort vorliegt[990].

---

984 Ehrenzweig, FS Rabel, Bd. 1, S. 655, 657 f., 672 ff., 682 f.; ähnlich Trutmann, Das IPR der Deliktsobligationen, S. 92 f.

985 BGHZ 23, 65, 67 f.; OLG Saarbrücken v. 22.10.1957, NJW 1958, S. 752, 753; Binder, RabelsZ 20 (1955), S. 401, 473 f.; ders. Anm. zu OLG Hamburg v. 6.5.1955, MDR 1956, S. 98 f.; Wengler, Anm. zu BGH v. 2.2.1961, JZ 1961, S. 422, 424 f.; Simitis, Grundfragen der Produzentenhaftung, S. 91 Fn. 68; Schmidt-Salzer, Produkthaftung, insb. S. 279 ff., Rz. 346 f.; Stoll, FS Ferid I, S. 397 ff.; Mansel, VersR 1984, S. 97, 101 f.; Kegel, IPR, S. 536, 539 f.; Müko-Kreuzer, Art. 38, Rn. 41 f.; Palandt-Heldrich, Art. 38, Rn. 2 und 4.

986 So z. B. Binder, RabelsZ 20 (1955), S. 401, 473 f. und Anm. zu OLG Hamburg v. 6.5.1955, MDR 1956, S. 98, 99; Wengler, aaO, 424 f.; OLG Saarbrücken, aaO, wobei hier jedoch die Besonderheit bestand, daß der Betriebsort und der Ort, an dem die Sache außer Kontrolle geriet, zusammenfielen; wohl auch Simitis, Grundfragen der Produzentenhaftung, S. 89–91, der die von Rabel und Ehrenzweig vorgenommenen Differenzierungen ablehnt (aaO, S. 91 Fn. 68) und unabhängig davon, ob es sich um Verschuldenshaftung oder Gefährdungshaftung handelt, neben dem Recht des Erfolgsortes auch das Recht des Handlungsortes für maßgeblich hält, den er am Ort der Herstellung oder am Ort des Inverkehrbringens (dem er den Vertriebsort gleichstellt) ansiedelt.

987 So z. B. Kegel, IPR, S. 536, 539; Mansel, VersR 1984, S. 97, 101 f. mit Fn. 74; Müko-Kreuzer, Art. 38, Rn. 41 f. und 46 m. w. N.; wohl auch Palandt-Heldrich, Art. 38, Rn. 4.

Dieser Ort dürfte in Produkthafungsfällen allerdings regelmäßig mit dem Ort der Rechtsgutsverletzung zusammenfallen.

988 So z. B. Stoll, FS Ferid I, S. 397, 405; Hohloch, Das Deliktsstatut, S. 108 f.; Lorenz, Vorschläge und Gutachten, S. 97, 119.

989 So Wienberg, S. 14 f.

990 Vgl. Simitis, aaO, S. 89 ff.; Stoll, aaO, S. 406 f.; Wienberg, S. 14 f.; a.A. Winkelmann, S. 197 ff., insb. 199.

b) Rechtslage für unerlaubte Handlungen, die ab dem 1.6.1999 begangen wurden

Für nach dem 31.5.1999 abgeschlossene Vorgänge, d.h. also für unerlaubte Handlungen, die nach diesem Zeitpunkt begangen wurden, ist das neue internationale Deliktsrecht anzuwenden[991].

Dieses basiert (mit gewissen Änderungen) weiterhin auf der Tatortregel, die erstmalig kodifiziert wurde (Art. 40 Abs. 1 EGBGB). Bei Distanzdelikten hat der Geschädigte danach weiterhin grundsätzlich die Wahl zwischen dem Recht des Handlungsortes und dem Recht des Erfolgsortes. Optiert er jedoch nicht im ersten Rechtszug bis spätestens zum Ende des frühen ersten Termins oder dem Ende des schriftlichen Vorverfahrens für den Erfolgsort, so gilt das Recht des Handlungsortes. Das bisherige „Günstigkeitsprinzip", wonach bei Fehlen einer Wahl des Geschädigten der Richter von Amts wegen das günstigere Recht zu ermitteln hatte, ist nicht Gesetz geworden. Ob damit der erwünschte Entlastungseffekt für die Gerichte erreicht werden kann, erscheint mehr als zweifelhaft[992]. Für die nähere Bestimmung des Handlungs- und des Erfolgsortes in Produkthaftungsfällen kann auf die obigen Ausführungen verwiesen werden[993].

Die Tatortregel tritt als Grundregel zurück, wenn der Ersatzpflichtige und der Verletzte zur Zeit des Haftungsereignisses einen gemeinsamen gewöhnlichen Aufenthalt hatten (Art. 40 Abs. 2 EGBGB).

Beide vorgenannten Anknüpfungsregeln treten (ausnahmsweise) wiederum jeweils dann zurück, wenn mit dem Recht eines anderen Staates eine *wesentlich* engere Verbindung besteht[994], welche sich insbesondere aus einer besonderen rechtlichen oder tatsächlichen Beziehung zwischen den Beteiligten ergeben kann (Art. 41 Abs. 1, Abs. 2 Nr. 1 EGBGB). Damit kann insbesondere die *vertrags*akzessorische Anknüpfung, die schon bisher von großen Teilen der Lehre gefordert, von der Rechtsprechung aber nicht akzeptiert wurde, künftig in den Fällen eine Rolle spielen, in denen Hersteller und Geschädigter durch einen Vertrag verbunden sind[995].

---

991 Zu den intertemporalen Fragen der Gesetzesänderung oben S. 235 mit Fn. 954.

992 Überzeugend dazu v. Hoffmann, aaO, S. 5.

993 Siehe oben S. 238 f.

994 Diese sog. „Ausweichklausel" kann auch dazu benutzt werden, die Anknüpfung an den gemeinsamen gewöhnlichen Aufenthalt wieder zugunsten des *Tatortes* zurücktreten zu lassen (so v. Hoffmann, IPRax 1996, S. 1, 6).

995 Inwieweit ansonsten die frühere Diskussion um Alternativen zur Tatortregel künftig auf der Grundlage des Art. 41 EGBGB fortgeführt werden wird, ist derzeit noch nicht abzusehen.

Schließlich kann sich eine Abweichung von der Tatortregel (und von den anderen Anknüpfungsregeln) auch aufgrund einer nachträglichen Rechtswahl gem. Art. 42 EGBGB ergeben.

Der Geltungsbereich der vorerwähnten (Neu-)Regelungen soll insbesondere auch die *Gefährdungshaftung* erfassen[996].

II. Internationale Zuständigkeit

Abgesehen von der Grundsatzregel des Art. 2 Abs. 1 EuGVÜ (Zuständigkeit der Gerichte des Wohnsitzstaates des Beklagten), ergibt sich die internationale Zuständigkeit bei einem deutsch-französischen Produkthaftungsfall aus deutscher Sicht insbesondere aus Art. 5 Nr. 3 EuGVÜ. Hiernach kann ein deliktischer Schädiger, der seinen Wohnsitz in einem Vertragsstaat hat, an dem in einem anderen Vertragsstaat gelegenen Ort des schädigenden Ereignisses verklagt werden. Unter dem „Ort, an dem das schädigende Ereignis eingetreten ist", ist seit der Grundsatzentscheidung des EuGH vom 30.11.1976 (Mines de Potasse) nach Wahl des Klägers sowohl der Ort, an dem sich der Schadenserfolg verwirklicht hat, als auch der Ort des ursächlichen Geschehens zu verstehen[997].

B. Probleme der unterschiedlichen Qualifikation und systematischen Einordnung von Produkthaftungsansprüchen eines Nacherwerbers aus Sicht des französischen und des deutschen IPR

I. Einführung und Grundlagen

„Die Qualifikationsfrage wirft nahezu unlösbare Probleme auf"[998]. So oder so ähnlich lauten die Einschätzungen hinsichtlich der Qualifikationsprobleme, die sich im Rahmen deutsch-französischer Produkthaftungsfälle bei einer Verweisung auf die jeweils andere Rechtsordnung ergeben. Welche Probleme hier tatsächlich auftreten, und wie sie möglicherweise zu lösen sind, soll im folgenden näher untersucht werden. Dabei wird die Untersuchung dieser ohnehin schon komplexen Problematik dadurch

---

[996] Begründung des Regierungsentwurfes, BR-Drucks. 759/98, S. 24.

[997] EuGH v. 30.11.1976, NJW 1977, S. 493 f. Siehe hierzu auch EuGH v. 11.1.1990 (Dumez France), NJW 1991, S. 631 f.; OLG München v. 17.6.1993, EuZW 1994, S. 191 f.

[998] Junke, Internationale Aspekte, S. 180 unter Hinweis auf Sonnenberger, FS Steindorff, S. 777, 778 f. zu den bei deutsch-französischen Produkthaftungsfällen auftretenden Qualifikationsproblemen.

erschwert, daß bereits der Begriff der „Qualifikation" in höchstem Maße umstritten ist und Anlaß zu vielfachen Begriffsverwirrungen gegeben hat. Unterschiedliche, meist ohne Auseinandersetzung apriorisch zugrundegelegte Ausgangspunkte hinsichtlich des Gegenstandes der Qualifikation und hinsichtlich des Umfanges einer Sachnormverweisung beeinflussen zusätzlich die Diskussion. Soll die Transparenz der hier gefundenen Lösungen nicht schon auf der rein begrifflichen Ebene gefährdet werden, so müssen nachfolgend zunächst einige begriffliche Fragen behandelt werden.

1. Der Ausgangspunkt: unterschiedliche Auffassungen vom Begriff und Gegenstand der Qualifikation sowie vom Umfang einer Sachnormverweisung

a) Begriff der Qualifikation

Der Begriff der „Qualifikation" ist schillernd und soll hier natürlich nicht in extenso behandelt werden. Für die Zwecke der vorliegenden Arbeit ist aber kurz der z.T. recht unterschiedliche Sprachgebrauch zu erörtern und festzulegen, was hier darunter verstanden wird.

Unterschiedlich beantwortet wird bereits die Frage, ob es bei der Qualifikation um die *Auslegung* der Kollisionsnorm[999] oder um die *Subsumtion* unter die Kollisionsnorm[1000] oder um beides[1001] geht. Sprachlich am korrektesten erscheint es, hierunter die Subsumtion zu verstehen, gleichzeitig aber auf den engen Zusammenhang mit der Auslegung der Kollisionsnorm hinzuweisen[1002].

Weiterhin umstritten ist, ob Qualifikation *nur* auf der Tatbestandsseite der Kollisionsnorm[1003] oder *nur* auf der Rechtsfolgenseite der Kollisionsnorm[1004] oder auf *beiden* Ebenen (h. M. in Deutschland und Frankreich)[1005] stattfindet. Zu folgen ist der h. M., d.h. von Qualifikation ist nicht nur bei

---

[999] So z.B. v. Bar, IPR, Bd. I., Rn. 581, 600; Grundmann, Qualifikation gegen die Sachnorm, S. 4; v. Schwind, Internationales Privatrecht (1990), Rn. 60.

[1000] So z.B. Kropholler, IPR, § 14 I; Firsching/v. Hoffmann, IPR, § 6 A. I.; wohl auch Müko-Sonnenberger, Einl. Rn. 445–451.

[1001] So z.B. Lüderitz, IPR, Rz. 125.

[1002] So Kropholler, aaO, § 14 I. 3.; Müko-Sonnenberger, aaO, Rn. 451.

[1003] So z.B. Flour, L'effet des contrats, Nr. 272 f.

[1004] So z.B. Raape/Sturm, § 15 II. 5., S. 279 f.

[1005] So z.B. in Deutschland Kropholler, IPR, § 14 I 4, 17 II; v. Bar, IPR, Bd. I, Rn. 581; Winkelmann, S. 165 f.; Heyn, Die Doppel- und Mehrfachqualifikation, S. 21 ff., 30 f.; Schwimann, ÖJZ 1980, S. 7, 9 ff., insb. S. 11 a.E. Ebenso in Frankreich Lehmann, Jcl. de droit int., Fasc. 531, Nr. 6, 8, 139 ff.; Francescakis, Dalloz, Rép. de droit int., Stichwort „qualifications", Nr. 69 f., 84 ff.; Foyer, Anm. zu Cass. civ. 1re v. 18.10.1989, Rev. crit. de dr. int. pr. 1990, S. 715, 718 f.

der Auswahl der einschlägigen Kollisionsnorm des Forums (= Subsumtion unter den Systembegriff auf der Tatbestandsseite der Kollisionsnorm), sondern auch bei der *Auswahl* der anzuwendenden Sachnormen innerhalb der zur Anwendung berufenen Rechtsordnung (= Subsumtion unter den Normgruppenbegriff auf der Rechtsfolgenseite der Kollisionsnorm) zu sprechen. Nicht mehr zur Qualifikation auf der Rechtsfolgenseite der Kollisionsnorm gehört die Subsumtion unter die einzelnen Sachnormen der berufenen Rechtsordnung, d.h. also die *Anwendung* der einzelnen Sachnormen[1006]. Auch die Subsumtion unter das fremde Kollisionsrecht zwecks Feststellung eines Renvoi ist in diesem Zusammenhang nicht gemeint[1007], erst recht nicht die Auslegung des Anknüpfungsmomentes[1008].

Zur besseren Unterscheidung beider Ebenen, auf denen Qualifikation stattfindet, wird von vielen Autoren eine begriffliche Unterscheidung vorgeschlagen, so z.B. durch die Begriffspaare „Primär- und Sekundärqualifikation“[1009], „Eingangs- und Rechtssatzqualifikation“[1010] oder „Qualifikation auf der Tatbestands- und der Rechtsfolgenseite der Kollisionsnorm“[1011]. Wenn auch das Wesen der Qualifikation als Gesamtprozeß[1012] nicht verkannt werden darf, so erscheint eine solche begriffliche Unterscheidung zumindest für die Zwecke der Darstellung als sehr sinnvoll. Dabei taucht bei dem Begriffspaar „Primär- und Sekundärqualifikation“ zum einen das Problem auf, daß hierunter leicht auch die begriffliche Unterscheidung der in Deutschland überwiegend abgelehnten Lehre von der „Stufenqualifikation“ verstanden werden kann (die Vertreter dieser Auffassung differenzieren jedoch meist nach „Qualifikation ersten Grades“ und „Qualifikation zweiten Grades“[1013]), zum anderen ist, wegen der aus sprachlichen Gründen breiteren Bedeutung des Wortes „qualification“ im Französischen, auch die entsprechende Verwendung des Begriffes „qualification secondaire“ mit größter Vorsicht zu genießen[1014]. Wegen dieser Verwechslungsgefahren ist

---

1006 Siehe hierzu die gute Darstellung bei Kropholler, IPR, §§ 14 I 4, 17 II.

1007 Kropholler, IPR, § 14 I 4; Müko-Sonnenberger, Einl. Rn. 457 a.E., 378 f.; Lehmann, Jcl. de droit int., Fasc. 531, Nr. 8.

1008 Grundmann, Qualifikation gegen die Sachnorm, S. 4 Fn. 14 und S. 16 Fn. 42; Heyn, Die Doppel- und Mehrfachqualifikation, S. 21 unter II.; Lehmann, Jcl. de droit int., Fasc. 531, Nr. 7.

1009 Siehe z.B. Neuhaus, RabelsZ 35 (1971), S. 391 f.; Schwimann, ÖJZ 1980, S. 7, 11 rechte Spalte; Firsching, Einführung in das IPR, § 7–1, S. 46. Zu betonen ist, daß es sich bei diesen Autoren *nicht* um Anhänger der Lehre von der „Stufenqualifikation“ handelt

1010 Heyn, Die Doppel- und Mehrfachqualifikation, S. 30 f.

1011 So v. Bar, IPR, Bd. I, Rn. 581; Winkelmann, S. 165 f.

1012 Müko-Sonnenberger, Einl. Rn. 444.

1013 So z.B. Schnitzer, Handbuch, Bd. I, S. 102–104; v. Schwind, IPR (1990), Rn. 60 ff. Näher zur Lehre von der Stufenqualifikation unten S. 247 f. und 268.

es daher sinnvoll, sich auf die beiden anderen Begriffspaare („Eingangs- und Rechtssatzqualifikation", „Qualifikation auf der Tatbestands- und auf der Rechtsfolgenseite der Kollisionsnorm") zu beschränken.

b) Gegenstand der Qualifikation

Lebhaft umstritten ist auch der Gegenstand der Qualifikation (vertreten wird insoweit z.B. eine Abstellung auf den Sachverhalt, auf das Lebensverhältnis, auf das Rechtsverhältnis, auf die Rechtsfrage, auf Rechtsnormen etc.[1015]), wobei diese Streitfrage nach Auffassung mancher Autoren keine Rolle spielt[1016], nach Auffassung anderer Autoren dagegen sehr wohl von Relevanz ist[1017]. Zu Recht wird jedoch zunehmend betont, daß die Ursache dieser Kontroverse zu einem Großteil in den verschiedenen Auffassungen vom Begriff der „Qualifikation" zu suchen ist und die Abstellung auf das eine oder das andere Qualifikationsobjekt davon abhängt, welche Phase des Qualifikationsvorganges als „das" Qualifikationsproblem herausgestellt wird.[1018]. So entspricht es der mittlerweile herrschenden Meinung, daß Gegenstand der „Eingangsqualifikation" auf der Tatbestandsseite der Kollisionsnorm i.d.R. jedenfalls nicht ein konkreter Rechtssatz, sondern eine *Rechtsfrage* ist[1019]. Diese Auffassung ist zutreffend, da zu diesem Zeitpunkt der Auswahl der einschlägigen Kollisionsnorm nicht einmal die anzuwendende Rechtsordnung, geschweige denn der anzuwendende Rechtssatz feststeht[1020]. Geht es dagegen um die Qualifikation auf der Rechtsfolgenseite der Kollisionsnorm zwecks Auswahl der anzuwendenden Sachnormen der

---

1014 Unter „qualification secondaire" wird häufig die unstreitig nach den Maßstäben der „lex causae" vorzunehmende *Anwendung* der fremden Sachnormen verstanden (vorzugswürdig ist insoweit der als Synonym verwendete Begriff der „qualification en sous-ordre"), während die *Auswahl* der fremden Sachnormen, d.h. also die Qualifikation auf der Rechtsfolgenseite der Kollisionsnorm, zutreffend als *„second moment de la qualification"* bezeichnet wird (so besonders deutlich Lehmann, Jcl. de droit int., Fasc. 531, Nr. 8 und 131).

1015 Siehe zu den verschiedenen Meinungen z.B. Grundmann, Qualifikation gegen die Sachnorm, S. 28 ff.; Heyn, Die Doppel- und Mehrfachqualifikation, S. 18 ff.

1016 So z.B. Müko-Sonnenberger, Einl. Rn. 449 f.; v. Bar, IPR, Bd. I, Rn. 606.

1017 So z.B. Batiffol/Lagarde, Bd. I, Nr. 291-1, S. 476; Grundmann, Qualifikation gegen die Sachnorm, S. 28 ff.

1018 Siehe dazu z.B. Weber, Die Theorie der Qualifikation, S. 227 f.; Lehmann, Jcl. de droit int., Fasc. 531, Nr. 140.

1019 So z.B. Heyn, Die Doppel- und Mehrfachqualifikation, S. 18 ff; Weber, Die Theorie der Qualifikation, S. 230; Grundmann, Qualifikation gegen die Sachnorm, S. 46 ff.; Kropholler, IPR, § 15 I, S. 102 f. In Frankreich besonders deutlich Mayer, Rn. 151 ff., S. 106 ff.; Lehmann, Jcl. de droit int., Fasc. 531, Nr. 140.

1020 Heyn, Die Doppel- und Mehrfachqualifikation, S. 18 unten; Mayer, Rn. 153 a.E., S. 107.

berufenen Rechtsordnung, so ist einleuchtend, daß insoweit Rechtssätze den Gegenstand der Qualifikation bilden[1021].

c) Umfang einer Sachnormverweisung

Schließlich ist auch der Umfang einer Verweisung auf das ausländische Sachrecht umstritten. Obwohl es sich hierbei um eine für das Ergebnis mitunter recht wesentliche Frage handelt, wird dieses Problem nur selten explizit erörtert und meist das eigene Verständnis apriorisch zugrundegelegt[1022]. Es geht um die Frage, ob bei einer Verweisung auf ausländisches Sachrecht nur der dem Systembegriff der inländischen Kollisionsnorm entsprechende Ausschnitt des ausländischen Sachrechts berufen wird („kanalisierte Verweisung“[1023]), oder ob das *gesamte* ausländische Sachrecht berufen wird und dessen systematischer Einordnung des Sachproblems, losgelöst von den Kategorien des inländischen Kollisionsrechts, zu folgen ist („offene Verweisung“[1024]). Die erstgenannte Auffassung ist die h. M. in der deutschsprachigen Lehre[1025] und wird, wie Schwimann zu Recht betont, meist als selbstverständlich zugrundegelegt[1026]. Die zweite Auffassung wird nicht nur von der in Deutschland überwiegend abgelehnten Lehre von der „Stufenqualifikation“[1027] vertreten, sondern auch von einer ganzen Reihe französischer Autoren, die sich selber jedoch nicht als Anhänger der Lehre von der Stufenqualifikation sehen[1028]. Da aber auch die Vertreter der „kanalisierten Verweisung“ aufgrund des heute in Deutschland und Frankreich herrschenden Konzeptes der „funktionellen Qualifikation“ nicht mehr nur die ausländischen Sachnormen berufen wollen, die im ausländischen Sachrecht dersel-

---

1021 Heyn, Die Doppel- und Mehrfachqualifikation, S. 31; Schwimann, ÖJZ 1980, S. 7, 11 rechte Spalte; Kropholler, IPR, § 15 II, S. 104 i. V. mit § 17 II; Lehmann, Jcl. de droit int., Fasc. 531, Nr. 140.

1022 Vgl. Schwimann, ÖJZ 1980, S. 7, 9.

1023 Zu diesem Begriff siehe Schwimann, aaO; Kropholler, aaO, § 17 II.

1024 Zu diesem Begriff Schwimann, aaO; Kropholler, aaO.

1025 Dazu Schwimann, aaO, m. w. N.; Heyn, aaO, S. 22 m. w. N.

1026 Schwimann, aaO.

1027 So in der Schweiz z. B. Schnitzer, Handbuch, Bd. I, S. 102–104. In Österreich z. B. Scheucher, ZfRV 1961, S. 228 ff.; v. Schwind, Handbuch, S. 49 f. und IPR, Rn. 60–64. In Deutschland teilweise auch Grundmann, Qualifikation gegen die Sachnorm, S. 33, 205. Siehe zu Vorläufern z. B. in der italienischen Lehre Heyn, aaO, S. 24 Fn. 34.

1028 So z. B. Flour, L'effet des contrats, Nr. 271 ff.; Francescakis, Dalloz, Rép. de dr. int., Stichwort „qualifications“, Nr. 85 und Stichwort „conflits de lois (principes généraux)“, Nr. 301; Maury, RdC 1936, III, S. 325, 504 ff., Nr. 156 ff., insb. Nr. 161 f.; Lombois, Rapport, S. 441, 452; siehe auch Loussouarn, Colloque Paris I, S. 229, 235 f., bei dem allerdings nicht ganz deutlich wird, ob er sich der Meinung Lombois' anschließt.

ben Kategorie angehören wie der Verweisungsbegriff der verweisenden Kollisionsnorm (z. B. „Vertragsrecht"), sondern diejenigen, die dort, unabhängig von ihrer systematischen Stellung, dieselbe Rechtsordnungsfunktion erfüllen, d.h. also dem Verweisungsbegriff *funktionell adaequat* sind[1029], kommen sich beide Auffassungen, zumindest wenn nur eine Verweisung ausgesprochen wird[1030], im Ergebnis häufig recht nahe[1031]. Auch wenn nur eine Verweisung ausgesprochen wird, können sich aber im Einzelfall durchaus unterschiedliche Ergebnisse ergeben, was näher in den einzelnen Fallgruppen darzulegen ist.

2. Problemstellung und verschiedene Fallgruppen

Die unterschiedlichen Positionen zu den erörterten Grundsatzfragen spiegeln sich mehr oder weniger offen in den nicht gerade sehr zahlreichen Stellungnahmen zu den Qualifikationsproblemen bei deutsch-französischen Produkthaftungsfällen wider. Diese Qualifikationsprobleme treten dabei nicht nur im Rahmen der „Eingangsqualifikation" auf der Tatbestandsseite der Kollisionsnorm, sondern vor allem auch im Rahmen der „Rechtssatzqualifikation" auf der Rechtsfolgenseite der Kollisionsnorm auf und werden zusätzlich durch die in Frankreich und Deutschland unterschiedlichen Ausgangspositionen zu den Fragen der „kollisionsrechtlichen" und „materiellrechtlichen" Anspruchskonkurrenz verkompliziert. Des weiteren ist seit der Umsetzung der Produkthaftungsrichtlinie 85/374 in Frankreich auch in kollisionsrechtlicher Hinsicht genaugenommen zwischen Sachverhalten zu unterscheiden, die von vornherein außerhalb des Anwendungsbereiches der neuen außervertraglichen Produkthaftungsvorschriften liegen, d.h. in denen der Sachverhalt aus Sicht der für die „Eingangsqualifikation" maßgeblichen

---

[1029] Siehe, um nur einige zu nennen, Beitzke, Juristische Personen (1938), S. 58 Fn. 7 a; Lewald, RdC 1939, III, S. 1, 80 f.; Neuhaus, Grundbegriffe, S. 129; Kropholler, IPR, § 17 I und II; Müko-Sonnenberger, Einl. Rn. 464; Weber, Die Theorie der Qualifikation, S. 233, 241 f.; Heyn, Die Doppel- und Mehrfachqualifikation, S. 27; BGHZ 47, 324, 336; BGHZ 29, 137, 139.

In Frankreich siehe z.B. Batiffol/Lagarde, Bd. I, Nr. 294, S. 480 ff.; Lehmann, Jcl. de droit int., Fasc. 531, Nr. 143 f.; Mayer, Rn. 166, S. 115; Audit, DIP, Nr. 196, S. 174. Zur nicht eindeutigen Position der französischen Rechtsprechung siehe Lehmann, Jcl. de droit int., Fasc. 531, Nr. 53 ff., 60 ff., 86 ff.

[1030] Zu den Schwierigkeiten der Lehre von der Stufenqualifikation, wenn *mehrere* Kollisionsregeln zur Anwendung kommen, siehe Schwimann, ÖJZ 1980, S. 7, 10; v. Bar, IPR, Bd. I, Rn. 587.

[1031] Zu weitgehend aber Grundmann, Qualifikation gegen die Sachnorm, S. 33, nach dessen Auffassung die Lehre von der Stufenqualifikation und die heute herrschende „funktionsbetonende lex-fori-Theorie" (zu diesem Begriff Grundmann, aaO, Fn. 86) in den Fällen von „Systemunterschieden zwischen eigenem und ausländischem IPR" generell quasi auf das Gleiche hinauslaufen.

„lex fori" im Verhältnis Hersteller/Nacherwerber ein rein vertragsrechtlicher ist, und solchen Sachverhalten, in denen der Nacherwerber nach der „lex fori" die Wahl zwischen den „klassischen" vertraglichen Produkthaftungsansprüchen und den „neuen" außervertraglichen Produkthaftungsansprüchen hat, was sich auch kollisionsrechtlich auswirkt. Diese schon im nationalen französischen Produkthaftungsrecht beobachtete Zersplittertheit und Komplexität, die in kollisionsrechtlicher Hinsicht noch mehrfach „potenziert" ist, läßt es sinnvoll erscheinen, die zu untersuchenden Qualifikationsprobleme im Rahmen verschiedener typisierter bzw. vereinfachter Fallkonstellationen zu behandeln, wobei zunächst von einem französischen Forum (II.), anschließend von einem deutschen Forum (III.) auszugehen ist.

Um insofern ein gewisses Maß an Übersichtlichkeit zu erzielen, soll jeweils nur von einer aus zwei Verträgen bestehenden Vertragskette ausgegangen werden, an der nur deutsche und französische Unternehmen oder Endabnehmer mit (Wohn-) Sitz in dem jeweiligen Staat beteiligt sind. Die Verträge in der Kette sollen entweder dem unvereinheitlichten deutschen Recht, dem unvereinheitlichten französischen Recht oder dem CISG[1032] unterliegen. Schließlich soll es jeweils nur um Produkthaftungsansprüche gehen, die ein Zweit-/Nacherwerber wegen eines in seinem Wohnsitzstaat erlittenen Schadens gegen einen Hersteller mit Sitz in dem jeweils *anderen* Staat geltend macht.

Selbst bei einer solchen Eingrenzung des Untersuchungsgegenstandes verbleiben immer noch (theoretisch) mindestens 12 Grundkonstellationen, die jedoch, je nach Forum, nur zum Teil auch unterschiedliche kollisionsrechtliche Probleme aufwerfen.

Bei diesen Grundkonstellationen handelt es sich um die folgenden (sofern nachfolgend der Einfachheit halber von der Anwendung des „deutschen Rechts" oder des „französischen Rechts" die Rede ist, ist jeweils das unvereinheitlichte deutsche oder französische Recht gemeint):

(1) Deutscher Hersteller, französischer Importeur, französischer Endabnehmer, auf den ersten Vertrag der Absatzkette (zwischen Hersteller und Importeur) ist deutsches Recht anwendbar (das CISG wurde gem. seinem Art. 6 ausgeschlossen), auf den zweiten Vertrag französisches Recht.

(2) Beteiligte wie eben, auf den ersten Vertrag ist unter Ausschließung des CISG französisches Recht anwendbar, auf den zweiten Vertrag ist ebenfalls französisches Recht anzuwenden.

1032 Wiener Übereinkommen der Vereinten Nationen vom 11.4.1980 über Verträge über den internationalen Warenkauf, in Kraft für Frankreich seit dem 1.1.1988, für Deutschland seit dem 1.1.1991.

(3) Beteiligte wie eben, auf den ersten Vertrag ist das CISG anzuwenden, auf den zweiten Vertrag französisches Recht.

(4) Deutscher Hersteller, deutscher Großhändler, französischer Importeur oder Endabnehmer, auf den ersten Vertrag ist deutsches Recht anwendbar, auf den zweiten Vertrag unter Ausschließung des CISG französisches Recht.

(5) Beteiligte wie eben, auf beide Verträge ist deutsches Recht anwendbar (Ausschließung des CISG im zweiten Vertrag).

(6) Beteiligte wie eben, auf den ersten Vertrag ist deutsches Recht anzuwenden, auf den zweiten Vertrag das CISG.

(7) Französischer Hersteller, deutscher Importeur, deutscher Endabnehmer, auf den ersten Vertrag ist unter Ausschließung des CISG deutsches Recht anzuwenden, welches auch auf den zweiten Vertrag anwendbar ist.

(8) Beteiligte wie eben, auf den ersten Vertrag ist unter Ausschließung des CISG französisches Recht anzuwenden, auf den zweiten Vertrag deutsches Recht.

(9) Beteiligte wie eben, auf den ersten Vertrag ist das CISG anzuwenden, auf den zweiten Vertrag deutsches Recht.

(10) Französischer Hersteller, französischer Großhändler, deutscher Importeur oder Endabnehmer, auf den ersten Vertrag ist französisches Recht anwendbar, auf den zweiten Vertrag unter Ausschließung des CISG deutsches Recht.

(11) Beteilige wie eben, auf beide Verträge ist französisches Recht anwendbar (Ausschließung des CISG im zweiten Vertrag).

(12) Beteiligte wie eben, auf den ersten Vertrag ist französisches Recht, auf den zweiten Vertrag ist das CISG anzuwenden.

II. Geltendmachung von Produkthaftungsansprüchen eines Nacherwerbers vor französischem Gericht

1. Erste Grundkonstellation: Deutscher Hersteller, französischer Importeur, französischer Endabnehmer, erster Vertrag unterliegt deutschem, zweiter Vertrag unterliegt französischem Recht

Auszugehen ist etwa von folgendem Fall: ein deutscher Hersteller verkauft sein Produkt an einen französischen Importeur, der das Produkt dann an einen französischen Endabnehmer weiterverkauft. Dort verursacht das Produkt wegen eines Fehlers Personen- und Sachschaden. Wegen Insolvenz des französischen Importeurs klagt der französische Endabnehmer an seinem Sitz direkt gegen den deutschen Hersteller auf Schadensersatz. Der deutsche Hersteller und der französische Importeur haben unter Ausschließung des CISG (Art. 6 CISG) die Anwendung deutschen Rechts vereinbart.

Wie bereits angedeutet[1033], schlägt die im materiellen französischen Recht nunmehr aufgrund der Umsetzung der Produkthaftungsrichtlinie 85/374 erfolgte *teilweise* Durchbrechung des „non-cumul"-Prinzips auch auf das französische Kollisionsrecht durch und gebietet im Rahmen der Analyse konkreter Fallgruppen „vom Sachverhalt her" genaugenommen eine Unterteilung in Sachverhalte, in denen in der „lex fori" ausschließlich das „klassische" (vertragliche) Produkthaftungsrecht zur Anwendung kommt [a)], und Sachverhalte, in denen der Nacherwerber nach der „lex fori" die Wahl zwischen vertraglichen Produkthaftungsansprüchen nach bisherigem Recht und außervertraglichen Produkthaftungsansprüchen nach „neuem" Recht hat und in denen folglich auch kollisionsrechtlich eine „Doppelqualifikation" in Betracht kommt [b)][1034]. Wie wir noch sehen werden, sind die in den letztgenannten Fällen auftretenden Qualifikationsprobleme jedoch größtenteils identisch mit denen der zuvor genannten Fälle (vertragliche Verweisung) oder treten gar nicht erst auf (deliktische Verweisung).

a) Sachverhalte, die in der „lex fori" in den ausschließlichen Anwendungsbereich der bisherigen (fortgeltenden) vertraglichen Produkthaftung fallen

Es geht hierbei um die Fälle, die von den neuen Produkthaftungsvorschriften nicht erfaßt werden, d.h. also insbesondere um Entwicklungsfehler, Schäden am fehlerhaften Produkt selber usw.. In diesen Fällen steht dem Nacherwerber nach der „lex fori" ausschließlich eine vertragliche „action directe" zu.

aa) Internationale (und örtliche) Zuständigkeit

Nachdem der EuGH in seinem Urteil vom 17.6.1992 die frühere französische Rechtsprechung zur Anwendung des Art. 5 Nr. 1 EuGVÜ bei grenzüberschreitenden Vertragsketten verworfen hat[1035] und die Cour de cassation dem in ihrem Urteil vom 27.1.1993 gefolgt ist[1036], wendet die Cour de

---

1033 Siehe oben S. 248 f.

1034 Dort auch dazu, daß die Konsequenz hieraus nicht eine „echte" Anspruchskonkurrenz ist, sondern lediglich eine „option" für den Nacherwerber.

1035 Siehe dazu oben S. 205 ff.

1036 Siehe dazu oben S. 210 f.

cassation seit ihrem Urteil vom 18.10.1994 auf die „action directe" des Nacherwerbers ausdrücklich Art. 5 Nr. 3 EuGVÜ an[1037]. Nach dem letztgenannten Urteil kann sich der Hersteller gegenüber dem Zweiterwerber auch nicht auf eine zwischen ihm und dem Ersterwerber vereinbarte Gerichtsstandsklausel i.S. des Art. 17 EuGVÜ berufen[1038].

Wie erwähnt[1039], eröffnet Art. 5 Nr. 3 EuGVÜ dem Kläger bei Distanzdelikten die Möglichkeit, seine Klage am Handlungs- oder am Erfolgsort zu erheben, d.h. der an seinem Wohnsitz geschädigte Zweiterwerber kann dort Klage gegen den ausländischen Hersteller erheben.

bb) „Eingangsqualifikation"[1040] auf der Tatbestandsseite der Kollisionsnorm und kollisionsrechtliche „Anspruchskonkurrenz"

aaa) „Eingangsqualifikation"

Wie oben näher dargelegt, wird die „action directe" des Nacherwerbers von der Rechtsprechung und h.M. in Frankreich als vertraglich qualifiziert[1041].

bbb) Kollisionsrechtliche „Anspruchskonkurrenz"

Nicht ganz so klar verhält es sich mit der Frage, ob damit zwingend auch bereits auf *kollisionsrechtlicher* Ebene eine „konkurrierende" deliktsrechtliche Einordnung auszuschließen ist, ob also m.a.W. das bekannte „non-cumul"-Prinzip des französischen *Sachrechts*[1042] eigentlich auch im französischen *Kollisionsrecht* Geltung beansprucht oder ob sich die Frage einer „Anspruchskonkurrenz" erst auf der Ebene des Sachrechts stellt. Es ist nicht nur umstritten, nach welcher Rechtsordnung über diese Frage zu entscheiden ist, sondern auch, ob es sich hierbei bereits um eine Qualifikationsfrage handelt oder nicht.

Die genannte Frage wurde bisher selten, und wenn, dann nur für „unmittelbare" Vertragsverhältnisse diskutiert, wo sie als ein „délicat problème de conflits de lois"[1043] eingestuft wird. Da das „non-cumul"-Prinzip

---

[1037] Siehe dazu oben S. 211 f.

[1038] Siehe dazu oben S. 212 ff.

[1039] Siehe oben S. 243.

[1040] Zu diesem Begriff siehe oben S. 245 f.

[1041] Siehe dazu oben S. 214 ff.

[1042] Das ja im Bereich der „klassischen" Produkthaftung unverändert fortgilt (siehe hierzu oben S. 86).

seit dem „Lamborghini-Urteil" aus dem Jahre 1979 auch auf das (aus französischer Sicht) „mittelbare" Vertragsverhältnis zwischen Hersteller und Zweiterwerber ausgedehnt wird[1044], ist die bisherige Diskussion auch auf diese Fälle übertragbar.

Das Problem wird von den französischen Autoren entsprechend ihrer „lex fori materialis" als Problem der Gewährung oder Nichtgewährung einer *„option"* aufgefaßt[1045], von den deutschen Autoren dagegen als Frage der Zulassung oder Nichtzulassung einer „Anspruchskonkurrenz"[1046]. Da es aber im Ansatz um das gleiche Problem geht, soll auch hier der Einfachheit halber das Wort „Anspruchskonkurrenz", allerdings in Anführungszeichen, verwendet werden. Wo es auf den Unterschied zwischen beiden Ausgangspunkten ankommt, wird gesondert darauf hingewiesen.

α) Auffassungen, die die Einstellung der „lex fori" nicht berücksichtigen

Das Gemeinsame der im folgenden näher darzulegenden Auffassungen ist, daß sie die Frage der „Anspruchskonkurrenz" nicht als eine nach der „lex fori" zu entscheidende Qualifikationsfrage, sondern als eine Frage der Anwendbarkeit der in Betracht kommenden Rechtsordnungen ansehen. Dementsprechend knüpfen diese Auffassungen einen „deliktischen Vertragsbruch" sowohl vertraglich als auch deliktisch an und lassen über die Zulässigkeit einer „Anspruchskonkurrenz" entweder allein das Deliktsstatut oder allein das Vertragsstatut[1047] oder das Vertrags- und das Deliktsstatut entscheiden. Welche Einstellung die „lex fori" zur „Anspruchskonkurrenz" hat, ist nach diesen Auffassungen irrelevant.

1043 Légier, Jcl. de droit int., Fasc. 553-2, Nr. 18.

1044 Siehe hierzu oben S. 158.

1045 So z.B. Lagarde, Rev. crit. de dr. int. pr. 1991, S. 287, 293 Nr. 6; Légier, Jcl. de dr. int., Fasc. 553-2, Nr. 18.
Wie bereits an früherer Stelle dargelegt, geht es im materiellen französischen Recht bei der Diskussion um das „non-cumul"-Prinzip und dessen Ausnahmen nur um die Frage einer Wahl zwischen vertraglichem und deliktischem Anspruch. Eine „echte" Anspruchskonkurrenz i. S. eines Nebeneinander beider Ansprüche wird in Frankreich auch im Bereich der Ausnahmen von dem genannten Prinzip nicht diskutiert.

1046 So z.B. Lorenz, RabelsZ 1973, S. 317, 335 f. mit Fn. 65.; Bröcker, S. 213 ff.

1047 Unter „dem Vertragsstatut" ist übertragen auf die Fälle der „action directe" im folgenden das Vertragsstatut des *ersten Vertrages der Absatzkette* zu verstehen, da sich alleine nach diesem das auf die „action directe" anwendbare Recht sowie Inhalt und Umfang der Rechte des Nacherwerbers richten.

αα) Maßgeblichkeit des Deliktsstatuts

Für eine Maßgeblichkeit des Deliktsstatuts hat sich im Jahre 1961 Bourel ausgesprochen[1048]. Seiner Meinung nach ist die Frage der Zulassung oder Nichtzulassung einer „Anspruchskonkurrenz“ weder eine Qualifikationsfrage noch ein prozessuales Problem, sondern vielmehr integrierender Bestandteil des anzuwendenden Haftungsregimes. Es handele sich daher um eine Vorfrage, und zwar nicht zur Bestimmung des anzuwendenden Rechts, sondern zu dessen Anwendung. Somit sei es Sache des Deliktsstatuts, darüber zu entscheiden, ob es neben Vertragsansprüchen „konkurrierend“ angewendet werden will[1049]. Im untersuchten Fall wäre also nach Ermittlung des Vertragsstatuts das Deliktsstatut zu ermitteln und nach seiner Einstellung zur „Anspruchskonkurrenz“ zu befragen. Das Deliktsstatut wäre hier, soweit es nicht um die Schäden am Produkt selber geht, nach der Haager Konvention vom 2.10.1973 über das auf die Produktenhaftpflicht anwendbare Recht zu bestimmen[1050], wobei man insoweit nach Art. 5b oder subsidiär nach den Art. 4a und 4c[1051] zum französischen Recht käme (für die Schäden am Produkt selber wäre das Ergebnis nach der französischen „lex loci“-Regel dasselbe, da der Erfolgsort hier in Frankreich liegt). Wegen der in concreto negativen Einstellung des französischen Rechts zur „Anspruchskonkurrenz“ verbliebe es insoweit bei der rein vertragsrechtlichen Behandlung des Sachverhalts.

Auch Kahn-Freund hat sich dafür ausgesprochen, die Frage, ob ein deliktischer Anspruch hinter einem konkurrierenden vertraglichen Anspruch zurücktritt, bei französischem (wie auch bei englischem) Forum nach dem jeweils ermittelten Deliktsstatut zu entscheiden[1052].

Ähnlich hat sich in Deutschland auch Sonnenberger geäußert. Er ist der Auffassung, daß die „non-cumul“-Regel Teil des Deliktsstatuts ist, und daß die Entscheidung über die Zulassung einer „Anspruchskonkurrenz“ jedenfalls nicht ohne das Deliktsstatut getroffen werden kann[1053]. Da seine diesbezüglichen Ausführungen sich jedoch nur auf die Sichtweise des *deutschen* IPR beziehen, läßt sich hieraus nicht schließen, ob er Entsprechendes auch bei *französischem* Forum befürworten würde.

1048 Bourel, Les conflits de lois en matière extracontractuelle, S. 150.

1049 Bourel, aaO.

1050 Siehe dazu oben 2. Abschnitt, S. 233 f.

1051 Zur vorrangigen Anwendung des Art. 5 siehe stellvertretend Müko-Kreuzer, Art. 38 Rn. 198.

1052 Kahn-Freund, RdC 1968, II, S. 1, 132 f.

1053 Sonnenberger, FS Steindorff, S. 777, 780.

Auch Bröcker hat sich ähnlich, wenn auch differenzierend, zu der Frage geäußert[1054]. Auch seine Ausführungen beziehen sich aber offenbar nur auf die Sichtweise des deutschen IPR.

ββ) Maßgeblichkeit des Vertragsstatuts

Nach Auffassung von Lorenz kommt es (aus Sicht des französischen IPR) allein auf die Einstellung des Vertragsstatuts zur „Anspruchskonkurrenz" an[1055]. Wegen der positiven Einstellung des deutschen Rechts (welches hier ja Vertragsstatut des allein maßgeblichen ersten Vertrages der Absatzkette ist[1056]) könnte sich der französische Endabnehmer danach im Ausgangsfall auch auf kollisionsrechtlich gesondert zu würdigende deliktische Ansprüche berufen[1057], d.h. nach der Auffassung von der alleinigen Maßgeblichkeit des Vertragsstatuts käme man im untersuchten Fall zu einer kollisionsrechtlichen „Anspruchskonkurrenz".

γγ) Maßgeblichkeit des Delikts- und des Vertragsstatuts

Eine Maßgeblichkeit des Delikts- und des Vertragsstatuts wird von Bourel (in Ergänzung seiner früheren Auffassung), von Légier und wohl auch von Beaumart befürwortet[1058]. Danach käme eine kollisionsrechtliche

---

1054 Bröcker möchte nur für den Fall uneingeschränkt der Auffassung Bourels folgen, daß das Recht des Vertrages zu einem „non-cumul"-System gehört, während das anwendbare Deliktsrecht eine Anspruchskonkurrenz zuläßt (Bröcker, Möglichkeiten der differenzierten Regelbildung im internationalen Deliktsrecht, S. 213 f.).

Für den umgekehrten, hier einschlägigen Fall, daß die deliktische Beziehung z. B. französischem Recht und die vertragliche Beziehung deutschem Recht unterliegt, ist Bröcker der Auffassung, daß das Deliktsrecht des „non-cumul" Landes nur um den Preis zu weichen hat, um den es nach seinem internen materiellen Gesamtsystem zu weichen hätte (Bröcker, aaO, S. 215). Dies bedeutet, daß vor allem die strengen Voraussetzungen des französischen Rechts für die Zulässigkeit von Haftungsfreizeichnungen auch bei deutschem Vertragsstatut zu berücksichtigen wären (Bröcker, aaO, S. 215 f.).

Unterstellt man einmal die Gegebenheit dieser Voraussetzungen, so entscheidet auch nach Bröcker einzig das Deliktsstatut über die Zulassung oder Nichtzulassung einer „Anspruchskonkurrenz".

1055 Lorenz, RabelsZ 37 (1973), S. 317, 335, Fn. 65.

1056 Zu den Vorgaben für die erste Grundkonstellation siehe oben S. 250 f.

1057 Was bei konsequenter Abstellung auf die Einstellung des Vertragsstatuts bedeuten würde, hier nicht nur eine „option", sondern eine „echte" Anspruchskonkurrenz zuzulassen, was offenbar von Lorenz auch so gesehen wird, da er anschließend für eine akzessorische Anknüpfung plädiert (Lorenz, aaO).

1058 Bourel, Anm. zu Tribunal de grande instance de Chambéry v. 14.12.1965, Rev. crit. de dr. int. pr. 1967, S. 110, 118 oben; Légier, Jcl. de dr. int., Fasc. 553-2, Nr. 18; Beaumart, S. 163 unter 5.

„Anspruchskonkurrenz“ nur dann in Betracht, wenn das Delikts- *und* das Vertragsstatut eine solche zulassen. Wegen der diesbezüglich negativen Einstellung des französischen Deliktsstatuts wäre nach dieser Auffassung im Ausgangsfall eine kollisionsrechtliche „Anspruchskonkurrenz“ zu verneinen.

β) Auffassungen, die die Einstellung der „lex fori“ berücksichtigen

αα) Ausschließliche Maßgeblichkeit der „lex fori“

Die französische Gerichtspraxis überträgt meist ohne Begründung die Einstellung ihrer „lex fori“ zur „Anspruchskonkurrenz“ bzw. „option“ auch auf das internationale Privatrecht, d.h. neben einem vertraglichen Anspruch läßt sie kollisionsrechtlich keinen „konkurrierenden“ Deliktsanspruch zu[1059]. Die Frage der „Anspruchskonkurrenz“ wird dabei implizit als Qualifikationsfrage angesehen[1060].

ββ) Maßgeblichkeit der „lex fori“ und des Vertrags- und Deliktsstatuts

Zu keinem wesentlich anderen Ergebnis kommt, *bei französischem Forum*, die Auffassung von Birk. Zwar hat Birk sich dafür ausgesprochen,

---

[1059] So Trib. civ. de Mulhouse v. 2.5.1950, Rev. crit. de dr. int. pr. 1951, S. 153, 157 f. mit insoweit zustimmender Anmerkung von Niboyet, aaO S. 160 f. (III.); Cass. civ. 1re v. 18.10.1989, Rev. crit. de dr. int. pr. 1990, S. 712 ff. m. Anm. Foyer = J.D.I. 1990, S. 413 ff. m. Anm. Kahn.

Speziell für den Bereich deutsch-französischer Produkthaftungsfälle siehe auch die oben erläuterten unveröffentlichten Urteile des Trib. de commerce de Paris v. 6.5.1988, des Trib. de commerce de Nanterre v. 6.12.1991, der Cour d'appel de Paris v. 27.11.1991 und der Cour d'appel de Montpellier v. 30.10.1990, wo jeweils nach Ablehnung vertraglicher Ansprüche (aufgrund von § 477 BGB) *keine deliktischen Ansprüche mehr geprüft wurden.*

Allgemein zur Übertragung des „non-cumul“-Prinzips durch die französische Rechtsprechung auf das französische Kollisionsrecht v. Walter, Konkurrenz, S. 96 f. m.w.N.

[1060] So Trib. civ. de Mulhouse v. 2.5.1950, aaO und ausdrücklich Niboyet in der zitierten Urteilsanmerkung; wohl auch Cass. civ. 1re v. 18.10.1989, aaO (vorige Fußnote). Auch Birk, dessen Auffassung sogleich noch näher unter (ββ) zu erörtern ist, sieht die Frage der Anspruchskonkurrenz ausdrücklich als Qualifikationsfrage an (Schadensersatz und sonstige Restitutionsformen im internationalen Privatrecht, S. 14, Fn. 49), während dies von Bourel (Les conflits de lois en matière d'obligations extracontractuelles, S. 150), Trutmann (Das Internationale Privatrecht der Deliktsobligationen, Nr. 172, S. 127) und Légier (Jcl. de dr. int., Fasc. 553-2, Nr. 18) abgelehnt wird.

die Frage der „Anspruchskonkurrenz" primär nach den in Betracht kommenden materiellen Rechtsordnungen zu lösen[1061]. Da er jedoch die Frage der „Anspruchskonkurrenz", wie die französische Rechtsprechung, als Qualifikationsfrage ansieht[1062], berücksichtigt er zunächst die Einstellung der für die „Eingangsqualifikation" maßgeblichen „lex fori" und differenziert danach, ob die „lex fori" eine positive oder eine negative Einstellung zur „Anspruchskonkurrenz" hat. Hat sie eine positive Einstellung, so „befragt" er auch das Vertrags- und Deliktsstatut nach deren Auffassung zur „Anspruchskonkurrenz"[1063]. Hat sie eine negative Einstellung, wie hier das französische Recht, so kommt Birk von vornherein nur zu *einer* Verweisung auf *eine* Rechtsordnung[1064].

γ) Stellungnahme

Es fragt sich, welche Meinung hinsichtlich der Zulassung einer kollisionsrechtlichen „Anspruchskonkurrenz" zu befürworten ist. Kernfrage dabei ist, ob es sich bei der Frage der Zulassung oder Nichtzulassung einer „Anspruchskonkurrenz" bzw. einer „option" um eine Qualifikationsfrage handelt, von der die Bestimmung der anzuwendenden Rechtsordnungen abhängt. Bourel, Légier und Beaumart sind der Auffassung, daß dies nicht der Fall ist, sondern daß sich die Frage einer „option" erst auf der materiellrechtlichen Ebene der „Anwendung" der berufenen Sachnormen, quasi als Vorfrage stellt. Die französische Rechtsprechung, Niboyet und Birk meinen dagegen, daß es insoweit um eine Frage der Qualifikation geht. Gemeinsam ist den bisherigen Stellungnahmen, daß es zumeist an einer näheren Begründung für das eine oder andere Ergebnis fehlt. Dieses wird vielmehr meist als Prämisse zugrundegelegt. Eine Beantwortung der genannten Frage wird auch dadurch erschwert, daß bereits der Begriff der „Qualifikation" schillernd und im einzelnen umstritten ist[1065]. Weitgehend unstreitig ist jedoch, daß hierunter (zumindest auch) die Bestimmung der Reichweite des *Tatbestandes* einer Kollisionsnorm fällt (hier „Eingangs-

---

[1061] Birk, Schadensersatz und sonstige Restitutionsformen im internationalen Privatrecht, S. 13 ff.

[1062] Birk, aaO, S. 14, Fn. 49.

[1063] Birk, aaO, S. 14 ff.

[1064] Birk, aaO, S. 20 f. Die davon zu unterscheidende Frage, was zu gelten hat, wenn das allein berufene Vertragsstatut selbst den Sachverhalt auch als deliktsrechtlich einstuft, behandelt Birk im Anschluß auf S. 22 f. Diese Frage, die allerdings aufgrund der hier betrachteten Konstellation „mittelbarer" Vertragsbeziehungen und der daraus resultierenden besonderen Konstruktion der Kollisionsnorm für die „action directe" eine zusätzliche Komplikation erhält, wird noch unter ee) zu untersuchen sein.

[1065] Siehe hierzu oben S. 244 ff.

qualifikation" auf der Tatbestandsseite der Kollisionsnorm genannt[1066]). Bevor also nach der Einstellung der jeweils anzuwendenden Rechtsordnungen zur „Anspruchskonkurrenz" gefragt werden kann, muß zwingend zuvor der tatbestandliche Umfang der in Betracht kommenden Kollisionsnormen abgesteckt werden. Diese „Eingangsqualifikation" richtet sich dabei der ganz h.M. in Frankreich zufolge nach der „lex fori". Da die (französische) „lex fori" hier zu dem Ergebnis kommt, daß die gestellte Rechtsfrage ausschließlich vertragsrechtlich zu lösen ist[1067] und die ganz h.M. hieraus eine ausschließlich vertragsrechtliche „Eingangsqualifikation" ableitet, kommt es, *mangels Einschlägigkeit der Deliktskollisionsnorm*, gar nicht mehr zu einer „Befragung" des Deliktsstatuts darüber, ob es neben vertraglichen Ansprüchen nach einer anderen Rechtsordnung angewendet werden möchte. Die Frage der „Anspruchskonkurrenz" stellt sich also m.a.W. ein erstes Mal bereits auf der Qualifikationsebene und taucht dann später u.U. nochmals auf. In diesem späteren Stadium mag dann auch die Einstellung des Vertrags- und Deliktsstatuts zu berücksichtigen sein[1068]. Auf beide kann jedoch erst zurückgegriffen werden, wenn bereits auf der Qualifikationsebene eine „Anspruchskonkurrenz" bejaht wird und infolgedessen überhaupt zwei unterschiedliche Verweisungen in Betracht kommen[1069]. Da dies, wie gezeigt, bei französischem Forum in der untersuchten Fallkonstellation nicht der Fall ist, kommt es hier nicht mehr auf die Einstellung des Vertrags- und Deliktsstatuts an.

Ergebnis zu bb): Eine „konkurrierende" deliktsrechtliche Anknüpfung scheidet somit in der untersuchten Fallkonstellation von vornherein aus, ohne daß es noch auf die Einstellung des Vertrags- und/oder Deliktsstatuts ankäme. Es wird daher ausschießlich eine vertragsrechtliche Verweisung ausgesprochen.

[1066] Siehe hierzu oben S. 245 f.

[1067] Es kann dabei keinen Unterschied machen, ob die „lex fori" nur deshalb zur Ausschließlichkeit vertraglicher Ansprüche kommt, weil sie generell von einer Verdrängung „konkurrierender" Deliktsansprüche ausgeht oder weil sie diese von vornherein tatbestandlich nicht für gegeben hält. Im Egebnis löst sie einen derartigen Sachverhalt eben nur auf *eine* Weise.

[1068] Da es z.B. bei der „non-cumul"-Regel um die Anwendbarkeit oder Nichtanwendbarkeit *deliktischer* Ansprüche geht, ist auch die Einstellung des Deliktstatuts nicht unwichtig. Gleiches gilt auch für das Vertragsstatut. Duldet dieses neben sich eigentlich keinen deliktischen Anspruch, weil seine eigenen Rechtsbehelfe stark genug ausgebaut sind, so sollte auch dies berücksichtigt werden.

[1069] So im Ergebnis auch Birk, S. 14 ff. und S. 20 ff.

cc) Anknüpfung

Die ausschließlich vertraglich zu qualifizierenden Produkthaftungsansprüche des Nacherwerbers werden, wie oben näher dargelegt wurde[1070], an das Vertragsstatut des *ersten* Vertrages der Absatzkette angeknüpft. In der untersuchten Fallkonstellation haben die Parteien des ersten Vertrages der Absatzkette, d.h. also der deutsche Hersteller und der französische Importeur, ihren Vertrag unter Ausschließung des CISG dem deutschen Recht unterstellt. Es handelt sich hierbei (aus französischer Sicht) um eine Rechtswahl gemäß Art. 2 Abs. 1 des Haager Übereinkommens v. 15.6.1955 betreffend das auf internationale Kaufverträge über bewegliche Sachen anzuwendende Recht[1071].

dd) Art der Verweisung

Wie auch im sonstigen französischen internationalen Vertragsrecht handelt es sich bei den Verweisungen des vorgenannten Haager Übereinkommens um *Sachnormverweisungen*[1072] (damit scheidet hier nicht nur ein Renvoi kraft abweichender Anknüpfung, sondern auch ein „Qualifikationsrenvoi" aus).

Entsprechend der Systematik der „action directe en garantie" und „en responsabilité contractuelle de droit commun" ist somit nicht nur auf die Ansprüche des *Ersterwerbers*, sondern auch auf die Ansprüche des *Endabnehmers* gegen den Hersteller deutsches *Sachrecht* anzuwenden.

ee) „Rechtssatzqualifikation"[1073] auf der Rechtsfolgenseite der Kollisionsnorm (Auswahl der anzuwendenden Sachnormen)

Fraglich ist, auf *welche* Rechtsnormen des deutschen Rechts sich in der untersuchten Fallkonstellation die Verweisung erstreckt: nur auf die vertragsrechtlichen Normen, auf alle einschlägigen Normen oder auf diejenigen Normen, die dem Systembegriff der verweisenden Kollisionsnorm „funktionell adaequat" sind.

1070 Siehe oben S. 226 ff.

1071 Dazu, daß dieses Abkommen aus französischer Sicht im Hinblick auf *Kaufverträge* dem EG-Schuldvertragsübereinkommen wegen dessen Art. 21 vorgeht, jedenfalls wenn es sich, wie hier, *nicht* um einen Verbrauchervertrag handelt, siehe oben S. 223, Fn. 910.

1072 Vgl. den Wortlaut „... untersteht dem innerstaatlichen Recht ...".

1073 Zu diesem Begriff siehe oben S. 245 f.

Bezieht man die Verweisung nur auf das deutsche Vertragsrecht, so sind wiederum zwei Möglichkeiten denkbar: Entweder man kommt nach der Feststellung, daß das deutsche Vertragsrecht Produkthaftungsansprüche Dritter grundsätzlich nicht erfaßt[1074], zu dem Ergebnis, daß der Nacherwerber dann eben „leer" ausgehen muß[1075] oder aber man kümmert sich nicht darum, daß das deutsche Vertragsrecht einen solchen Sachverhalt nicht erfassen will und wendet es schematisch auch im Verhältnis zwischen Hersteller und Nacherwerber an[1076].

Bejaht man dagegen eine Verweisung auf die gesamte (Sach-) Rechtsordnung oder auf diejenigen Normen, die dem Verweisungsbegriff funktionell adaequat sind, so kommt auch eine Anwendung des deutschen Deliktsrechts in Frage, auch wenn dieses von manchen als „schockierend" empfunden würde[1077].

aaa) Ansatzpunkt der zitierten (unveröffentlichten) französischen Urteile und eines Teiles der französischen Lehre: schematische Anwendung der französischen (Sachrechts-) Systematik der „action directe" des Nacherwerbers

Überträgt man, getreu der internrechtlichen Systematik der „action directe en garantie" und „en responsabilité contractuelle de droit commun", schematisch die Rechtsposition des Erstabnehmers auf den Zweitabnehmer, so ergeben sich die soeben erwähnten Bedenken hinsichtlich der Nichtanerkennung vertraglicher Produkthaftungsansprüche Dritter im deutschen Recht nicht. Da dem *Erstabnehmer* auch nach deutschem Recht „vertrag-

---

1074 Abgesehen natürlich von den hier nicht näher zu behandelnden Garantieverträgen (dazu, daß diese keinen Einfluß auf die kollisionsrechtliche Behandlung der „sonstigen" Produkthaftungsansprüche haben, siehe Wandt, Internationale Produkthaftung, Rz. 1210 m. w. N. und bereits oben S. 234, Fn. 951).

1075 So das Vorbringen eines beklagten deutschen Herstellers in einem von der Grundproblematik her vergleichbaren Fall vor dem österreichischen OGH. In diesem Fall ging es um Produkthaftungsansprüche eines Nacherwerbers auf der Grundlage der österreichischen Konstruktion des Vertrages mit Schutzwirkung zugunsten Dritter. Der erste Vertrag der Absatzkette unterlag hier ebenfalls dem deutschen Recht.

1076 So die oben näher erläuterten unveröffentlichten französischen Urteile und hierzu sogleich unter aaa).

1077 Gaudemet-Tallon, Anm. zu Cass. civ. 1re v. 28.10.1986, Rev. crit. de dr. int. pr. 1987, 613, 616: „Mais que décider alors si la loi du contrat initial, par hypothèse étrangère, estime que l'action du sous-acquéreur est une action délictuelle? Appliquera-t-on les dispositions de cette loi sur la responsabilité délictuelle alors qu'elle n'est compétente que parce que le droit français qualifie la responsabilité du vendeur à l'égard du sous-acquéreur de responsabilité contractuelle? On frise l'incohérence totale ...".

liche Produkthaftungsansprüche" (§§ 459 ff. BGB etc.) zustehen (können), wäre man nicht gehindert, über den Mechanismus der „action directe" auch dem *Zweitabnehmer* „vertragliche Produkthaftungsansprüche" nach deutschem Recht gegen einen deutschen Hersteller zu gewähren. Auf diese Weise verfuhr die französische Rechtsprechung in den bereits erörterten unveröffentlichten Urteilen, wobei sie jeweils zu einer Anwendung des § 477 BGB auch im Verhältnis Hersteller/Endabnehmer kam und aus diesem Grunde jeweils die Klage des Endabnehmers gegen den Hersteller wegen Verjährung abwies[1078]. Die Tatsache, daß das deutsche Vertragsrecht einem mit dem Hersteller nicht vertraglich verbundenen Dritten keine vertraglichen Produkthaftungsansprüche gewährt, wurde dabei ignoriert. Auch Larroumet, der sich schon hinsichtlich der Qualifikation des Begriffes der „matière contractuelle" in Art. 5 Nr. 1 EuGVÜ entgegen der Ansicht des EuGH und der h.L. in Frankreich für eine rigide „lex fori"-Betrachtungsweise ausgesprochen hat, kommt ausdrücklich zu diesem Ergebnis[1079].

Hiernach ergäbe sich in der untersuchten Fallkonstellation eine Verweisung auf das deutsche Vertragsrecht.

bbb) Anwendung deutschen Deliktsrechts

Die unter aaa) Genannten kämen im Ausgangsfall deshalb zu einer Anwendung deutschen Vertragsrechts, weil sie getreu internrechtlicher Systematik die Rechtsposition des Erstabnehmers auf den Zweitabnehmer übertragen. Es fragt sich, ob man sich durch eine derartige schematische Übertragung der materiellrechtlichen Konstruktion der „action directe en garantie" und „en responsabilité contractuelle de droit commun" auf Sachverhalte mit Auslandsberührung darüber hinwegsetzen kann, daß das deutsche Vertragsrecht keine Regelung für Produkthaftungsansprüche Dritter bereithält. Dennoch das deutsche Vertragsrecht auf den Anspruch eines

[1078] Siehe die oben erörterten Urteile des Tribunal de commerce de Paris vom 6.5.1988, des Tribunal de commerce de Nanterre vom 6.12.1991, der Cour d'appel de Montpellier vom 30.10.1990 und der Cour d'appel de Paris vom 27.11.1991.

Die Urteile der Cour de cassation vom 18.12.1990 (Cass. civ. 1re v. 18.12.1990, J.C.P. 1992, II, 21824, S. 102 f.) und vom 10.10.1995 (Cass. civ. 1re v. 10.10.1995, Bull. civ. 1995, I, Nr. 348, S. 244) enthalten dagegen keine Ausführungen zu den anzuwendenden Sachnormen, da dort die Urteile der Vorinstanz jeweils bereits wegen Nichtanwendung der Haager Konvention vom 15.6.1955 aufzuheben waren und es nicht mehr zu einer Anwendung des (in concreto jeweils italienischen) Sachrechts kam.

[1079] Larroumet, Anm. zu EuGH v. 17.6.1992, J.C.P. 1992, II, 21927, Nr. 6, S. 343: „Or, même si, selon la loi étrangère applicable au contrat, l'action du sous-acquéreur est considérée comme délictuelle, cela n'empêchera pas le juge français d'appliquer les règles propres à la matière contractuelle de ladite loi étrangère."

Zweit- oder Endabnehmers gegen den Hersteller anzuwenden, heißt, dieses außerhalb des Bereiches anzuwenden, den es sachlich regeln will.

α) Bisherige Erörterung des Problems

Im französischen Schrifttum ist die Diskussion zu dieser Problematik erst im Ansatz vorhanden.

Es ist daher interessant, zunächst einen kurzen Blick auf die Parallelproblematik des österreichischen Vertrages mit Schutzwirkung zugunsten Dritter zu werfen, wie sie insbesondere der Entscheidung des österreichischen OGH vom 29.10.1987 zugrundelag[1080], bevor näher auf die Diskussionsansätze bezüglich der „action directe" des Nacherwerbers eingegangen wird.

In dem genannten Fall hatte sich ein deutscher Hersteller gegen die Klage eines österreichischen Endabnehmers zu verteidigen. Der Fall lag deshalb parallel, weil (verschuldensabhängige) Produkthaftungsansprüche eines entfernteren Abnehmers nach österreichischem Sachrecht über einen Vertrag mit Schutzwirkung zugunsten Dritter konstruiert wurden (und werden[1081]) und nach Auffassung des deutschen Herstellers im österreichischen IPR dementsprechend an das Vertragsstatut des ersten Vertrages in der Kette anzuknüpfen waren, was einer in der österreichischen Lehre vertretenen Auffassung entsprach. Dieser erste Vertrag zwischen dem deutschen Hersteller und dem österreichischen „Generalvertreter" hätte kraft Anknüpfung an die charakteristische Leistung dem deutschen Recht unterlegen, welches aber einem Vertrag zwischen Hersteller und Erstkäufer keine Schutzwirkung zugunsten späterer Abnehmer beimißt. Nach Auffassung des deutschen Herstellers wären aus diesem Grunde Ansprüche des österreichischen Endabnehmers gegen ihn zu verneinen gewesen! Der österreichische OGH teilte offenbar die vom beklagten Hersteller vorgetragenen Bedenken hinsichtlich der Nichtanerkennung vertraglicher Produkthaftungsansprüche Dritter im deutschen Recht und versuchte, sich dessen Argumentation dadurch zu entziehen, daß er die Produkthaftungsansprüche des Endabnehmers im Gegensatz zum österreichischen Sachrecht als außervertraglich qualifizierte[1082] und damit über Art. 48 I 2 IPRG und eine Anknüpfung an

---

[1080] OGH v. 29.10.1987, IPRax 1988, S. 363 ff. m. Anm. Lorenz S. 373 ff. Siehe hierzu auch Maxl, Juristische Blätter 1992, S. 156, 162 f.; Winkelmann, S. 165 f.; Wandt, PHI 1989, S. 2, 4 ff.; derselbe, Internationale Produkthaftung, Rn. 100 ff.

[1081] Dazu, daß die verschuldensunabhängige Produkthaftung nach dem österreichischen PHG von 1988 neben die vorher bestehende vertragliche Produkthaftung getreten ist, siehe Wandt, Internationale Produkthaftung, Rn. 89.

[1082] So auch Lorenz, aaO, S. 374, Winkelmann, S. 165 f. und Maxl, aaO, S. 162. Wandt hat darauf hingewiesen, daß diese Einschätzung seiner Meinung nach nicht ganz zweifelsfrei ist, da der OGH nur von der „Primärqualifikation der Produkthaf-

den Marktort zum österreichischen Sachrecht gelangte (dort angekommen, griff der OGH dann aber wieder auf den Vertrag mit Schutzwirkung zugunsten Dritter zurück).

In seinen Erörterungen zu dem genannten Urteil teilt Winkelmann implizit die von dem deutschen Hersteller und dem österreichischen OGH empfundenen Bedenken, daß das deutsche Vertragsrecht nicht gegen seinen Willen gegenüber einem Zweiterwerber angewendet werden könne. Durch seine im Widerspruch zum österreichischen Sachrecht stehende deliktische Qualifikation auf der Tatbestandsseite der Kollisionsnorm habe der OGH jedoch den Blick auf das eigentliche Qualifikationsproblem verstellt. Dies sei die Frage, ob eine vertragsrechtliche Qualifikation auf der Tatbestandsseite der Kollisionsnorm auch eine entsprechende Qualifikation auf der Rechtsfolgenseite nach sich ziehen müsse, ob also z.B. bei einer vertragsrechtlichen Eingangsqualifikation und Verweisung auf das deutsche Recht nur das deutsche Vertragsrecht Anwendung finden könne[1083].

Im französischen Schrifttum wurde das aufgezeigte Problem bezüglich der *„action directe en garantie" und „en responsabilité contractuelle de droit commun"* bisher kaum erörtert.

Abgesehen von der bereits zitierten Stellungnahme Larroumets[1084], der sich für eine rigide „lex fori"-Betrachtungsweise ausgesprochen hat und der der Tatsache, daß das ausländische Vertragsrecht Dritten keine Produkthaftungsansprüche einräumt keine Beachtung schenken will, hat Gaudemet-Tallon das Problem mit einigen Sätzen angerissen, die jedoch lediglich in der Feststellung enden, daß die Rechtslage bei grenzüberschreitenden Vertragsketten insgesamt inkohärent und unbefriedigend ist[1085].

---

tung als außervertraglich" im Zusammenhang mit den Vorinstanzen gesprochen habe. Der OGH sei in Wahrheit von einer Qualifikation als vertraglich und deliktisch ausgegangen und habe beide nur einheitlich anknüpfen wollen und zwar bei den hier bestehenden „mittelbaren" Vertragsbeziehungen deliktsakzessorisch (Wandt, PHI 1989, S. 2, 5 f.). In der Sache habe der OGH damit jedoch anerkannt, daß die Produkthaftung gegenüber einem Geschädigten, der nicht Vertragspartner des Haftpflichtigen ist, als außervertraglich zu qualifizieren sei (Wandt, Internationale Produkthaftung, Rn. 101 a.E.).

1083 Winkelmann, S. 165 f.

1084 Siehe oben S. 261, Fn. 1079.

1085 Gaudemet-Tallon, Anm. zu Cass. civ. 1re v. 28.10.1986, Rev. crit. de dr. int. pr. 1987, 613, 616: „Mais que décider alors si la loi du contrat initial, par hypothèse étrangère, estime que l'action du sous-acquéreur est une action délictuelle? Appliquera-t-on les dispositions de cette loi sur la responsabilité délictuelle alors qu'elle n'est compétente que parce que le droit français qualifie la responsabilité du vendeur à l'égard du sous-acquéreur de responsabilité contractuelle? On frise l'incohérence totale ...".

In jüngster Zeit ist die Diskussion jedoch insbesondere durch zwei Stellungnahmen von Leclerc[1086] und Heuzé[1087] in Bewegung gekommen.

Beide lehnen übereinstimmend eine Anwendung der vertragsrechtlichen Normen der über die beschriebene Anknüpfung an das erste Vertragsstatut der Absatzkette berufenen Rechtsordnung ab, wenn diese Rechtsordnung dem Nacherweber nur *deliktsrechtliche* Ansprüche gibt, d.h. also beide Autoren teilen die hier bereits erwähnten Bedenken[1088]. Hieraus ziehen sie jedoch unterschiedliche Konsequenzen.

Leclerc hält auch eine Anwendung der deliktsrechtlichen Normen der im Verhältnis Hersteller/Nacherwerber als „Vertragsstatut" berufenen Rechtsordnung für bedenklich, da das Delikt nicht zwingend in der auf den Vertrag anzuwendenden Rechtsordnung auch „lokalisiert" sei[1089]. Er möchte daher eine „action directe" des Nacherwerbers überhaupt nur gewähren, wenn *alle* Rechtsordnungen, die auf die Verträge in der Kette anzuwenden sind, selber eine „action directe" des Nacherwerbers kennen[1090]. Ist dies nicht der Fall, möchte er die Ansprüche des Nacherwerbers den deliktsrechtlichen Kollisionsnormen unterstellen[1091].

Heuzé befürwortet dagegen eine Anwendung der deliktsrechtlichen Normen der im Verhältnis Hersteller/Nacherwerber als „Vertragsstatut" berufenen „lex causae"[1092]. Er hält Leclercs Bedenken wegen der u.U. fehlenden „Lokalisierung" des Delikts für unbegründet und meint, die Anwendung der deliktsrechtlichen Vorschriften der „lex causae" sei nur die Konsequenz daraus, daß in dieser Fallkonstellation ein „Qualifikationsrenvoi" ausgeschlossen ist (die vertragsrechtliche Verweisung ist ja eine Sachnormverweisung[1093]). Eine Korrektur der vertragsrechtlichen „Eingangsqualifikation" der Produkthaftungsansprüche des Nacherwerbers, d.h. also

---

[1086] Leclerc, J.D.I. 1995, S. 267, 303 ff., Nr. 48 f.

[1087] Heuzé, Rev. crit. de dr. int. pr. 1996, S. 243, 265, Nr. 26.

[1088] Siehe oben S. 261 f.

[1089] Leclerc, aaO, Nr. 49, S. 305. Im Ergebnis insoweit ebenso Beaumart, S. 159 f., der die Problematik allerdings zu Unrecht in einen Zusammenhang mit der „qualification en sous-ordre" stellt. Während es bei dieser um die *Anwendung* der berufenen Sachnormen geht, was in der Tat nach h.M. außerhalb des Bereichs der Qualifikation liegt, geht es hier um die vorrangige Frage der *Auswahl* der anzuwendenden Sachnormen im Rahmen der Qualifikation auf der Rechtsfolgenseite der Kollisionsnorm (siehe dazu, daß nach h.M. in Deutschland und in Frankreich der Vorgang der Qualifikation nicht nur die Tatbestandsseite, sondern auch die Rechtsfolgenseite der Kollisionsnorm betrifft, oben S. 244 ff.).

[1090] Leclerc, aaO, insb. Nr. 56, S. 310 f.

[1091] Leclerc, aaO.

[1092] Heuzé, aaO; im Ergebnis ebenso Henry, Anm. zu Cass. civ. 1re v. 10.10.1995, J.C.P. 1996, II, 22742, Nr. 15.

[1093] Siehe hierzu auch zuvor unter dd).

eine Anwendung der deliktsrechtlichen Kollisionsnorm, wie sie von Leclerc für den Fall vorgeschlagen wird, daß u.a. die „lex causae“ keine vertragsrechtlichen Produkthaftungsansprüche kennt, lehnt er dagegen ab[1094].

β) Stellungnahme

αα) Das Prinzip

Ausgangspunkt der Überlegungen ist die Frage, ob eine Kollisionsnorm, die eine Sachnormverweisung auf ausländisches Recht ausspricht, nur die ausländischen Rechtssätze beruft, die nach dieser Rechtsordnung in dieselbe Kategorie fallen wie der Systembegriff auf der Tatbestandsseite der Kollisionsnorm (z.B. „Vertragsrecht“), oder ob sie die dem *Sachproblem* bzw. der *Rechtsfrage* entsprechenden ausländischen Rechtssätze beruft, d.h. also die Rechtssätze, deren *Funktion* dem Systembegriff der Kollisionsnorm entspricht, egal in welcher Kategorie die entsprechenden Rechtssätze im ausländischen Recht eingeordnet sind.

Diese Frage nach dem Umfang einer (Sachnorm-)Verweisung wird, wie bereits ausgeführt[1095], nicht einheitlich beantwortet, wobei insoweit meist das eigene Verständnis ohne Diskussion apriorisch zugrunde gelegt wird.

Zwei Grundkonzepte stehen sich hier gegenüber, dasjenige einer „offenen Verweisung“, wonach grundsätzlich die gesamte ausländische (Sach-) Rechtsordnung berufen wird und deren systematischer Einordnung und Lösung des Problemes zu folgen ist[1096] und das einer „kanalisierten Verweisung“, wonach die Verweisung nur auf einen Ausschnitt der fremden Rechtsordnung zielt[1097]. Innerhalb dieses letztgenannten Konzeptes ist wiederum fraglich, in welche Richtung die Verweisung „kanalisiert“ ist, d.h. also, *welcher* Ausschnitt der fremden Rechtsordnung berufen wird. Es ist daher innerhalb des Konzeptes der „kanalisierten Verweisung“ eine weitere Differenzierung erforderlich.

Zunächst zu dem Konzept der *„kanalisierten Verweisung“*.

Bei einem *engen* Verständnis des Konzeptes der „kanalisierten Verweisung“ bezieht sich die Verweisung nur auf die Normen, die in der berufenen Rechtsordnung derselben Kategorie angehören wie der Systembegriff der verweisenden Kollisionsnorm. Hiernach bezieht sich also z.B. eine vertragsrechtliche Verweisung nur auf die vertragsrechtlichen Normen der

1094 Heuzé, Rev. crit. de dr. int. pr. 1996, S. 243, 265, Nr. 26 mit Fn. 11.

1095 Siehe oben S. 247 f.

1096 Siehe oben S. 247 f.

1097 Siehe oben S. 247 f.

berufenen Rechtsordnung usw. Diese Position findet sich z. B. in den zitierten unveröffentlichten Urteilen der französischen Rechtsprechung und bei Larroumet[1098].

Bei einem *weiten* Verständnis des Konzeptes der „kanalisierten Verweisung", wie es der heute h. M. in Deutschland und Frankreich entspricht, wird dagegen der Ausschnitt der ausländischen Rechtsordnung berufen, der dem Systembegriff der verweisenden Kollisionsnorm *funktionell adaequat* ist, m. a. W., es werden die Normen berufen, die unabhängig von ihrer systematischen Stellung im ausländischen Recht dieselbe „Rechtsordnungsfunktion" erfüllen[1099].

Diese Meinung ist zutreffend, da die systematische Stellung einer Rechtsnorm in einer Rechtsordnung oft von Zufälligkeiten abhängig ist, und da bei dem zuvor genannten engen, ja starren Verständnis Normenmangel und Normenhäufung an der Tagesordnung wären.

Das enge Verständnis des Konzeptes der „kanalisierten Verweisung" ist auch an sich schon seit längerem überwunden und wird in Deutschland von der ganz h. L. und Rechtsprechung abgelehnt[1100]. Auch die französische Lehre hält den systematischen Standort der Lösung des Rechtsproblemes im ausländischen Recht ganz überwiegend für unerheblich[1101], während die französische Rechtsprechung insofern nicht immer ganz eindeutig war[1102]. Zumindest aus einem *Urteil der Cour de cassation* vom *18.10.1989*, das allerdings zu einem *„unmittelbaren"* Vertragsverhältnis erging, läßt sich jedoch ableiten, daß die Cour de cassation bei der „Rechtssatzqualifikation" auf der Rechtsfolgenseite der Kollisionsnorm mittlerweile auch Normen anwendet, die im „verwiesenen Recht" einer anderen Kategorie angehören als der Systembegriff der verweisenden Kollisionsnorm[1103]: In dem genannten Fall ging es um Schadensersatzansprüche einer deutschen Genossenschaft gegen eine französische Gesellschaft, deren deutscher Stellvertreter der deutschen Genossenschaft eine Anlage zur Trocknung und Pulverisierung von Viehfutterbestandteilen verkauft und installiert hatte. Nachdem es einige Monate nach Inbetriebnahme zu einer Zerstörung von erheblichen Mengen Viehfutterpulver kam, die auf eine chemische Reaktion infolge zu hoher Feuchtigkeit zurückgeführt wurde, klagte die deutsche Genossen-

---

1098 Siehe oben S. 260 f.

1099 Siehe oben S. 248.

1100 Siehe oben S. 248, Fn. 1029.

1101 Siehe oben S. 248, Fn. 1029.

1102 Siehe hierzu Lehmann, Jcl. de droit int., Fasc. 531, Nr. 53 ff., 60 ff., 86 ff.

1103 Cass. civ. 1re v. 18.10.1989, Rev. crit. de dr. int. pr. 1990, S. 712 ff. m. Anm. Foyer = J.D.I. 1990, S. 413 ff. m. Anm. Kahn. Siehe zu diesem Urteil auch Batiffol/Lagarde, Bd. I, Nr. 295, S. 484 und Lagarde, Rev. crit. de dr. int. pr. 1991, S. 287, 293, Nr. 6.

schaft zunächst vor dem LG Hamburg, das sich jedoch für unzuständig erklärte. Daraufhin klagte die Genossenschaft vor dem Tribunal de grande instance de Paris. In zweiter Instanz bejahte die Cour d'appel de Paris, in Anwendung von Art. 3 Abs. 2 der Haager Konvention vom 15.6.1955 betreffend das auf internationale Kaufverträge über bewegliche Sachen anzuwendende Recht, eine vertragliche Sachnormverweisung auf das deutsche Recht. Diesbezüglich stellte die Cour d'appel fest, daß das zur Anwendung berufene deutsche Sachrecht einem geschädigten Käufer eine „option" zwischen vertraglichen und deliktischen Schadensersatzansprüchen einräume sowie in bestimmten Fällen auch Ansprüche aus „violation positive du contrat" (= PVV) gewähre[1104]. Offenbar bejahte die Cour d'appel anschließend eine konkurrierende Anwendung vertraglicher und deliktischer Ansprüche nach deutschem Recht (leider wird der Inhalt des Berufungsurteiles in dem zitierten Urteil der Cour de cassation nur bruchstückhaft wiedergegeben). Jedenfalls rügte die beklagte französische Gesellschaft vor der Cour de cassation, die Cour d'appel habe deutsches Deliktsrecht angewendet, ohne zuvor anhand der französischen *Deliktskollisionsnorm* untersucht zu haben, nach welcher Rechtsordnung etwaige Deliktsansprüche zu beurteilen seien. Hierauf antwortete die Cour de cassation: „... la Cour d'appel, après avoir examiné le contenu du droit interne allemand et constaté qu'il prévoit pour l'acquéreur victime d'un dommage une option entre les actions en responsabilité contractuelle et délictuelle et autorise en outre, dans certains cas, une action pour «violation positive du contrat», n'avait pas à se référer à la règle française de conflits de lois pour déterminer celle applicable à la responsabilité délictuelle"[1105]. Die Cour de cassation hat hier also keine Schwierigkeiten damit, trotz einer *vertragsrechtlichen* Verweisung des französischen IPR deutsches Deliktsrecht anzuwenden. Das (allzu) enge Verständnis des Verweisungsumfanges gehört also, jedenfalls für

---

[1104] Es sei zur Vermeidung von Mißverständnissen noch einmal unterstrichen, daß hier kollisionsrechtlich nur eine (vertragsrechtliche) Verweisung ausgesprochen wurde, und daß sich die von der Cour d'appel (als „option" verstandene) Frage der Anspruchskonkurrenz lediglich *innerhalb* des zur Anwendung berufenen deutschen Sachrechts stellte.

[1105] Bedauerlich an der referierten Entscheidung der Cour de cassation ist allerdings, daß in concreto möglicherweise gar kein Anlaß bestand, über konkurrierende Deliktsansprüche nach deutschem Recht zu entscheiden, da diese womöglich schon nach § 852 BGB verjährt waren (das Schadensereignis fand hier im August 1969 statt, während die Anrufung des LG Hamburg im März 1975 erfolgte). Da jedoch nicht nur die Revisionsklägerin, sondern auch die Cour d'appel de Paris und die Cour de cassation (wie übrigens auch die Urteilskommentatoren) fälschlich davon ausgingen, die Verjährung deliktsrechtlicher Ansprüche ergebe sich aus § 195 BGB, fehlt es an Erörterungen über den genauen Zeitpunkt des Verjährungsbeginnes und einer etwaigen späteren Hemmung gem. § 852 Abs. 2 BGB.

„unmittelbare“ Vertragsbeziehungen, offenbar auch nach der französischen höchstrichterlichen Rechtsprechung der Vergangenheit an.

Abzulehnen ist aber nicht nur ein (zu) enges Verständnis des Konzeptes der „kanalisierten Verweisung“, sondern auch das zu weite Verständnis des Umfanges einer Sachnormverweisung durch das Konzept der *„offenen Verweisung“* i. S. der Lehre von der Stufenqualifikation. Da diese Lehre nach der „Ankunft“ im ausländischen Recht zwecks Auswahl der anzuwendenden Rechtsnormen den „nackten Sachverhalt“, völlig unabhängig von der Beurteilung durch die „lex fori“, noch einmal völlig neu nach der „lex causae“ einordnen will und damit u.U. auch zu einer Erfassung des Sachverhalts unter anderen rechtlichen Gesichtspunkten kommt, die über die gestellte Rechtsfrage hinausgehen, kommt es hierdurch nicht nur zu permanenten „Überlappungen“ und folglich Normenhäufungen in Fällen, in denen mehrere Verweisungen ausgesprochen werden[1106], sondern auch generell zu einem nicht akzeptablen Verzicht kollisionsrechtlicher Regelung auf der Rechtsfolgenseite der Kollisionsnorm[1107].

Zu folgen ist daher dem *weiten* Verständnis des Konzeptes der „kanalisierten Verweisung“ i. S. einer Berufung der *„funktionell adaequaten“* Normen.

Die Übertragung dieses Konzeptes auf die *„action directe“ des Nacherwerbers* ist wegen deren stufenweiser Anknüpfung (Anknüpfung an das Vertragsstatut des ersten Vertrages der Absatzkette, welches wiederum in einem eigenen Schritt zunächst ermittelt werden muß) nicht ganz einfach. Die ungeschriebene Kollisionsnorm für die genannten „actions directes“ ließe sich in etwa wie folgt formulieren: „Die Ansprüche des entfernteren Abnehmers einer Kaufsache gegen den Hersteller aus Sachmängelgewährleistung oder allgemeiner vertraglicher Haftung (Tatbestand) unterliegen der für den ersten Vertrag der Absatzkette geltenden Rechtsordnung (Rechtsfolge)“.

Daß zur Ermittlung der im Verhältnis zwischen Nacherwerber und Hersteller geltenden Rechtsordnung diese erst noch anhand des ersten Vertrages der Absatzkette zu ermitteln ist, steht der Tatsache nicht entgegen, daß *diese* Rechtsordnung zur Lösung des anstehenden Sachproblemes bzw. der Rechtsfrage berufen ist, m. a. W., Rechtsfolge der genannten ungeschriebenen Kollisionsnorm ist *nur* die Bezeichnung der anzuwendenden Rechtsordnung, nicht aber auch die Übertragung französischer internrechtlicher

[1106] Siehe hierzu insbesondere Schwimann, ÖJZ 1980, S. 7, 10, der dies anhand einer Entscheidung des LG Salzburg vom 1.3.1974 (ZfRV 1975, S. 48 ff.) darlegt. Siehe zu dieser Entscheidung des LG Salzburg auch die beißende Kritik von v. Bar, IPR, Bd. I, Rn. 587.

[1107] Vgl. Müko-Sonnenberger, Einl. Rn. 455; Schwimann, aaO, S. 10 rechte Spalte; v. Bar, aaO; Kropholler, IPR, § 17 II, S. 114.

Systematik. Es hat daher unberücksichtigt zu bleiben, daß im *materiellen* französischen Recht der erste Vertrag in der Absatzkette auch die Art und den Umfang der Rechte des entfernteren Abnehmers bestimmt. Das Grundprinzip der „action directe en garantie" und „en responsabilité contractuelle de droit commun", wonach sich die Rechtsposition des Zweitabnehmers allgemein aus derjenigen des Erstabnehmers ableitet, ist also sozusagen in einen *kollisionsrechtlichen* und einen *materiellrechtlichen* Teil *aufzuspalten*. Für das Kollisionsrecht ist dann natürlich nur der kollisionsrechtliche Teil dieses Prinzipes relevant. Führt dieser zur Anwendung einer (aus Sicht des Forums) ausländischen Rechtsordnung, spielt der materiellrechtliche Teil des Prinzipes keine Rolle mehr, d.h. in der berufenen ausländischen Rechtsordnung sind die Normen anzuwenden, deren Rechtsordnungsfunktion es ist, Schadensersatzansprüche eines mit dem Hersteller nicht vertraglich verbundenen Nacherwerbers zu regeln. Dies sind in dem hier zur Anwendung berufenen deutschen Recht aber die Normen des *Deliktsrechts*[1108].

Der Einwand von Leclerc, bei einer Anwendung der deliktsrechtlichen Normen der im Verhältnis Hersteller/Nacherwerber als „Vertragsstatut" berufenen Rechtsordnung würden unter Umständen Deliktsnormen einer

---

[1108] Da die Aufgabe der ungeschriebenen Kollisionsnorm für die „action directe" mit der Bezeichnung der anzuwendenden Rechtsordnung endet und nicht etwa auch darin besteht, die innerfranzösische Konstruktion der Ableitung der Rechtsposition des Zweitabnehmers aus derjenigen des Erstabnehmers in die anzuwendende Sachrechtsordnung zu übertragen, muß auch die bisher noch nicht vorgeschlagene Idee verworfen werden, dem *Zweiterwerber* etwaige deliktische Ansprüche zu übertragen, die dem *Ersterwerber* nach der auf den ersten Vertrag der Absatzkette anzuwendenden Rechtsordnung zustehen. Auf eine solche Idee könnte man deshalb kommen, weil in *Cass. civ. 1re vom 18.10.1989,* wie erwähnt (s.o. S. 266 ff.), einem „unmittelbaren" Vertragspartner im Falle einer vertragsrechtlichen Verweisung auf das deutsche Recht die Möglichkeit eingeräumt wurde, sich auch auf konkurrierende Deliktsansprüche nach deutschem Recht zu berufen.

Zwar läßt sich dieser Idee nicht entgegenhalten, daß nach französischer Auffassung Aufgabe der vertraglichen „action directe" nur eine Übertragung vertraglicher und nicht auch deliktischer Ansprüche ist, denn bei diesem Einwand würde man übersehen, daß es sich *aus französischer Sicht* gar nicht um deliktische Ansprüche handelt, die insoweit mitübertragen würden, sondern um konkurrierende Ansprüche im Rahmen des Vertragsstatuts. Dennoch ist aber eine über den Mechanismus der „action directe" erfolgende Übertragung etwaiger konkurrierender Deliktsansprüche des *Ersterwerbers* aus den gleichen Gründen abzulehnen, wie die Übertragung der *Vertragsansprüche* des Ersterwerbers, denn das innerfranzösische materiellrechtliche Prinzip der Übertragung der Rechtsposition des Ersterwerbers auf den Zweiterwerber spielt, wie soeben erörtert, innerhalb der zur Anwendung berufenen außerfranzösischen Rechtsordnung keine Rolle mehr.

Die *vertragliche* Sachnormverweisung auf das deutsche Recht führt nach der hier vertretenen Auffassung also dazu, daß dem Zweit- oder Nacherwerber innerhalb des zur Anwendung berufenen deutschen Sachrechts *„eigene" Deliktsansprüche* und nicht etwa diejenigen des Ersterwerbers zustehen.

Rechtsordnung angewendet, in der „das Delikt" nicht „lokalisiert" ist, erscheint bei näherer Betrachtung als nicht sehr stichhaltig. Aus Sicht des französischen Kollisionsrechts liegt ja gar kein Delikt vor, auf dessen „Lokalisierung" es ankäme. Da also kein Deliktsstatut anhand der deliktsrechtlichen Kollisionsnorm ermittelt wird, kommt es auch nicht auf die „Lokalisierung" des „Delikts" an. Daß aufgrund einer Sachnormverweisung ausländische Sachnormen berufen werden, die *nach dortigem Verständnis* einer anderen Kategorie als der Systembegriff der verweisenden Kollisionsnorm zugehören, sollte aufgrund des heute herrschenden Konzeptes der funktionellen Qualifikation eigentlich nichts Besonderes sein. Wie diese andere Kategorie aus Sicht des Forums kollisionsrechtlich zu behandeln wäre, ist unerheblich. Aus letztgenanntem Grunde ist auch der Lösungsweg abzulehnen, nach Feststellung der Tatsache, daß das in Betracht kommende ausländische Recht die Rechtsfrage an einer anderen Stelle seines Rechtssystems regelt, dieser ausländischen Einordnung der Rechtsfrage zu folgen und die eigene, an der „lex fori" orientierte „Eingangsqualifikation" zugunsten der entsprechenden anderen Kollisonsnorm wieder aufzugeben. Dies wäre nichts anderes als eine reine Qualifikation nach der „lex causae", gegen die die allseits bekannten Nachteile sprechen. Auf eine solche „lex causae"-Qualifikation läuft jedoch letztlich der von Leclerc vorgeschlagene Lösungsweg[1109] hinaus, da er die vertragliche „Eingangsqualifikation" der Produkthaftungsansprüche des Nacherwerbers wieder aufgeben möchte, wenn festzustellen ist, daß das so berufene Vertragsstatut die Rechtsfrage über den Weg des Deliktsrechts lösen würde. Leclerc würde dann dieser Einordnung der „lex causae" folgen und die Produkthaftungsansprüche des Nacherwerbers der deliktischen Kollisionsnorm unterstellen.

Zwischenergebnis: Unter Beibehaltung der an der „lex fori" orientierten *vertraglichen* „Eingangsqualifikation" sind innerhalb der von der Kollisionsnorm für die „action directe" des Nacherwerbers berufenen deutschen Rechtsordnung die Sachnormen anzuwenden, deren Rechtsordnungsfunktion in der Regelung der untersuchten Rechtsfrage besteht, mithin also die *deutschen Deliktsnormen*.

Abschließend ist noch kurz zu untersuchen, ob eine solche Lösung die französischen Deliktskollisionsnormen oder das „non-cumul"-Prinzip verletzen würde.

ββ) Verletzung der französischen Deliktskollisionsnormen?

Anläßlich der Haftung des Transportunternehmers gegenüber dem Fahrgast, die im französischen Recht als vertraglich[1110], in anderen Ländern

---

1109 Siehe dazu oben S. 230 f.

dagegen als deliktisch qualifiziert wird, hat Toubiana die Ansicht geäußert, daß die Anwendung der deliktsrechtlichen Vorschriften des aufgrund der vertraglichen Kollisionsnorm berufenen Rechts zu einer Verletzung der französischen Kollisionsregel für Delikte führt[1111]. Da sich auch eine Anwendung des Vertragsrechts der berufenen Rechtsordnung verböte, weil dann der Geschädigte leer ausgehen müßte, schlägt Toubiana zur Vermeidung der genannten Schwierigkeiten vor, ein zweites Mal nach der „lex causae" zu qualifizieren und, falls sich hierbei eine deliktsrechtliche Qualifikation ergibt, die Kollisionsnorm des Forums für Delikte anzuwenden. Abgesehen davon, daß gegen diese Spielart der „lex causae"-Theorie die allseits bekannten Einwände zu erheben wären, ist bereits die Prämisse, von der Toubiana ausgeht nicht richtig. Es kann bereits deshalb keine Verletzung der deliktischen Kollisionsnorm vorliegen, weil der Sachverhalt aus Sicht der „lex fori", die nach ganz h.M. für die Qualifikation auf der Tatbestandsseite der Kollisionsnorm allein entscheidend ist[1112], gar kein deliktsrechtlicher ist[1113]. Eine Verletzung der Kollisionsnorm für Delikte liegt daher nicht vor.

γγ) Verletzung des „non-cumul"-Prinzips?

Es fragt sich, ob in einer Anwendung der deutschen deliktsrechtlichen Normen auf die Ansprüche des Zweitabnehmers gegen den Hersteller eine Verletzung des französischen „non-cumul"-Prinzipes liegt. Dies ist aus den soeben genannten Gründen zu verneinen, denn aus Sicht des französischen IPR handelt es sich ja um eine Anwendung der funktionell adaequaten Normen des *Vertragsstatuts*, mithin also um vertragsrechtliche Normen.

Ergebnis: Es bleibt bei dem zuvor festgestellten Ergebnis, d.h., verweist die ungeschriebene französische Kollisionsregel für die „action directe en garantie" und „en responsabilité contractuelle de droit commun" auf deutsches Recht, so ist auf die Ansprüche des Nacherwerbers gegen den Hersteller nicht deutsches Vertragsrecht, sondern das deutsche deliktsrechtliche Produkthaftungsrecht anzuwenden.

1110 = Verletzung einer „obligation de sécurité" des Transporteurs.

1111 Toubiana, Le domaine de la loi du contrat en droit international privé, S. 112. Ebenso das von der Cour de cassation ausdrücklich abgelehnte Vorbringen der Beklagten in Cass. civ. 1re vom 18.10.1989 (siehe oben S. 267).

1112 Siehe oben S. 214.

1113 Toubiana selbst, die in einem ersten Schritt ebenfalls von einer Qualifikation nach der „lex fori" ausgeht, hält ihre eigene Feststellung bezüglich der Verletzung der deliktischen Kollisionsregel aus diesem Grunde auch nur für teilweise richtig (Toubiana, aaO, S. 112, Fn. 1: „Encore que la remarque ne soit que partiellement exacte, puisque la qualification délit n'est pas donnée par la *lex fori*.").

b) Sachverhalte, bei denen der Nacherwerber nach der „lex fori" die Wahl zwischen der bisherigen (fortgeltenden) vertraglichen Produkthaftung und den Art. 1386-1 ff. C. civ. hat

Dazu, daß sich auch in diesen Fällen die internationale (und örtliche) Zuständigkeit wegen des „Handte-Urteiles" und dessen späterer Umsetzung durch die Cour de cassation in jedem Falle nach Art. 5 Nr. 3 EuGVÜ richtet, braucht nichts weiter ausgeführt zu werden.

Was die Ermittlung des anwendbaren Rechts angeht, so kommt hier im Rahmen der an der „lex fori" orientierten „Eingangsqualifikation" grundsätzlich eine „Doppelqualifikation" als vertraglich und deliktisch in Betracht. Da hier auch alle Auffassungen zur kollisionsrechtlichen „Anspruchskonkurrenz" grundsätzlich zu einem positiven Ergebnis kämen[1114], scheint auf den ersten Blick der Ausspruch einer vertraglichen *und* einer deliktischen Verweisung möglich. Hier wirkt sich jedoch nun das unterschiedliche Grundverständnis der „Anspruchskonkurrenz" aus: während es nach französischer Auffassung lediglich um eine „option" geht[1115], d.h. also um ein Entweder-Oder, geht es nach deutschem Verständnis um eine „echte" Anspruchskonkurrenz. Da für die Frage der kollisionsrechtlichen „Anspruchskonkurrenz", zumindest auch, die Einstellung der „lex fori" zu berücksichtigen ist[1116] und diese nur eine „option", nicht aber eine „echte" Anspruchskonkurrenz zuläßt, kommt es auch kollisionsrechtlich nur zu jeweils *einer* Verweisung (dies wäre im übrigen auch die Einstellung des Deliktsstatuts, sofern es zu einer Verweisung auf das französische Recht kommt). Da nur jeweils eine Verweisung ausgesprochen wird, stellt sich auch aus französischer Sicht nicht die Frage einer „akzessorischen Anknüpfung".

Kommt es somit in der untersuchten Fallkonstellation zu einer (ausschließlich) vertragsrechtlichen Verweisung, so gelten nicht nur die obigen Ausführungen zur Anknüpfung [a) cc)] und Art der Verweisung [a) dd)], sondern auch diejenigen zur „Rechtssatzqualifikation" auf der Rechtsfolgenseite der Kollisionsnorm [a) ee)] sinngemäß.

[1114] Sowohl die „lex fori" als auch die als Vertragsstatut und als Deliktsstatut in Frage kommenden Rechtsordnungen (Deutschland und Frankreich) stünden nunmehr einer „Anspruchskonkurrenz" grundsätzlich positiv gegenüber.

[1115] Siehe hierzu oben S. 84 m.w.N. und soeben S. 253 mit Fn. 1045. Das Wort „Anspruchskonkurrenz" wurde deshalb auch nur in Anführungszeichen verwendet (siehe hierzu auch oben S. 253).

[1116] Siehe hierzu oben S. 257 f. In der französischen Gerichtspraxis wird sogar ausschließlich auf die „lex fori" abgestellt und deren Einstellung zur „Anspruchskonkurrenz" bzw. „option" auf das Kollisionsrecht übertragen (siehe oben S. 256).

Kommt es zu einer (ausschließlich) deliktsrechtlichen Verweisung, so würden sich die erörterten Qualifikationsprobleme weder bei einer Verweisung auf das französische noch bei einer Verweisung auf das deutsche Recht stellen.

2. Zweite Grundkonstellation: Gleiche Ausgangslage wie in der ersten Grundkonstellation, auf den ersten Vertrag ist jedoch nicht deutsches, sondern französisches Recht anzuwenden[1117]

a) Sachverhalte, die in der „lex fori" in den ausschließlichen Anwendungsbereich der bisherigen (fortgeltenden) vertraglichen Produkthaftung fallen

Ist, bei ansonsten gleicher Ausgangslage wie in der ersten Grundkonstellation, auf den ersten Vertrag in der Kette unter Ausschließung des CISG französisches Recht anzuwenden, so unterliegen auch die „direkten Ansprüche" des französischen Nacherwerbers gegen den deutschen Hersteller aufgrund der erörterten „mittelbaren" Anknüpfung an das Vertragsstatut des ersten Vertrages der Absatzkette dem französischen Recht. Hier bestehen nun nicht nur keine Bedenken, innerhalb der zur Anwendung berufenen (französischen) Sachrechtsordnung auch zwischen Hersteller und Nacherwerber Vertragsrecht anzuwenden, sondern dies ist aufgrund der „Lamborghini-Rechtsprechung"[1118] geradezu geboten. Kollisionsrechtlich gesondert zu würdigende „konkurrierende" Deliktsansprüche bestehen daneben wegen der negativen Einstellung der französischen „lex fori" zur „Anspruchskonkurrenz" in diesen Fällen nicht.

b) Sachverhalte, bei denen der Nacherwerber nach der „lex fori" die Wahl zwischen der bisherigen (fortgeltenden) vertraglichen Produkthaftung und den Art. 1386-1 ff. C. civ. hat

Für die grundsätzliche kollisionsrechtliche Behandlung dieser Sachverhalte wird auf die obigen Ausführungen unter 1. b) verwiesen.

Hier treten nun weder bei der vertragsrechtlichen noch bei der deliktsrechtlichen Verweisung die untersuchten Qualifikationsprobleme auf.

[1117] Zu den einzelnen Grundkonstellationen und den für alle Konstellationen gemeinsamen Vorgaben siehe oben unter I. 2., S. 248 ff.

[1118] Cass. civ. 1re v. 9.10.1979 (siehe zu diesem mehrfach erwähnten Grundsatzurteil z.B. oben S. 158).

3. Dritte Grundkonstellation: Gleiche Ausgangslage wie in der ersten Grundkonstellation, auf den ersten Vertrag ist jedoch das CISG[1119] anzuwenden[1120]

a) Sachverhalte, die in der „lex fori" in den ausschließlichen Anwendungsbereich der bisherigen (fortgeltenden) vertraglichen Produkthaftung fallen

Haben die Parteien des ersten Vertrages der Absatzkette (deutscher Hersteller und französischer Importeur[1121]) nicht ausdrücklich oder stillschweigend[1122] das CISG ausgeschlossen, so *ist* dieses gemäß Art. 100 Abs. 2, 1 Abs 1 a) CISG ohne „Umweg" über das IPR in diesem Verhältnis anzuwenden, sofern der Kaufvertrag ab dem 1.1.1991 (Datum des Inkrafttretens des CISG für Deutschland) geschlossen wurde, was hier zu unterstellen ist (wäre der Kaufvertrag zwischen dem 1.1.1988, dem Inkrafttreten des CISG für Frankreich, und dem 31.12.1990 geschlossen worden, so hätte das CISG über Art. 100 Abs. 2, 1 Abs. 1 b) CISG zur Anwendung kommen können).

Nur klarstellend sei erwähnt, daß das CISG im Falle einer Kollision Vorrang vor dem Haager Übereinkommen vom 15.6.1955 betreffend das auf internationale Kaufverträge über bewegliche Sachen anzuwendende Recht hat und, nach Kündigung dieses Übereinkommens[1123], vor dem EG-Schuldvertragsübereinkommen hätte (die genannte Problematik wäre dann von Relevanz, wenn die genannten Übereinkommen nicht zur Anwendung des Verkäufer- oder Käuferrechts, und damit i. d. R. wieder zum CISG führen). Zwar möchte Art. 90 CISG nach umstrittener Auffassung nicht nur materiellrechtlichen Übereinkommen, sondern als Ausnahmevorschrift zu Art. 1 Abs. 1 a) CISG auch kollisionsrechtlichen Abkommen den Vorrang gewähren[1124]. Hinsichtlich der Haager Konvention von 1955 käme eine Anwen-

---

[1119] Wiener Übereinkommen der Vereinten Nationen vom 11.4.1980 über Verträge über den internationalen Warenkauf, in Kraft für Frankreich seit dem 1.1.1988, für Deutschland seit dem 1.1.1991.

[1120] Zu den einzelnen Grundkonstellationen und den für alle Konstellationen gemeinsamen Vorgaben s.o. unter I. 2., S. 248 ff.

[1121] Gemeint ist hier natürlich, unabhängig von der Nationalität, ein Hersteller mit Niederlassung in Deutschland und ein Importeur mit Niederlassung in Frankreich (vgl. Art. 1 Abs. 1, 1 Abs. 3 und 10 CISG).

[1122] Regelmäßig nicht als stillschweigender Ausschluß des CISG ist es anzusehen, wenn die Parteien nur allgemein das Recht eines Vertragsstaates gewählt haben, ohne ausdrücklich auf das unvereinheitlichte Kaufrecht dieses Staates Bezug zu nehmen, vgl. v. Caemmerer/Schlechtriem/Herber, Art. 6, Rn. 16, Fn. 30 mit umfangreichen Nachweisen.

[1123] Dazu, daß das genannte Haager Übereinkommen vom 15.6.1955 aus Sicht des französischen IPR im Hinblick auf *Kaufverträge* Vorrang vor dem EG-Schuldvertragsübereinkommen hat (jedenfalls, wenn es sich, wie hier, *nicht* um einen Verbrauchervertrag handelt), siehe oben S. 223.

dung des Art. 90 CISG aber schon deshalb nicht in Betracht, weil nur Frankreich, nicht aber Deutschland Vertragsstaat der Haager Konvention von 1955 ist (siehe den Wortlaut des Art. 90 CISG „sofern die Parteien ihre Niederlassung in Vertragsstaaten einer solchen Übereinkunft haben"). Im Verhältnis zum EG-Schuldvertragsübereinkommen könnte man dagegen, bei bejahender Grundeinstellung, eine Anwendung des Art. 90 CISG in Betracht ziehen, da dieses Übereinkommen sowohl für Frankreich als auch für Deutschland in Kraft ist. Da das Übereinkommen ebenfalls eine Vorrangklausel zugunsten anderer Abkommen enthält (Art. 21), käme es dann zu einem negativen Anwendungskonflikt. Dieser ist dann aber, auch nach den Befürwortern einer Anwendung des Art. 90 CISG, zugunsten des materiellrechtsvereinheitlichenden Übereinkommens zu lösen[1125].

Kommt hier also das CISG in dem Vertrag zwischen Hersteller und Ersterwerber zur Anwendung, so wäre es nach der Systematik der „action directe en garantie" und „en responsabilité contractuelle de droit commun" grundsätzlich auch auf die Ansprüche des *Nacherwerbers gegen den Hersteller* anzuwenden. Bevor untersucht wird, ob eine Anwendung des CISG auch in diesem Verhältnis zuzulassen ist, ist zunächst einmal wegen Art. 5 CISG zwischen Personen- und Sachschäden zu differenzieren.

aa) Personenschäden

Ansprüche des Nacherwerbers gegen den Hersteller wegen Personenschäden, die durch das Produkt verursacht wurden, fallen von vornherein aus dem Anwendungsbereich des CISG (vgl. Art. 5 CISG). Insoweit ist dann auf nationales Recht zurückzugreifen, das nach dem IPR des Gerichtsortes zu bestimmen ist[1126]. Wie zuvor erörtert, sind die Produkthaftungsansprüche des Nacherwerbers in der untersuchten Fallkonstellation aus französischer Sicht als (ausschließlich) vertraglich zu qualifizieren und an das Vertragsstatut des ersten Vertrages der Absatzkette anzuknüpfen[1127]. Kommt man hierbei zum deutschen Recht, gelten die Ausführungen zur ersten

---

[1124] Dafür z.B. Winship in Galston/Smit (Hrsg.) 1/43; v. Caemmerer/Schlechtriem/Herber, Art. 90, Rn. 6.

Dagegen z.B. Enderlein/Maskow/Strohbach, Vorbem. 2 vor Art. 1 CISG; Kindler, RIW 1988, S. 776, 780.

[1125] Siehe z.B. v. Caemmerer/Schlechtriem/Herber, Art. 90, Rn. 6; Herber/Czerwenka, Art. 90 Rn. 3. Grundsätzlich für einen Vorrang von staatsvertraglich vereinheitlichtem materiellen Privatrecht vor staatsvertraglichen Kollisionsnormen Zweigert/Drobnig, RabelsZ 29 (1965), S. 146, 148 ff.; Majoros, RabelsZ 46 (1982), S. 84, 93.

[1126] Siehe z.B. v. Caemmerer/Schlechtriem/Herber vor Art. 1–6, Rn. 11; Otto, MDR 1992, S. 533, 537.

[1127] Siehe oben 1. Abschnitt, B. I. und II. 2.

Grundkonstellation entsprechend, kommt man zum französischen Recht, gelten die Ausführungen zur zweiten Grundkonstellation entsprechend.

bb) Sachschäden

Da Sachschäden grundsätzlich vom CISG erfaßt werden, müßten sich die diesbezüglichen Ansprüche des Nacherwerbers gegen den Hersteller nach der Systematik der „action directe en garantie" und „en responsabilité contractuelle de droit commun" eigentlich auch nach dem CISG richten.

Hier stellt sich nun ein ähnliches Problem wie bei der Frage der Anwendbarkeit des deutschen Vertragsrechts im Verhältnis Hersteller/Nacherwerber in der ersten Grundkonstellation[1128], denn das CISG will nach allgemeiner Ansicht nur das unmittelbare Verhältnis zwischen Verkäufer und Käufer regeln, nicht aber die Haftung des Herstellers gegenüber einem mit ihm vertraglich nicht verbundenen Nacherwerber[1129] (siehe insoweit auch bereits den Wortlaut des Art. 1 Abs. 1 CISG „Kaufverträge über Waren zwischen Parteien").

Kann man sich hierüber durch eine schematische Anwendung der innerfranzösischen sachrechtlichen Systematik der „action directe" des Nacherwerbers hinwegsetzen?

Die Antwort muß hier genauso wie in der *ersten* Grundkonstellation „nein" lauten, wobei größtenteils entsprechend auf die obigen Ausführungen verwiesen werden kann[1130], denn es kann keinen Unterschied machen, ob das unvereinheitlichte nationale Kaufrecht keine Lösung für die betrachteten Fälle bereithält oder aber das vereinheitlichte Kaufrecht, das ja auch Bestandteil des nationalen Rechts ist.

Zum gleichen Ergebnis kommt nunmehr offenbar auch die Cour de cassation in einer Entscheidung vom 5.1.1999[1131], in der sie eine Anwendung des CISG im Verhältnis zwischen Hersteller und Nacherwerber ablehnt[1132]. Die Entscheidung läßt allerdings viele Fragen offen. So erfolgt die Aufhebung des Urteiles der Vorinstanz[1133] vornehmlich deshalb, weil die Cour de

---

1128 Siehe oben S. 259 ff.

1129 Siehe z. B. Otto, MDR 1992, S. 533, 537; Audit, Vente internationale de marchandises, Nr. 39 f., S. 36 mit Fn. 1; Kahn, Jcl. de dr. int., Fasc. 565-A-5, Nr. 35.

1130 Siehe oben S. 261 ff.

1131 Cass. civ. 1re v. 5.1.1999 („Thermo King"), J.C.P. 1999, IV, 1293 = Juris-Data Nr. 000009.

1132 Im Ergebnis zuvor ebenso Witz/Wolter, RIW 1998, S. 278, 284 f. in ihrer Anmerkung zur Vorinstanz (= Cour d'appel de Grenoble v. 15.5.1996, wiedergegeben bei Witz/Wolter, aaO). Allgemein auch Staudinger-Magnus, Art. 4 CISG, Rn. 14; vgl. auch v. Caemmerer/Schlechtriem/Stoll, Art. 74, Rn. 26.

cassation die von der Cour d'appel de Grenoble befürwortete Anwendung des CISG auf einen zwischen dem Hersteller und dem Nacherwerber unmittelbar bestehenden Garantievertrag ablehnt. Lediglich indirekt ergibt sich, daß die Cour de cassation auch unabhängig von dem Garantievertrag eine Anwendung des CISG im Verhältnis Hersteller/Nacherwerber ablehnt. Angesichts des klaren Wortlauts der Art. 1 und 4 CISG blieb der Cour de cassation insofern allerdings auch nicht viel anderes übrig. Mit dem genannten Urteil verneint die Cour de cassation eine starre, unreflektierte Anwendung der Prinzipien der „action directe" (zu der hier geäußerten Kritik an einer entsprechenden schematischen Vorgehensweise siehe oben S. 261 ff.), läßt aber im übrigen völlig offen, auf welcher rechtlicher Grundlage der Rechtsstreit zu entscheiden ist[1134].

Wenn das CISG nicht auf das Verhältnis zwischen Hersteller und Nacherwerber anzuwenden ist, welche Normen sind es dann? In der *ersten* Grundkonstellation wurde innerhalb der zur Anwendung berufenen deutschen Rechtsordnung mangels Einschlägigkeit des deutschen *Vertrags*rechts das deutsche *Delikts*recht angewendet, welches die Frage der Haftung des Herstellers gegenüber einem Zweit-/Nacherwerber regelt. Auf die gegenwärtig untersuchte Fallkonstellation übertragen, würde dies bedeuten, nun auf unmittelbar anwendbares Delikts-Einheitsrecht zurückzugreifen. Da aber ein solches vereinheitlichtes Deliktsrecht nicht zur Verfügung steht[1135], bleibt, wie bei den Personenschäden, nichts anderes übrig, als zunächst einmal zu ermitteln, welches nationale Recht nach der (ungeschriebenen) französischen vertraglichen Kollisionsnorm für die „action directe" zur Anwendung kommt. Ergibt sich hierbei eine Anwendung deutschen Rechts, ist wie in der ersten Grundkonstellation auf die Ansprüche des Nacherwerbers gegen den Hersteller das deutsche deliktsrechtliche Produkthaftungsrecht anzuwenden[1136], kommt man zum französischen Recht, ist auf die Ansprüche

1133 Cour d'appel de Grenoble v. 15.5.1996, aaO.

1134 Zwei grundsätzliche Möglichkeiten kommen hier in Betracht: Entweder die Cour de cassation gibt die bisherige vertragliche *Eingangs*qualifikation der „action directe" auf und unterwirft diese künftig den französischen Deliktskollisionsnormen, was m.E. aber eher unwahrscheinlich ist, oder aber die Cour de cassation folgt der hier im Einklang mit einem Teil der französischen Lehre vertretenen Auffassung, wonach, unter Beibehaltung der vertraglichen *Eingangs*qualifikation, auf der Ebene der *Rechtssatz*qualifikation (zu diesen Begriffen siehe oben S. 244–246) gegebenenfalls auf Deliktsrecht zurückzugreifen ist (ein Beispiel für eine derartige Vorgehensweise im Rahmen eines *„unmittelbaren"* Vertragsverhältnisses ist die oben näher erläuterte Entscheidung der Cour de cassation vom 18.10.1989, siehe oben S. 266 ff.).

1135 Auch die nationalen Umsetzungen der EG-Produkthaftungsrichtlinie Nr. 85/374 vom 25.7.1985 schaffen insoweit kein *Einheitsrecht,* sondern lediglich *angeglichenes* nationales Recht, welches den „Umweg" über das IPR nicht erspart.

1136 Nur klarstellend sei darauf hingewiesen, daß es insoweit selbstverständlich nicht auf die bekannte Streitfrage ankommt, inwieweit neben dem CISG konkurrie-

des Nacherwerbers wie in der zweiten Grundkonstellation französisches Vertragsrecht anzuwenden[1137].

b) Sachverhalte, bei denen der Nacherwerber nach der „lex fori" die Wahl zwischen der bisherigen (fortgeltenden) vertraglichen Produkthaftung und den Art. 1386-1 ff. C. civ. hat[1138]

Sofern es hier zu einer (ausschließlich) vertragsrechtlichen Verweisung kommt, gelten die Ausführungen unter a) entsprechend. Kommt es zu einer (ausschließlich) deliktsrechtlichen Verweisung, stellt sich die Problematik nicht.

4. Übrige Grundkonstellationen[1139]

a) Sachverhalte, die in der „lex fori" in den ausschließlichen Anwendungsbereich der bisherigen (fortgeltenden) vertraglichen Produkthaftung fallen

Die übrigen Grundkonstellationen lassen sich insoweit *bei französischem Forum* auf die Grundkonstellationen 1–3 zurückführen, da der erste Vertrag der Absatzkette, der nach französischer Auffassung ja insofern maßgeblich für die Bestimmung des im Verhältnis zwischen Hersteller und Nacherwerber geltenden Rechts ist[1140], in diesen übrigen Grundkonstellationen entweder dem (unvereinheitlichten) deutschen Recht[1141], dem (unvereinheitlichten) französischen Recht[1142] oder dem CISG[1143] unterliegt. Lediglich im

---

rend nationales Deliktsrecht zur Anwendung kommen kann, denn in der untersuchten Fallkonstellation ist das CISG ja von vornherein überhaupt nicht anwendbar (im übrigen werden die deutschen Deliktsnormen hier nicht im Rahmen des Deliktsstatuts, sondern im Rahmen des Vertragsstatuts berufen).

1137 Dazu, daß als Ausweg aus der vorgenannten Problematik ein Wechsel von der vertraglichen zu einer deliktischen Eingangsqualifikation der „action directe" des Nacherwerbers abzulehnen ist, siehe die obigen Ausführungen auf S. 270, die insoweit entsprechend gelten.

1138 Allgemein zur kollisionsrechtlichen Behandlung dieser Sachverhalte und insbesondere dazu, daß hier auch kollisionsrechtlich nur eine „option" besteht, oben unter 1. b).

1139 Zu den einzelnen Grundkonstellationen und den für alle Konstellationen gemeinsamen Vorgaben siehe oben unter I. 2., S. 248 ff.

1140 Darauf, daß es in diesen Sachverhalten zu einer ausschließlich vertraglichen Qualifikation kommt und ausschließlich eine vertragliche Verweisung ausgesprochen wird, wird hier nicht nochmals eingegangen.

1141 Maßgeblich ist insoweit dann die für die erste Grundkonstellation entwickelte Lösung.

1142 Insoweit gelten die Ausführungen zur zweiten Grundkonstellation entsprechend.

Hinblick auf die internationale und örtliche Zuständigkeit ergibt sich bei den Konstellationen 7–12 ein kleiner Unterschied: die internationale Zuständigkeit der französischen Gerichte ergibt sich nun aus Art. 2 Abs. 1 i. V. mit 53 Abs. 1 EuGVÜ, da der beklagte Hersteller jetzt ja in seinem Sitzstaat verklagt wird; die örtliche Zuständigkeit ergibt sich in diesen Fällen aus französischem Prozeßrecht, also z. B. aus Art. 42 Abs. 1 i. V. mit Art 43 2. Spiegelstrich Nouveau code de procédure civile (Sitz des Beklagten).

b) Sachverhalte, bei denen der Nacherwerber nach der „lex fori" die Wahl zwischen der bisherigen (fortgeltenden) vertraglichen Produkthaftung und den Art. 1386-1 ff. C. civ. hat[1144]

Kommt es in diesen Fällen zu einer (ausschließlich) vertragsrechtlichen Verweisung, so gelten wiederum die Ausführungen zu a) entsprechend. Kommt es zu einer (ausschließlich) deliktsrechtlichen Verweisung, so stellen sich die in den vorherigen Grundkonstellationen jeweils unter a) erörterten Probleme nicht[1145].

III. Geltendmachung von Produkthaftungsansprüchen eines Nacherwerbers vor deutschem Gericht

Im folgenden ist zu untersuchen, ob sich bei Produkthaftungsfällen innerhalb einer deutsch-französischen Vertragskette aus Sicht des *deutschen* IPR ähnliche Probleme stellen wie aus Sicht des *französischen* IPR.

Hierbei sollen zunächst die Fälle einer Absatzkette bestehend aus französischem Hersteller, deutschem Importeur/Ersterwerber und deutschem Nacherwerber/Endabnehmer untersucht werden, wie sie z. B. den beiden Entscheidungen des OLG Düsseldorf vom 28.4.1978 („Klappfahrrad-Entscheidung")[1146] und des OLG Köln vom 11.12.1991 („Sicherungsklemmen-Entscheidung")[1147] zugrundelagen. Beide Entscheidungen kamen unter Zugrundelegung der Tatortregel jeweils zur Anwendung *deutschen* Delikts-

---

1143 Insofern ist die zur dritten Grundkonstellation entwickelte Lösung zu übertragen.

1144 Allgemein zur kollisionsrechtlichen Behandlung dieser Sachverhalte und insbesondere dazu, daß hier auch kollisionsrechtlich nur eine „option" besteht, oben unter 1. b).

1145 In den Konstellationen 7–12 ergibt sich die Zuständigkeit ebenfalls aus den Art. 2 Abs. 1, 53 Abs. 1 EuGVÜ (internationale Zuständigkeit) und den Art. 42 Abs. 1, 43 2. Spiegelstrich NCPC (örtliche Zuständigkeit).

1146 OLG Düsseldorf v. 28.4.1978, NJW 1980, S. 533 f. mit Anm. Kropholler = JuS 1980, S. 452 (Leitsatz) m. Anm. Hohloch.

1147 OLG Köln v. 11.12.1991, RIW 1993, S. 326 = VersR 1993, S. 110 ff.

rechts, weshalb es insoweit auch an Angaben darüber fehlt, welchem Recht die einzelnen Verträge der Absatzkette unterlagen. Diese Frage kann aber dann von Relevanz werden, wenn es zu einer Verweisung auf das *französische* (Sach-) Recht kommt, da insoweit nicht auszuschließen ist, daß dann die vertragliche „action directe“ zur Anwendung berufen ist. Hier könnte sich dann die Frage stellen, ob die *dem französischen Recht* unterliegende „action directe“ durchführbar ist, wenn die einzelnen Verträge der Absatzkette einer anderen Rechtsordnung, wie insbesondere dem deutschen Recht unterliegen. Am problematischsten erscheint dabei die Konstellation, daß auch der erste Vertrag der Absatzkette dem deutschen Recht unterliegt. Diese Grundkonstellation soll im folgenden als erstes untersucht werden.

1. Siebte Grundkonstellation: Französischer Hersteller, deutscher Importeur, deutscher Endabnehmer, beide Verträge unterliegen dem deutschen Recht[1148]

a) Internationale (und örtliche) Zuständigkeit

Wendet sich ein deutscher Endabnehmer wegen eines in Deutschland erlittenen Produkthaftungsschadens gegen einen französischen Hersteller, so läßt sich über Art. 5 Nr. 3 EuGVÜ ohne weiteres eine Zuständigkeit am deutschen „Erfolgsort“ begründen.

b) „Eingangsqualifikation“[1149] auf der Tatbestandsseite der Kollisionsnorm und „kollisionsrechtliche“ Anspruchskonkurrenz

Fraglich ist, wie die Produkthaftungsansprüche eines *Nacherwerbers* aus deutscher Sicht zu qualifizieren sind, und ob insoweit eine „kollisionsrechtliche“ Anspruchskonkurrenz in Betracht kommt.

Zwei Ausgangspunkte kommen hier in Betracht: entweder man qualifiziert die Produkthaftungsansprüche eines Nacherwerbers entsprechend der „lex fori“ ausschließlich deliktisch oder aber man qualifiziert sie sowohl deliktisch als auch vertraglich (eine ausschließlich vertragliche Qualifikation wird dagegen, soweit ersichtlich, nicht vertreten[1150]).

[1148] Zu den einzelnen Grundkonstellationen und den für alle Konstellationen gemeinsamen Vorgaben siehe oben unter I. 2., S. 248 ff.

[1149] Zu diesem Begriff siehe oben S. 245 f.

[1150] Die in diesem Zusammenhang gelegentlich zitierte Stellungnahme von Beitzke in RdC 1965, II, S. 67, 118 f., die noch vor der Festlegung des BGH auf eine deliktsrechtliche Produkthaftung im Jahre 1968 erfolgte, wird zu Unrecht als Befürwortung einer (ausschließlich) vertraglichen Qualifikation angeführt, denn der Autor spricht sich aaO für eine vertragliche und eine deliktische Qualifikation der

Hält man eine deliktische *und* eine vertragliche Qualifikation für möglich, ist weiterhin zu entscheiden, ob die jeweiligen Ansprüche getrennt oder einheitlich anzuknüpfen sind.

aa) Rechtsprechung und h. M.

Nach der h. M. in Deutschland werden Produkthaftungsansprüche entsprechend der „lex fori" ausschließlich als deliktisch qualifiziert und zwar ohne Unterschied, ob es sich um Produkthaftungsansprüche eines Nacherwerbers oder um diejenigen eines sonstigen Dritten handelt[1151]. Auch die beiden eingangs erwähnten Entscheidungen des OLG Düsseldorf vom 28.4.1978 und des OLG Köln vom 11.12.1991, in denen es wie hier um Produkthaftungsansprüche eines deutschen Nacherwerbers gegen einen französischen Hersteller ging, qualifizierten die Schadensersatzansprüche des Nacherwerbers ohne weiteres als deliktisch und knüpften sie entsprechend der deutschen Tatortregel an. So wird beispielsweise in dem insoweit ausführlicher begründeten Urteil des OLG Köln ausgeführt: „Die deliktische Haftung beurteilt sich grundsätzlich nach dem Recht des Tatorts (allgemeine Meinung, vgl. Palandt-Heinrichs, BGB, 50. Aufl., Rdnr. 2 zu Art. 38 EGBGB m. w. N.), wobei deutsches Recht darüber entscheidet, ob ein Geschehen als unerlaubte Handlung zu qualifizieren ist. Letzteres unterliegt keinem Zweifel, da die sogenannte Produzentenhaftung vor der Geltung des hier nicht anwendbaren Produkthaftungsgesetzes (vgl. dessen § 19) aus § 823 BGB hergeleitet wird"[1152].

Das OLG Köln qualifiziert also „das Geschehen" (= Schädigung eines Produkterwerbers durch ein fehlerhaftes Produkt) nach der „lex fori"[1153].

bb) Teil der Rechtslehre

In der Rechtslehre wird zum Teil die Auffassung vertreten, Produkthaftungsansprüche eines Nacherwerbers gegen den Hersteller seien dann (auch) als vertraglich zu qualifizieren, wenn für den Nacherwerber eine „action directe" nach französischem Recht[1154] oder allgemein eine im Aus-

---

Ansprüche eines Endabnehmers aus, möchte aber die deliktsrechtlichen Ansprüche akzessorisch an das Statut des von dem Endabnehmer abgeschlossenen Vertrages anknüpfen.

[1151] Siehe auch Drobnig, Vorschläge und Gutachten, S. 319: „Die deutsche Literatur qualifiziert wie die Rechtsprechung die Produzentenhaftung fast durchwegs stillschweigend als deliktische ...".

[1152] OLG Köln v. 11.12.1991, RIW 1993, S. 326.

[1153] Siehe zum Streit um den Gegenstand der Qualifikation oben S. 246 f.

land bekannte „Vertragskonstruktion“ mit abgeleiteten vertraglichen Ansprüchen in Betracht kommt[1155].

Zur näheren Erläuterung dieser Auffassung sei beispielhaft die Vorgehensweise von Eujen/Müller-Freienfels dargestellt. Der im Jahre 1972 veröffentlichten gutachterlichen Stellungnahme der genannten Autoren lag im Prinzip die hier untersuchte Grundkonstellation zugrunde: Ein in Deutschland ansässiger Müller machte wegen eines Getreidesilos, der bei ihm kurz nach erstmaliger Füllung zusammengebrochen war, Schadensersatzansprüche gegen den französischen Hersteller des Silos geltend. Den Silo hatte der Müller bei einem deutschen Verkäufer gekauft, der ihn bei einem fran-

---

[1154] So Eujen/Müller-Freienfels, AWD 1972, S. 503, 505; ihnen folgend Beaumart, S. 153; ebenso, allerdings ohne nähere Begründung, Sonnenberger, FS Steindorff, S. 777, 778 f. Die genannten Autoren knüpfen die vertraglichen und deliktischen Ansprüche getrennt an.

[1155] So Drobnig, Vorschläge und Gutachten, S. 321–323, der dabei für eine einheitliche Anknüpfung an das Statut des abgeleiteten vertraglichen Anspruches eintritt. Siehe auch bereits die Stellungnahme Beitzkes, die soeben in Fn. 1150 zitiert wurde.

Von Wandt (Internationale Produkthaftung, Rz. 1207 ff.) werden im Zusammenhang mit der Qualifikation und Anknüpfung von „Vertragskonstruktionen“ noch eine Reihe weiterer, sogleich zu zitierender Autoren genannt, die auf den ersten Blick scheinbar auch in der hier untersuchten Fallkonstellation für eine vertragliche und deliktische Qualifikation eintreten und sich nur hinsichtlich der Frage einer einheitlichen oder getrennten Anknüpfung unterscheiden.

Es geht in diesen Stellungnahmen jedoch nicht um die Qualifikation und Anknüpfung von Produkthaftungsansprüchen eines *Nacherwerbers* gegen den Hersteller, für die eine Vertragskonstruktion nach *ausländischem* Recht, wie z.B. eine „action directe“ nach französischem Recht oder ein Vertrag mit Schutzwirkung zugunsten Dritter nach österreichischem Recht in Betracht kommt, sondern um Fallgestaltungen, für die auch die *„lex fori“* eine Einbeziehung in den Schutzbereich eines Vertrages vorsehen würde (wie z.B. für Familienangehörige des *unmittelbaren* Produktabnehmers), was aber hinsichtlich der Qualifikation und Anknüpfung eine ganz andere Ausgangslage ist.

Im Hinblick auf einen solchen „herkömmlichen“ Vertrag mit Schutzwirkung zugunsten Dritter, wie er dem deutschen Recht bekannt ist, treten in der Tat Beitzke (SchwJbIntR 35 (1979), S. 97), Fischer (Die akzessorische Anknüpfung, S. 219; anders dagegen für den österreichischen Vertrag mit Schutzwirkung zugunsten Dritter und die „action directe“, bezüglich derer der Autor ausdrücklich *gegen* eine vertragliche Qualifikation eintritt, aaO S. 252 f.), Staudinger-v. Hoffmann (Art. 38 n.F., Rn. 141) und Schönberger (Das Tatortprinzip, S. 206 f.) für eine vertragliche Qualifikation und eine akzessorische Anknüpfung der Deliktsansprüche ein, während Lorenz (Vorschläge und Gutachten, S. 157) insoweit ebenfalls eine vertragliche Qualifikation befürwortet, jedoch für eine getrennte Anknüpfung plädiert.

Nicht ganz deutlich wird, ob Wandt selber (Internationale Produkthaftung, Rz. 1207–1209) für eine *delikts*akzessorische Anknüpfung der als vertraglich qualifizierten Ansprüche aus einer „Vertragskonstruktion“ eintritt, oder ob er insgesamt eine ausschließlich deliktische Qualifikation befürwortet, wie es der h.M. in Deutschland entspräche.

zösischen Exporteur erworben hatte, der wiederum von dem französischen Hersteller beliefert worden war.

Die Autoren untersuchten zunächst eine etwaige vertragliche Haftung des Herstellers. Hierzu führten sie u. a. aus, daß das französische Recht einem Nacherwerber unter bestimmten Voraussetzungen eine „action directe" gegen den Schuldner seines Schuldners gebe. Zutreffend stellten sie im weiteren Verlauf ihrer Ausführungen fest, daß diese „action directe" nach *französischer* Auffassung ein vertraglicher Rechtsbehelf ist, leiteten hieraus dann aber ab, die Produkthaftungsansprüche eines Nacherwerbers seien auch aus Sicht des deutschen IPR als vertraglich zu qualifizieren und an das Vertragsstatut des ersten Kaufvertrages der Absatzkette anzuknüpfen. Da nach Auffassung der Autoren der vom Hersteller abgeschlossene Kaufvertrag dem französischen Recht unterlag, bejahten sie in concreto eine Verweisung auf das französische Recht und wendeten die Grundsätze der „action directe" an. Die Autoren gingen hier also so vor, daß sie eine potentielle „lex causae" ins Auge faßten (in concreto das französische Recht) und von der dortigen systematischen Einordnung der Rechtsfrage ihre „Eingangsqualifikation", d.h. also die Auswahl der deutschen Kollisionsnorm, abhängig machten. Diese Vorgehensweise ist nichts anderes als eine reine Qualifikation nach der „lex causae" gegen die aber die allseits bekannten Einwände sprechen[1156].

cc) Stellungnahme

Der unter bb) genannten Auffassung kann nicht gefolgt werden.

Bestehen zwischen Schädiger und Geschädigtem *unmittelbare* vertragliche Beziehungen, so ist nichts dagegen einzuwenden, wenn vertragliche *und* deliktische Ansprüche geprüft und nach Bejahung entweder getrennt oder einheitlich angeknüpft werden.

[1156] Ebenfalls ablehnend gegenüber einer an der „lex causae" orientierten vertraglichen Qualifikation der Ansprüche aus „action directe" Fischer, Die akzessorische Anknüpfung, S. 252 f. und Winkelmann, S. 164 f.

Entgegen der Auffassung von Winkelmann (aaO, S. 166, Fn. 80) stellte es jedoch keinen Verstoß gegen daß „non-cumul"-Prinzip dar, daß Eujen/Müller-Freienfels im Jahre 1972 nach den von ihnen bejahten vertraglichen Ansprüchen *zusätzlich* noch deliktische Ansprüche prüften und bejahten, denn selbst wenn man über die Frage der Zulässigkeit einer „kollisionsrechtlichen" Anspruchskonkurrenz allein das (in concreto französische) Vertragsstatut entscheiden ließe, so stand doch das *damalige* französische Recht für das Verhältnis *Nach*erwerber/Hersteller einer „Anspruchskonkurrenz" bzw. „option" nicht entgegen, denn erst durch das „Lamborghini-Urteil" vom 9.10.*1979* wurde das „non-cumul"-Prinzip auch auf dieses Verhältnis ausgedehnt.

Sind Schädiger und Geschädigter dagegen nicht durch einen Vertrag verbunden, wie dies im Verhältnis zwischen Hersteller und Zweiterwerber/ Nacherwerber der Fall ist, so stellt sich die Frage einer getrennten oder akzessorischen Anknüpfung mangels Bestehens einer vertraglichen oder vertragsähnlichen Beziehung nicht. Geht man von dem Grundsatz einer Qualifikation nach der „lex fori" aus, was jedenfalls bezüglich der „Eingangsqualifikation" auf der Tatbestandsseite der Kollisionsnorm, d.h. also der Auswahl der einschlägigen Kollisionsnormen des deutschen IPR, ganz h.M. ist, und geht man gleichzeitig davon aus, daß *Gegenstand* der „Eingangsqualifikation" eine Rechtsfrage und nicht ein Rechtssatz ist, was ebenfalls ganz h.M. ist[1157], so kann eigentlich kaum Zweifel daran bestehen, daß die Rechtsfrage „Schadensersatzansprüche eines Zweit- oder Nacherwerbers gegen einen Hersteller wegen eines durch dessen Produkt verursachten Schadens" aus Sicht des deutschen IPR ausschließlich als deliktisch zu qualifizieren ist. An dieser Einordnung der Rechtsfrage ändert sich auch nichts dadurch, daß sich der Zweit-/Nacherwerber womöglich auf eine „Vertragskonstruktion" nach ausländischem Recht beruft. Es führt zu schiefen, wenn nicht gar zu falschen Ergebnissen, wenn man diese ausländischen Rechtssätze zum Ausgangspunkt der kollisionsrechtlichen Überlegungen macht. Zwar ist es legitim, ausländische Rechtssätze dann als Gegenstand der „Eingangsqualifikation" anzusehen, wenn es um die Lösung einer dem Forum *unbekannten* Rechtsfrage durch ein dem Forum *unbekanntes* ausländisches Rechtsinstitut geht, denn das Forum hält ja keine entsprechende Rechtsfrage bereit, die zum Ausgangspunkt der Überlegungen gemacht werden könnte[1158]. Geht es aber um die Einordnung einer dem Forum *bekannten* Rechtsfrage in das eigene kollisionsrechtliche System, so verzerrt eine vorschnelle Versteifung auf bestimmte ausländische Rechtssätze den Blick, denn ob diese oder jene ausländische Rechtsordnung berufen wird, steht ja in diesem Stadium der Auswahl der einschlägigen Kollisionsnorm überhaupt noch gar nicht fest, sondern bildet erst das Ergebnis des kollisionsrechtlichen Gedankenganges[1159]. Die „action directe en garantie" und „en responsabilité contractuelle de droit commun" sind die *französische* Lösung der Rechtsfrage „Schadensersatzansprüche eines Zweit- oder Nacherwerbers gegen einen Hersteller wegen eines durch dessen Produkt verursachten Schadens". Es handelt sich hierbei lediglich um einen anderen rechtstechnischen Weg zur Lösung einer dem Forum sehr wohl bekannten Rechtsfrage. Daß dem Forum dabei die genaue rechtstechnische Konstruk-

[1157] Dazu, daß hiervon eine Ausnahme zu machen ist, wenn es um eine dem Forum *unbekannte* Rechtsfrage geht und dazu, daß dies hier nicht der Fall ist, sogleich im Anschluß.

[1158] Siehe dazu Grundmann, Qualifikation gegen die Sachnorm, S. 28, Fn. 72.

[1159] Vgl. Weber, Die Theorie der Qualifikation, S. 230 f.; Heyn, Die Doppel- und Mehrfachqualifikation, S. 18.

tion der vertraglichen „action directe“ nicht bekannt ist, ändert nichts daran, daß es insoweit um die Fallgruppe „abweichende Qualifikation einer dem Forum *bekannten* Rechtsfrage“ (= „Systemunterschiede zwischen eigenem und fremdem materiellen Recht“[1160]) und nicht etwa um eine „Systemlücke“ geht. Handelt es sich bei der „action directe“ und beim österreichischen Vertrag mit Schutzwirkung zugunsten Dritter aber lediglich um andere rechtstechnische Wege zur Lösung einer dem Forum bekannten Rechtsfrage, so ist nicht recht einzusehen, aus welchem Grunde von den im Rahmen der „Eingangsqualifikation“ anerkannten Grundsätzen (Qualifikationsgegenstand = Rechtsfrage, Qualifikationsstatut = „lex fori“) abgewichen werden sollte. Die bloße *Berufung* des Klägers auf eine „action directe“ oder einen im Ausland bekannten Vertrag mit Schutzwirkung zugunsten Dritter darf jedenfalls nicht zu einer Aufgabe der dargelegten Grundsätze im Rahmen der „Eingangsqualifikation“ führen. Wie auch sonst stellt eine solche Berufung lediglich eine Anregung an das Gericht dar, in eine entsprechende Richtung zu denken (eine solche Anregung ist sicher auch sehr empfehlenswert, da in der Praxis, trotz der Pflicht zur Anwendung der Kollisionsnormen von Amts wegen, die Ermittlung der anzuwendenden Rechtsordnung nicht selten „von Amts wegen unterlassen“ wird). Dennoch kann aber natürlich der Richter, wie auch bei reinen Inlandsfällen, nicht durch die *rechtliche* Einschätzung des Klägers gebunden werden um dann diese oder jene ausländischen Rechtssätze zum Ausgangspunkt seiner kollisionsrechtlichen Überlegungen zu machen[1161]. Durch die konsequente Befolgung der dargelegten Grundsätze wird dem Kläger auch nicht etwa der „vertragliche Schutz“ nach einer ausländischen Rechtsordnung von vornherein genommen, denn selbstverständlich *kann* am Ende der kollisionsrechtlichen Prüfung wegen des *funktionellen* Verständnisses im Rahmen der „Rechtssatzqualifikation“ eine Anwendung der „action directe“ (oder des österreichischen Vertrags mit Schutzwirkung zugunsten Dritter) stehen.

Zwischenergebnis: Aus Sicht des deutschen IPR sind Produkthaftungsansprüche eines *Nacherwerbers* ausschließlich deliktisch zu qualifizieren. Da es somit nur zu einer deliktsrechtlichen Verweisung kommt, stellt sich die Frage einer getrennten oder einheitlichen Anknüpfung vertraglicher und deliktischer Ansprüche nicht.

[1160] Siehe zu der Einteilung in die Fallgruppen „Systemunterschiede zwischen eigenem und fremdem materiellen Recht“ (1), „Systemlücken des eigenen materiellen Rechts“ (2) und „Systemunterschiede zwischen eigenem materiellen Recht und eigenem IPR“ (3) Kegel, IPR, § 7 II (ähnlich Grundmann, Qualifikation gegen die Sachnorm, S. 4 Fn. 15 und öfter).

[1161] Nicht zu verwechseln hiermit ist eine im Rahmen der „Ubiquitätsregel“, d.h. also *nach* erfolgter „Eingangsqualifikation“ und Entscheidung für die deliktische Kollisionsnorm erfolgende Berufung des Klägers auf ausländisches Recht.

c) Anknüpfung

Wegen der zum 1.6.1999 in Kraft getretenen Gesetzesänderung durch das „Gesetz zum Internationalen Privatrecht für außervertragliche Schuldverhältnisse und für Sachen" vom 21.5.1999 ist der Übersichtlichkeit halber zwischen Produkthaftungsdelikten, die vor dem 1.6.1999 begangen wurden und solchen, die ab dem 1.6.1999 begangen wurden, zu differenzieren[1162].

aa) Begehung des Produkthaftungsdelikts vor dem 1.6.1999

Da in der gegenwärtig untersuchten Grundkonstellation Handlungsort und Erfolgsort auseinanderfallen[1163], kommt die bisherige Rechtsprechung und h.M. zur „Ubiquitätsregel" zum Zuge, d.h. der Geschädigte hat die Wahl zwischen dem Recht am Handlungsort und demjenigen am Erfolgsort. Trifft er keine Wahl, so ist das ihm günstigste Recht von Amts wegen zu ermitteln.

Entscheidet sich der Geschädigte für die Anwendung des (deutschen) Erfolgsortsrechts oder ist dieses ihm günstiger, so ergeben sich keine besonderen kollisionsrechtlichen Probleme. Hierauf soll daher nicht näher eingegangen werden.

Entscheidet sich der Geschädigte dagegen für die Anwendung französischen Rechts oder wird dieses von Amts wegen als günstiger angesehen[1164], was hier zu unterstellen ist, so kommt es zu einer Verweisung auf das französische Recht[1165].

1162 Siehe zu dieser Gesetzesänderung und den damit zusammenhängenden intertemporalen Fragen oben S. 234 f. mit Fn. 954.

1163 Dazu, daß in den hier unter II. und III. untersuchten Grundkonstellationen die Schädigung jeweils in dem von dem Sitzstaat des Herstellers verschiedenen (Wohn-) Sitzstaat des Zweiterwerbers erfolgt, siehe oben S. 249.

1164 Das französische Recht *kann* z.B. hinsichtlich der Verjährung günstiger sein und zwar unabhängig davon, ob man im Ergebnis zu einer Anwendung des vertraglichen oder des (bisherigen) deliktischen Produkthaftungsrechts kommt (im Anwendungsbereich der „non-conformité"-Haftung oder der Haftung wegen Verletzung einer „obligation de sécurité" beträgt die Verjährungsfrist, wenn eine der Parteien Kaufmann ist, 10 Jahre ab Fälligkeit der nicht erfüllten Verpflichtung; ungünstiger ist das französische Recht, wegen des „bref délai", natürlich im Anwendungsbereich der „garantie des vices cachés"; im „klassischen" Deliktsrecht beträgt die Verjährungsfrist 10 Jahre ab Auftreten oder Verschlimmerung des Schadens, Art. 2270-1 C. civ.). Günstiger kann das französische Recht auch hinsichtlich des Schadensersatzumfanges und der Haftung für Entwicklungsrisiken sein.

1165 Zu der Frage, ob es sich bei dieser deliktsrechtlichen Verweisung auf das französische Recht um eine Sachnorm- oder um eine Gesamtverweisung handelt, wird sogleich unter d) Stellung genommen.

bb) Begehung des Produkthaftungsdelikts ab dem 1.6.1999

Nicht viel anders wäre die Lage, wenn in der untersuchten Fallkonstellation zumindest die Rechtsgutsverletzung nach dem 31.5.1999 eingetreten und daher die „neuen“ Art. 40 ff. EGBGB anzuwenden wären[1166].

Auch hier käme es zu einer Anwendung der (nunmehr in Art. 40 Abs. 1 EGBGB kodifizierten) *Tatortregel*, da eine Anknüpfung an den gemeinsamen gewöhnlichen Aufenthalt (Art. 40 Abs. 2 EGBGB) mangels Bestehens eines solchen in der untersuchten Fallkonstellation ausscheidet und mangels Existenz eines Vertrages zwischen Schädiger und Geschädigtem auch eine akzessorische Anknüpfung in Anwendung des Art. 41 Abs. 2 Nr. 1 EGBGB nicht in Betracht kommt.

Entscheidet sich der Geschädigte auch hier für die Anwendung des französischen (Handlungsorts-)Rechts, was er dem Gericht wegen der Regelung des Art. 40 Abs. 1 S. 1 EGBGB nunmehr grundsätzlich nicht mehr mitzuteilen bräuchte, so kommt es zu einer Verweisung auf diese Rechtsordnung.

d) Sachnormverweisung/Gesamtverweisung

Ob die deliktsrechtliche Verweisung eine Sachnorm- oder eine Gesamtverweisung ist, war und ist in der deutschen Rechtsprechung und Lehre *allgemein* umstritten. Hieran hat sich durch die Gesetzesänderung zum 1.6.1999 nichts geändert, denn eine Regelung dieser Frage ist nicht erfolgt.

Soweit es aber wie hier um ein *Distanzdelikt* geht und sich das anwendbare Recht aus der Wahl des Geschädigten oder, bei einer Deliktsbegehung vor dem 1.6.1999, dem Günstigkeitsprinzip ergibt, kann es auf die genannte Streitfrage nicht ankommen. Eine Gesamtverweisung würde hier dem Sinn der Verweisung widersprechen (vgl. Art. 4 Abs. 1 S. 1 2. HS EGBGB), denn der Geschädigte entscheidet sich ja gerade für eine bestimmte Rechtsordnung, weil ihm deren Sachnormen günstiger sind. Gleiches gilt bei einer Bestimmung des günstigeren Rechts durch den Richter im Falle einer Deliktsbegehung vor dem 1.6.1999. Beides wäre sinnlos, wenn über den Mechanismus des Renvoi eine andere Rechtsordnung zur Anwendung kommen könnte.

Jedenfalls bei Distanzdelikten ist die deliktsrechtliche Verweisung somit eine Sachnormverweisung[1167]. Probleme einer „Qualifikationsrückverweisung“ stellen sich daher hier nicht[1168].

[1166] Siehe hierzu auch oben Fn. 954.

e) „Rechtssatzqualifikation" auf der Rechtsfolgenseite der Kollisionsnorm und Korrekturmöglichkeiten

Kommt es somit in der untersuchten Grundkonstellation zu einer deliktsrechtlichen *Sachnormverweisung* auf das französische Recht, so stellt sich die schwierige Frage, *welche* Sachnormen des französischen Rechts nun anzuwenden sind.

Hier ist nun wieder aufgrund der Umsetzung der Produkthaftungsrichtlinie 85/374 in Frankreich zwischen Sachverhalten zu differenzieren, die von den neuen Produkthaftungsvorschriften nicht erfaßt werden, d.h. in denen weiter im Verhältnis zwischen Hersteller und Nacherwerber *ausschließlich* eine „notwendigerweise" vertragliche Haftung in Betracht kommt, und Sachverhalten, in denen der geschädigte Nacherwerber nunmehr in Durchbrechung des „non-cumul"-Prinzips die Wahl zwischen den vertraglichen Ansprüchen nach bisherigem Recht und den außervertraglichen Ansprüchen nach neuem Recht hat.

aa) Sachverhalte, die in den ausschließlichen Anwendungsbereich der bisherigen (fortgeltenden) Produkthaftung fallen

aaa) Französisches Deliktsrecht

Zieht man aufgrund der *deliktsrechtlichen* Sachnormverweisung auf das französische Recht zunächst einmal die Vorschriften des „klassischen" französischen Deliktsrechts in Betracht[1169], so ergibt sich, daß diese ihrem *Wortlaut* nach zwar grundsätzlich einschlägig wären, daß aber die französische Rechtsprechung seit dem „Lamborghini-Urteil" vom 9.10.1979 Produkthaftungsansprüche eines Nacherwerbers gegen den Hersteller nur noch auf vertragsrechtlicher (action directe) und nicht mehr auf deliktsrechtlicher Grundlage gewährt.

[1167] Im Ergebnis genauso Eujen/Müller-Freienfels, AWD 1972, S. 503, 506; Mü-ko-Kreuzer, Art. 38, Rn. 25; Bauer, Renvoi im internationalen Schuld- und Sachenrecht S. 208 f. m.w.N.; Nanz, VersR 1981, S. 212, 217; Schönberger, Das Tatortprinzip, S, 233 f.; OLG Saarbrücken, NJW 1958, S. 752, 753; implizit OLG Karlsruhe, MDR 1978, S. 61, 62; auch für das „neue" Recht v. Hoffmann, IPRax 1996, S. 1, 7; a.A. Beaumart, S. 154.

[1168] Dazu, daß auch ein Renvoi *kraft abweichender Qualifikation* selbstverständlich nur in Betracht kommt, wenn das Forum eine Gesamtverweisung ausspricht, siehe Kropholler, IPR, § 24 II. 1., S. 152; v. Bar, IPR, Bd. I, Rn. 588, S. 504.

[1169] Selbstverständlich scheidet dagegen eine Anwendung der „neuen" außervertraglichen Produkthaftungsansprüche in der untersuchten Fallkonstellation von vornherein gänzlich aus, da es hier ja gerade um Fälle geht, die bereits nach dem *Wortlaut* der Art. 1386-1 ff. C. civ. außerhalb der „neuen" Produkthaftungsvorschriften liegen.

bbb) „Action directe" und die Schwierigkeiten ihrer Anwendung

Zieht man aus diesen Gründen eine Anwendung der vertraglichen „action directe" in Betracht, was nach der heute h. M. der „funktionellen Qualifikation" trotz der deliktsrechtlichen Verweisung grundsätzlich ohne weiteres möglich wäre[1170], so ergibt sich, daß die „action directe" durchaus ein dem deutschen Deliktsrecht vergleichbares Ordnungsziel verfolgt, indem sie zumindest *auch* dem Schutz des Integritätsinteresses vor widerrechtlichen Verletzungen Dritter dient. Die „action directe" ist in der untersuchten Fallkonstellation nach wie vor der rechtstechnische Weg des französischen Rechts zur Verwirklichung einer verschuldensunabhängigen Produkthaftung des Herstellers gegenüber dem Nacherwerber, ihre Funktion entspricht derjenigen des deutschen deliktischen Produkthaftungsrechts.

Nach den herkömmlichen Kriterien der „funktionellen Qualifikation" käme man somit zu dem Ergebnis, daß in der untersuchten Fallkonstellation die Grundsätze der „action directe" anzuwenden sind.

Ein solcher Rückgriff auf das französische Vertragsrecht mutet aber dann sonderbar an, wenn *keiner* der Verträge in der Kette dem französischen Recht unterliegt, sondern, wie in dem Beispielsfall, alle Verträge dem deutschen Recht unterliegen. Da nur das französische, nicht aber das in sämtlichen Verträgen der Absatzkette anzuwendende deutsche Recht einen automatischen Übergang der Gewährleistungs- und Nichterfüllungsansprüche mit dem Eigentum vorsieht, fragt es sich, wie denn eigentlich der Zweiterwerber ohne eine Abtretung Inhaber der Gewährleistungsansprüche des Ersterwerbers werden kann. Auch der Hinweis darauf, daß sich das französische Prinzip der automatischen Übertragung der Gewährleistungsrechte als „accessoire" der Kaufsache nicht unmittelbar und ausschließlich aus den jeweiligen Verträgen der Kette selbst ergibt, sondern erst aus der Verbindung der Verträge mit der „théorie de l'accessoire" und der (ungeschriebenen) Norm über die „action directe", die sozusagen *außerhalb* der Verträge selbst anzusiedeln sind und daher hier (wegen der generellen Berufung des *französischen* Sachrechts) grundsätzlich zur Anwendung kommen, beantwortet nicht unmittelbar die Frage, ob die genannten französischen Grundsätze auch in der Verbindung mit einem ausländischen Vertragsstatut die gleichen Rechtsfolgen hervorrufen können.

Es stellt sich noch ein weiteres Problem: da nach französischer Auffassung der erste Vertrag der Absatzkette für Voraussetzungen und Umfang

---

[1170] Entsprechend diesem heute herrschenden Prinzip einer „funktionellen Qualifikation" ergab sich oben unter II. 1. a) ee), daß trotz einer vertragsrechtlichen Verweisung des französischen IPR auf das deutsche Sachrecht die Normen des deutschen Deliktsrechts zur Anwendung kamen.

der Schadensersatzansprüche des Nacherwerbers maßgeblich ist, ist eine Anwendung der *insgesamt* dem französischen Recht unterliegenden „action directe" nur dann reibungsfrei möglich, wenn auch der erste Vertrag der Absatzkette dem französischen Recht unterliegt, denn nur in diesem Fall besteht kein Problem, die Bestimmungen dieses Vertrages einer Gültigkeits- und Rechtmäßigkeitskontrolle anhand des französischen Rechts zu unterwerfen und für die Vertragslücken ergänzend auf französisches Recht zurückzugreifen. Unterliegt jedoch, wie hier, der erste Vertrag dem deutschen Recht, so kommt es zu einer paradoxen Situation: Da das Rechtsverhältnis *zwischen Hersteller und Nacherwerber* aufgrund der *Sachnormverweisung* auf das französische Recht *insgesamt* zwingend dem *französischen Sachrecht* unterliegt und somit eine Rückverweisung auf das deutsche Recht ausgeschlossen ist, ist der erste Vertrag der Absatzkette, der ja sozusagen die Quelle/den Ursprung der „action directe" bildet, aus Sicht des Nacherwerbers, trotz gültiger Rechtswahlvereinbarung zugunsten des deutschen Rechts, quasi als (auch) dem französischen Recht unterstehend anzusehen bzw. zumindest an dessen Maßstäben zu messen und zu ergänzen. „Unterstellt" man also den ersten Vertrag der Absatzkette, der bezüglich seiner Gültigkeitsvoraussetzungen und Rechtsfolgen ganz bewußt im Hinblick auf die deutsche Rechtsordnung abgeschlossen wurde, dem französischen Recht, so führt dies zwangsläufig zu Verzerrungen und Verfälschungen. Der Hersteller würde gegenüber dem Nacherwerber aufgrund eines „fiktiven Vertrages" haften, den er so nie abgeschlossen hätte. Auch würde, entgegen dem Grundprinzip der „action directe", die Haftung des Herstellers gegenüber dem *Zweiterwerber* erheblich von der Haftung gegenüber dem *Ersterwerber* differieren, da insoweit ganz andere rechtliche Grenzen einzuhalten wären. Wegen dieser erheblichen Abweichung von dem der „action directe" zugrundeliegenden Prinzip einer vorhersehbaren und möglichst deckungsgleichen Haftung des Herstellers gegenüber Erst- und Zweiterwerber käme das französische Sachrecht insofern nur in einer stark „verfälschten" Weise zur Anwendung.

ccc) Unbefriedigendes Ergebnis

Das mit den Mitteln der Qualifikation gefundene Ergebnis ist unbefriedigend: eine Anwendung des „klassischen" französischen Deliktsrechts, die recht reibungsfrei möglich wäre, kommt in der untersuchten Fallkonstellation wegen des „non-cumul"-Prinzips nicht in Betracht; eine Anwendung der deshalb berufenen „action directe" führt wegen der kaum zu überwindenden praktischen Schwierigkeiten und Verzerrungen zu keinem sinnvollen Ergebnis.

ddd) Korrekturmöglichkeiten

Es fragt sich, ob das bisherige Ergebnis auf irgendeinem methodisch befriedigenden Weg korrigiert werden kann.

α) „Materiellrechtliche" Anspruchskonkurrenz als Vorfrage

Fraglich ist, ob man die „non-cumul"-Regel bzw. allgemeiner die Frage der *„materiellrechtlichen"* Anspruchskonkurrenz als eine gesondert anzuknüpfende („materiellrechtliche") Vorfrage ansehen kann, zu deren Beantwortung dann vielleicht das deutsche Recht berufen wäre, was, wegen der positiven Einstellung des deutschen Rechts zur Anspruchskonkurrenz, wiederum eine Anwendung des „klassischen" französischen *Deliktsrechts* erlauben könnte. Ein solcher Lösungsansatz ist jedoch, ganz unabhängig von der Frage, nach welcher Rechtsordnung sich die Anknüpfung dieser potentiellen „Vorfrage" richten würde, von vornherein zu verwerfen: die Frage der „materiellrechtlichen" Anspruchskonkurrenz ist so eng mit der auf die Hauptfrage anzuwendenden Rechtsordnung verknüpft, daß eine Trennung via Sonderanknüpfung ausscheidet.

β) Anpassung

Bliebe die Möglichkeit, die auftretenden Ungereimtheiten mit einer Anpassung im Einzelfall zu beseitigen.

Zwar betrifft der „typische Fall" der Anpassung die Beseitigung von Normwidersprüchen, die bei der Kollision *zweier* zur Anwendung berufener Rechtsordnungen auftreten. Auch ist es abzulehnen, Fragestellungen, die auf die vorrangige abstraktere Ebene der Qualifikation gehören, mit den Mitteln einer „funktionalen Anpassung" bzw. „Angleichung durch funktionalen Ersatz" zu lösen[1171]. Dennoch besteht aber, wie aus den vorherigen Ausführungen ersichtlich, ein Bedürfnis für ein Einzelfallkorrektiv, auch wenn an sich nur *eine* Rechtsordnung zur Anwendung berufen ist, jedoch im Rahmen der Anwendung dieser Rechtsordnung eine weitere Rechtsordnung von Relevanz ist. Da es hier, ähnlich den Fällen einer „qualitativen Normendiskrepanz"[1172], nicht um Wertentscheidungen über den Vorrang der einen oder anderen Rechtsordnung geht, sondern vielmehr um „technische

---

[1171] So aber Firsching, Einführung in das IPR, § 7-2, S. 52; Offerhaus, ZfRV 1964, S. 65, 69 ff.; Schwind, IPR, Rz. 61, Fn. 17.

[1172] Kropholler, IPR, § 34 III und IV unterscheidet hinsichtlich der Art von Normwidersprüchen zwischen Normenmangel, Normenhäufung und qualitativer Normendiskrepanz. Für letztere schlägt er im Regelfall eine Korrektur im materiellen Recht vor [aaO, IV. 2. c)].

Anpassungsprobleme“ *innerhalb* der *einzigen* zur Anwendung berufenen Rechtsordnung, kommt hier nur eine Korrektur im *materiellen* Recht und nicht etwa eine Anpassung auf kollisionsrechtlicher Ebene in Betracht (eine, ohnehin methodisch recht unbefriedigende, Aufgabe der im Rahmen der „Eingangsqualifikation“ oder der Art der Verweisung gefundenen Ergebnisse kommt daher bereits aus diesem Grunde nicht in Betracht).

Zu prüfen ist zunächst, ob man den aufgezeigten Schwierigkeiten mit einer modifizierten Anwendung der „action directe“ begegnen kann.

Im Rahmen des Tatbestandes einer *dem französischen Recht unterliegenden* „action directe“ führt ein deutscher Kaufvertrag zu erheblichen Disharmonien[1173].

Gelänge es diesbezüglich, jeweils den „nackten Vertragsinhalt“ von allen sonstigen, das deutsche Vertragsrecht beherrschenden Grundsätzen zu trennen, so wäre ein solcher neutraler „Torso“ u.U. tauglich, als Tatbestandsmerkmal einer dem französischen Recht unterliegenden „action directe“ zu dienen.

Eine solche nachträgliche „Herauslösung“ erscheint jedoch als kaum durchführbar. Zumindest im Falle einer Rechtswahl, die in der hier untersuchten Fallkonstellation im Regelfall gegeben sein wird[1174], berücksichtigen die Parteien von vornherein auch die Grundsätze und Wertvorstellungen der Rechtsordnung, der sie den Vertrag unterstellen, d.h. diese Grundsätze beeinflussen von vornherein den Inhalt des Vertrages. Nachträglich läßt sich dann kaum noch feststellen, welche Vertragsbestimmungen die Parteien in welchem Umfang anders getroffen hätten, wenn sie nicht von den Grundsätzen und Wertvorstellungen der Rechtsordnung ausgegangen wären, der sie den Vertrag tatsächlich unterstellt haben.

Ist aber eine solche nachträgliche Trennung zwischen dem „nackten Vertragsinhalt“ und den Grundsätzen und Wertvorstellungen der Rechtsordnung, in die der Vertrag eingebettet ist und die seinen Inhalt beeinflußt haben, nicht ohne eine willkürliche Verfälschung des Parteiwillens möglich, so kann die „action directe“ wegen der erörterten Schwierigkeiten kaum in sinnvoller Weise angewendet werden.

Zu untersuchen ist daher, ob eine ausnahmsweise Außerachtlassung des „non-cumul“-Prinzipes und damit die Ermöglichung einer „option“ für das

---

[1173] Siehe soeben unter e) aa) bbb), S. 289 f.

[1174] Es kommt im Vertragsverhältnis zwischen französischem Hersteller und deutschem Importeur/Ersterwerber ja nur zu einer Anwendung des (unvereinheitlichten) deutschen Rechts, wenn die Parteien das CISG ausschließen. Wer sich aber schon die Mühe macht, das CISG auszuschließen, der bestimmt meist auch ausdrücklich, welches Recht statt dessen anwendbar sein soll und überläßt dies nicht dem „Zufall“.

an sich tatbestandlich ebenfalls einschlägige „klassische" französische Deliktsrecht, das dann (in sich) „unverfälscht" angewendet werden könnte, insgesamt zu einer geringeren „Verfälschung" des französischen Sachrechts führen würde, als dies bei einer Anwendung der „action directe" wegen der oben beschriebenen erheblichen Probleme der Fall wäre.

Bei der Entscheidung für oder gegen eine *ausnahmsweise* Außerachtlassung des „non-cumul"-Prinzips im Wege der „materiellrechtlichen" Anpassung ist zu berücksichtigen, daß das „non-cumul"-Prinzip im Bereich *außerhalb* unmittelbarer Vertragsverhältnisse (d.h. also im Verhältnis zwischen Hersteller und Nacherwerber) nicht allzu fest in der französischen Rechtstradition verankert ist und in diesem Bereich auch zunehmend in Frage gestellt wird:

- Das „non-cumul"-Prinzip ist außerhalb des Bereiches unmittelbarer Vertragsverhältnisse deshalb historisch bei weitem nicht so tief verwurzelt, wie dies im Bereich unmittelbarer Vertragsverhältnisse der Fall ist[1175], weil die Ausweitung des „non-cumul"-Prinzips auf das Verhältnis zwischen Hersteller und Nacherwerber erst im Jahre 1979 erfolgte und zwar überdies im Zusammenhang mit der in den 70'er Jahren aufgekommenen, mittlerweile aber wieder gescheiterten Lehre von den „groupes de contrats"[1176].
- In der Rechtslehre wird zunehmend, selbst von ehemaligen Anhängern der Lehre von den „groupes de contrats", eine Aufgabe des „non-cumul"-Prinzips im Verhältnis zwischen vertraglich *nicht unmittelbar* verbundenen Parteien gefordert, da das „non-cumul"-Prinzip dort zu recht unbilligen Auswirkungen führen kann[1177].
- Nicht gänzlich unbeachtet bleiben kann schließlich auch, daß es nunmehr in Umsetzung der Richtlinie 85/374 zu einer Durchbrechung des „non-cumul"-Prinzips (wenn auch lediglich innerhalb des Anwendungsbereiches der neuen französischen Produkthaftungsvorschriften) gekommen ist.

Eine im Rahmen der *Anpassung* erfolgende ausnahmsweise Außerachtlassung des „non-cumul"-Prinzips *im Verhältnis zwischen Hersteller und Nacherwerber*[1178] würde daher zwar eine Abweichung von der (noch) bestehenden Linie der französischen Rechtsprechung bedeuten, jedoch letztendlich

---

[1175] Siehe hierzu oben S. 83 ff.

[1176] Siehe zur Zurückweisung des Konzeptes der „groupes de contrats" durch das Urteil der Assemblée plénière vom 12.7.1991 oben S. 115 ff.

[1177] So insbesondere Viney, J.C.P. 1992, I, 3625, Nr. 16 f.; dieselbe J.C.P. 1993, I, 3664, Nr. 4–6; dieselbe J.C.P. 1995, I, 3853, Nr. 2.

[1178] Es geht dagegen nicht um die Außerachtlassung des fest verankerten „non-cumul"-Prinzips im Bereich zwischen Vertragsparteien.

im Vergleich zu den oben beschriebenen Spannungen und Schwierigkeiten eine verhältnismäßig geringe Verfälschung darstellen[1179].

bb) Sachverhalte, in denen der Nacherwerber die Wahl zwischen vertraglichen Ansprüchen nach bisherigem Recht und außervertraglichen Ansprüchen nach neuem Recht hat

Wie bereits mehrfach erwähnt wurde[1180], wird das „non-cumul"-Prinzip im Anwendungsbereich der neuen französischen Produkthaftungsvorschriften durchbrochen, da der Nacherwerber hier die Wahl zwischen vertraglichen Ansprüchen nach bisherigem Recht und außervertraglichen Ansprüchen nach neuem Recht hat. Wendet man in der untersuchten Fallkonstellation daher die neuen außervertraglichen Produkthaftungsvorschriften an, so bestehen nunmehr die zuvor erörterten Probleme nicht. Dem Nacherwerber stünde aber grundsätzlich auch die Wahl der vertraglichen Ansprüche zu, wobei sich bei deren Anwendung genau die gleichen Probleme stellen würden wie unter aa) beschrieben. Da man dem Nacherwerber diese vom französischen Sachrecht gewährte „option" nicht einfach absprechen kann, da sich aber andererseits bei der Anwendung der vertraglichen „action directe" in der betrachteten Grundkonstellation die erörterten Spannungen und Dissonanzen ergeben, muß man hier konsequenterweise dem Nacherwerber – *selbstverständlich nur ausnahmsweise im Rahmen der „materiellrechtlichen" Anpassung* – die Möglichkeit einräumen, anstelle der vertraglichen Haftung ausnahmsweise für die „klassische" deliktische Produkthaftung zu optieren[1181].

[1179] In diesem Zusammenhang ist auch zu beachten, daß die französische Rechtsprechung mit der Anerkennung einer deliktischen „obligation de sécurité" nach dem Vorbild der vertraglichen „obligation de sécurité" (so Cass. civ. 1re v. 17.1.1995, siehe zu diesem Urteil z.B. oben S. 65) zwar das „non-cumul"-Prinzip nicht durchbrochen hat, jedoch einen ganz erheblichen Beitrag zu einer weiteren Einebnung der Unterschiede zwischen der vertraglichen und der deliktischen Produkthaftung in Frankreich geleistet hat.

[1180] Siehe z.B. oben S. 165 f.

[1181] Die hierin liegende Durchbrechung des „non-cumul"-Prinzips (im Verhältnis zwischen den bisherigen „klassischen" Haftungsregimen untereinander gilt das „non-cumul"-Prinzip ja nach wie vor unverändert fort) ist hier sogar noch eher tolerierbar als in der Fallgruppe aa), da es in den hier untersuchten Sachverhaltsgestaltungen ja bereits zu einer Aufweichung bzw. Durchbrechung des genannten Prinzips in Umsetzung der Richtlinie 85/374 gekommen ist.

2. Achte Grundkonstellation: Französischer Hersteller, deutscher Importeur, deutscher Endabnehmer, der erste Vertrag der Absatzkette unterliegt dem französischen Recht, der zweite Vertrag dem deutschen Recht[1182]

Diese Grundkonstellation ist im Hinblick auf die internationale und örtliche Zuständigkeit, die „Eingangsqualifikation", die Anknüpfung und die Art der Verweisung genauso zu beurteilen wie die zuvor erörterte Grundkonstellation [siehe die vorigen Ausführungen unter 1. a)–d), S. 280 ff.].

Im Hinblick auf die Rechtssatzqualifikation und die Erforderlichkeit etwaiger späterer Korrekturen, z. B. durch Anpassung, ist diese Grundkonstellation weniger problematisch als die vorherige.

Soweit es hier um die Sachverhalte geht, die in den *ausschließlichen* Anwendungsbereich der bisherigen (fortgeltenden) Produkthaftung fallen, ergibt die Rechtssatzqualifikation, genau wie in der siebten Grundkonstellation [dort unter 1. e) aa) bbb)][1183], daß innerhalb der zur Anwendung berufenen französischen Rechtsordnung die „action directe en garantie" und „en responsabilité contractuelle de droit commun" die funktionsadaequaten (ungeschriebenen) Rechtssätze sind, die die Haftung des Herstellers gegenüber dem Nacherwerber regeln. Da nun jedoch der erste Vertrag der Absatzkette dem französischen Recht unterliegt, stellen sich die in der siebten Grundkonstellation erörterten Probleme[1184] nicht: Im Gegensatz zur siebten Grundkonstellation besteht nun z. B. kein Problem, den für Inhalt und Umfang der Rechte des Nacherwerbers maßgeblichen ersten Vertrag der Absatzkette am französischen Recht zu messen und auf dieses ergänzend zurückzugreifen. Auch haftet der Hersteller nun, getreu dem Grundprinzip der „action directe en garantie" und „en responsabilité contractuelle de droit commun", gegenüber dem *Nacherwerber* nach den gleichen Maßstäben wie gegenüber dem *Ersterwerber* (nicht nur das Rechtsverhältnis zwischen Hersteller und Nacherwerber, sondern auch dasjenige zwischen Hersteller und Ersterwerber unterliegt jetzt dem französischen Recht). Was die Frage des automatischen Übergangs der Gewährleistungs- und Nichterfüllungsrechte auf den Nacherwerber angeht, so ist zu berücksichtigen, daß nach französischer Auffassung die „action directe" des Nacherwerbers ihren Ursprung in dem ersten Vertrag der Absatzkette hat, d. h. also dieser Vertrag ist nicht nur maßgeblich für Inhalt und Umfang der Rechte des Nacherwerbers, sondern sozusagen auch deren „Quelle". Unterliegt also, wie hier, der erste Vertrag der Absatzkette dem französischen Recht und der zweite Ver-

---

[1182] Zu den einzelnen Grundkonstellationen und den für alle Konstellationen gemeinsamen Vorgaben siehe oben unter I. 2., S. 248 ff.

[1183] S. 289 f.

[1184] Siehe S. 289 f.

trag dem deutschen Recht, so wird der Nacherwerber dennoch Inhaber einer „action directe“, auch wenn das deutsche Recht eine solche nicht kennt: da der *Inhalt* des *zweiten* bzw. nachfolgenden Vertrages der Absatzkette für den Mechanismus der „action directe“ des Nacherwerbers grundsätzlich unerheblich ist und der Nacherwerber sogar bei einem vollständigen *Haftungsausschluß* im zweiten Vertrag Inhaber der Gewährleistungsrechte wird[1185] (wichtig ist nur, daß der zweite bzw. nachfolgende Vertrag „existiert“, d.h. nicht unwirksam ist)[1186], kommt es auch nicht darauf an, welchem Recht der zweite oder nachfolgende Vertrag der Absatzkette unterliegt, und ob dieses eine „action directe“ kennt. Entscheidend ist allein, daß im zweiten oder nachfolgenden Vertrag ein Eigentumsübergang stattfindet (bzw., wenn man das deutsche Abstraktionsprinzip zugrundelegt, in Erfüllung dieses Vertrages ein Eigentumsübergang erfolgt), mit dem dann nach der „théorie de l’accessoire“ die Gewährleistungsrechte des Ersterwerbers bzw. das „Keimrecht“ auf den Nacherwerber weiter transportiert wird.

Soweit es um die Sachverhalte geht, in denen der Nacherwerber die Wahl zwischen vertraglichen Ansprüchen nach bisherigem Recht und außervertraglichen Ansprüchen nach neuem Recht hat, ist auch hier die Anwendung der vertraglichen „action directe“ aus den soeben genannten Gründen nicht weiter problematisch (nicht weiter problematisch ist natürlich erst recht die Anwendung der außervertraglichen Vorschriften nach neuem Recht).

3. Neunte Grundkonstellation: Französischer Hersteller, deutscher Importeur, deutscher Endabnehmer, der erste Vertrag der Absatzkette unterliegt dem CISG, der zweite Vertrag dem deutschen Recht[1187]

Auch hier ergeben sich im Hinblick auf die internationale und örtliche Zuständigkeit, die „Eingangsqualifikation“, die Anknüpfung und die Art der Verweisung keine Unterschiede bezüglich der siebten und achten Grundkonstellation. Aufgrund der Sachnormverweisung der deutschen Deliktskollisionsnorm ist also auf das Rechtsverhältnis Hersteller/Nacherwerber französisches Sachrecht anzuwenden.

[1185] Siehe oben S. 92 und 139.

[1186] Siehe hierzu oben S. 139. Dazu, daß die im Zusammenhang mit der Lehre von den „groupes de contrats“ von der Rechtsprechung kurzzeitig vertretene These der „double limite“ (= der Hersteller kann sich gegenüber dem Nacherwerber sowohl auf die Einwendungen aus dem ersten Vertrag der Absatzkette als auch auf die Einwendungen aus dem zweiten Vertrag der Absatzkette berufen) von der Rechtsprechung und h.M. alsbald wieder aufgegeben worden ist, siehe oben S. 119 f. und 138 f.

[1187] Zu den einzelnen Grundkonstellationen und den für alle Konstellationen gemeinsamen Vorgaben siehe oben unter I. 2., S. 248 ff.

Bei der *Rechtssatzqualifikation* ergibt sich auch hier für die Sachverhalte, die in den ausschließlichen Anwendungsbereich der bisherigen (fortgeltenden) Produkthaftung fallen, daß innerhalb des zur Anwendung berufenen französischen Sachrechts grundsätzlich die „action directe en garantie" und „en responsabilité contractuelle de droit commun" einschlägig sind. Da jedoch hier, wie in der siebten Grundkonstellation, der erste Vertrag der Absatzkette *nicht* dem (unvereinheitlichten) französischen Recht unterliegt, ist zu untersuchen, ob sich hier ähnliche Friktionen und Verzerrungen ergeben wie dort[1188], und ob deshalb ebenfalls im Rahmen einer Anpassung unter ausnahmsweiser Umgehung des „non-cumul"-Prinzips auf das „klassische" französische Deliktsrecht zurückzugreifen ist[1189]. Im Unterschied zu der siebten Grundkonstellation ist hier aber zu berücksichtigen, daß der erste Vertrag der Absatzkette nicht irgendeiner dritten, nationalen Rechtsordnung unterliegt, sondern Internationalem Einheitsrecht, welches auch Bestandteil des materiellen französischen Rechts geworden ist. M.E. ist daher zu differenzieren:

(a) Ergibt sich für die im CISG nicht geregelten Fragen, welche in den Anwendungsbereich des *Vertragsstatuts* fallen, französisches Recht als Vertragsstatut des ersten Vertrages der Absatzkette, so erscheint es unangemessen, innerhalb des *im Verhältnis Hersteller/Nacherwerber* zur Anwendung berufenen französischen Sachrechts nicht die „action directe", sondern im Wege der Anpassung unter Außerachtlassung des „non-cumul"-Prinzips „klassisches" französisches Deliktsrecht anzuwenden. Da in diesem Fall ohnehin im Verhältnis zwischen Hersteller und *Erst*erwerber für zahlreiche Fragen, die im CISG nicht geregelt sind (wie z.B. die Gültigkeit des Vertrages), auf französisches Vertragsrecht zurückgegriffen werden muß, ergeben sich keine besonderen Spannungen daraus, daß dieses auch in dem (insgesamt dem französischen Recht unterliegenden) Verhältnis zwischen Hersteller und *Zweit*erwerber erforderlich ist[1190]. Der Hersteller haftet dem Zweiterwerber deshalb hier auch, wie es dem Grundprinzip der „action directe" des Nacherwerbers entspricht, nach den gleichen Maßstäben wie dem Ersterwerber[1191]. Was schließlich die Frage der automatischen Über-

---

[1188] Siehe S. 289 f.

[1189] So in der siebten Grundkonstellation, S. 292 ff.

[1190] In der siebten Grundkonstellation unterlag dagegen das Rechtsverhältnis zwischen Hersteller und *Erst*erwerber vollständig dem deutschen Recht, während im Verhältnis Hersteller/Nacherwerber z.B. hinsichtlich der inzident zu prüfenden Gültigkeit des ersten Vertrages der Absatzkette auf französisches Recht zurückzugreifen war, siehe oben S. 290.

[1191] Nicht zu verwechseln ist diese Fallgestaltung mit der 3. Grundkonstellation (oben II. 3., wo es um die Frage ging, ob das CISG über die gestufte Anknüpfung der (ungeschriebenen) Kollisionsnorm für die „action directe" das Rechtsverhältnis Hersteller/Nacherwerber „direkt" erfassen kann, während es nun um die Frage geht,

tragung der Gewährleistungs- und Nichterfüllungsrechte angeht, so bleibt wegen der bloßen Teilregelung durch das CISG genügend Raum, im Rahmen des für die verbleibenden Fragen als Vertragsstatut berufenen französischen Rechts die Grundsätze der „théorie de l'accessoire" zur Anwendung zu bringen.

(b) Ergibt sich jedoch für die im CISG nicht geregelten und in den Anwendungsbereich des *Vertragsstatuts* fallenden Fragen deutsches Recht als Vertragsstatut des ersten Vertrages der Absatzkette, so ist die Situation mit der in der siebten Grundkonstellation vergleichbar. Da das Rechtsverhältnis zwischen Hersteller und Nacherwerber aufgrund der Sachnormverweisung auf das französische Recht dem französischen Sachrecht unterliegt, käme es bei einer Anwendung der „action directe" *im Verhältnis Hersteller/Nacherwerber* zu einer Überlagerung dreier Rechtssysteme: neben den auf den ersten Vertrag der Absatzkette anwendbaren Normierungen des CISG und des deutschen Rechts, die ja wegen der materiellrechtlichen Herleitung der „action directe" des Nacherwerbers aus dem ersten Vertrag der Absatzkette auch das Rechtsverhältnis Hersteller/Nacherwerber beträfen, wären in dem letztgenannten Verhältnis, das ja insgesamt dem *französischen* Recht unterliegt, auch die Grundsätze des französischen Rechts einzuhalten. Es leuchtet ein, daß diese Situation noch mehr Spannungen und Friktionen mit sich bringt als die 7. Grundkonstellation, so daß genügend Anlaß besteht, wie in der 7. Grundkonstellation im Wege der Anpassung auf französisches Deliktsrecht zurückzugreifen.

Hinsichtlich der Sachverhalte, in denen der Nacherwerber die Wahl zwischen vertraglichen Ansprüchen nach bisherigem Recht und außervertraglichen Ansprüchen nach neuem Recht hat, kann hinsichtlich der Frage der Durchführbarkeit einer vertraglichen „action directe" auf die obigen Aus-

---

ob eine insgesamt dem *französischen Sachrecht* unterliegende „action directe" durchführbar ist, wenn der erste Vertrag der Absatzkette dem CISG unterliegt.

In diesem Fall stellt es m.E. keinen Bruch mit den Prinzipien des CISG dar, wenn das CISG unter den im Text genannten Voraussetzungen *innerhalb* der Anwendung einer bestimmten nationalen Rechtsordnung, die das fragliche Rechtsverhältnis vollständig beherrscht, im Wege einer besonderen Rechtskonstruktion dieser Rechtsordnung „mittelbar" im Verhältnis Hersteller/Nacherwerber zur Anwendung gebracht wird (es geht dagegen nicht um eine „unmittelbare" Anwendung des CISG zwischen Hersteller und Nacherwerber, die schon wegen Art. 1 Abs. 1 1. HS und Art. 4 S. 1 2. Alt. CISG ausscheidet).

Daß sich beide Grundkonstellationen vom äußeren Erscheinungsbild her ähneln, liegt an der „Doppelfunktion" des Grundprinzips der „action directe" des Nacherwerbers: hiernach bestimmt der erste Vertrag der Absatzkette nicht nur das im Verhältnis Hersteller/Nacherwerber anwendbare Recht (kollisionsrechtlicher Teil), sondern, sofern die „action directe" französischem Recht unterliegt, auch Inhalt und Umfang der Rechte des Nacherwerbers (materiellrechtlicher Teil); siehe zu dieser Aufspaltung oben Seite 268 f.

führungen verwiesen werden. Bei einer Anwendung der neuen außervertraglichen Produkthaftungsansprüche stellt sich die Problematik nicht.

4. Übrige Grundkonstellationen[1192]

Ähnlich wie bei französischem Forum[1193], lassen sich bei deutschem Forum die übrigen Grundkonstellationen auf die soeben erörterten Grundkonstellationen 7)–9) zurückführen, wobei natürlich nur die Fälle von Interesse sind, in denen sich der (deutsche oder französische) Endabnehmer im Rahmen der Ubiquitätsregel auf französisches (Handlungs- oder Erfolgsort-) Recht beruft und es folglich zu einer Sachnormverweisung[1194] auf französisches Sachrecht kommt. Unterliegt in diesen Fallkonstellationen der erste Vertrag der Absatzkette dem (unvereinheitlichten) deutschen Recht, entspricht die Lösung grundsätzlich derjenigen der siebten Grundkonstellation, unterliegt der erste Vertrag dem (unvereinheitlichten) französischen Recht, läßt sich die Lösung der achten Grundkonstellation übertragen, ist auf den ersten Vertrag das CISG anzuwenden, sind die in der neunten Grundkonstellation erörterten Grundsätze anzuwenden[1195].

Lediglich im Hinblick auf die Zuständigkeit ist in den Grundkonstellationen 1)–6) zu beachten, daß sich hier die internationale Zuständigkeit aus Art. 2 Abs. 1 i.V. mit 53 Abs. 1 EuGVÜ ergibt und die örtliche Zuständigkeit z.B. aus den §§ 12, 13 bzw. 12, 17 ZPO folgt.

Zusammenfassung der Ergebnisse des 2. Teiles

1. Im Anschluß an das bekannte „Handte-Urteil" des EuGH vom 17.6.1992 und im Gegensatz zur früheren französischen Rechtsprechung wird die „action directe" des Zweit- bzw. Nacherwerbers gegen den Hersteller oder einen Vorverkäufer *im Hinblick auf die internationale (und örtliche) Zuständigkeit nach dem EuGVÜ* von der französischen Rechtsprechung nicht mehr als vertraglich, sondern als deliktisch eingeordnet und folglich nicht mehr Art. 5 Nr. 1 EuGVÜ, sondern Art. 5 Nr. 3 EuGVÜ unterworfen. Entsprechendes gilt auch für die Anwendbarkeit des Art. 17 EuGVÜ (anders als im internen französischen Recht wirkt also eine im

---

1192 Zu den einzelnen Grundkonstellationen und den für alle Konstellationen gemeinsamen Vorgaben siehe oben unter I. 2., S. 248 ff.

1193 Siehe oben II. 4., S. 278 f.

1194 Dazu, daß die deliktsrechtliche Verweisung jedenfalls bei Distanzdelikten eine Sachnormverweisung ist, oben unter 1. d), S. 287.

1195 Dazu, daß es insoweit nicht darauf ankommt, welchem Recht der *zweite* oder nachfolgende Vertrag der Absatzkette unterliegt, siehe oben unter 2., S. 295 f.

Vertrag zwischen Hersteller und Ersterwerber vereinbarte Gerichtsstandsvereinbarung i.S. des Art. 17 EuGVÜ nicht gegenüber dem Zweit- bzw. Nacherwerber).

2. Hinsichtlich des (französischen) *internationalen Privatrechts* wird die „action directe" des Zweit- bzw. Nacherwerbers jedoch von der französischen Rechtsprechung und h.M. weiterhin als vertraglich qualifiziert. Sie wird dabei von keiner geschriebenen Kollisionsnorm autonomer oder staatsvertraglicher Art *„unmittelbar"* erfaßt, sondern von der Rechtsprechung und h.M. „mittelbar" an das Vertragsstatut des ersten Vertrages in der Absatzkette angeknüpft. Auf *diesem* Wege („mittelbare" Anknüpfung) kann es dann auch im Verhältnis zwischen dem Hersteller/Vorverkäufer und dem Zweit- bzw. Nacherwerber zu einer Anwendung der Haager Konvention vom 15.6.1955 über das auf internationale Kaufverträge über bewegliche Sachen anwendbare Recht kommen.

3. Ansprüche aus der „herkömmlichen" und „neuen" *deliktischen* Produkthaftung werden im französischen IZPR und im französischen IPR als deliktisch qualifiziert. Hinsichtlich der internationalen (und örtlichen) Zuständigkeit steht daher im Verhältnis zu Deutschland als Klägergerichtsstand Art. 5 Nr. 3 EuGVÜ zur Verfügung. Im französischen IPR wird die auch in Frankreich grundsätzlich einschlägige „lex loci"-Regel im Bereich der Produzentenhaftung weitgehend durch die Normen der Haager Konvention vom 2.10.1973 über das auf die Produktenhaftpflicht anwendbare Recht verdrängt, sofern es nicht ausschließlich um die Schäden am Produkt selbst, einschließlich der hieraus resultierenden Vermögensschäden geht (kommen die Schäden am Produkt selbst bzw. die daraus resultierenden Vermögensschäden dagegen zu anderen Schäden hinzu, so soll die Konvention nach ihrem Art. 2b) letzter Halbsatz wiederum anzuwenden sein).

4. Im deutschen IPR werden Produkthaftungsansprüche eines Zweit- oder Nacherwerbers gegen den Hersteller von der Rechtsprechung und h.M. (ausschließlich) als deliktisch qualifiziert[1196]. Hinsichtlich der Anknüpfung ist aufgrund der am 1.6.1999 in Kraft getretenen neuen Art. 38–46 EGBGB strenggenommen danach zu unterscheiden, ob das fragliche Produkthaftungsdelikt vor dem 1.6.1999 oder ab dem 1.6.1999 begangen wurde. Für sämtliche Produkthaftungsdelikte, die vor dem 1.6.1999 begangen wurden, ist weiterhin von der bisherigen richterrechtlichen Tatortregel auszugehen (von den zahlreichen im Schrifttum diskutierten alternativen Anknüpfungsvorschlägen, deren eingehende Erörterung nicht Gegenstand der vorliegenden Arbeit ist, hat sich bisher in der Praxis noch keiner durchsetzen können). Für ab dem 1.6.1999 begangene Produkthaftungsdelikte kommen dagegen die neuen Art. 40 ff. EGBGB zur Anwendung, wobei es jedoch in

---

[1196] Siehe oben S. 235 f. und S. 280 ff.

den „typischen“ internationalen Produkthaftungsfällen, in denen weder ein gemeinsamer gewöhnlicher Aufenthalt noch eine rechtliche Sonderbeziehung zwischen Schädiger und Geschädigtem besteht, bei einer Anwendung der (leicht modifizierten) Tatortregel als Grundregel bleiben dürfte.

5. Aufgrund der unterschiedlichen Qualifikation der Produkthaftungsansprüche eines Zweit-/Nacherwerbers aus Sicht des französischen und des deutschen IPR kommt es bei einer Verweisung auf die jeweils andere Rechtsordnung zu erheblichen Qualifikationsproblemen, die von manchen als „nahezu unlösbar“ bezeichnet worden sind und zusätzlich durch die zahlreichen Streitfragen und Begriffsverwirrungen im Zusammenhang mit dem Begriff der „Qualifikation“ verkompliziert werden. Eine Durchdringung dieser Qualifikationsprobleme ist nur möglich, wenn zunächst die relevanten Grundbegriffe terminologisch geklärt werden[1197] und anschließend eine nach Fallgruppen getrennte Untersuchung erfolgt[1198]. Dabei ist zunächst von einem französischen Forum, anschließend von einem deutschen Forum auszugehen.

6. Bei der Geltendmachung von Produkthaftungsansprüchen eines Nacherwerbers vor einem *französischen* Gericht lassen sich die Grundkonstellationen 4–12[1199] auf die Grundkonstellationen 1–3 zurückführen (lediglich im Hinblick auf die internationale und örtliche Zuständigkeit ergeben sich hier Unterschiede).

a) In der *ersten* Grundkonstellation (deutscher Hersteller, französischer Importeur, französischer Endabnehmer, erster Vertrag unterliegt unter Ausschließung des CISG deutschem, zweiter Vertrag unterliegt französischem Recht) ist wie in den anderen Grundkonstellationen aus französischer Sicht aufgrund der im Jahre 1998 erfolgten Umsetzung der Produkthaftungsrichtlinie 85/374 kollisionsrechtlich genaugenommen zwischen Sachverhalten zu unterscheiden, die in der „lex fori“ in den ausschließlichen Anwendungsbereich der bisherigen (fortgeltenden) vertraglichen Produkthaftung fallen und solchen, bei denen der Nacherwerber nach der „lex fori“ die *Wahl* zwischen der bisherigen (fortgeltenden) vertraglichen Produkthaftung und den Art. 1386-1 ff. C. civ. hat. In den erstgenannten Fällen gilt folgendes:

Es kommt zu keiner kollisionsrechtlichen Anspruchskonkurrenz, d.h. es wird ausschließlich eine vertragsrechtliche Verweisung ausgesprochen[1200]. Hierbei handelt es sich um eine Sachnormverweisung auf das deutsche Recht. Innerhalb der zur Anwendung berufenen deutschen Rechtsordnung

---

[1197] Siehe oben S. 243 ff.

[1198] Zu einem Überblick über die in Betracht kommenden Fallgruppen und die für alle Konstellationen geltenden Vorgaben, siehe oben S. 249 ff.

[1199] Siehe die Bemerkung in der vorigen Fußnote.

[1200] Siehe im einzelnen S. 252 ff.

sind trotz der vertragsrechtlichen Verweisung die deutschen *Deliktsnormen* anzuwenden. Das letztgenannte Ergebnis verletzt nicht das Grundprinzip der „action directe", wonach sich die Rechtsposition des Zweit- bzw. Nacherwerbers grundsätzlich aus derjenigen des Erstabnehmers ableitet, denn bei grenzüberschreitenden Vertragsketten ist das genannte Grundprinzip in einen *kollisionsrechtlichen* und einen *materiellrechtlichen* Teil aufzuspalten. Führt der kollisionsrechtliche Teil (= „die Ansprüche des Zweit- bzw. Nacherwerbers gegen den Hersteller unterliegen der für den ersten Vertrag der Absatzkette geltenden Rechtsordnung") zur Anwendung einer Rechtsordnung, die keine vertragliche „action directe" des Zweit- bzw. Nacherwerbers kennt, so spielt der materiellrechtliche Teil des Grundprinzips keine Rolle mehr und es sind in der berufenen Rechtsordnung die Normen anzuwenden, deren *Rechtsordnungsfunktion* es ist, Schadensersatzansprüche eines mit dem Hersteller vertraglich nicht verbundenen Nacherwerbers zu regeln. Dies sind im deutschen Recht aber die Normen des Deliktsrechts[1201]. Deren Anwendung verletzt schließlich auch nicht die französischen Deliktskollisionsnormen oder das „non-cumul"-Prinzip.

In den Sachverhalten, in denen der Nacherwerber nach der „lex fori" die *Wahl* zwischen der bisherigen vertraglichen Produkthaftung und den neuen außervertraglichen Produkthaftungsansprüchen hat, kommt es grundsätzlich zu einer „Doppelqualifikation" als vertraglich und deliktisch. Da für die Frage der kollisionsrechtlichen „Anspruchskonkurrenz" jedoch, zumindest auch, die Einstellung der „lex fori" zu berücksichtigen ist[1202] und diese nur eine „option", d.h. also ein Entweder-Oder, nicht aber eine „echte" Anspruchskonkurrenz im deutschen Sinne zuläßt, kommt es auch kollisionsrechtlich nur zu *jeweils einer Verweisung*. Sofern es dabei zu einer (ausschließlich) vertragsrechtlichen Verweisung kommt, gelten die obigen Ausführungen entsprechend, kommt es zu einer (ausschließlich) deliktsrechtlichen Verweisung, stellen sich die genannten Qualifikationsprobleme nicht.

b) In der *zweiten* Grundkonstellation (Ausgangslage wie in der ersten Grundkonstellation, der erste Vertrag in der Absatzkette unterliegt jedoch unter Ausschließung des CISG dem französischen Recht) gilt in den Fällen, die in der „lex fori" in den ausschließlichen Anwendungsbereich der bisherigen (fortgeltenden) vertraglichen Produkthaftung fallen: da die „direkten Ansprüche" des Nacherwerbers gegen den Hersteller dem französischen Recht unterliegen, bestehen nun im Rahmen der Rechtssatzqualifikation keine Bedenken, im Verhältnis zwischen Hersteller und Nacherwerber *Ver-*

1201 Näher zu Vorstehendem S. 268 ff.

1202 Siehe hierzu oben S. 257 f. In der französischen Gerichtspraxis wird sogar ausschließlich auf die „lex fori" abgestellt und deren Einstellung zur „Anspruchskonkurrenz" bzw. „option" auf das Kollisionsrecht übertragen (siehe oben S. 256).

tragsrecht anzuwenden. Kollisionsrechtlich gesondert zu würdigende Deliktsansprüche bestehen daneben nicht.

In den Sachverhalten, in denen der Nacherwerber nach der „lex fori" die *Wahl* zwischen der bisherigen vertraglichen Produkthaftung und den neuen außervertraglichen Produkthaftungsansprüchen hat, kommt es weder bei der (ausschließlich) vertragsrechtlichen noch bei der (ausschließlich) deliktsrechtlichen Verweisung zu den erörterten Qualifikationsproblemen.

c) In der *dritten* Grundkonstellation (Ausgangslage wie in der ersten Grundkonstellation, auf den ersten Vertrag in der Absatzkette ist jedoch das CISG anzuwenden) gilt hinsichtlich der vertragsrechtlichen Verweisung: Soweit es um Personenschäden geht, die von vornherein aus dem Anwendungsbereich des CISG herausfallen, gelten die Ausführungen zur ersten und zweiten Grundkonstellation entsprechend. Soweit es um Sachschäden geht, die grundsätzlich vom CISG erfaßt würden, stellt sich die Frage, ob auch im Verhältnis zwischen Hersteller und *Nacherwerber* das CISG anzuwenden ist. Diese Frage ist entsprechend den zur ersten Grundkonstellation entwickelten Grundsätzen zu verneinen, da das CISG bereits nach seinem Wortlaut nur das unmittelbare Verhältnis zwischen Verkäufer und Käufer, nicht aber die Haftung des Herstellers gegenüber einem mit ihm vertraglich nicht verbundenen Nacherwerber regeln will[1203]. Da kein vereinheitlichtes Deliktsrecht zur Verfügung steht, auf das entsprechend den zur ersten Grundkonstellation entwickelten Prinzipien statt dessen zurückgegriffen werden könnte, bleibt wie bei den Personenschäden nichts anderes übrig, als nach der (ungeschriebenen) französischen Kollisionsnorm der „action directe" das anwendbare Recht zu ermitteln. Kommt man dabei zum deutschen Recht, gelten die Ausführungen zur ersten Grundkonstellation entsprechend, kommt man zum französischen Recht, diejenigen der zweiten Grundkonstellation.

Hinsichtlich der deliktsrechtlichen Verweisung (wahlweise möglich in den Fällen, in denen der Nacherwerber nach der „lex fori" die Wahl zwischen der bisherigen vertraglichen Produkthaftung und den neuen außervertraglichen Produkthaftungsansprüchen hat) gilt das zu den vorherigen Grundkonstellationen Gesagte.

7. Bei der Geltendmachung von Produkthaftungsansprüchen eines Nacherwerbers vor einem *deutschen* Gericht lassen sich die Grundkonstellationen 1–6 und 10–12 auf die Grundkonstellationen 7–9 zurückführen (lediglich im Hinblick auf die internationale und örtliche Zuständigkeit ergeben sich hier Unterschiede).

[1203] Näher oben S. 276 ff.

a) In der *siebten* Grundkonstellation (französischer Hersteller, deutscher Importeur, deutscher Endabnehmer, beide Verträge unterliegen dem (unvereinheitlichten) deutschen Recht) gilt folgendes:

Die internationale und örtliche Zuständigkeit läßt sich über Art. 5 Nr. 3 EuGVÜ ohne weiteres am deutschen „Erfolgsort" begründen.

In internationalprivatrechtlicher Hinsicht sind die Produkthaftungsansprüche des Nacherwerbers aus deutscher Sicht im Rahmen der „Eingangsqualifikation" auf der Tatbestandsseite der Kollisionsnorm ausschließlich deliktisch zu qualifizieren. Eine (auch) vertragsrechtliche Qualifikation scheidet auf dieser Ebene auch dann aus, wenn sich der Nacherwerber auf eine vertragliche „action directe" nach französischem Recht beruft[1204].

Entscheidet sich der Nacherwerber im Rahmen der Tatortregel („alter" oder „neuer" Ausprägung) für eine Anwendung des französischen Handlungsortsrechts, so kommt es zu einer Verweisung auf das französische Recht. Hierbei handelt es sich um eine *Sachnormverweisung*.

Im Rahmen der „Rechtssatzqualifikation" auf der Rechtsfolgenseite der Kollisionsnorm ist aufgrund der im Jahre 1998 erfolgten französischen Umsetzung der Produkthaftungsrichtlinie 85/374 zwischen Sachverhalten zu differenzieren, in denen weiter im Verhältnis zwischen Hersteller und Nacherwerber *ausschließlich* eine „notwendigerweise" vertragliche Haftung in Betracht kommt, und Sachverhalten, in denen der geschädigte Nacherwerber in Durchbrechung des „non-cumul"-Prinzips die Wahl zwischen den vertraglichen Ansprüchen nach bisherigem Recht und den außervertraglichen Ansprüchen nach neuem Recht hat.

In den erstgenannten Fällen kommt trotz der deliktsrechtlichen Verweisung des deutschen IPR eine Anwendung des französischen Deliktsrechts wegen der ausgedehnten Geltung des „non-cumul"-Prinzips („Lamborghini-Urteil") an sich nicht in Betracht. Aber auch eine Anwendung der funktionell einschlägigen vertraglichen „action directe" führt in der betrachteten Fallkonstellation (*keiner* der Verträge der Absatzkette unterliegt dem französischen Recht) zu Verzerrungen und erheblichen praktischen Schwierigkeiten[1205]. Zur Korrektur dieses unbefriedigenden Ergebnisses scheidet eine Sonderanknüpfung der Frage der „materiellrechtlichen" Anspruchskonkurrenz als *Vorfrage* aus. Statt dessen kommt eine *Anpassung* auf der Ebene des materiellen Rechts in Betracht. Dabei können die bestehenden Schwierigkeiten durch eine modifizierte Anwendung der „action directe" kaum in sinnvoller Weise überwunden werden, wohl aber durch eine ausnahmsweise Außerachtlassung des „non-cumul"-Prinzips (und damit die Ermöglichung

---

1204 Siehe im einzelnen oben S. 280 ff. und insbesondere S. 283 ff.

1205 Näher hierzu S. 289 f.

einer Option für das französische Deliktsrecht), die insgesamt zu einer geringeren „Verfälschung“ des französischen Sachrechts führt[1206].

In den Fällen, in denen der Nacherwerber die Wahl zwischen den vertraglichen Ansprüchen nach bisherigem Recht und den außervertraglichen Ansprüchen nach neuem Recht hat, stellen sich im Rahmen der Rechtssatzqualifikation dann keine Probleme, wenn der Nacherwerber für die neuen außervertraglichen Ansprüche optiert. Wählt er dagegen die vertraglichen Ansprüche nach bisherigem Recht, so kommt es wieder zu den o.g. Problemen. Diese sind hier konsequenterweise genauso zu lösen, d.h. dem Nacherwerber ist – selbstverständlich nur ausnahmsweise im Rahmen der Anpassung – die Möglichkeit einzuräumen, für die „klassische“ deliktische Produkthaftung zu optieren.

b) In der *achten* Grundkonstellation (Ausgangslage wie in der siebten Grundkonstellation, der erste Vertrag der Absatzkette unterliegt jedoch dem (unvereinheitlichten) französischen Recht), die hinsichtlich der internationalen und örtlichen Zuständigkeit, der „Eingangsqualifikation“, der Anknüpfung und der Art der Verweisung genauso zu beurteilen ist wie die siebte Grundkonstellation, ergeben sich hinsichtlich der „Rechtssatzqualifikation“ geringere Probleme:

In den Fällen, die in den ausschließlichen Anwendungsbereich der bisherigen vertraglichen Produkthaftung fallen, führt die „Rechtssatzqualifikation“ zu einer Anwendung der „action directe“, deren Durchführung nun ohne die in der siebten Grundkonstellation auftretenden Verzerrungen möglich ist, so daß sich eine Anpassung erübrigt. Entsprechendes gilt in den Fällen, in denen der Nacherwerber die Wahl zwischen vertraglichen Ansprüchen nach bisherigem Recht und außervertraglichen Ansprüchen nach neuem Recht hat: optiert der Nacherwerber für die vertragliche „action directe“ nach bisherigem Recht, so ist diese ohne Verzerrungen durchführbar, optiert er für die außervertraglichen Ansprüche nach neuem Recht, so ergeben sich ohnehin keine Probleme.

c) Auch die *neunte* Grundkonstellation (Ausgangslage wie in der siebten Grundkonstellation, auf den ersten Vertrag der Absatzkette ist jedoch das CISG anzuwenden) ist im Hinblick auf die internationale und örtliche Zuständigkeit, die „Eingangsqualifikation“, die Anknüpfung und die Art der Verweisung wie die siebte Grundkonstellation zu beurteilen.

Hinsichtlich der „Rechtssatzqualifikation“ gilt folgendes: In den Fällen, die in den ausschließlichen Anwendungsbereich der bisherigen vertraglichen Produkthaftung fallen, führt die „Rechtssatzqualifikation“ zwar grundsätzlich wieder zu einer Einschlägigkeit der vertraglichen „action directe“.

[1206] Siehe im einzelnen S. 292 ff.

Da jedoch, wie in der siebten Grundkonstellation, der erste Vertrag der Absatzkette nicht dem unvereinheitlichten französischen Recht unterliegt, kann es auch hier zu Friktionen und Verzerrungen kommen, denen, sofern sich für die im CISG nicht geregelten Fragen *deutsches* Recht als Vertragsstatut des ersten Vertrages der Absatzkette ergibt, wieder mit einer Anpassung zu begegnen ist.

In den Fällen, in denen der Nacherwerber die Wahl zwischen vertraglichen Ansprüchen nach bisherigem Recht und außervertraglichen Ansprüchen nach neuem Recht hat, gelten bei einer Option für die vertraglichen Ansprüche die obigen Ausführungen entsprechend, bei einer Wahl der außervertraglichen Ansprüche stellt sich die Problematik nicht.

Literaturverzeichnis

Alter, Michel: L'obligation de délivrance dans la vente de meubles corporels, Paris 1972.

Ammar, Daniel: Anmerkung zu Cass. civ. 1re v. 18.12.1990 (J.C.P. 1992, II, 21824, S. 102 f.), J.C.P. 1992, II, 21824, S. 103 ff.

Ancel, Bertrand: Anmerkung zu Cass. civ. 1re v. 10.5.1995 (Rev. crit. de dr. int. pr. 1996, S. 330 f.), Rev. crit. de dr. int. pr. 1996, S. 331 f.

Ancel, Pascal: La garantie conventionnelle des vices cachés dans les conditions générales de vente en matière mobilière, Rev. trim. dr. com. 1979, S. 203 ff.

Arning, Ulrich: Besprechung von Cass. civ. 1re v. 8.1.1991, PHI 1991, S. 135 f.

Atias, Christian: La distinction du vice caché et de la non-conformité, D. 1993, Chr., S. 265 ff.

Aubert, Jean-Luc: L'arrêt Desmares: une provocation ... à quelles réformes?, D. 1983, Chr., S. 1 ff.

– Anmerkung zu Cass. ass. plén. v. 12.7.1991 (D. 1991, Somm., S. 321), D. 1991, Somm., S. 321 f.

Aubry, Charles M./*Rau,* Charles F.: Cours de droit civil français d'après la méthode de Zachariæ, Bd. II, 4. Aufl., Paris 1869.

– Cours de droit civil français d'après la méthode de Zachariæ, Bd. IV, 4. Aufl., Paris 1871.

– Cours de droit civil français d'après la méthode de Zachariæ, Bd. II, 5. Aufl., bearbeitet von G. Rau und Ch. Falcimaigne, O., unter Mitarbeit von M. Gault, Paris 1897.

– Cours de droit civil français d'après la méthode de Zachariæ, Bd. IV, 5. Aufl., bearbeitet von G. Rau und Ch. Falcimaigne, O., unter Mitarbeit von M. Gault, Paris 1902.

Audit, Bernard: La vente internationale de marchandises, Convention des Nations-Unies du 11 avril 1980, Paris 1990 (zit.: Audit, Vente internationale de marchandises).

– Droit international privé, 2. Aufl., Paris 1997 (zit.: Audit, DIP).

– Anmerkung zu Cass. civ. 1re v. 10.10.1995 (D. 1996, Somm., S. 171), D. 1996, Somm., S. 171 f.

Aynès, Laurent: In: Juris-classeur civil, Art. 1146 à 1155, Fasc. 11.

v. Bar, Christian: Internationales Privatrecht, Erster Band, München 1987.

– Deliktsrecht in Europa, Landesberichte Frankreich, Griechenland, Köln, Berlin, Bonn, München 1993.

Barret, Olivier: Vente, in: Dalloz, Encyclopédie juridique, Répertoire de droit civil, Bd. IX.

Bartin, E.: Principes de droit international privé selon la loi et la jurisprudence françaises, Bd. II, Paris 1932.

Batiffol, Henri: Les conflits de lois en matière de contrats, Paris 1938.

– Anmerkung zu Cass. civ. 1re v. 19.4.1988 (Rev. crit. de dr. int. pr. 1989, S. 68 f.), Rev. crit. de dr. int. pr. 1989, S. 69 ff.

Batiffol, Henri/*Lagarde,* Paul: Traité de droit international privé, Bd. I, 8. Aufl., Paris 1993.

– Droit international privé, Bd. II, 7. Aufl., Paris 1983.

Baudry-Lacantinerie, Gabriel/*Barde,* L.: Traité théorique et pratique de droit civil, Des obligations, 3. Aufl., Paris 1906.

Baudry-Lacantinerie, Gabriel/*Saignat,* Léo: Traité théorique et pratique de droit civil, De la vente et de l'échange, 3. Aufl., Paris 1908.

Bauer, Werner: Renvoi im internationalen Schuld- und Sachenrecht, Pfaffenweiler 1985.

Beaumart, Markus: Haftung in Absatzketten im französischen Recht und im europäischen Zuständigkeitsrecht, Berlin 1999.

Beemelmans, Hubert: Das Statut der cessio legis, der action directe und der action oblique, RabelsZ 29 (1965), S. 511 ff.

Beitzke, Günther: Juristische Personen im Internationalprivatrecht und Fremdenrecht, München und Berlin 1938.

– Les obligations délictuelles en droit international privé, RdC 1965, II, S. 67 ff.

– Das Deliktsrecht im schweizerischen IPR-Entwurf, SchwJbIntR 35 (1979), S. 93 ff.

Bénabent, Alain: Anmerkung zu Cass. civ. 1re v. 29.5.1984 und Cass. civ. 3ème v. 19.6.1984 (D. 1985, Jur., S. 213), D. 1985, Jur., S. 213 f.

– Anmerkung zu Cass. ass. plén. v. 7.2.1986 (Société Commerciale de Matériaux pour la Protection et l'Isolation (M.P.I.) c./Union des Assurances de Paris et autres, D. 1986, Jur., S. 293), D. 1986, Jur., S. 293 ff.

– Anmerkung zu Cass. civ. 1re v. 5.5.1993 (D. 1993, Jur., S. 506 f.), D. 1993, Jur., S. 507 f.

– Conformité et vices cachés dans la vente: l'éclaircie, D. 1994, Chr., S. 115 f.

Beraudo, Jean-Paul: L'application internationale des nouvelles dispositions du Code civil sur la responsabilité du fait des produits défectueux, J.C.P. 1999, I, 140, S. 1015 ff.

Berg, Oliver: La notion de risque de développement en matière de responsabilité du fait des produits défectueux, J.C.P. 1996, I, 3945, S. 271 ff.

Berlioz, Georges: Droit de la consommation et droit des contrats, J.C.P. 1979, éd. C.I., II, 13019, S. 245 ff.

Bertrand, Florence: L'opposabilité du contrat aux tiers, Diss. Paris 1979.

Beudant, Charles/*Beudant,* Robert/*Lerebours-Pigeonnière,* Paul: Cours de droit civil français, Bd. XI (la vente, le louage des choses), 2. Aufl., veröffentlicht von Robert Beudant und Paul Lerebours-Pigeonnière, erstellt unter Mitarbeit von Jean Brethe de la Gressaye, Paris 1938.

– Cours de droit civil français, Bd. XII (contrats civils divers), 2. Aufl., veröffentlicht von Robert Beudant und Paul Lerebours-Pigeonnière, bearbeitet von René Rodière und André Percerou, Paris 1947.

Binder, Heinz: Zur Auflockerung des Deliktsstatuts, RabelsZ 20 (1955), S. 401 ff.

– Anmerkung zu OLG Hamburg v. 6.5.1955 (MDR 1955, S. 615), MDR 1956, S. 98 f.

Birk, Rolf: Schadensersatz und sonstige Restitutionsformen im internationalen Privatrecht, Karlsruhe 1969.

Bischoff, J. M.: Compétence en matière contractuelle, J.D.I. 1993, S. 469 ff.

Boitard, M./*Rabut,* A.: Anmerkung zu Cass. com. v. 27.4.1971 und Cass. civ. 1re v. 28.4.1971 (J.C.P. 1972, II, 17280), J.C.P. 1972, II, 17280.

Bonet, Georges/*Gross,* Bernard: La réparation des dommages causés aux constructions par les vices des matériaux, J.C.P. 1974, I, 2602.

Boubli, Bernard: Soliloque sur la transmission de l'action en garantie (A propos de l'arrêt de la troisième Chambre civile du 9 juillet 1973), J.C.P. 1974, I, 2646.

– Transfert de propriété et responsabilité dans les groupes de contrats (à propos de l'arrêt du 12 juillet 1991), Rev. de Dr. immob. 1992, S. 27 ff.

Bourel, Pierre: Les conflits de lois en matière d'obligations extracontractuelles, Paris 1961.

– Anmerkung zu Tribunal de grande instance de Chambéry v. 14.12.1965 (Rev. crit. de dr. int. pr. 1967, S. 110 ff.), Rev. crit. de dr. int. pr. 1967, S. 112 ff.

– Responsabilité civile, in: Dalloz, Encyclopédie juridique, Répertoire de droit international, Bd. II, Paris 1969.

Boutard-Labarde, Marie-Chantal: Droit communautaire, J.C.P. 1993, I, 3666, S. 155 f.

Brendl, Erich (Hrsg.): Produkt- und Produzentenhaftung, Bd. 3, Loseblattsammlung, Stand: II. Lieferung 1990, Freiburg i. Br. 1990.

Bröcker, Walter: Möglichkeiten der differenzierten Regelbildung im internationalen Deliktsrecht, Diss. München 1967.

Bufnoir, Claude: Propriété et contrat, Paris 1900.

Bureau, Dominique: Remarques sur la codification du droit de la consommation, D. 1994, Chr., S. 291 ff.

Cadiet, Loïc: In: Juris-classeur civil, Art. 1598, Fasc. L.

v. Caemmerer, Ernst/*Schlechtriem,* Peter (Hrsg.): Kommentar zum Einheitlichen UN-Kaufrecht, 2. Aufl., München 1995.

Calais-Auloy, Jean/*Steinmetz,* Frank: Droit de la consommation, 4. Aufl., Paris 1996.

Carmet, Olivier: Réflexions sur les clauses abusives au sens de la loi n° 78-23 du 10 janvier 1978, Rev. trim. dr. com. 1982, S. 1 ff.

Chabas, François: Anmerkung zu Cass. civ. 2ème v. 6.4.1987 (J.C.P. 1987, II, 20828), J.C.P. 1987, II, 20828.

– Anmerkung zu Cass. civ. 2ème v. 14.4.1988 (Gaz. Pal. 1988, 2, Somm., S. 321), Gaz. Pal. 1988, 2, Somm., S. 321.

Chaumette, Patrick: La subrogation personnelle sans paiement ?, Rev. trim. dr. civ. 1986, S. 33 ff.

Clay, Thomas: Anmerkung zu Cass. civ. 1re v. 16.6.1993 (D. 1994, Jur., S. 546), D. 1994, Jur., S. 546 ff.

Clever, Denise: De certaines incidences de l'entrée en vigueur de la Convention de Rome du 19 juin 1980 sur le droit de la vente internationale de marchandises, Gaz. Pal. 1991, 2, Doctr., S. 410 ff.

Collart Dutilleul, François/*Delebecque,* Philippe: Contrats civils et commerciaux, 4. Aufl., Paris 1998.

Conférence de la Haye de droit international privé: Actes et documents de la Douzième session 2 au 21 octobre 1972, Bd. III, Responsabilité du fait des produits, Den Haag 1972.

Constantinesco, Léontin-Jean: Inexécution et Faute contractuelle en Droit comparé, Stuttgart, Bruxelles 1960.

Conte, Philippe: Anmerkung zu Cour d'appel d'Agen v. 7.12.1988 (Gaz. Pal. 1989, 2, Jur., S. 899 f.), Gaz. Pal. 1989, 2, Jur., S. 900 ff.

Cornu, Gérard: Le problème du cumul de la responsabilité contractuelle et de la responsabilité délictuelle in: Etudés de Droit Contemporain, rapport français au VIe Congrès international de droit comparé Hambourg 1962, Travaux et recherches de l'Institut de droit comparé de l'Université de Paris, Bd. XXIII, Paris 1962.

– Quelles indemnités l'acheteur peut-il obtenir du vendeur de bonne foi, au titre de la garantie des vices cachés? (Bespr. v. Cass. civ. 1re v. 4.2.1963), Rev. trim. dr. civ. 1963, S. 564 ff.

– Action rédhibitoire du sous-acquéreur contre le vendeur originaire dans les ventes successives (Bespr. v. Cass. com. v. 27.2.1973), Rev. trim. dr. civ. 1973, S. 582 ff.

Cozian, Maurice: L'action directe, Paris 1969.

Croze, Hervé und Morel, Christian: Procédure civile, Paris 1988.

Debray, Robert: Privilèges sur les Créances et Actions directes (Diss. Paris), Paris 1928.

Dejean de la Bâtie, Noël: Appréciation in abstracto et appréciation in concreto en droit civil français, Paris 1965.

Delebecque, Philippe: Anmerkung zu Cour d'appel de Paris v. 22.5.1986 (D. 1986, Jur., S. 563 f.), D. 1986, Jur., S. 564 ff.

– La notion de groupe de contrats: quels critères?, J.C.P. éd. E 1989, supplément 4, S. 25 ff.

– „La transmission de la clause compromissoire“ (à propos de l'arrêt Cass. civ. 1re, 6 novembre 1990), Rev. arb. 1991, S. 19 ff.

Demogue, R.: Anm. zu Cass. civ. v. 11.1.1922, S. 1924, 1, S. 105 ff.

Demolombe, Charles: Cours de Code Napoléon, Bd. XXIV (Traité des contrats ou des obligations conventionnelles en général, Bd. I), 3. Aufl., Paris 1870.

Denis, Dominique: In: Juris-classeur civil, Art. 1382 à 1386, Fasc. 150-2 und Fasc. 150-6.

Diederichsen, Uwe: Die Haftung des Warenherstellers, München und Berlin 1967.

Dion, Sophie: Anmerkung zu Cass. civ. 1re v. 23.4.1985 (D. 1985, Jur., S. 558 f.), D. 1985, Jur., S. 559 ff.

Djoudi, Jamel: La sous-traitance dans le contexte européen, D. 1992, Chr., S. 215 ff.

Domat, Jean: Les loix civiles dans leur ordre naturel; le droit public, et legum delectus, Bd. I, Nouvelle édition, Paris 1777.

Drobnig, Ulrich: Produktehaftung, in: Vorschläge und Gutachten zur Reform des deutschen internationalen Privatrechts der außervertraglichen Schuldverhältnisse, herausgegeben von Ernst v. Caemmerer, Tübingen 1983, S. 298 ff.

Dupichot, Pierre: Anmerkung zu Cour d'appel de Versailles v. 27.1.1983 (J.C.P. 1983, II, 20094), J.C.P. 1983, II, 20094.

Duranton, Alexandre: Cours de droit français suivant le Code civil, Bd. XVI, Paris 1833.

Durry, Georges: Garde de la structure et garde du comportement, Rev. trim. dr. civ. 1970, S. 361 ff.

– Le caractère nécessairement contractuel de l'action du sous-acquéreur d'une chose, victime d'un dommage causé par celle-ci, contre le fabricant (Besprechung von Cass. civ. 1re v. 9.10.1979), Rev. trim. dr. civ. 1980, S. 354 ff.

– La garde de la structure d'un poste de télévision qui «implose», Rev. trim. dr. civ. 1980, S. 358 ff.

– En cas d'explosion d'une chose dotée de «dynamisme propre et dangereux», la responsabilité de son gardien est engagée, à moins qu'il ne démontre la cause étrangère (Bespr. v. Cass. civ. 2ème v. 20.7.1981), Rev. trim. dr. civ. 1982, S. 423 f.

– La distinction de la responsabilité contractuelle et de la responsabilité délictuelle, Montréal 1986.

Duvergier, Jean-Baptiste: Le droit civil français suivant l'ordre du Code, Bd. XVI (Fortführung der Bände I–XV des gleichnamigen Werkes von Charles Bonaventure Marie Toullier), Paris 1835.

Ehrenzweig, Albert A.: Der Tatort im amerikanischen Kollisionsrecht der ausservertraglichen Schadenersatzansprüche, in: Festschrift für Ernst Rabel, Bd. 1, Tübingen 1954, S. 655 ff.

Enderlein, Fritz/*Maskow,* Dietrich/*Strohbach,* Heinz: Internationales Kaufrecht, Berlin 1991.

Endrös, Florian: Das französische Produkthaftungsgesetz oder des einen Hölle ist des anderen Himmelreich, PHi 1998, S. 122 ff.

Erman, Walter: Handkommentar zum Bürgerlichen Gesetzbuch, 2. Band, 9. Aufl., Münster 1993.

Espagnon, Michel: La règle du non-cumul des responsabilités délictuelle et contractuelle en droit français, Diss. Paris 1980.

– In: Juris-classeur civil, Art. 1146 à 1155, Fasc. 16-1.

Eujen, Heiko/*Müller-Freienfels,* Wolfram: Zur Schadenersatzhaftung eines französischen Warenherstellers gegenüber dem deutschen Abnehmer, AWD 1972, S. 503 ff.

Fabre-Magnan, Muriel: De l'obligation d'information dans les contrats (Diss. Paris), Paris 1992.

Fallon, Marc: Les accidents de la consommation et le droit, Bruxelles 1982.

Ferid, Murad: Das französische Zivilrecht, Erster Band, Frankfurt a.M. und Berlin 1971.

– Das französische Zivilrecht, Zweiter Band, Frankfurt a.M. und Berlin 1971.

Ferid, Murad/*Sonnenberger,* Hans-Jürgen: Das französische Zivilrecht, Bd. 1/1, 2. Aufl., Heidelberg 1994.

– Das französische Zivilrecht, Bd. 2, 2. Aufl., Heidelberg 1986.

– Das französische Zivilrecht, Band 4/1. Teil, Ergänzungen, 2. Aufl., Heidelberg 1993.

Ficker, Hans Claudius: Die Schadensersatzpflicht des Verkäufers und seiner Vormänner bei Sachmängeln in der französischen Rechtsprechung, Frankfurt a.M., Berlin 1962.

– Produktenhaftung als Gefährdungshaftung?, in: Festschrift für Ernst v. Caemmerer zum 70. Geburtstag, Tübingen 1978, S. 343 ff.

Firsching, Karl: Einführung in das internationale Privatrecht, München 1981.

Firsching, Karl/*v. Hoffmann,* Bernd: Internationales Privatrecht, 5. Aufl., München 1997.

Fischer, Peter Michael: Die akzessorische Anknüpfung des Deliktsstatuts, Berlin 1989.

Flour, Jacques/*Aubert,* Jean-Luc: Droit civil, Les obligations, Bd. 1: L'acte juridique, 8. Aufl., Paris 1998.

– Droit civil, Les obligations, Bd. 2: Le fait juridique, 7. Aufl., Paris 1997.

Flour, Yvonne: L'effet des contrats à l'égard des tiers en droit international privé, Diss. Paris 1978.

Foyer, Jacques: Anmerkung zu Cass. civ. 1re v. 18.10.1989 (Rev. crit. de dr. int. pr. 1990, S. 712 ff.), Rev. crit. de dr. int. pr. 1990, S. 715 ff.

– Entrée en vigueur de la Convention de Rome du 19 juin 1980 sur la loi applicable aux obligations contractuelles, J.D.I. 1991, S. 601 ff.

Francescakis, Phocion: Conflits de lois (principes généraux), in: Dalloz, Encyclopédie juridique, Répertoire de droit international, Bd. I, Paris 1968.

– Qualifications, in: Dalloz, Encyclopédie juridique, Répertoire de droit international, Bd. II, Paris 1969.

Frossard, Joseph: La distinction des obligations de moyens et des obligations de résultat, Paris 1965.

Gabet-Sabatier, Colette: La connexité dans le droit des obligations, Diss. Paris 1977.

Galston, Nina M./*Smit,* Hans (Hrsg.): International Sales: The United Nations Convention on Contracts for the International Sale of Goods, New York 1984.

Du Garreau de la Méchenie, J. H.: La vocation de l'ayant cause à titre particulier aux droits et obligations de son auteur, Rev. trim. dr. civ. 1944, S. 219 ff.

Gaudemet-Tallon, Hélène: Le nouveau droit international privé européen des contrats (Commentaire de la convention C.E.E. n° 80/934 sur la loi applicable aux obligations contractuelles, ouverte à la signature à Rome le 19 juin 1980), Rev. trim. de dr. europ. 1981, S. 215 ff.

– Anmerkung zu Cass. civ. 1re v. 28.10.1986 (Rev. crit. de dr. int. pr. 1987, S. 612 f.), Rev. crit. de dr. int. pr. 1987, S. 613 ff.

– Anmerkung zu EuGH v. 17.6.1992 (Rev. crit. de dr. int. pr. 1992, S. 726 ff.), Rev. crit. de dr. int. pr. 1992, S. 730 ff.

– Anmerkung zu Cass. civ. 1re v. 27.1.1993 (Rev. crit. de dr. int. pr. 1993, S. 485 f.), Rev. crit. de dr. int. pr. 1993, S. 486 ff.

Gebler, Marie-Josèphe: Le paiement direct des pensions alimentaires, D. 1973, Chr., S. 109 ff.

Ghestin, Jacques: La notion d'erreur dans le droit positif actuel, Paris 1963.

– Conformités et garanties dans la vente (Produits mobiliers), Paris 1983.

– La directive communautaire du 25 juillet 1985 sur la responsabilité du fait des produits défectueux, D. 1986, Chr., S. 135 ff.

– La notion de contrat, Droits (12) 1990, S. 7 ff.

– Anmerkung zu Cass. ass. plén v. 12.7.1991 (D. 1991, Jur., S. 549), D. 1991, Jur., S. 549 ff.

– L'influence des directives communautaires sur le droit français de la responsabilité, in: Festschrift für Werner Lorenz zum siebzigsten Geburtstag, Tübingen 1991, S. 619 ff.

– Traité de droit civil, La formation du contrat, 3. Aufl., Paris 1993.

– Chronique, Droit des obligatons, J.C.P. 1993, I, 3684, S. 274 f., Nr. 5 (Besprechung von Cass. civ. 1re v. 27.1.1993).

– Le nouveau titre IV bis du Livre III du Code civil «DE LA RESPONSABILITE DU FAIT DES PRODUITS DEFECTUEUX», L'application en France de la directive sur la responsabilité du fait des produits défectueux après l'adoption de la loi n° 98-389 du 19 mai 1998, J.C.P. 1998, I, 148, S. 1201 ff.

Ghestin, Jacques/*Desché,* Bernard: Traité des contrats, La vente, Paris 1990.

Ghestin, Jacques/*Billiau,* Marc/*Jamin,* Christophe: Traité de droit civil, Les effets du contrat, 2. Aufl., Paris 1994.

Ghestin, Jacques/*Marchessaux-van Melle,* Isabelle: Aperçu rapide sur la loi n° 95-96 du 1er février 1995 en ce qu'elle concerne les clauses abusives et la présentation des contrats, J.C.P. 1995, Actualités, Heft 12 v. 22.3.1995.

Ginestet, Catherine: Anmerkung zu Cass. civ. 1re v. 29.1.1991 und Cass. civ. 3ème v. 27.3.1991 (J.C.P. 1992, II, 21935, S. 363 f.), J.C.P. 1992, II, 21935, S. 364 ff.

Giuliano, Mario/*Lagarde,* Paul: Bericht über das Übereinkommen über das auf vertragliche Schuldverhältnisse anzuwendende Recht, Amtsblatt der EG 1980 C 282.

Goubeaux, Gilles: La règle de l'accessoire en droit privé, Paris 1969.

Goutal, Jean-Louis: Essai sur le principe de l'effet relatif du contrat, Paris 1981.

Gross, Bernard: La notion d'obligation de garantie dans le droit des contrats, Paris 1964.

Groutel, Hubert: Anmerkung zu Cass. civ. 2ème v. 30.11.1988 (Resp. civ. et ass. 1989, S. 9, Nr. 66), Resp. civ. et ass. 1989, S. 9 f., Nr. 66.

– Vice caché et défaut de conformité, Resp. civ. et ass. 1993, Chr. 27.

Grundmann, Stefan: Qualifikation gegen die Sachnorm, München 1985.

Hantel, Sabine: Anwendung ausländischen Rechts vor französischen Gerichten, RabelsZ 55 (1991), S. 143 ff.

Heinsheimer, Karl/*Kaden,* Erich-Hans/*Wolff,* Martin/*Merk,* Walther: Die Zivilgesetze der Gegenwart, Band I, Frankreich Code civil, herausgegeben von den o.g. Autoren und dem Institut für ausländisches und internationales Privatrecht in Berlin, unter Mitwirkung von Max Gutzwiller, Max Illch und Gustav Schwartz, Mannheim, Berlin, Leipzig 1932.

Hémard, Jean/*Bouloc,* Bernard: Obligation de renseignement du fabricant de produits dangereux (Bespr. v. Cass. civ. 1re v. 11.10.1983), Rev. trim. dr. com. 1984, S. 718 ff.

Henry, Laurence Caroline: Anmerkung zu Cass. civ. 1re v. 10.10.1995 (J.C.P. 1996, II, 22742), J.C.P. 1996, II, 22742.

Herber, Rolf/*Czerwenka,* Beate: Internationales Kaufrecht, München 1991.

Heuzé, Vincent: La vente internationale, droit applicable et formation, in: Dictionnaire Joly, Pratique des contrats internationaux, Bd. III, Buch XI, 2. Aufl., Paris 1992.

– La loi applicable aux actions directes dans les groupes de contrats: l'exemple de la sous-traitance internationale, Rev. crit. de dr. int. pr. 1996, S. 243 ff.

– Anmerkung zu Cass. civ. 1re v. 10.10.1995 (Rev. crit. de dr. int. pr. 1996, S. 332 f.), Rev. crit. de dr. int. pr. 1996, S. 333 ff.

Heyn, Hanns-Christian: Die „Doppel-" und „Mehrfachqualifikation" im IPR, Frankfurt a.M. 1986.

Hillgenberg, Hartmut: Der Verletzungsort im IPR, NJW 1963, S. 2198 ff.

v. Hoffmann, Bernd: Internationales Haftungsrecht im Referentenentwurf des Bundesjustizministeriums vom 1.12.1993, IPRax 1996, S. 1 ff.

Hohloch, Gerhard: Das Deliktsstatut, Frankfurt a.M. 1984.

– Harmonisierung der Produkthaftung in der EG und Kollisionsrecht, in: Festschrift für Max Keller zum 65. Geburtstag, Zürich 1989, S. 433 ff.

Huc, Théophile: Commentaire théorique et pratique du Code civil, Bd. X, Paris 1897.

Huet, André: Anmerkung zu Cass. com. v. 18.10.1994 (J.D.I. 1995, S. 143), J.D.I. 1995, S. 143 ff.

Huet, Jérôme: Responsabilité contractuelle et responsabilité délictuelle, Diss. Paris 1978.

– La nécessité d'assurer la sécurité des personnes en présence de dangers inhérents à l'utilisation de la chose vendue, ou la responsabilité du fait des produits (Bespr. v. Cass. civ. 1re v. 11.10.1983), Rev. trim. dr. civ. 1984, S. 731 ff.

– Contrats civils et commerciaux, Responsabilité du vendeur et garantie contre les vices cachés, Paris 1987.

– Le paradoxe des médicaments et les risques de développement (Besprechung von Cass. civ. 1re v. 8.4.1986, T.G.I. de Nanterre v. 12.12.1985, Cour d'appel de Rennes v. 25.11.1981 und Cass. civ. 1re v. 17.6.1980), D. 1987, Chr., S. 73 ff.

– Les hauts et les bas de la protection contre les clauses abusives (à propos de la loi du 18 janvier 1992 renforçant la protection des consommateurs), J.C.P. 1992, I, 3592, S. 271 ff.

– In: Juris-classeur civil, Art. 1641 à 1649, Fasc. 30, 40, 50.

– Une loi peut en cacher une autre: mise en perspective de la loi sur la responsabilité du fait des produits défectueux, Dalloz Affaires 1998, S. 1160 ff.

Huglo, Jean-Guy: La directive du Conseil du 25 juillet 1985 sur la responsabilité du fait des produits défectueux et les difficultés de son intégration en droit français, J.C.P. éd. E. 1990, II, 15687, S. 69 ff.

Jamin, Christophe: La notion d'action directe, Paris 1991.

– Une restauration de l'effet relatif du contrat (Bespr. v. Cass. ass. plén. v. 12.7.1991), D. 1991, Chr., S. 257 ff.

– L'action directe (Bespr. v. Cass. civ. 3ème v. 30.10.1991), J.C.P. 1992, I, 3570, S. 149 f.

Jayme, Erik/*Kohler,* Christian: Das Internationale Privat- und Verfahrensrecht der EG – Stand 1989, IPRax 1989, S. 337 ff.

– Europäisches Kollisionsrecht 1994: Quellenpluralismus und offene Kontraste, IPRax 1994, S. 405 ff.

Jestaz, Philippe: Anmerkung zu Cour d'appel de Riom v. 4.1.1968 (D. 1969, Jur., S. 102 ff.), D. 1969, Jur., S. 104 ff.

– Anmerkung zu Cass. civ. 3ème v. 23.3.1968 (D. 1970, Jur., S. 663 f.), D. 1970, Jur., S. 664 ff.

Josserand, Louis: Cours de Droit civil positif français, Bd. II, 2. Aufl., Paris 1933.

Jourdain, Patrice: Anmerkung zu Cass. civ. 1re v. 8.3.1988 (J.C.P. 1988, II, 21070), J.C.P. 1988, II, 21070.

– La consécration d'une obligaton de sécurité autonome à la charge du vendeur (Bespr. v. Cass. civ. 1re v. 11.6.1991), Rev. trim. dr. civ. 1992, S. 114 ff.

– La nature de la responsabilité civile dans les chaînes de contrats après l'arrêt d'Assemblée plénière du 12 juillet 1991 (Bespr. von Cass. ass. plén. v. 12.7.1991), D. 1992, Chr., S. 149 ff.

– Anmerkung zu EuGH v. 17.6.1992 (J.C.P. 1992, éd. E., II, 363, S. 258 ff.), J.C.P. 1992, éd. E., II, 363, S. 260 f.

– Responsabilité délictuelle et responsabilité contractuelle, Rev. trim. dr. civ. 1993, S. 131 ff.

– Le propriétaire d'une chose ne peut invoquer l'article 1384, alinéa 1er, contre le gardien détenteur pour la réparation des dommages causés à la chose (Besprechung von Cass. civ. 2ème v. 25.11.1992), Rev. trim. dr. civ. 1993, S. 368 ff.

– L'obligation de sécurité du vendeur et les chaînes de contrats (Bespr. v. Cass. civ. 1re v. 27.1.1993, Albespy/Debregeas), Rev. trim. dr. civ. 1993, S. 592 ff.

– In: Juris-classeur civil, Art. 1382 à 1386, Fasc. 161 und 162.

– L'obligation de sécurité de résultat du chirurgien-dentiste dans la fourniture d'un appareil dangereux et la notion de «défaut» (de sécurité) (Bespr. v. Cass. civ. 1re v. 22.11.1994), Rev. trim. dr. civ. 1995, S. 375 ff.

– Anmerkung zu Cass. civ. 1re v. 17.1.1995 (D. 1995, Jur., S. 350 f.), D. 1995, Jur., S. 351 ff.

– Aperçu rapide sur la loi n° 98-389 du 19 mai 1998 relative à la responsabilité du fait des produits défectueux, J.C.P. 1998, éd. E., Actualité, S. 821 ff.

– Commentaire de la loi n° 98-389 du 19 mai 1998 sur la responsabilité du fait des produits défectueux, J.C.P. 1998, éd. E., S. 1204 ff.

Junke, Arno: Internationale Aspekte des Produkthaftungsgesetzes, Karlsruhe 1991.

Junker, Abbo: Die einheitliche europäische Auslegung nach dem EG-Schuldvertragsübereinkommen, RabelsZ 55 (1991), S. 674 ff.

Kahn, Philippe: In: Juris-classeur de droit international, Fasc. 565-A-5.

– Anmerkung zu Cass. civ. 1re v. 4.10.1989 und v. 18.10.1989 (J.D.I. 1990, S. 415 ff.), J.D.I. 1990, S. 421 ff.

Kahn-Freund, Otto: Delictual Liability and the conflict of laws, RdC 1968, II, S. 1 ff.

Karila, Jean-Pierre: L'intégration dans le droit positif français de la directive européenne sur la responsabilité du fait des produits défectueux: Le projet de loi relatif à la responsabilité du fait du défaut de sécurité des produits, Gaz. Pal. 1991, 1, Doctr., S. 208 ff.

– Anmerkung zu Cass. civ. 3ème v. 27.3.1991 (D. 1992, Jur., S. 95), D. 1992, Jur., S. 95 f.

Kegel, Gerhard: Internationales Privatrecht, 7. Aufl., München 1995.

Kindler, Peter: Die Anwendungsvoraussetzungen des Wiener Kaufrechtsübereinkommens der Vereinten Nationen im deutsch-italienischen Rechtsverkehr, RIW 1988, S. 776 ff.

Klein, Christian: Die Produkthaftung nach französischem Recht, AnwBl 1992, S. 207 ff.

Klima, Peter: Produzentenhaftung aus Vertrag in Frankreich (Besprechung von Cass. ass. plén. v. 7.2.1986, Société Commerciale de Matériaux pour la Protection et l'Isolation (M.P.I.) c./Union des Assurances de Paris et autres), RIW 1987, S. 307 ff.

– Anwendbarkeit des Art. 5 EuGVÜ auf Sachverhalte mit mehreren aufeinanderfolgenden Käufern (Besprechung von Cass. civ. 1re v. 8.1.1991), RIW 1991, S. 415 f.

Knetsch, Alfred: Das Verhältnis von Vertrags- und Deliktsrecht, Köln 1975.

Koch, Harald: Internationale Produkthaftung und Grenzen der Rechtsangleichung durch die EG-Richtlinie, ZHR 152 (1988), S. 537 ff.

Kreuzer, Karl: Apfelschorf im „Alten Land" – Kollisionsrechtliche Probleme der Produkthaftung –, IPRax 1982, S. 1 ff.

Kropholler, Jan: Internationales Privatrecht, 3. Aufl., Tübingen 1997.

Kullmann, Hans Josef/*Pfister,* Bernhard: Produzentenhaftung, Bd. 2, Loseblattsammlung, Stand: 43. Lieferung September 1998, Berlin 1998.

Kullmann, Jérôme: Anmerkung zu EuGH v. 17.6.1992 und 19.1.1993 (D. 1993, Somm., S. 214), D. 1993, Somm., S. 214 f.

Laborde-Lacoste, Marcel: Essai sur la notion d'ayant cause à titre particulier en droit privé français, Diss. Bordeaux 1916.

Lagarde, Paul: Le nouveau droit international privé des contrats après l'entrée en vigueur de la Convention de Rome du 19 juin 1980, Rev. crit. de dr. int. pr. 1991, S. 287 ff.

Lambert-Faivre, Yvonne: Assurances des entreprises et des professions, Paris 1979.

– Risques et assurances des entreprises, 3. Aufl., Paris 1991.

– Fondement et régime de l'obligation de sécurité, D. 1994, Chr., S. 81 ff.

– Anmerkung zu Cass. civ. 1re v. 9.7.1996 (drei Urteile, D. 1996, Jur., S. 610 ff.), D. 1996, Jur., S. 613 ff.

Lamy: Droit économique (concurrence, distribution, consommation) 1999, Paris 1998.

Lando, Ole: The 1955 and 1985 Hague Conventions on the Law Applicable to the International Sale of Goods, RabelsZ 57 (1993), S. 155 ff.

Lapoyade Deschamps, Christian: Responsabilité contractuelle ou responsabilité délictuelle?, Resp. civ. et ass. 1992, Chr. Nr. 33, S. 4 ff.

Larombière, Léobon: Théorie & pratique des obligations, Bd. I, Paris 1857.

Larroumet, Christian: Anmerkung zu Cass. civ. 2ème v. 3.10.1979 und 14.11.1979 (D. 1980, Jur., S. 325 f.), D. 1980, Jur., S. 326 ff.

– Anmerkung zu Cass. com. v. 24.4.1980 (D. 1980, IR, S. 567), D. 1980, IR, S. 567 f.

– Anmerkung zu Cour d'appel de Nîmes v. 18.12.1980 (D. 1983, Jur., S. 29 f.), D. 1983, Jur., S. 30 f.

– Anmerkung zu Cass. com. v. 17.5.1982 (D. 1983, IR, S. 479), D. 1983, IR, S. 479 f.

– L'action de nature nécessairement contractuelle et la responsabilité civile dans les ensembles contractuels, J.C.P. 1988, I, 3357.

– Anmerkung zu Cass. civ. 1re v. 21.6.1988 (D. 1989, Jur., S. 5 f.), D. 1989, Jur., S. 6 ff.

– Anmerkung zu Cass. ass. plén. v. 12.7.1991 (J.C.P. 1991, éd. E, II, 218, S. 279), J.C.P. 1991, éd. E, II, 218, S. 279 ff.

– Anmerkung zu EuGH v. 17.6.1992 (J.C.P. 1992, II, 21927), J.C.P. 1992, II, 21927.

– Droit civil, Bd. 3, Les Obligations, Le Contrat, 4. Aufl., Paris 1998.

Laurent, François: Principes de droit civil, Bd. XVI, 2. Aufl., Bruxelles 1876.

– Principes de droit civil, Bd. XXIV, 2. Aufl., Bruxelles 1876.

Leclerc, Frédéric: Les chaînes de contrats en droit international privé, J.D.I. 1995, S. 267 ff.

Lefebvre, Dominique: In: Juris-classeur civil, Art. 516, Fasc. A.

Légier, Gérard: In: Juris-classeur de droit international, Fasc. 553-1, 553-2 und 553-3.

Lehmann, R.: In: Juris-classeur de droit international, Fasc. 531.

Lem, Catherine: Die Haftung für fehlerhafte Produkte nach deutschem und französischem Recht (Diss. Münster), Heidelberg 1993.

Leonhard, Marc: Das neue französische Produkthaftungsrecht, ZVglRWiss 98 (1999), S. 101 ff.

Lepargneur, Jean: De l'effet à l'égard de l'ayant cause particulier des contrats générateurs d'obligations relatifs au bien transmis, Rev. trim. dr. civ. 1924, S. 481 ff.

Lequette, Yves: L'abandon de la jurisprudence *Bisbal* (à propos des arrêts de la Première chambre civile des 11 et 18 octobre 1988), Rev. crit. de dr. int. pr. 1989, S. 277 ff.

– Anmerkung zu Cass. civ. 1re v. 8.1.1991 (Rev. crit. de dr. int. pr. 1991, S. 411 f.), Rev. crit. de dr. int. pr. 1991, S. 412 ff.

Level, Patrice: Premières observations sur le projet de loi français relatif à la responsabilité du fait du défaut de sécurité des produits, Gaz. Pal. 1990, 2, Doctr., S. 492 ff.

Leveneur, Laurent: Anmerkung zu Cass. civ. 1re v. 24.3.1992 (Contr. Conc. Cons. 1992, Nr. 130, S. 4), Contr. Conc. Cons. 1992, Nr. 130, S. 4 f.

Lewald, Hans: Règles générales des conflits de lois, RdC 1939, III, S. 1 ff.

Liet-Veaux, Georges: La loi du 4 janvier 1978, Quels fabricants sont soumis à la présomption de responsabilité décennale ?, Gaz. Pal. 1979, 1, Doctr., S. 327 f.

– In: Juris-classeur civil, Art. 1788 à 1794, Fasc. 6.

Lombois, Claude: Rapport sur la protection juridique du consommateur en droit international privé français, in: La protection des consommateurs (Journées canadiennes), Travaux de l'Association Henri Capitant, Bd. XXIV (1973), S. 441 ff.

Lorenz, Werner: Der Haager Konventionsentwurf über das auf die Produktenhaftpflicht anwendbare Recht, RabelsZ 37 (1973), S. 317 ff.

– Die allgemeine Grundregel betreffend das auf die außervertragliche Schadenshaftung anzuwendende Recht, in: Vorschläge und Gutachten zur Reform des deutschen internationalen Privatrechts der außervertraglichen Schuldverhältnisse, herausgegeben von Ernst v. Caemmerer, Tübingen 1983, S. 97 ff.

– Die Anpassung des französischen Code Civil an die Richtlinie des Rates der Europäischen Gemeinschaften zur Rechtsangleichung auf dem Gebiet der Produzentenhaftung, in: Festschrift für Murad Ferid zum 80. Geburtstag am 11. April 1988, Frankfurt am Main 1988, S. 289 ff. (zit.: FS Ferid II).

– Zur Anknüpfung der Produzentenhaftung im österreichischen Recht (Besprechung von OGH v. 29.10.1987), IPRax 1988, S. 373 ff.

– Das außervertragliche Haftungsrecht der Haager Konventionen, RabelsZ 57 (1993), S. 175 ff.

Loussouarn, Yvon: La responsabilité des fabricants et distributeurs de produits en droit international privé, in: La responsabilité des fabricants et distributeurs, Colloque organisé les 30 et 31 janvier 1975 par l'U.E.R. de droit des affaires de l'Université de Paris I, Paris 1975, S. 229 ff.

Loussouarn, Yvon/*Bourel,* Pierre: Droit international privé, 5. Aufl., Paris 1996.

Lüderitz, Alexander: Internationales Privatrecht, 2. Aufl., Neuwied, Kriftel, Berlin 1992.

Majoros, Ferenc: Konflikte zwischen Staatsverträgen auf dem Gebiete des Privatrechts, RabelsZ 46 (1982), S. 84 ff.

Malaurie, Philippe: Anmerkung zu Cass. civ. 1re v. 20.3.1989 (D. 1989, Jur., S. 381), D. 1989, Jur., S. 381 ff.

Malaurie, Philippe/*Aynès,* Laurent: Cours de droit civil, Les obligations, 9. Aufl. 1998/1999, Paris 1998.

Malaurie, Philippe/*Aynès,* Laurent/*Gautier,* Pierre-Yves: Cours de droit civil, Les contrats spéciaux, 13. Aufl. 1999/2000, Paris 1999.

Malinvaud, Philippe: La responsabilité du vendeur à raison des vices de la chose, J.C.P. 1968, I, 2153.

– La responsabilité civile du fabricant en droit français, Gaz. Pal. 1973, 2, Doctr., S. 463 ff.

– Anmerkung zu Cass. civ. 1re v. 5.1.1972 (J.C.P. 1973, II, 17340), J.C.P. 1973, II, 17340.

– Anmerkung zu Cass. com. v. 16.10.1973 (J.C.P. 1974, II, 17846), J.C.P. 1974, II, 17846.

– Anmerkung zu Cass. com. v. 10.12.1973 (J.C.P. 1975, II, 17950), J.C.P. 1975, II, 17950.

– Anmerkung zu Cass. civ. 1re v. 9.12.1975 (zwei Urteile, J.C.P. 1977, II, 18588), J.C.P. 1977, II, 18588.

– La protection des consommateurs, D. 1981, Chr., S. 49 ff.

– L'action directe du maître de l'ouvrage contre les fabricants et fournisseurs de matériaux et composants, D. 1984, Chr., S. 41 ff.

– Anmerkung zu Cass. ass. plén. v. 7.2.1986 (2 Urteile: Société Produits Céramiques de l'Anjou c./Syndicat des copropriétaires de la résidence Normandie und Société Commerciale de Matériaux pour la Protection et l'Isolation (M.P.I.) c./ Union des Assurances de Paris et autres, J.C.P. 1986, II, 20616), J.C.P. 1986, II, 20616.

Mansel, Heinz-Peter: Zur Kraftfahrzeughalterhaftung in Auslandsfällen, VersR 1984, S. 97 ff.

Marcadé, Victor-Napoléon: Explication théorique et pratique du Code Napoléon, Bd. VI, 5. Aufl., Paris 1855.

Markovits, Yvan: La directive C.E.E. du 25 juillet 1985 sur la responsabilité du fait des produits défectueux, Paris 1990.

Martine, Edmond Noël: L'option entre la responsabilité contractuelle et la responsabilité délictuelle (Diss. Caen), Paris 1957.

Marty, Gabriel/*Raynaud,* Pierre: Droit civil, Bd. II/1, Les obligations, Paris 1962.

– Droit civil, Les obligations, Bd. 1: Les sources, 2. Aufl., Paris 1988.

Marty, Gabriel/*Raynaud,* Pierre/*Jestaz,* Philippe: Droit civil, Les obligations, Bd. 2: Le régime, 2. Aufl., Paris 1989.

Maury, Jacques: Règles générales des conflits de lois, RdC 1936, III, S. 325 ff.

Maxl, Martin J.: Produkthaftung, Internationales Zivilprozeßrecht und Internationales Privatrecht, Juristische Blätter 1992, S. 156 ff.

Mayer, Pierre: Droit international privé, 6. Aufl., Paris 1998.

Mazeaud, Denis: Anmerkung zu Cass. civ. 1re v. 7.6.1995 (D. 1996, Jur., S. 395 f.), D. 1996, Jur., S. 396 ff.

Mazeaud, Henri: La responsabilité civile du vendeur-fabricant, Rev. trim. dr. civ. 1955, S. 611 ff.

Mazeaud, Henri/*Mazeaud,* Léon: Traité théorique et pratique de la responsabilité civile délictuelle et contractuelle, Bd. III, 4. Aufl., Paris 1950.

Mazeaud, Henri/*Mazeaud,* Léon/*Tunc,* André: Traité théorique et pratique de la responsabilité civile délictuelle et contractuelle, Bd. III, 5. Aufl., Paris 1960.

Mazeaud, Henri/*Mazeaud,* Léon/*Mazeaud,* Jean: Traité théorique et pratique de la responsabilité civile délictuelle et contractuelle, Bd. I, 6. Aufl. (bearbeitet von André Tunc), Paris 1965.

– Traité théorique et pratique de la responsabilité civile délictuelle et contractuelle, Bd. II, 6. Aufl., Paris 1970.

Mazeaud, Henri/*Mazeaud,* Léon/*Mazeaud,* Jean/*Chabas,* François: Leçons de droit civil, Obligations, théorie générale, Bd. II/1, 9. Aufl. (bearbeitet von François Chabas), Paris 1998.

– Leçons de droit civil, Biens, Droit de propriété et ses démembrements, Bd. II/2, 8. Aufl. (bearbeitet von François Chabas), Paris 1994.

– Leçons de droit civil, Principaux contrats: Vente et échange, Bd. III/2, 1. Teil, 7. Aufl. (bearbeitet von Michel de Juglart), Paris 1987.

Meller, Eberhard: Obligation de sécurité, Berlin 1974.

Mestre, Jacques: La subrogation personelle, Paris 1979.

– L'évolution du contrat en droit privé français, in: L'évolution contemporaine du Droit des contrats, Journées René Savatier (Poitiers, 24–25 octobre 1985), 1986, S. 41 ff.

– La moindre protection du professionnel lors de la conclusion du contrat (Bespr. v. Cass. com. v. 25.2.1986 und Cass. civ. 1re v. 15.4.1986), Rev. trim. dr. civ. 1987, S. 84 ff.

– Une étape importante dans la bataille contre les clauses abusives: l'enrôlement du professionnel contractant hors de sa sphère habituelle d'activité! (Bespr. v. Cass. civ. 1re v. 28.4.1987), Rev. trim. dr. civ. 1987, S. 537 f.

– L'acceptation sans réserves de la cession de créance par le débiteur cédé suffit à la lui rendre opposable (Bespr. v. Cass. com. v. 15.7.1986), Rev. trim. dr. civ. 1987, S. 758.

– Du principe de l'effet relatif et de sa relativité ..., Rev. trim. dr. civ. 1988, S. 125 ff.

Mourgeon, Lucien: Les effets des conventions à l'égard des Ayants-cause à titre particulier, en Droit Français (Diss. Paris), Paris 1934.

Mourier, Régis: Responsabilité du sous-traitant envers le maître de l'ouvrage („conclusions" des Generalanwalts Mourier zu Cass. ass. plén. v. 12.7.1991), RJDA 1991, S. 583 ff.

Münchner Kommentar zum Bürgerlichen Gesetzbuch, Band 10, EGBGB, Internationales Privatrecht, 3. Aufl., München 1997.

Muir-Watt, Horatia: Anmerkung zu Cass. civ. 1re v. 15.1.1991 (Rev. crit. de dr. int. pr. 1993, S. 46 f.), Rev. crit. de dr. int. pr. 1993, S. 47 ff.

Muthig, Andrea: Die Haftung des Herstellers für Produktfehler: ein Beispiel deutsch-französischer Rechtsangleichung im Rahmen der Richtlinie des Rates der Europäischen Gemeinschaften vom 25.07.85 (85/374/EWG), München 1993.

Nana, Gérard-Jérôme: La Réparation des dommages causés par les vices d'une chose, Paris 1982.

Nanz, Klaus-Peter: Zur Bestimmung des Deliktsstatuts im englischen, französischen und italienischen internationalen Privatrecht, VersR 1981, S. 212 ff.

Néret, Jean: Le sous-contrat, Paris 1979.

Neuhaus, Paul Heinrich: Besprechung von Ferrer Correira, A., Das Problem der Qualifikation nach dem portugiesischen internationalen Privatrecht (ZfRV 1970, S. 114–135), RabelsZ 35 (1971), S. 391 f.

– Die Grundbegriffe des Internationalen Privatrechts, 2. Aufl., Tübingen 1976.

N'Guyen Thanh-Bourgeais, Denise: Contribution à l'étude de la faute contractuelle : la faute dolosive et sa place actuelle dans la gamme des fautes, Rev. trim. dr. civ. 1973, S. 496 ff.

N'Guyen Thanh-Bourgeais, Denise/*Revel,* Janine: La responsabilité du fabricant en cas de violation de l'obligation de renseigner le consommateur sur les dangers de la chose vendue, Anmerkung zu Cass. civ. 1re v. 31.1.1973 (J.C.P. 1975, I, 2679, Annexe), J.C.P. 1975, I, 2679.

Niboyet, J.-P.: Anmerkung zu Trib. civ. de Mulhouse v. 2.5.1950 (Rev. crit. de dr. int. pr. 1951, S. 153 ff.), Rev. crit. de dr. int. pr. 1951, S. 159 ff.

Nonet, Philippe: Action directe et inopposabilité des exceptions in: Annales de la Faculté de droit de Liège 1963, Liège 1963, S. 61 ff.

Offerhaus, Johannes: Anpassung und Gesetzesauslegung im internationalen Privatrecht, ZfRV 1964, S. 65 ff.

Ohler, Klaus-Jürgen: Obligation de Moyens und Obligation de Résultat, Bielefeld 1971.

Otto, Dirk: Produkthaftung nach dem UN-Kaufrecht, MDR 1992, S. 533 ff.

Overstake, Jean-Francis: La responsabilité du fabricant de produits dangereux, Rev. trim. dr. civ. 1972, S. 485 ff.

Paisant, Gilles: Anmerkung zu Cass. civ. 1re v. 28.4.1987 (J.C.P. 1987, II, 20893), J.C.P. 1987, II, 20893.

– Les nouveaux aspects de la lutte contre les clauses abusives (Anm. zu Cour d'appel d'Angers v. 16.12.1987, D. 1988, Chr., S. 260, Annexe), D. 1988, Chr., S. 253 ff.

– Anmerkung zu Cour d'appel de Grenoble v. 13.6.1991 (J.C.P. 1992, II, 21819, S. 90 ff.), J.C.P. 1992, II, 21819, S. 92 ff.

– Les clauses abusives et la présentation des contrats dans la loi n° 95-96 du 1er février 1995, D. 1995, Chr., S. 99 ff.

Palandt, Otto: Bürgerliches Gesetzbuch, 58. Aufl., München 1999.

Pélichet, Michel: La vente internationale de marchandises et le conflit de lois, RdC 1987, I, S. 9 ff.

Périnet-Marquet, H.: Le fabricant sous-traitant : Une hybridation difficile, J.C.P. 1989, I, 3399.

Pignarre, Geneviève/*Brun,* Philippe: Anmerkung zu Cass. civ. 1re v. 3.3.1998 (D. 1999, Jur., S. 36 f.), D. 1999, Jur., S. 37 ff.

Planiol, Marcel: Traité élémentaire de droit civil, Bd. II, 4. Aufl., neu bearbeitet und vervollständigt von Georges Ripert und Jean Boulanger, Paris 1952.

Planiol, Marcel/*Ripert,* Georges: Traité pratique de droit civil français, Bd. VI, unter Mitarbeit von Paul Esmein, Paris 1930.

– Traité pratique de droit civil français, Bd. III, 2. Aufl., bearbeitet von Maurice Picard, Paris 1952.

– Traité pratique de droit civil français, Bd. X, 2. Aufl., bearbeitet von Joseph Hamel (Vente), François Givord und André Tunc (Louage), Paris 1956.

Pothier, Robert Joseph: Traité du contrat de vente, in: œuvres de Pothier, nouvelle édition publiée par M. Siffrein, Bd. III, Paris 1821.

Raape, Leo/*Sturm,* Fritz: Internationales Privatrecht, Bd. 1: Allgemeine Lehren, 6. Aufl., München 1977.

Rabel, Ernst: The conflict of laws, Bd. II, 2. Aufl. (aktualisiert von Ulrich Drobnig), Ann Arbor 1960.

Reese, W. L. M.: Rapport explicatif, in: Conférence de la Haye de droit international privé, Actes et documents de la Douzième session 2 au 21 octobre 1972, Bd. III, Responsabilité du fait des produits, Den Haag 1972, S. 252 ff.

Rémy, Philippe: L'action du créancier contre le tiers substitué dans l'exécution d'une obligation contractuelle est nécessairement contractuelle (Besprechung von Cass. civ. 1re v. 8.3.1988), Rev. trim. dr. civ. 1988, S. 551 ff.

– Dans un groupe de contrats, la responsabilité contractuelle régit nécessairement la demande en réparation de ceux qui n'ont souffert du dommage que parce qu'ils avaient un lien avec le contrat initial (Besprechung von Cass. civ. 1re v. 21.6.1988), Rev. trim. dr. civ. 1989, S. 107 ff.

Revel, Janine: La prévention des accidents domestiques: vers un régime spécifique de responsabilité du fait des produits?, D. 1984, Chr., S. 69 ff.

– In: Juris-classeur civil, Art. 1382 à 1386, Fasc. 366-1 und 366-2.

– Anmerkung zu TGI de Nanterre v. 5.6.1998 (D. 1999, Somm., S. 246), D. 1999, Somm., S. 246 f.

Rodière, René: Etudes sur la dualité des régimes de responsabilité, deuxième partie. – La combinaison des responsabilités, J.C.P. 1950, I, 868.

– Anmerkung zu Cour d'appel d'Aix en Provence v. 5.10.1954 (J.C.P. 1955, II, 8548), J.C.P. 1955, II, 8548.

Savatier, René: Le prétendu principe de l'effet relatif des contrats, Rev. trim. dr. civ. 1934, S. 525 ff.

– Anmerkung zu Cass. civ. 1re v. 4.2.1963 (J.C.P. 1963, II, 13159), J.C.P. 1963, II, 13159.

– Anmerkung zu Cass. com. v. 27.2.1973 (J.C.P. 1973, II, 17445), J.C.P. 1973, II, 17445.

– Anmerkung zu Cass. com. v. 17.12.1973 (J.C.P. 1975, II, 17912), J.C.P. 1975, II, 17912.

Siehr, Kurt: Produktenhaftung und Internationales Privatrecht, AWD 1972, S. 373 ff.

Simitis, Spiros: Grundfragen der Produzentenhaftung, Tübingen 1965.

Sinay-Cytermann, Anne: Anmerkung zu Cass. com. v. 18.10.1994 (Rev. crit. de dr. int. pr. 1995, S. 721 ff.), Rev. crit. de dr. int. pr. 1995, S. 725 ff.

Soinne, Bernard: La responsabilité des architectes et entrepreneurs après la réception des travaux, Bd. I, Paris 1969.

Solus, Henry: L'action directe et l'interprétation des articles 1753, 1798, 1994 du Code civil (Diss. Paris), Paris 1914.

Sonnenberger, Hans-Jürgen: Neue Wege der Produzentenhaftung im französischen Recht, in: Festschrift für Ernst Steindorff zum 70. Geburtstag, Berlin, New York 1990, S. 777 ff.

Starck, Boris, Roland, Henri und Boyer, Laurent: Obligations, 1. Responsabilité délictuelle, 5. Aufl., Paris 1996.

– Obligations, 2. Contrat, 6. Aufl., Paris 1998.

v. Staudinger, Julius: J. von Staudingers Kommentar zum Bürgerlichen Gesetzbuch mit Einführungsgesetz und Nebengesetzen, Einführungsgesetz zum Bürgerlichen Gesetzbuch, Art. 38 n.F. (Unerlaubte Handlungen), Internationales Sachenrecht, 12. Aufl., Berlin 1992.

– Wiener UN-Kaufrecht (CISG), 13. Bearbeitung, Berlin 1994.

Steinebach, Lothar: Verbraucherschutz und Produktenhaftpflicht im amerikanischen Kollisionsrecht insbesondere der neueren Rechtsprechung, Diss. Mainz 1982.

Stoll, Hans: Zweispurige Anknüpfung von Verschuldens- und Gefährdungshaftung im internationalen Deliktsrecht?, in: Festschrift für Murad Ferid zum 70. Geburtstag, München 1978, S. 397 ff. (zit.: FS Ferid I).

Scheucher, Leo: Einige Bemerkungen zum Qualifikationsproblem, ZfRV 1961, S. 228 ff.

Schlechtriem, Peter H.: Vertragsordnung und außervertragliche Haftung, Frankfurt am Main 1972.

Schmidt-Salzer, Joachim: Produkthaftung, Heidelberg 1973.

– Entscheidungssammlung Produkthaftung, Bd. II, Berlin 1979.

Schmidt-Szalewski, Joanna: Jurisprudence française, droit des contrats, Paris 1989.

– In: Juris-classeur civil, Art. 1603 à 1623, Fasc. 10.

Schnitzer, Adolf F.: Handbuch des internationalen Privatrechts, Bd. I, 4. Aufl., Basel 1957.

Schönberger, Thomas: Das Tatortprinzip und seine Auflockerung im deutschen internationalen Deliktsrecht, München 1990.

Schwimann, Michael: Die Schwierigkeiten der Qualifikation im IPR, ÖJZ 1980, S. 7 ff.

v. Schwind, Fritz: Handbuch des Österreichischen Internationalen Privatrechts, Wien, New York 1975.

– Internationales Privatrecht, Wien 1990.

Taschner, Hans Claudius: Die künftige Produzentenhaftung in Deutschland, NJW 1986, S. 611 ff.

Taschner, Hans Claudius/*Frietsch,* Edwin: Produkthaftungsgesetz und EG-Produkthaftungsrichtlinie, Kommentar, 2. Aufl., München 1990.

Testu, François Xavier/*Moitry,* Jean-Hubert: La responsabilité du fait des produits défectueux, Commentaire de la loi 98-389 du 19 mai 1998, Dalloz Affaires 1998, supplément au n° 125.

Teyssié, Bernard: Les groupes de contrats, Paris 1975.

Tizzano, Antonio: Bericht über die Protokolle betreffend die Auslegung des am 19. Juni 1980 in Rom zur Unterzeichnung aufgelegten Übereinkommens über das auf vertragliche Schuldverhältnisse anzuwendende Recht durch den Gerichtshof der Europäischen Gemeinschaften, Amtsblatt der EG 1990 C 219.

Toubiana, Annie: Le domaine de la loi du contrat en droit international privé, Paris 1972.

Tournafond, Olivier: Les prétendus concours d'actions et le contrat de vente, D. 1989, Chr., S. 237 ff.

– Anmerkung zu Cass. civ. 1re v. 11.6.1991 (D. 1993, Somm., S. 241), D. 1993, Somm., S. 241 f.

– Anmerkung zu Cass. civ. 1re v. 27.1.1993 (Albespy/Debregeas, D. 1994, Somm., S. 238), D. 1994, Somm., S. 238.

– Anmerkung zu Cass. civ. 1re v. 7.6.1995 (D. 1996, Somm., S. 14), D. 1996, Somm., S. 14.

Le Tourneau, Philippe: Conformités et garanties dans la vente d'objets mobiliers corporels, Rev. trim. dr. com. 1980, S. 231 ff.

– La responsabilité civile, 3. Aufl., Paris 1982.

– De l'allégement de l'obligation de renseignements ou de conseil, D. 1987, Chr., S. 101 ff.

Troplong, Raymond Théodore: Le droit civil expliqué suivant l'ordre du Code. De la vente, ou commentaire du titre VI, livre III du Code civil, Bruxelles 1844.

Trutmann, Verena: Das internationale Privatrecht der Deliktsobligationen, Basel und Stuttgart 1973.

Tunc, André: La responsabilité civile, 2. Aufl., Paris 1989.

De Vareilles-Sommières, Pascal: Anmerkung zu EuGH v. 17.6.1992 (Rev. trim. de dr. europ. 1992, S. 709 ff.), Rev. trim. de dr. europ. 1992, S. 712 ff.

Veaux, Daniel: In: Juris-classeur civil, Art. 1382 à 1386, Fasc. 365-2.

Vigié, Albert: Cours élémentaire de droit civil français, Bd. 2, Paris 1890.

Viney, Geneviève: L'application du droit commun de la responsabilité au fabricants et distributeurs de produits, in: La responsabilité des fabricants et distributeurs, Colloque organisé les 30 et 31 janvier 1975 par l'U.E.R. de droit des affaires de l'Université de Paris I, Paris 1975.

- Anmerkung zu Cass. civ. 1re v. 22.11.1978 (J.C.P. 1979, II, 19139), J.C.P. 1979, II, 19139.
- Traité de droit civil, Les obligations, La responsabilité: conditions, Paris 1982.
- L'indemnisation des atteintes à la sécurité des consommateurs en droit français, in: Sécurité des consommateurs et responsabilité du fait des produits défectueux, Colloque des 6 et 7 novembre 1986 organisé par le Centre de Droit des obligations de l'Université de Paris I, Paris 1987.
- L'action en responsabilité entre participants à une chaîne de contrats, in: Mélanges dédiés à Dominique Holleaux, Paris 1990, S. 399 ff.
- Anmerkung zu Cass. ass. plén. v. 12.7.1991 (J.C.P. 1991, II, 21743, S. 355), J.C.P. 1991, II, 21743, S. 355 ff.
- Responsabilité contractuelle de droit commun et garantie des vices dans la vente (Bespr. v. Cass. civ. 1re v. 11.6.1991), J.C.P. 1992, I, 3572, S. 158 f.
- Action contractuelle d'un tiers au contrat, J.C.P. 1992, I, 3625, Nr. 13 ff., S. 503.
- La règle du non-cumul des responsabilités contractuelle et délictuelle, J.C.P. 1992, I, 3625, Nr. 16 ff., S. 503 f.
- Chronique, Responsabilité civile, J.C.P. 1993, I, 3664, S. 144 ff.
- Chronique, Responsabilité civile, J.C.P. 1993, I, 3727, S. 539 ff.
- Le triomphe du «bref délai» de l'article 1648 du Code civil et le démantèlement de la protection de l'acquéreur en cas de vente d'une chose défectueuse, J.C.P. 1994, I, 3773, Nr. 12, S. 309 f.
- Chronique, Responsabilité civile (u.a. Bespr. von Cass. civ. 1re v. 17.1.1995), J.C.P. 1995, I, 3853, S. 264 ff.
- Chronique, Responsabilité civile (u.a. Bespr. v. Cass. civ. 1re v. 7.6.1995), J.C.P. 1995, I, 3893, S. 512 f.
- Traité de droit civil, Les obligations, Introduction à la responsabilité, 2. Aufl., Paris 1995.

– L'introduction en droit français de la directive européenne du 25 juillet 1985 relative à la responsabilité du fait des produits défectueux, D. 1998, Chr., S. 291 ff.

Virassamy, Georges: Anmerkung zu Cass. civ. 1re v. 20.12.1988 (J.C.P. 1989, II, 21354), J.C.P. 1989, II, 21354.

Wagner, Rolf: Der Regierungsentwurf eines Gesetzes zum Internationalen Privatrecht für außervertragliche Schuldverhältnisse und für Sachen, IPRax 1998, S. 429 ff.

Wahl, Eduard: Vertragsansprüche Dritter im französischen Recht unter Vergleichung mit dem deutschen Recht dargestellt an Hand der Fälle der action directe, Berlin und Leipzig 1935.

v. Walter, Christoph: Die Konkurrenz vertraglicher und deliktischer Schadensersatznormen im deutschen, ausländischen und internationalen Privatrecht, Diss. Regensburg 1977.

Wandt, Manfred: Das Internationale Produkthaftungsrecht Österreichs und der Schweiz, PHI 1989, S. 2 ff.

– Internationale Produkthaftung, Heidelberg 1995.

Weber, Helmut: Die Theorie der Qualifikation, Tübingen 1986.

Weber, Karl-Heinz/*Rohs,* Ulrich: Produzentenhaftung im französischen Zivilrecht, PHI 1982, S. 36 ff.

Weill, Alex: Le principe de la relativité des conventions en droit privé français, Paris 1938.

Wengler, Wilhelm: Anmerkung zu BGH v. 2.2.1961 (JZ 1961, S. 422 ff.), JZ 1961, S. 424 f.

v. Westphalen, Friedrich *Graf* (Hrsg.): Produkthaftungshandbuch, Bd. 2, München 1991.

Wienberg, Carlos: Die Produkthaftung im deutschen und USamerikanischen Kollisionsrecht, Pfaffenweiler 1993.

Winkelmann, Thomas: Produkthaftung bei internationaler Unternehmenskooperation, Berlin 1991.

Witz, Claude/*Wolter,* Gerhard: Die neuere Rechtsprechung französischer Gerichte zum Einheitlichen UN-Kaufrecht, RIW 1998, S. 278 ff.

– Die Umsetzung der EG-Produkthaftungs-Richtlinie in Frankreich, RIW 1998, S. 832 ff.

Wolfer, Michel: Frankreich: Die Rechtsprechung des Kassationshofs zu Vertragsketten (Teil 2), PHI 1992, S. 30 ff.

Zachariaë, Carl Salomo: Cours de droit civil français, revu et augmenté, avec l'agrément de l'auteur, par M. C. Aubry et M. C. Rau, Bd. II, Strasbourg 1839.

Zweigert, Konrad/*Drobnig,* Ulrich: Einheitliches Kaufgesetz und Internationales Privatrecht, RabelsZ 29 (1965), S. 146 ff.

Sachwortverzeichnis